ABITUR 2015

Prüfungsaufgaben
mit Lösungen

Politik und Wirtschaft

Grund- und Leistungskurs
Gymnasium • Gesamtschule
Hessen

2011 – 2014

STARK

ISBN 978-3-8490-1142-0

9. ergänzte Auflage
www.stark-verlag.de

Inhalt

Jeweils zu Beginn des neuen Schuljahres erscheinen die neuen Ausgaben der Abiturprüfungsaufgaben mit Lösungen.

Autoren:

Andreas Brückmann (Übungsaufgaben; 2011/GK C; 2012/GK C; 2013/GK C; 2014/GK C); Thomas von Machui (Hinweise; 2011/GK B, LK B; 2012/GK B, LK B; 2013/LK A, LK C; 2014/LK A, LK C); Herbert Preissler (2011/GK A, LK C; 2012/GK A, LK A; 2013/GK B, LK B; 2014/GK B, LK B); Markus Willmann (2011/LK A; 2012/LK C; 2013/GK A; 2014/GK A)

Vorwort

Liebe Schülerinnen und Schüler,

Sie haben vor, Ihr Abitur im **Fach Politik und Wirtschaft** abzulegen – im Grund- oder Leistungskurs. Ein spannendes Fach, aber seine Bezüge zu vielfältigen Themenbereichen können durchaus eine Herausforderung sein. Sicher werden Sie sich folgende Fragen stellen: Welche der zahlreichen Themen aus der deutschen und internationalen Politik, aus Wirtschaft und Verfassungs- oder Völkerrecht muss ich auf jeden Fall beherrschen? Wie sehen die Klausuren des Landesabiturs aus? Worin besteht das methodische Handwerkszeug zum erfolgreichen Bestehen der Prüfung? Nach welchen Kriterien werden meine schriftlichen und mündlichen Leistungen bewertet? Was spricht für die Wahl einer besonderen Lernleistung oder einer Präsentationsprüfung –im Vergleich zur klassischen mündlichen Prüfung? Welche Termine sind zu beachten?

Der vorliegende Band beantwortet diese und viele andere Fragen zuverlässig. Sie erhalten **alle erforderlichen Hilfen bei der Vorbereitung** auf das zentral gestellte hessische Abitur. Die umfassenden juristischen Vorschriften werden in verständlicher Form erläutert. Auch für das mündliche 5. Prüfungsfach finden Sie hilfreiche Tipps.

Das hessische **Landesabitur** kombiniert **zentrale schriftliche**, also vom Kultusministerium erstellte **Prüfungsaufgaben** und nach wie vor von den Lehrkräften vor Ort erarbeitete **mündliche Prüfungen**. Zentral geprüft werden die Leistungskurse sowie die Grundkurse im 3. Prüfungsfach. Alle mündlichen Prüfungen im 4. und 5. Prüfungsfach liegen in der Hand der Lehrer. Hier bietet die Präsentationsprüfung im 5. Prüfungsfach besonders interessante Chancen für selbstständiges Arbeiten.

Auf den folgenden Seiten finden Sie:

- einen Überblick über die wichtigsten Bestimmungen, die für das Landesabitur im Fach Politik und Wirtschaft gelten,
- die offiziellen, vom hessischen Kultusministerium gestellten Abitur-Prüfungsaufgaben der Jahre 2011 bis 2014 mit von erfahrenen Lehrern vollständig ausformulierten Lösungen, jeweils mit Hinweisen und Tipps zur Vorgehensweise,
- Informationen und Tipps zur Vorbereitung auf die mündlichen Prüfungen im 4. und 5. Prüfungsfach sowie zwei Übungsaufgaben zu diesen Prüfungsformen.

Sollten nach Erscheinen dieses Bandes noch wichtige Änderungen in der Abitur-Prüfung 2015 vom Kultusministerium Hessen bekannt gegeben werden, finden Sie aktuelle Informationen dazu im Internet unter:
www.stark-verlag.de/pruefung-aktuell.

Viel Erfolg!

Stichwortverzeichnis

Hinweise

Hinweise und Tipps zur schriftlichen Abiturprüfung

1 Wie sieht die schriftliche Abiturprüfung im Landesabitur aus?

Die Abiturklausur unterscheidet sich von den gewohnten Klausuren zunächst in zweifacher Hinsicht: durch die Möglichkeit, **aus mehreren Aufgaben auswählen** zu können, und durch die **längere Bearbeitungszeit**.

Ihnen werden drei Vorschläge mit unterschiedlichen Themen vorgelegt, aus denen Sie einen auswählen. Für das Einlesen und Ihre Entscheidung für ein Thema haben Sie 45 Minuten Zeit, die nicht von der Bearbeitungszeit abgezogen werden. Nach Ihrer Entscheidung gibt es kein Zurück mehr, denn die anderen Vorschläge werden wieder eingesammelt.

Im **Leistungskurs** verbleiben Ihnen jetzt 240 Minuten, im **Grundkurs** 180 Minuten. Als **Hilfsmittel** stehen Ihnen dafür ein Wörterbuch der deutschen Rechtschreibung, das Grundgesetz, die Charta der Vereinten Nationen (beides unkommentiert) und eine Liste der fachspezifischen Operatoren zur Verfügung.[1]
Die von Ihnen ausgewählte Aufgabe kann **alternative Arbeitsanweisungen** enthalten. Zum Beispiel: Statt einer sachlichen Erörterung können Sie sich dafür entscheiden, eine Rede vor dem Europäischen Parlament oder die Stellungnahme des Wirtschaftsministers zu entwerfen.
Dass Sie **unter verschiedenen Themen eine Auswahl treffen**, macht auch deshalb Sinn, weil Ihre PoWi-Lehrer (oder Sie selbst!) vermutlich nicht alle vom Lehrplan vorgeschriebenen Themen in gleicher Intensität vorbereiten konnten.
Aber keine Angst: Auch die zentral gestellten Aufgaben kommen von erfahrenen Lehrkräften. Sie orientieren sich an realistischen Zielsetzungen und vor allem daran, was Jahr für Jahr durch einen besonderen Erlass u. a. auch für das Fach Politik und Wirtschaft zusammengestellt wird. Für jedes Abiturjahr werden in ihm die fachspezifischen Prüfungsschwerpunkte festgelegt, und diese können auch Sie jederzeit nachlesen.[2] Sie sind eine Auswahl aus den Themen, die der Lehrplan vorgibt.

1 In den bilingualen Prüfungen steht Ihnen zusätzlich ein einsprachiges Wörterbuch zur Verfügung; nach Beschluss der Schule ist auch ein zweisprachiges Wörterbuch möglich.
2 „Landesabitur 2015 – Hinweise zur Vorbereitung auf die schriftlichen Abiturprüfungen".
Der Erlass kann unter www.kultusministerium.hessen.de (Durchklicken: Schule > Schulformen > Gymnasium > Landesabitur > weitere Informationen > Erlasse) heruntergeladen werden.

Im Landesabitur haben Sie mit **zwei Aufgabenarten** zu rechnen, die in drei bis vier Teilaufgaben untergliedert sind.[3] Beide Aufgabenarten beginnen mit **Analyse- und Darstellungsaufträgen**. Ihr Unterschied liegt im dritten Aufgabenteil, der entweder eine **Erörterung oder eine Gestaltung** verlangt.

Das bedeutet im Einzelnen:

1. Vorgegebene **Materialien**, seien es Falldarstellungen, theoretische Texte, Zeitungsartikel, Reden, Statistiken, Karikaturen oder Diagramme, sollen zunächst **analysiert** werden. D. h., aus den Materialien sind Informationen zu erschließen, die für das übergreifende Thema der Prüfungsaufgabe wichtig sind.
2. Im Anschluss daran haben Sie bezogen auf das im ersten Teil dargestellte Problem **fachliche Kenntnisse** zu politischen, gesellschaftlichen und wirtschaftlichen Zusammenhängen **darzustellen**.
3. Abschließend folgt in der Regel, oft durch Vorgabe einer These, eine **Erörterung der Problemstellung**, die in ein eigenes Urteil mündet. Von dieser „Regel" wurde seit der Einführung des Landesabiturs nur einmal abgewichen (GK08-A).

   Wird **statt der Erörterung eine eigene Gestaltung** verlangt, z. B. die Abfassung einer Rede oder eines Briefes bzw. der Entwurf einer Strategie, so sollen Sie die Rolle und Sichtweise von konkreten politischen Akteuren einnehmen und dadurch Handlungskompetenz in einer simulierten Situation beweisen. Im Anschluss an die Analyse eines Konflikts (Aufgabenteile 1 und 2) versetzen Sie sich also in die Situation einer daran beteiligten Partei.

   Beispiele für Gestaltungsaufgaben:
   <u>Beispiel 1:</u> *„Die zukünftige Rolle der EU in der Welt wird im Europäischen Parlament diskutiert. Entwerfen Sie zwei Reden: eine, mit der Sie als Befürworter einer neuen Geostrategie das Plenum von Ihrer Position überzeugen wollen, und eine, die die Gegenposition bezieht."*

   <u>Beispiel 2:</u> *„Am Kabinettstisch der Bundesregierung wird die Position Deutschlands für die Sitzung der Landwirtschaftsminister in Brüssel vorbereitet. Die Bundeskanzlerin bittet neben Christian Schmidt auch den Wirtschaftsminister Sigmar Gabriel und den Minister für wirtschaftliche Zusammenarbeit und Entwicklung, Gerd Müller, um ihre Positionen im ‚Zuckerstreit'. Entwerfen Sie deren mögliche Stellungnahmen und eine nach Ihrer Auffassung denkbare gemeinsame Position der Bundesregierung in Brüssel."*

   In beiden Aufgaben sollen Sie die **Rolle und die Sichtweise von konkreten politischen Akteuren** einnehmen. Eine reizvolle, aber keineswegs einfache Aufgabe! Ihre erfolgreiche Bewältigung setzt – zusätzlich zum Sachwissen – Grundkenntnisse zum Rollenverständnis und zum institutionellen Kontext der Akteure voraus. Ein Abgeordneter des Europäischen Parlaments wird abhängig von seiner Partei-

3 Aufgabenarten gemäß der „Einheitlichen Prüfungsanforderungen" in der Abiturprüfung. Sozialkunde/Politik. Beschluss der Kultusministerkonferenz in der Fassung vom 17. 11. 2005, S. 19 ff.

zugehörigkeit und (hier) in Auseinandersetzung mit der bisherigen Außen- und Sicherheitspolitik der EU argumentieren. Entsprechende Kenntnisse zur Politik des Ministerrats oder der Kommission sollten also in die Rede einfließen. Analog gilt die geforderte „Einfühlung" in die Perspektive politischer Akteure bei den beiden Ministerreden. Eine Gefahr liegt in Lösungen, die nur die geforderte Pro- oder Kontra-Position mit Argumenten untermauert. Jede überzeugende Rede bemüht sich zumindest ansatzweise auch um die Entkräftung der Gegenposition.

Kursübergreifender Bezug

Die Aufgabe, die Sie ausgewählt haben, bezieht sich hauptsächlich auf ein Halbjahr, sie enthält aber auch **Verbindungen zu Inhalten von einem oder mehreren anderen Kursen zwischen Q 1 und Q 3**. In den „Einheitlichen Prüfungsanforderungen" heißt es nämlich: „Unbeschadet einer prüfungsdidaktisch erforderlichen Schwerpunktbildung dürfen sich die von der Schülerin bzw. vom Schüler zu bearbeitenden Aufgaben nicht auf Sachgebiete eines Kurshalbjahres beschränken." Darin liegt eine gewisse Hürde, denn dies wurde im Unterricht nicht unbedingt geübt und in Klausuren bisher auch nicht gefordert.

Es kann demnach sein, dass Sie z. B. die Rolle Chinas in der internationalen Politik als Schwerpunkt vorgelegt bekommen, also Inhalte des Kurshalbjahres Q 3, und damit Ihre Antwort auf die Frage zu verknüpfen haben, ob die in Deutschland garantierten Grundrechte universelle Gültigkeit besitzen (Q 1). Um welche Querverbindung zwischen verschiedenen Kursen bzw. Themen es sich handelt, sieht man in der Regel bereits an der **Überschrift**, die in jeder Aufgabe den konkreten Arbeitsaufträgen vorausgeht. Für unser Beispiel könnte sie lauten. „Die Menschenrechte in der internationalen Politik". Wie die Aufgabenstellung und ein Lösungsweg aussehen können, zeigt das Grundkursthema C aus dem Jahr 2011 (vgl. GK 2011-17 bis GK 2011-25 in diesem Band).

Operatoren

Am meisten hilft ein aufmerksames Lesen der **Arbeitsanweisungen**. Bei genauem Hinsehen lassen sich ihrer Formulierung wichtige Informationen entnehmen. Alle Autoren der zentralen Prüfungsaufgaben orientieren sich an einer gemeinsamen „**Operatorenliste**". Damit sind die Verben gemeint, die für möglichst prägnante, unmissverständliche Aufgaben sorgen sollen. Die folgende Liste umfasst alle offiziell zugelassenen Operatoren mit den verbindlichen Definitionen und verweist auf Beispielaufgaben. Dabei steht z. B. GK13/B/1 für die Grundkursaufgabe 2013, Vorschlag B, Teilaufgabe 1.

Anforderungsbereich I

Operator(en)	Definition	Beispiele
(be-)nennen	zielgerichtet Informationen zusammentragen, ohne diese zu kommentieren	
berechnen/ ermitteln	Aufgaben anhand vorgegebener Daten und Sachverhalte lösen	
beschreiben	spezifische Textaussagen oder Sachverhalte in eigenen Worten strukturiert und fachsprachlich ggf. unter Zuhilfenahme eigenen Vorwissens darstellen (z. T. auch AFB II)	GK11/A/1
skizzieren	einen Sachverhalt oder Gedankengang in seinen Grundzügen angeben Beispiel: *Skizzieren Sie den Einfluss der Medien auf die politische Willensbildung.*	
wiedergeben	Informationen aus dem vorliegenden Material unter Verwendung der Fachsprache in eigenen Worten ausdrücken	LK12/A/1 GK13/A/1
zusammenfassen	ausgehend von einem Einleitungssatz die wesentlichen Aussagen des Texts komprimiert und strukturiert darlegen	LK11/A/1 GK14/B/1

Anforderungsbereich II

Operator(en)	Definition	Beispiele
analysieren	Merkmale eines Textes, Sachverhaltes oder Zusammenhanges kriterienorientiert bzw. aspektgeleitet erschließen und zusammenhängend darstellen	GK12/C/3 LK13/C/3
anwenden	einen bekannten Sachverhalt oder eine bekannte Methode auf etwas Neues beziehen Beispiel: *Wenden Sie die Merkmale von Unterentwicklung auf ein Land Ihrer Wahl an.*	
auswerten	Daten oder Einzelergebnisse zu einer abschließenden Gesamtaussage zusammenführen Beispiel: *Werten Sie die vorliegenden Materialien im Hinblick auf die wirtschaftliche Entwicklung des Landes aus.*	
begründen	einen Sachverhalt bzw. eine Aussage durch nachvollziehbare (Text-)Argumente stützen (z. T. auch AFB III) Beispiel: *Begründen Sie, wie es zu dem Handelskonflikt/ der Veränderung des Parteiensystems gekommen ist.*	
charakterisieren	Personen, Vorgänge oder Sachverhalte in ihrer jeweiligen Eigenart treffend und anschaulich kennzeichnen und ggf. unter einem bestimmten Gesichtspunkt zusammenfassen	
darstellen	Zusammenhänge und übergeordnete Sachverhalte ggf. mithilfe von Materialkenntnissen und bekannten Deutungen strukturiert beschreiben und erklären (z. T. auch AFB I)	GK11/C/2.1 LK11/B/3a GK12/A/2
einordnen/ zuordnen	Sachverhalte unter Verwendung von Vorwissen begründet in einen thematischen Zusammenhang stellen	LK11/A/2 GK12/A/3
erläutern/ erklären	Materialien, Sachverhalte oder Thesen ggf. mit zusätzlichen Informationen und Beispielen verdeutlichen, in einen Zusammenhang einordnen und begründen	GK11/A/2.2 LK12/B/3 GK14/B/2

herausarbeiten	aus Materialien bestimmte Sachverhalte erschließen, die nicht explizit genannt werden	LK12/B/2
in Beziehung setzen	Zusammenhänge unter vorgegebenen oder selbst gewählten Gesichtspunkten begründet herstellen Beispiel: *Setzen Sie die Aussagen des US-Politikers in Beziehung zu den Aufgaben und Zielsetzungen der UNO.*	
untersuchen	die Übereinstimmung vorgegebener Kriterien oder Normen mit bestimmten Sachverhalten prüfen	LK12/A/3 GK14/C/3
vergleichen/ gegenüberstellen	nach vorgegebenen oder selbst gewählten Gesichtspunkten problembezogen Gemeinsamkeiten, Ähnlichkeiten und Unterschiede ermitteln und darstellen (z. T. auch AFB III)	LK13/B/1.2

Anforderungsbereich III

Operator(en)	**Definition**	**Beispiele**
beurteilen	zu einem Sachverhalt oder einer Aussage unter Verwendung von Fachwissen und Fachmethoden Stellung nehmen, um zu einer begründeten Einschätzung zu gelangen Beispiel: *Beurteilen Sie die Lösungsvorschläge des Autors.*	
bewerten/ Stellung nehmen	wie Operator „beurteilen", aber zusätzlich die eigenen Maßstäbe darlegen und begründen	GK11/B/3 GK13/B/4
diskutieren/sich auseinandersetzen mit	zu einer Problemstellung oder These eine Argumentation entwickeln, die zu einer begründeten Bewertung führt	GK12/C/4 LK13/A/4 LK14/B/4
entwickeln	einen eigenen (bewertenden) Gedankengang zu einem Thema entfalten und Schlussfolgerungen ziehen (z. T. auch AFB II)	
erörtern	die Vielschichtigkeit einer These oder Problemstellung erkennen, eigene Gedanken dazu entfalten und unter Abwägen verschiedener Standpunkte zu einem eigenen wertenden Urteil gelangen (z. T. auch AFB II)	LK11/B/3 GK12/A/4 LK12/C/3
gestalten/ entwerfen/ formulieren/ verfassen	Aufgabenstellungen kreativ und produktorientiert bearbeiten, z. B. auf der Grundlage eines Textes und seiner inhaltlichen oder stilistischen Gegebenheiten eine kreative Idee in ein selbstständiges Produkt umsetzen Beispiel: *Gestalten Sie auf der Grundlage der vorgegebenen Informationen eine Petition der Gewerkschaftsvertreter an den Innenminister.*	
interpretieren	auf der Grundlage einer Analyse Sinnzusammenhänge aus Materialien methodisch reflektiert erschließen, um zu einer schlüssigen Gesamtauslegung zu gelangen Beispiel: *Interpretieren Sie die Karikatur im Zusammenhang der Hauptthese des Textes.*	
überprüfen	Aussagen, Behauptungen oder Urteile kritisch befragen und auf der Grundlage erworbener Fachkenntnisse begründet beurteilen	GK11/B/2

Eine häufige Fehlerquelle liegt z. B. im Missverständnis, dass mit dem Operator „erläutern“ das breitere Ausführen von bereits Gesagtem gemeint ist. In Wirklichkeit handelt es sich um eine Erweiterungsaufgabe, die über die Materialvorgabe hinausreicht. Dieses Operatorenverzeichnis liegt sicher auf dem Schreibtisch Ihres PoWi-Lehrers, wenn er seine Klausuren entwirft. Daher müssten sie auch Ihnen bekannt sein. Wenn nicht, bitten Sie im Kurs darum, dass das Verständnis dieser Verben an Beispielen geübt wird. Sie erhalten damit einen wichtigen Schlüssel zur richtigen Anlage der eigenen Lösung. Während der Prüfung können Sie die Liste der Operatoren einsehen.

Verständnisfragen

Nicht immer sind alle Aufgabenstellungen eindeutig und für jeden sofort verständlich. In diesem Fall haben Sie das Recht, Ihrer Arbeit eine Erläuterung beizufügen. Darin können Sie Ihre Deutung der Aufgabe und den eigenen Lösungsweg erklären. In § 32 (6) der Oberstufen- und Abiturverordnung heißt es sogar: „Sie können in diesen Erläuterungen auch Zweifel an der Richtigkeit der vorgelegten Lösung äußern und begründen, warum Ihnen eine Lösung nicht möglich ist.“

3 Welche Themen sind prüfungsrelevant?

Alle prüfungsrelevanten Inhalte der Lehrpläne sollten während der ersten drei Halbjahre der Qualifikationsphase behandelt worden sein. Für welche Inhalte dieser drei Kurse das gilt, wird – wie auf S. 1 erläutert – regelmäßig per Erlass fixiert. So hat das Kultusministerium die unten aufgeführten **thematischen Schwerpunkte für das Landesabitur 2015** als Basis für die Auswahl von Texten und Aufgaben bestimmt.[4] Dabei handelt es sich um eine nur leicht verkürzte Fassung der im Lehrplan Politik und Wirtschaft genannten obligatorischen Inhalte.[5] Die folgende Zusammenstellung können Sie sehr gut als **Checkliste** benutzen: Was kann ich bereits gut, nicht so gut, gar nicht? Die mit „LK" markierten Stichworte können Sie übergehen, wenn Sie sich auf die schriftliche Prüfung im Grundkurs vorbereiten.

Q 1 Politische Strukturen und Prozesse	**gut**	**nicht so gut**	**gar nicht**
Verfassungsnorm und Verfassungsrealität – Grundprinzipien der Verfassungsordnung der Bundesrepublik Deutschland; Art. 1 und Art. 20 GG – Grundrechte und Grundrechtsabwägung (GG, BVerfG) – Parlament und Regierung im konkreten politischen Gesetzgebungsprozess			
Partizipation und Repräsentation an ausgewählten Beispielen – Parteien (innerparteiliche Demokratie, Fraktionszwang und freies Mandat) – Wahlen – Pluralismus und politischer Entscheidungsprozess – weitere Akteure und Formen der politischen Beteiligung			
Medien – Einfluss der Medien auf die politische Willensbildung – Demokratisierung, Partizipation und neue Medien			
Bundesrepublik Deutschland und europäische Integration – Prozess der europäischen Integration – institutionelle Strukturen und Entscheidungsprozesse in der EU (Europäisierung von Entscheidungsprozessen) – Frage nach dem Demokratiedefizit in der EU			
Politische Theorien (LK) – theoretische Grundlegung des modernen Verfassungsstaates – plebiszitäre und repräsentative Demokratie			

4 Die zusätzlichen Schwerpunkte für die bilingualen Prüfungen finden Sie im Einführungserlass (siehe Anmerkung 2).

5 Den aktuellen Oberstufenlehrplan für Politik und Wirtschaft finden Sie auf den Seiten des Hessischen Kultusministeriums unter www.kultusministerium.hessen.de (Durchklicken: Schule > Schulformen > Gymnasium > Zu den Lehrplänen > Gymnasiale Oberstufe).

Q 2 Wirtschaft und Wirtschaftspolitik			
Soziale Marktwirtschaft – Soziale Marktwirtschaft als ordnungspolitisches Leitbild – Funktionen und Folgen des Wettbewerbs – Konzentration in der Wirtschaft			
Ziele und Zielkonflikte wirtschaftlichen und wirtschaftspolitischen Handelns am Beispiel – „Magisches Vier-/Sechseck“ – Inflation und Staatsverschuldung – Beschäftigung und Arbeitslosigkeit – Konjunktur und Konjunkturpolitik – angebots- und nachfrageorientierte Wirtschaftspolitik – Tarifautonomie und Lohnpolitik			
Wirtschaftliche Integration Europas – wirtschaftliche Integration und nationalstaatliche Interessen			
Verteilung des Volkseinkommens und Verteilungspolitik (LK) – Verteilungspolitik: soziale Gerechtigkeit zwischen Leistungs- und Bedarfsprinzip			
Q 3 Internationale Beziehungen und Globalisierung			
Weltwirtschaft und Globalisierung – Weltmarkt und Welthandel zwischen Liberalisierung der Märkte und globaler Ordnungspolitik – transnationale Konzerne, Standortfaktoren und Veränderungen der internationalen Arbeitsteilung, internationale Finanzströme und Verschuldung			
Entwicklungs- und Schwellenländer und ihre wirtschaftlichen und politischen Beziehungen zu den hochindustrialisierten Weltzentren – Ursachen und Folgen der ungleichzeitigen Entwicklung – Faktoren der Unterentwicklung – Rolle internationaler Institutionen (Weltbank, IWF, Welthandelskonferenz, NGOs) – Konzeptionen und Vereinbarungen zur Verbesserung der wirtschaftlichen Entwicklung			
Aktuelle internationale Konfliktregionen und die Möglichkeiten kollektiver Friedenssicherung – Interessen, Entstehungsgründe, Konfliktpunkte (Sicherung von Menschenrechten, Terrorismus, Friedenssicherung durch Vereinbarungen und Verträge, Einflusssphären) – Entscheidungsprozesse in internationalen Organisationen (UNO, NATO) – Friedensbegriff und Konzeptionen der Friedenssicherung – LK: Theorie der internationalen Beziehungen			
Die deutsche Außenpolitik: Aufgaben, Erwartungen, Probleme – die sicherheitspolitische Lage Deutschlands – Bundeswehreinsätze in Konfliktregionen			
Internationales Recht (LK) – Souveränität und Völkerrecht			

Die Erstkorrektur der Arbeiten liegt in den Händen Ihres PoWi-Lehrers. Dazu erhält er oder sie Lösungs- und Bewertungshinweise des Ministeriums, anhand derer die Beurteilung vorzunehmen ist. Die Bewertungshinweise erlauben es jedoch, davon abweichende, sinnvolle Lösungswege als gleichwertig zu akzeptieren. Die Zweitkorrektur erfolgt in der Regel ebenfalls durch Lehrkräfte der eigenen Schule. In drei Fächern, die vom Kultusministerium jährlich neu bestimmt werden, übernehmen Fachlehrer einer benachbarten Schule die Zweitkorrektur („Ringtausch"). Weichen die beiden Beurteilungen voneinander ab, so kann ein neues, übereinstimmendes Gutachten gemeinsam erstellt werden. Gelingt dies nicht, entscheidet der Schulleiter im Rahmen der vorgeschlagenen Beurteilungen. Er könnte eine Drittkorrektur anordnen. Hierbei gilt: Maximal erreichbar sind **100 Prozent**. Der Schwellenwert für eine ausreichende Leistung (5 Punkte) liegt bei 46 Prozent, für eine gute Leistung (11 Punkte) müssen mindestens 76 Prozent erzielt werden.

Da sich Ihre Strategie in der Abiturklausur auf eine maximale Punktzahl richtet, werden Sie die Aufgaben besonders gründlich bearbeiten, für die es die meisten Prozentpunkte gibt. Diese Anteile werden Ihnen mit der Aufgabenstellung angegeben und zeigen eine Steigerung von relativ einfachen zu komplexeren und anspruchsvolleren Leistungen. Denken Sie bei Ihrer Zeiteinteilung daran.

Die **Wiedergabe von Gelerntem** erbringt in der Regel ein Viertel oder ein Fünftel der Gesamtleistung. Erlernbar sind Kenntnisse und Arbeitstechniken (Anforderungsbereich I), wie sie v. a., aber nicht nur, in der Textzusammenfassung gefragt sind.

Beispiel: *„Geben Sie einen Überblick über die in den Materialien zum Ausdruck kommende Kontroverse."*
(Hier überwiegt die gelernte Technik des geschickt strukturierten, unkommentierten Zusammenfassens mehrerer Texte, möglichst in eigenen Worten.)

Die **Anwendung von Gelerntem** (Transfer, Reorganisation) bildet den Schwerpunkt jeder Arbeit und ermöglicht etwa 50 Prozent der Punkte. Solche Leistungen erbringen Sie durch selbstständiges Auswählen, Erklären, Ordnen, Verarbeiten, Bearbeiten und Darstellen bekannter Sachverhalte unter vorgegebenen Fragestellungen und indem Sie das Gelernte auf vergleichbare neue Sachverhalte und Situationen übertragen (Anforderungsbereich II).

Beispiel: *„Erläutern Sie, nach welchen Verfahrensweisen und Wertorientierungen im Text dargestellte internationale Konflikte in einem demokratischen Verfassungsstaat wie der Bundesrepublik Deutschland geregelt werden."*
(Hier steht die Fähigkeit im Vordergrund, Gelerntes zum politischen System Deutschlands auf neue Sachverhalte – wie sie im Prüfungstext dargelegt sind – zu übertragen.)

Jetzt bleiben noch ca. 25 Prozentpunkte, die Sie durch Ihre **Fähigkeit zu selbstständiger Argumentation** erreichen können, also durch „selbstständige Begründungen, Folgerungen, Deutungen, Wertungen, Lösungen und Gestaltungen" (Anforderungsbereich III). Aus Ihren bisherigen Klausuren wissen Sie, dass die zuletzt genannten Anforderungen in der Regel am Schluss einer Arbeit erbracht werden.

Beispiel 1: *„Überprüfen Sie die Aussagen des Textes an Beispielen von aktuellen internationalen Konflikten."*
(Hier sollen Sie allgemeine Textaussagen daraufhin untersuchen, inwieweit sie mit konkreten Sachverhalten zu vereinbaren sind. Daraus folgern Sie eine Wertung bzw. ein Urteil.)

Beispiel 2: *„Formulieren Sie realistische Vorschläge, um die vom Text angesprochenen Tendenzen zu einer ‚Privatisierung des Krieges' einzudämmen."*
(Hier ist Ihr eigenes, möglichst gut begründetes, also abwägendes Urteil gefragt.)

5 Der verflixte Fehlerindex

Unbedingt qualitätssteigernd wirkt sich aus, wenn Sie Ihre Lösung sprachlich angemessen und gut lesbar, auch: gut leserlich!, darstellen können. Dazu gehört eine **übersichtliche Gliederung** Ihrer Arbeit, z. B. durch Absätze und Überleitungen. Indem Sie formale Schnitzer in Rechtschreibung, Grammatik und Zeichensetzung vermeiden und sich auch um **angemessene Fachbegriffe** bemühen, gewinnen Sie ein bis zwei Notenpunkte. Dies ist im **Fehlerindex** für PoWi geregelt, der für alle Oberstufenklausuren gilt. Wie er funktioniert, zeigt das folgende Beispiel:
Angenommen, Ihre Arbeit umfasst 850 Wörter, und auf jeder der fünf Seiten unterlaufen Ihnen zehn Fehler in Rechtschreibung, Grammatik, Zeichensetzung und fachsprachlicher Begrifflichkeit. Nach der Formel des Fehlerindex ergibt sich:
50 x 100 = 5000 : 850 = 5,9
Damit verlieren Sie einen Notenpunkt. Ab 51 Fehlern (Fehlerindex 6) verlieren Sie in unserem Beispiel schon zwei Notenpunkte. Einen großen Teil der Fehler vermeiden Sie durch abschließendes **Korrekturlesen**. Reservieren Sie dafür unbedingt **10 Minuten** am Ende der Arbeitszeit. Bei allen Klausuren liegt ein Rechtschreibduden bereit.

6 Tipps zur strukturierten Aufarbeitung und Wiederholung des Stoffs

Nachdem Sie die Checkliste (S. 7 f.) ausgefüllt haben, geht es an die Arbeit! Sie werden sehen, dass sich die Anstrengung auszahlt. Zu allen Themen, bei denen Sie „nicht so gut" oder „gar nicht" angekreuzt haben, legen Sie sich ein Info-Blatt an, das in vier Abschnitte gegliedert ist:
A Thema
B Ausführliche Notizen zum Thema
C Reduziert auf Stichworte
D Noch Unverstandenes (Begriffe, Fragen …)

Je früher Sie damit beginnen, umso besser. Vor allem die eigene Umformulierung des jeweiligen Stoffs auf knappe Stichworte hilft, das Gelernte zu verarbeiten. Greifen Sie dabei auf Aufzeichnungen und Arbeitsblätter aus dem Unterricht sowie auf Lehrwerke zurück, die in Ihrem Grund- oder Leistungskurs benutzt wurden. Schlagen Sie alle wichtigen Begriffe im Lexikon nach. Suchen Sie in Tages- oder Wochenzeitungen nach themenrelevanten Artikeln – eine gute Übung, da die meisten Abiturtexte den überregionalen Tageszeitungen entstammen. Arbeiten Sie mit Mitschülern zusammen. Bitten Sie – am besten mit Angabe von Wunschthemen – Ihren Kurslehrer um Wiederholungsstunden, falls er diese nicht ohnehin bereits geplant hat.

Literaturhinweise

Neben Ihren Unterlagen und den Lehrbüchern an Ihrer Schule können Sie folgende Nachschlage- und Überblickswerke zur Vorbereitung heranziehen:

- Manfred Bormann: Demokratie. Grundformen und politisches System in Deutschland (Abitur-Wissen Politik). Stark Verlag 2012. ISBN 978-3-89449-506-5.
- Ders.: Die Europäische Einigung (Abitur-Wissen Politik). Stark Verlag 2013. ISBN 978-3-89449-579-0.
- Carl Deichmann: Politische Theorien (Abitur-Wissen Politik). Stark Verlag 2011. ISBN 978-3-89449-649-4.
- Thomas Goll: Internationale Beziehungen (Abitur-Wissen Politik), Stark Verlag 2012. ISBN 978-3-86668-254-2.
- Fritz Schäffer: Grundlagen der nationalen und internationalen Politik. KompaktWissen Politik/Sozialkunde. Stark Verlag 2012. ISBN 978-3-89449-632-0.
- Manfred Wissel: Volkswirtschaft. Kompakt-Wissen Wirtschaft/Abitur. Stark Verlag 2013. ISBN 978-3-89449-685-2.

7 Die 10 häufigsten Fehler und wie Sie diese vermeiden

Ihre Abiturklausur soll nicht nur Kenntnisse und Problembewusstsein zeigen, sondern auch **methodische Fähigkeiten beweisen** – in der Textanalyse, der Auswertung einer Statistik oder Karikatur oder in der schlüssigen Formulierung eines differenzierten eigenen Urteils. Aus den im nächsten Abschnitt dargestellten Fehlern erfahren Sie „ex negativo“, worauf Sie ganz besonders achten sollten.

1. In der **strukturierten Textwiedergabe** – meist die erste Aufgabe – wird auf die zeitliche Einordnung oder die Nennung des Autors im Einleitungssatz verzichtet; der Text wird nur „chronologisch“ und zu nah am Wortlaut zusammengefasst. Die strukturierte Wiedergabe sollte **alle wesentlichen Aspekte enthalten**, jedoch so knapp wie möglich sein. Beginnen Sie mit dem Ziel (Resultat) der Argumentation eines Textes. Häufig empfiehlt es sich, von der Reihenfolge der Gesichtspunkte, wie sie im Text auftaucht, abzuweichen, damit die **innere Logik der Gedanken des Autors** deutlich wird. Um zu kennzeichnen, dass es sich nicht um Ihre Gedanken handelt, wählen Sie entweder den **Konjunktiv I** (z. B. „er habe …“, „es sei falsch …“) oder distanzierende Formulierungen (z. B. „Der Autor grenzt sich ab …“, „resümierend stellt er fest, …“). Wörtliche Zitate sind nur bei Schlüsselbegriffen des Textes sinnvoll.
2. Eigene **Aussagen** werden gar nicht, falsch oder einfallslos **miteinander verknüpft**. Zum Beispiel wird eine nichtssagende Verknüpfung wie „weiterhin“ oder „außerdem“ gewählt, obwohl z. B. „aber“, „denn“, „während“ oder „wenn“ erforderlich wären. Häufig kommt es zu „**Brüchen**“ in der Gedankenführung und die innere Logik der eigenen Darlegung bleibt unverständlich.

Unbedingt sollten Sie ein gesundes Maß an „**Wegweisern**" verwenden, also Formulierungen, die Ihre Vorgehensweise erläutern: „Zunächst kläre ich die Grundlagen …", „Dagegen gibt es eine Reihe von Einwänden: …". Besonders geschickt können Querverweise zu anderen Abschnitten Ihrer Arbeit sein.

3. **Eigene Thesen** werden nicht begründet, **Argumente** nicht mit Beispielen belegt, wichtige Gedanken nicht vertieft.
   Die Breite Ihrer Argumentationsbasis, der Aspektreichtum und der Grad der Differenzierung Ihrer Ausführungen sind wichtige Qualitätsmerkmale.
4. Das eigene Urteil geht nicht aus einer Auseinandersetzung mit Gegenargumenten hervor.
   Ihre Stellungnahmen, Wertungen und Urteile gewinnen erst dadurch Überzeugungskraft, dass Sie **Einwände entkräften**.
5. **Wichtige Begriffe** werden nicht definiert oder falsch verwendet. Zum Beispiel wird der Begriff „Grundgesetze" gebraucht, wenn „Grundrechte" gemeint sind.
   Verwenden Sie an zentralen Stellen kurze Definitionen: „Unter Globalisierung versteht man …"
6. Sie lassen sich zu **unangemessenen Übertreibungen** wie „Die Situation auf dem Agrarmarkt ist katastrophal" hinreißen. Bemühen Sie sich um sachliche Formulierungen ohne Wertungen.
7. **Wiederholungen:** Bereits Gesagtes taucht, leicht verändert, noch einmal auf.
   Sammeln Sie vor der Ausformulierung jedes Abschnitts Ihrer Arbeit zunächst unsystematisch Stichworte und erstellen Sie daraus eine relativ detaillierte Gliederung.
8. Falsches **Zitieren**, sei es wörtlich oder sinngemäß. So geht's richtig:
   www.teachsam.de/arb/zit_formen.htm
9. **Spiegelstrich-Aufzählungen** oder Pfeile im Text ersetzen eine zusammenhängende Darstellung.
   Lieber ein markantes Beispiel etwas gründlicher darstellen als alle Einzelfakten aufzählen!
10. Eine sinnvolle **äußere Strukturierung der eigenen Darlegungen** fehlt: Entweder werden zu viele oder gar keine Absätze gemacht.
    Beginnen Sie jede Teilaufgabe auf einem eigenen Blatt, um später Ergänzungen anfügen zu können. Erst am Ende sollten Sie die Seiten vollständig nummerieren.

Hinweise und Tipps zu den mündlichen Abiturprüfungen

Etwa acht Wochen nach den schriftlichen Prüfungen in beiden Leistungskursen und einem Grundkurs legen Sie zwei mündliche Prüfungen ab (4. und 5. Prüfungsfach). Damit nicht beide Prüfungen in einer Woche liegen, ziehen die meisten Schulen die Präsentationsprüfungen und das Kolloquium zur besonderen Lernleistung vor.
Die zuletzt genannten Prüfungsformen sind relativ jung. Sie sind eingeführt worden, weil sich der Unterricht in der Oberstufe zum einen stärker in Richtung eigenverantwortlichen Arbeitens entwickelt. Zum anderen zielen die neuen Prüfungsformate darauf, Sie auf veränderte Anforderungen in Studium und Beruf vorzubereiten. Im Folgenden werden die komplizierten rechtlichen Bestimmungen möglichst klar erläutert.

1 Die mündliche Prüfung im 4. Prüfungsfach

Diese traditionelle Prüfungsform können Sie in Politik und Wirtschaft wählen, wenn das Fach nicht Gegenstand Ihrer schriftlichen Prüfungen ist. Sie wissen: Bei der Wahl der Prüfungsfächer ist darauf zu achten, dass **alle drei Aufgabenfelder abgedeckt** sind und dass es **verpflichtende Abiturprüfungsfächer** gibt, die, wenn sie nicht schriftlich geprüft werden, bei der Wahl der mündlichen Prüfungen einzubeziehen sind.

Zeitplan

Meldung zur Prüfung	Zu Beginn des Prüfungshalbjahres.
Aufgabenstellung	Die Aufgabe wird vom Prüfer gestellt und Ihnen direkt vor der mündlichen Prüfung zu Beginn der Vorbereitungszeit mitgeteilt.
Vorbereitung	Ihre Vorbereitungszeit beträgt mindestens 20 Minuten.
Prüfungsplan	Spätestens am dritten Unterrichtstag vor der mündlichen Prüfung wird der Prüfungsplan in der Schule ausgehängt.
Prüfung	Mindestens 20 Minuten. Ihnen steht in der Regel die Hälfte der Prüfungszeit für einen kurzen, möglichst frei gehaltenen Vortrag (auf der Grundlage von Aufzeichnungen) zur Verfügung. Den zweiten Teil bildet ein Prüfungsgespräch.
Notenbekanntgabe	Das Ergebnis der Prüfung wird Ihnen in der Regel am Prüfungstag bekannt gegeben.

Rahmenbestimmungen für die mündliche Prüfung

Generell sollen Sie nachweisen, dass Sie fähig sind,
- einen kurzen Vortrag zusammenhängend und in sprachlich korrekter und angemessener Weise zu halten,
- ein themengebundenes Gespräch zu führen, dabei
- auf Fragen und Anregungen der Prüfenden einzugehen,
- eigene sach- und problemgerechte Beiträge zu weiteren Aspekten einzubringen sowie
- den eigenen Standpunkt deutlich darzustellen und zu begründen.

Thema und Aufgabenstellung

Das **Thema** der mündlichen Prüfung wird allein von Ihrem PoWi-Lehrer gestellt. Es resultiert aus dem Unterricht aller vier Kurshalbjahre in der Qualifikationsphase, aus denen Ihnen der Prüfer Schwerpunkte nennen kann. Die Aufgaben dürfen aber keine Wiederholung des schriftlichen Abiturthemas darstellen oder schon einmal in einer Klausur gestellt worden sein. Genau wie für die schriftlichen Prüfungen gilt:
- Aufgabenart ist die Problemerörterung auf der Grundlage unbekannten Materials, das allerdings wegen der kürzeren Bearbeitungszeit einen geringeren Umfang als in einer schriftlichen Prüfung aufweist.
- Das Thema hat seinen Schwerpunkt zwar in einem der Kurshalbjahre, muss aber Sachgebiete mindestens eines weiteren Kurshalbjahres mit einbeziehen.
- Die Aufgaben gehen in der Regel von einem neuen Anwendungsfall oder von Fragestellungen aus, die eine Reorganisation des Wissens erfordern. Die Anwendung von Gelerntem bildet also den Schwerpunkt.

Sie erhalten ein der knappen Prüfungszeit entsprechendes Material mit **zwei oder drei Arbeitsaufträgen** (vgl. Operatoren S. 4 f.), zu denen Sie sich stichwortartige Notizen machen. Diese bilden die Grundlage für Ihren **Vortrag**. In diesem ersten Prüfungsteil von etwa **zehn Minuten** tragen Sie Ihre Ergebnisse zusammenhängend vor. Dabei werden Sie vom Prüfer in der Regel nicht unterbrochen.
Im zweiten Prüfungsteil, dem **Prüfungsgespräch**, wird der Prüfer an Ihre Ausführungen anknüpfen und an der einen oder anderen Stelle „nachfassen", d. h. um Richtigstellung, Präzisierung oder Erläuterung bitten. In dieser Gesprächsphase bleiben Zusammenhänge gewahrt: Sie werden also nicht mit einer großen Anzahl punktueller, unzusammenhängender Fragen konfrontiert. Daraus ergibt sich für die Vorbereitung: Erwerben Sie nicht Detailwissen, mit dem Sie ein Fernsehquiz gewinnen könnten, sondern bemühen Sie sich um ein **Verständnis der wesentlichen Zusammenhänge**.

Die mündlichen Prüfungen werden in der Regel einzeln durchgeführt. Auf Vorschlag des Prüfers und mit Zustimmung der Prüfungsteilnehmer sowie des Vorsitzenden des Prüfungsausschusses können aber auch **Gruppenprüfungen** stattfinden. Dann stehen für jeden Teilnehmer 20 Minuten der Prüfungszeit zur Verfügung, sodass die Leistung jedes einzelnen Schülers angemessen bewertet werden kann. Bei zwei Prüflingen dauert die mündliche Prüfung also 40 Minuten.

Bewertung

Für die Bewertung gelten grundsätzlich die gleichen Kriterien wie bei schriftlichen Abiturarbeiten. Zusätzlich kommt die Fähigkeit hinzu, auf Fragen und Einwände sachgerecht einzugehen, Hilfen zu verwenden sowie dabei den eigenen Standpunkt deutlich darzustellen und zu begründen. Im Protokoll werden die Fragen des Prüfers und Ihre Antworten stichwortartig festgehalten, z. B. auch, ob eine Frage mit Nachhilfe durch den Prüfer beantwortet wurde.
Bei einer mündlichen **Prüfung mit null Punkten** (bei Zusatzprüfungen nach Verrechnung mit der schriftlichen Prüfung) ist das Abitur nicht bestanden. Dies gilt auch für die Präsentationsprüfung und die besondere Lernleistung.

Tipps zur Vorbereitung auf die mündliche Prüfung

Im Fach PoWi haben Sie die Methode der Textanalyse bzw. der Interpretation von Karikaturen, Statistiken und Diagrammen bereits erlernt und häufig geübt. Deshalb sollten Sie sich nicht primär durch Lektüre einzelner Materialien dieser Art vorbereiten, sondern diese höchstens zur Übung noch einmal anschauen. Da Sie in kurzer Zeit relativ viel Stoff wiederholen müssen, empfiehlt sich die Lektüre von Überblicksdarstellungen. Hierbei werden Sie zunächst auf Ihre Lehrbücher zurückgreifen. Weitere Literatur kann Ihnen Ihr Prüfer nennen. Zusätzlich zu den auf Seite 7 f. dieses Bandes dargestellten Inhalten geht es bei der mündlichen Prüfung **auch um den Stoff des Prüfungshalbjahrs**. Was können Sie bereits gut, nicht so gut, gar nicht?

Q 4 Aspekte der Globalisierung – Chancen, Probleme, Perspektiven (Zwei der fünf Themen sind verbindlich.)	**gut**	**nicht so gut**	**gar nicht**
Nationalismus und Fundamentalismus: Ursachen, Gefahren für den Frieden und die Menschenrechte (Ursachen, Problemfelder, Strategien; kulturelle Differenzen und politische Intoleranz, politischer und religiöser Fundamentalismus und Menschenrechte)			
Soziale Sicherungssysteme, Migration und deren Ursachen (Soziale Sicherung und Sozialpolitik in Industrie- und Entwicklungsländern; Diskussion einer „Weltsozialordnung"; Emigration, Migration, Integration; globale Strategien zur Armutsbekämpfung)			
Weltumweltpolitik (Akteure der Umweltpolitik; nationale Interessen und globale Umweltvereinbarungen; Nord-Süd-Ausgleich; Umweltschäden/Umweltkonflikte: Prävention, Nachhaltigkeit und Krisenmanagement)			
Politik im Zeitalter der Globalisierung (Verhältnis von Politik und Ökonomie: Chancen und Grenzen politischer Beteiligung und Entscheidung, „global governance", staatliche Ziele und Unternehmensziele)			
Kultur und Wissen (Nationale Identitäten, interkultureller Dialog und globale Wertesysteme; Frauen- und Geschlechterpolitik; Medien und Wissensgesellschaft zwischen freier Nutzung, politischer Steuerung und globaler Kommerzialisierung)			

Sie sollten sich unbedingt **Exzerpte** anlegen (ideal: auf Karteikarten), denn beim bloßen Lesen bleibt nicht viel hängen. Gehen Sie dabei wie auf S. 10 f. beschrieben vor. Vermeiden sollten Sie übertriebenes Datenlernen. Wenn Sie nicht gerade grobe Zuordnungsfehler begehen, wird man Ihnen eine Datierungsunsicherheit nachsehen.
Bereiten Sie sich möglichst nicht allein vor, sondern treffen Sie sich regelmäßig mit Mitschülern zur Prüfungsvorbereitung. Das macht mehr Spaß, ist effektiver und verhindert, dass Sie mangels Feedback Vorbereitungsfehler machen. Interpretieren Sie gemeinsam ausgewählte Materialien und tragen Sie sich gegenseitig in Form von Kurzreferaten größere Zusammenhänge vor.

2 Die mündliche Prüfung im 5. Prüfungsfach

Die mündliche Prüfung im 5. Prüfungsfach darf sich nicht auf eines der vier anderen Prüfungsfächer erstrecken. Sie haben im Unterschied zum 4. Prüfungsfach die Wahl zwischen drei Formaten. Sie allein entscheiden, ob Sie
- eine weitere mündliche Prüfung,
- eine Präsentationsprüfung oder
- eine besondere Lernleistung

ablegen möchten. Nur bei einer besonderen Lernleistung, für die Sie das Thema vorschlagen, müssen der Prüfer und der Prüfungsvorsitzende an Ihrer Schule zustimmen.

2.1 Die Präsentationsprüfung

Während es in der herkömmlichen mündlichen Prüfung um die Abarbeitung von Teilaufgaben nach kleinschrittigen Anweisungen geht, haben Sie in der Präsentationsprüfung größere Freiheiten und können sich etwa sechs Wochen lang mit dem Thema beschäftigen. Diese Phase der selbstständigen Erarbeitung fließt auch über die geforderte Reflexion im Kolloquium in die Bewertung ein.
Die Art dieses Prüfungsformats erspart Ihnen den Überraschungseffekt einer normalen mündlichen Prüfung. Ihre Chancen, Inhalt und Ablauf der Prüfung zu beeinflussen, sind erheblich größer. Es ist daher wohl auch kein Zufall, dass die Ergebnisse in Präsentationsprüfungen im Durchschnitt besser ausfallen als in regulären mündlichen Prüfungen. Der größere Aufwand zahlt sich aus!

Rahmenbestimmungen

Sie sollen eine eher **offene Problemstellung** aus dem PoWi-Unterricht von Q 1 bis Q 4 selbstständig klären und darüber einen **mediengestützten Vortrag** halten. Durch die größere Offenheit der Aufgabe, die mehrere Lösungswege und Präsentationsweisen erlaubt, stellen Sie Ihre Kompetenz zur selbstständigen Problemlösung unter Beweis. In der Regel werden Sie mit einer Wertungsfrage oder der Frage nach einer Problemlösung konfrontiert. Möglich sind auch gliedernde Fragen entsprechend den drei Anforderungsbereichen oder die Vorgabe von einer oder mehreren Schlüsselquellen (oder anderen Materialien, z. B. Filmen).

Im Unterschied zur besonderen Lernleistung werden Sie bei der Vorbereitung auf die Prüfung nicht betreut. Allerdings haben Sie bei der Ausgabe des Themas die Möglichkeit, neben den Formalia des Prüfungsablaufs auch Fragen zum genauen Verständnis der Aufgabe zu besprechen, was besonders bei einer sehr offenen, nicht gegliederten Problemstellung unbedingt ratsam ist. Ihr Fachlehrer kennt Sie aus dem Unterricht und kann so bei der Wahl des Themas Ihre Interessenschwerpunkte berücksichtigen, er legt es jedoch allein fest.

Ein an vielen Schulen eingeführtes „**Übergabeprotokoll**", das die Gesprächsinhalte bei der Themenausgabe zusammenfasst, kann Informationen zu folgenden Aspekten enthalten:
- rechtliche Vorgaben (Abgabetermin, Selbstständigkeit)
- technische Voraussetzungen (z. B. Bereithaltung eines Foliensatzes bei Powerpoint-Präsentationen; Abgabe der Präsentationsunterlagen auf einer CD-ROM im Anschluss an die Prüfung, räumliche Bedingungen der Prüfung, Angabe eines Testzeitraums)
- die Art der Quellen, die herangezogen werden können
- Anforderungen des Prüfers an die Dokumentation des geplanten Prüfungsablaufs (z. B. Darstellung des Gangs der Untersuchung, Thesen, verwendete Literatur, Vertiefungsmöglichkeiten im Kolloquium; Angabe der technischen Anforderungen für die Präsentation)
- Gewichtung einzelner Kompetenzen bei der Bewertung (z. B. Vorrang der inhaltlichen Durchdringung eines Themas vor medialer Darstellung, Bedeutung der methodischen Reflexion)

Fachübergreifende Prüfungen sind möglich, z. B. auf der Basis des bilingualen Unterrichts oder bei einer geschichtlich untermauerten Frage. Die Problemstellung verknüpft also Inhalte zweier Kurse oder Fächer. Die meisten Schulen handhaben die **Auflage eines kursübergreifenden Bezugs** übrigens so, dass sie durch einen Fachübergriff ersetzbar ist. Wichtig: Präsentationsprüfungen können nicht in einem der ersten vier Prüfungsfächer abgelegt werden.
Erwartet wird, dass Sie
- die Fragestellung des relativ offenen Themas operationalisieren, d. h. „handhabbar" machen, in Teilaspekte zerlegen, einen Schwerpunkt festlegen,
- Materialien selbstständig recherchieren oder andere fachspezifische Methoden zur Problemlösung einsetzen,
- gefundenes Material auf seine Zuverlässigkeit und Brauchbarkeit einschätzen,
- eine geeignete mediale Unterstützung auswählen, die Erkenntniswert hat und nicht lediglich illustrativen Zwecken dient,
- einen Vortragstext erstellen und auf den Zeitrahmen von 15 Minuten zuschneiden,
- während des Vortrags oder im Kolloquium die Methoden Ihres Vorgehens bzw. der Visualisierung reflektieren (z. B. durch Überlegung von Alternativen).

Eine Woche vor der Präsentation übergeben Sie Ihrem Prüfer eine „**schriftliche Dokumentation des geplanten Ablaufs**". Dieser etwa zwei- bis dreiseitige Ablaufplan sollte im Kern die Darstellung des Untersuchungsgangs und der Ergebnisse in (ausformulierten) Thesen enthalten. Außerdem geben Sie alle verwendeten Materialien und Quellen an. Schließlich können Sie hier auch **Vertiefungsmöglichkeiten** für das Kolloquium nennen, die Sie sehen. Nicht alles von dem, was Sie in vier bis sechs Wochen erarbeitet haben, lässt sich ja in den 15 Minuten gründlich darstellen. Diese Dokumentation wird nicht zur Beurteilung herangezogen, sondern dient nur der Vorbereitung Ihres Prüfers aufs Kolloquium. Dennoch ist eine Prüfung mit „nicht bestanden" zu bewerten, wenn bei der schriftlichen Dokumentation ein Betrugsversuch nachgewiesen wird oder wenn Sie sie nicht oder nicht fristgemäß abgeben.

Die Gedanken sind so zu strukturieren, dass sich ein „**roter Faden**" erkennen lässt. Ziel ist also ein **rhetorisch geschickter und medial unterstützter Vortrag** vor dem Fachausschuss der Prüfung, einem Expertengremium – anders als bei Referaten im Unterricht, die sich hauptsächlich an ein „Laienpublikum" richten. Dies ist die Regel, einzelne Schulen können jedoch andere Vorgaben machen. Zum Beispiel: „Als Zielgruppe einer solchen Präsentation ist grundsätzlich ‚der Oberstufenschüler' zu sehen. Abweichungen davon sind in der Aufgabenstellung deutlich zu vermerken." Prüfen Sie, ob es besondere Auflagen Ihrer Schule gibt. Anders als in der alternativen mündlichen Prüfung wird Ihr Vortrag nicht vom Prüfer unterbrochen.

Zwischen Vortrag und Kolloquium gibt Ihnen der Fachausschuss in der Regel eine kleine Umbau- und Verschnaufpause. Im **15-minütigen Kolloquium** geht es danach darum, die gefundene Lösung zu erläutern und gegebenenfalls zu verteidigen. Dazu gehört auch, die Methode der Untersuchung und der Präsentation darzulegen und die eigenen Argumente zu reflektieren. Erwartet wird im Kolloquium außerdem, dass Ihnen auf Nachfrage die **Vernetzung des Präsentationsthemas mit Unterrichtsinhalten** der Qualifikationsphase gelingt. Möglich sind also Fragen zur Themenstellung, nach Querverbindungen, Anwendungen, verwendeten Quellen, nach dem methodischen Vorgehen, nach der Funktionalität der gewählten Präsentationsformen, nach der beabsichtigten und der erzielten Wirkung etc.
Nach Abschluss der Prüfung übergeben Sie Ihre Unterlagen (Folien, Flipchart-Bögen, Powerpoint-Präsentation am besten auf CD-ROM) dem Vorsitzenden, der diese dem Protokoll hinzufügt.

Bewertung

Bei der Bewertung Ihrer Präsentation können die im Erlass genannten Kriterien unterschiedlich gewichtet werden. Eine prozentuale Aufteilung in die beiden Prüfungsteile Präsentation und Kolloquium oder eine präzise Gewichtung inhaltlicher und medialer Kompetenzen ist jedoch nicht festgelegt. Viele Schulen verwenden stattdessen **Ausschlussklauseln** folgender Art: „Eine unzureichende fachliche Leistung, die mit 0–3 Punkten zu beurteilen wäre, kann in der Präsentationsprüfung nicht zu einer Gesamtbeurteilung von 5 und mehr Punkten führen. Andererseits kann eine mit befriedigend oder besser zu beurteilende fachliche Leistung nicht durch misslungenes Präsentieren zu einer Gesamtbeurteilung von weniger als 5 Punkten führen." Damit soll betont werden, dass der Inhalt (die Fachkompetenz) im Vordergrund steht. Die Bewertung orientiert sich insgesamt an den folgenden Kriterien:

- Qualität und Umfang der vermittelten fachlichen Informationen, auch Vollständigkeit, exemplarisches Vorgehen, Aktualität, Kreativität,
- Strukturierung der Präsentation (z. B. Problembeschreibung – gegliederte Darstellung – Lösungen – Bewertungen – zusammenfassender Schluss),
- sachgerechter Einsatz der Medien, Qualität der audiovisuellen Unterstützung,
- Präzision und logische Nachvollziehbarkeit der Darstellung,
- kommunikative (einschließlich rhetorischer) Fähigkeiten,
- Reflexion über die gewählte Präsentationsmethode und über die vorgetragenen Lösungen und Argumente.

Zeitplan für die Präsentationsprüfung

Meldung zur Prüfung	Zu Beginn des Prüfungshalbjahres geben Sie an, in welchem Fach Sie eine Präsentationsprüfung ablegen wollen.
Aufgabenstellung	Die allein von Ihrem Prüfer formulierte Aufgabenstellung wird Ihnen in der Regel am Unterrichtstag nach der letzten schriftlichen Prüfung, also meist am letzten Schultag vor den Osterferien ausgehändigt. Dabei können Sie Ihrem Prüfer Fragen zum Verständnis des Themas stellen.
Vorbereitung	Als Bearbeitungszeit – ohne Betreuung durch den Prüfer – sind mindestens vier Schulwochen anzusetzen – nach den Osterferien.
Abgabe der schriftlichen Dokumentation	Spätestens eine Woche vor der Präsentation ist dem Prüfer eine schriftliche Dokumentation über den geplanten Ablauf der Präsentation abzuliefern („Ablaufplan“).
Prüfungsplan	Die Präsentationsprüfungen können vor den mündlichen Prüfungen stattfinden. Spätestens am dritten Unterrichtstag vor der Prüfung wird der Prüfungsplan in der Schule ausgehängt.
Prüfung	In der Regel 30 Minuten, wobei Ihnen für die Präsentation zunächst etwa 15 Minuten zur Verfügung stehen. In der zweiten Hälfte, dem Kolloquium, beantworten Sie Fragen zu Ihrem Vortrag.
Notenbekanntgabe	Das Ergebnis der Prüfung wird Ihnen in der Regel am Prüfungstag bekannt gegeben.

Wenn Sie sich für diese Form des 5. Prüfungsfachs entscheiden, sollten Sie vorher selbstständiges Arbeiten an einem Problem geübt und die eine oder andere Präsentation gehalten sowie mit Ihrem PoWi-Lehrer ausgewertet haben. So lernen Sie am besten die konkreten inhaltlichen und formalen Erwartungen Ihres Prüfers kennen. Letztlich festlegen müssen Sie sich aber erst mit der Meldung zum Abitur, also zu Beginn des Abiturhalbjahres. Die folgenden Tipps beruhen z. T. auf einer sehr hilfreichen Zusammenstellung des Liebig-Gymnasiums in Gießen, die häufig erprobt wurde.

Checkliste zur Vorbereitung

1. Die Erarbeitungsphase: Problemlösung und Visualisierung Ihres Vortrags

Der zeitliche Aufwand für die Vorbereitung ist hoch. Eine gelungene mediale Aufbereitung des Inhalts für die Präsentation setzt eine gründliche inhaltliche Recherche voraus. Der Prüfer gibt Ihnen u. U. Quellenmaterial zu einem Thema vor, das im Zusammenhang mit dem Unterricht steht. Literatursuche und Exzerpte beim Lesen sind danach selbstständig vorzunehmen. Damit sollten Sie sofort nach der Themenvergabe anfangen und folgende Punkte bedenken:

- Reflektieren Sie das gestellte **Thema** gründlich. Überlegen Sie, welche Vorkenntnisse Sie mobilisieren können (fachlich: Unterricht der Qualifikationsphase, überfachlich: z. B. rhetorische Übungen im Deutschunterricht). Ist das Thema zu allgemein und zu weit gefasst? Dann müssen Sie es „handhabbar" machen! Die leitende Fragestellung muss so „klein" sein, dass sie bearbeitbar ist, sie sollte in eine oder mehrere Thesen umformulierbar sein.
- Was ist das **Ziel** der Präsentation? Klären Sie, worin der Transfer-Auftrag steckt. An wen richtet sich Ihr Vortrag?
- Versuchen Sie, alle **Nebenfragen** zu formulieren, die das Thema aufwirft (vor allem: Warum-Fragen!).
- Wie lautet die **zentrale Leitfrage**, der rote Faden, die Problemstellung? Welche inhaltlichen Informationen gibt es dazu?
- Wie beschaffe ich die erforderlichen **Informationen**, z. B. Internet, Schulbibliothek, evtl. Universitätsbibliothek, Buch- und Zeitschriftenhandel? Möchten Sie eine Befragung von Experten/eine Meinungsumfrage durchführen?
- In welcher logischen **Reihenfolge** lässt sich der Inhalt darstellen? Sie haben mehrere Möglichkeiten: Vom Allgemeinen zum Besonderen (oder umgekehrt); als historischer Zugriff; von einer Problemfrage über mögliche Lösungswege zu einer abschließenden Wertung; über Vergleiche verschiedener Standpunkte (Perspektivenwechsel). Sie können auch zustimmende und widersprechende Aspekte zu einem Problem sammeln. Wichtig ist, dass Sie zu einer Lösung finden sowie mögliche Einwände und offene Fragen formulieren. Diese Gliederung können Sie z. B. in das Argumentationsschema des Fünfsatzes bringen (Alternative: Einleitung – Hauptteil – Schluss).
- Was sind die nächsten **Arbeitsschritte**? Machen Sie sich einen Arbeitsplan!
- Wählen Sie die Ihrem Thema angemessenen **Fachmethoden:** Empirische Methoden: Statistik, Erhebung (Übertragung in andere Darstellungsformen), Quellenanalyse und -kritik, Fallanalyse, Zukunftsszenario, Urteilsbildung, Ideologiekritik.
- Auswahl der **Medien:** Welches Medium passt zum Thema, welches liegt mir? Möglich sind: Flipchart, Wandzeitung (Mindmap, Skizze etc.), Multimedia: Powerpoint o. Ä., Videosequenzen; Folien: z. B. Entwicklung eines Strukturbildes. Überprüfen Sie unterschiedliche Darstellungsformen auf ihre Aussagekraft/als Mittel der Fokussierung.
- Wie lässt sich der Inhalt mit Bildern, Farben, Überschriften veranschaulichen, ohne dabei überladen zu wirken? Welches Medium möchten Sie einsetzen, z. B. Overhead-Folien, Beamer, Plakat?
- Halten Sie Ihren **Vortrag zur Probe** vor Eltern oder Mitschülern. Wenn möglich, kontrollieren Sie den Vortrag durch Kassette oder Video. Sie erfahren dann eher, wo Sie noch etwas umstellen, ergänzen oder verkürzen sollten, und können Ihren Zeitverbrauch besser einschätzen.
- Klären Sie rechtzeitig die **Anforderungen an die „schriftliche Dokumentation des geplanten Ablaufs"** Ihrer Präsentation mit dem Prüfer. Erstellen Sie einen Ablaufplan, in dem Sie Ihre Hauptaussagen ausformulieren, auf mögliche Schwerpunkte für das Kolloquium hinweisen, ein Verzeichnis der benutzten Literatur geben. Möglich ist auch, ein Thesenpapier als Handout für den Vortrag zu konzipieren.

2. Der Vortrag (15 Minuten)

- **Einführung**

  Benennen Sie Ihr Thema und geben Sie das Material an, auf das Sie sich stützen. Geben Sie unbedingt Ihre Problemstellung bzw. Schwerpunktsetzung an. Zeigen Sie Ihre Gliederung bzw. Ihre Leitfragen auf und sagen Sie, welches Ziel Sie erreichen möchten.

- **Hauptteil**

  a) Gliederung
  Geben Sie Ihrem Vortrag eine für das Thema geeignete, für den Zuhörer nachvollziehbare Struktur.
  Setzen Sie klare Schwerpunkte.
  Orientieren Sie sich an Wichtigem statt an Details. Exkurse sprengen den Zeitrahmen, gut gewählte Beispiele dagegen nicht.

  b) Spannung
  Halten Sie Blickkontakt zum Publikum, sprechen Sie möglichst frei. Bleiben Sie natürlich, so wie Sie sonst auch sind.
  Achten Sie auf angemessene Betonung, Mimik, Gestik, Lebendigkeit, Artikulation, Lautstärke.
  Wählen Sie ein Sprechtempo, das Mitdenken erlaubt, aber nicht langweilt.
  Regen Sie das Verstehen beim Zuhörer sprachlich, visuell oder auditiv an.

  c) Prägnanz
  Argumentieren Sie kausal: Begründen, vergleichen, belegen, veranschaulichen Sie.
  Halten Sie die Zeitvorgabe von 15 Minuten präzise ein.
  Zu vermeiden sind verschachtelte Sätze, unübliche Fremdwörter, missverständliche Sprechweisen.
  Erklären Sie je nach Adressatenkreis Fachbegriffe, Abkürzungen und nötige Fremdwörter.
  Sprechen Sie auf Ihr Ziel hin, verlieren Sie sich nicht in Details.

- **Zusammenfassung**

  Geben Sie einen Rückbezug zum Einstiegsproblem.
  Fassen Sie kurz zusammen.
  Geben Sie einen Ausblick/einen einprägsamen Schlusspunkt, der zu Fragen anregt.

3. Fragen zur Reflexion Ihres Vortrags im Kolloquium (15 Minuten)

Bereiten Sie sich auf folgende Nachfragen Ihres Prüfers vor:

- Welche Schwierigkeiten hatten Sie mit dem Thema, mit der Materialsuche, der inhaltlichen und methodischen Aufbereitung der Präsentation, und wie sind Sie diese angegangen? Gefragt ist hier die methodische Selbstreflexion des eigenen Weges der Problemlösung (Intentionen, Alternativen, Probleme, Umwege); bedenken Sie Mittel-Zweck-Zusammenhänge/die Leistungsfähigkeit von Methoden zur Erschließung von Sachverhalten.
- Halten Sie die wichtigsten Gründe für die von Ihnen gewählte visuelle Gestaltung fest.
- Welche Aspekte haben Sie am Thema interessiert, welche weniger? Warum?
- Welche Aspekte hätten Sie gerne noch vorgestellt?
- Wo lassen sich Bezüge zu Unterrichtsinhalten in zwei Halbjahren herstellen (alternativ: Bezüge zu einem anderen Fach)?
- Bei Partnerarbeit (Gruppenprüfung): Wie entwickelte sich die Zusammenarbeit, worin bestand Ihr eigener Anteil an der Arbeit? Wie haben Sie Probleme geklärt?
- Welche Stärken, welche Schwächen sehen Sie in Ihrem Vortrag, nachdem Sie ihn gehalten haben?

Themenbeispiele

Wie breit das Spektrum möglicher Themen ist, können Sie den folgenden Beispielen aus Prüfungen der letzten Jahre entnehmen:

- „Working Poor" in Deutschland – ein Problem für den Sozialstaat?
- Untersuchen Sie die Entwicklung des Strommarktes in der EU während der letzten zehn Jahre sowie die Auswirkungen auf unsere Region.
- Konzentration und Wettbewerb unter Berücksichtigung nationaler und internationaler politischer und wirtschaftlicher Entwicklungen – ein lösbarer Gegensatz?
- Rechtsextremismus und wirtschaftliche Entwicklung
- Die Türkei – künftig ein Teil der EU?
- Untersuchen Sie an Beispielen die Funktionen der Massenmedien in der Demokratie, speziell im Hinblick auf internationale Konflikte.
- Die Vereinten Nationen als Mittler zwischen den Sicherheitsinteressen der Weltgemeinschaft und dem Kernenergieprogramm des Iran.
- Frieden durch Zivilisierung der internationalen Politik? Untersuchen Sie die Rolle des Internationalen Strafgerichtshofs.
- Irak: Krieg um Öl?
- Indien – ein Globalisierungsgewinner oder -verlierer?
- Ist die Ungleichheit zwischen Mann und Frau ein Merkmal von Entwicklungsländern?
- Untersuchen Sie ökonomische Ursachen des Sextourismus in der Dritten Welt. Zeigen Sie darüber hinaus auf, welche Gegenmaßnahmen und Initiativen es gibt. Beziehen Sie lokale Einrichtungen in Ihre Untersuchung mit ein.
- Untersuchen Sie die Entwicklung des Fairen Handels am Beispiel Bananen in unserer Region.
- Untersuchen Sie die Darstellung der Dritten Welt in den lokalen Medien.

2.2 Die besondere Lernleistung

Eine besondere Lernleistung (BL) stellt eine „kleine Forschungsarbeit" dar, die von einem Lehrer ihrer Wahl über **mehrere Monate kontinuierlich betreut** und von Ihnen schließlich in einem Kolloquium vorgestellt wird. Anders als bei der Präsentation handelt es sich im Kern um eine schriftliche Arbeit „im Rahmen oder Umfang eines Kurses von mindestens zwei Halbjahren". Da es keine eigenen Kurse für die BL gibt, sollten Sie für die Vorbereitung mit einem **Aufwand von etwa 100 Stunden** rechnen. Die BL kann z. B. eine Fallstudie, ein umfassender Beitrag aus einem Wettbewerb, eine Jahresarbeit oder das Ergebnis eines fachübergreifenden Projektes sein.

Rahmenbestimmungen

Die Problemstellung der BL muss eigenes Nachforschen, Nachdenken und kritisches Untersuchen im wissenschaftspropädeutischen Sinne ermöglichen. Andererseits muss sie mit einem begrenzten Umfang von Sekundärliteratur und ohne großen finanziellen Aufwand zu bewältigen sein. Das genaue **Thema** der BL wird in Absprache mit der von Ihnen gewählten Lehrkraft oder – bei einem fachübergreifenden Thema – den

beiden Lehrkräften vereinbart. Den Themenvorschlag machen Sie! Am besten formulieren Sie zunächst einen Arbeitstitel; nach einer Einarbeitungsphase (etwa 1 bis 2 Monate) legen Sie gemeinsam mit der betreuenden Lehrkraft das endgültige Thema fest. Falls das Thema fachübergreifend ist, übernimmt eine Lehrkraft die Koordination der Betreuung und Bewertung.
Soll die besondere Lernleistung ins Abitur eingebracht werden, darf sie nicht bereits ganz oder teilweise als Leistungsnachweis in einem Ihrer Kurse angerechnet worden sein.

Oberste Priorität für eine gute oder sehr gute BL hat der **Eigenanteil**, d. h. die selbstständige Wahl einer Fragestellung und die **vom Prüfungslehrer betreute Untersuchung**. Wichtig sind ein gewisses Maß an Kreativität und die Fähigkeit, mittels selbstständig angewandter Methoden zu problemlösenden Erkenntnissen zu gelangen. Hüten Sie sich vor dem bloßen Zusammenschreiben fremder Quellen. Eine BL kann auch als **Gruppenprüfung** gewählt werden. Dann muss der Eigenanteil jedes Mitglieds der Gruppe deutlich sein.
Prüfungen in der BL können **auch in einem der ersten vier Prüfungsfächer** durchgeführt werden: Wenn Sie PoWi als Leistungskurs haben, kann also die BL ebenfalls in diesem Fach erfolgen. Die Schulleitung entscheidet aufgrund der Themenstellung, ob die besondere Lernleistung einem Aufgabenfeld zugeordnet werden kann und dadurch die Auflagen zur Abdeckung der drei Aufgabenfelder erfüllt. Die BL kann dabei aber nicht die Prüfverpflichtung in den Fächern Deutsch, Mathematik und Fremdsprache oder Naturwissenschaft oder Informatik „aushebeln".
Die schriftliche Ausarbeitung wird vom Betreuungslehrer und einem weiteren Lehrer beurteilt. Das **Kolloquium** wird von diesen beiden Lehrkräften sowie der oder dem Vorsitzenden des Fachausschusses durchgeführt. In diesem Prüfungsgespräch von ca. 20 Minuten stellen Sie die Ergebnisse der BL dar, erläutern und verteidigen sie und antworten auf Fragen. Das Kolloquium wird ähnlich wie eine mündliche Abiturprüfung durchgeführt. Es dient auch dazu, die Selbstständigkeit der Leistung festzustellen.

Bewertung

Bei der Bewertung gibt es keine feste Quote für den Anteil der Ausarbeitung und des Kolloquiums an der Gesamtnote der BL. Eine Addition des Ergebnisses beider Teile, der schriftlichen Ausarbeitung und des Kolloquiums, ist im Gegensatz zur mündlichen Zusatzprüfung nicht möglich. Ebenso wenig kann eine formale Gewichtung der beiden Prüfungsteile vorgenommen werden.
Sie sollen nachweisen, dass Sie die Aufgabenstellung selbstständig konzipiert, bearbeitet und reflektiert haben, fachliches Wissen angemessen schriftlich und mündlich darstellen und den Arbeitsprozess exakt und kritisch dokumentieren können. Im Übrigen gelten die Bestimmungen hinsichtlich der **drei Anforderungsbereiche** (Schwerpunkt im Anforderungsbereich II: selbstständiges Auswählen, Erklären, Anordnen, Ordnen; Verarbeiten, Bearbeiten und Darstellen bekannter Sachverhalte unter vorgegebenen Gesichtspunkten und Fragestellungen; selbstständiges Anwenden und Übertragen des Gelernten auf vergleichbare neue Sachverhalte und Situationen).

Die Note der BL wird **im Abitur vierfach gewertet**. Bei null Punkten ist das gesamte Abitur nicht bestanden.

Bei der **Bewertung der schriftlichen Ausarbeitung** gelten folgende Kriterien:
- Konzentration auf die Themenstellung,
- sinnvolle Gliederung,
- Nachvollziehbarkeit der Darstellung,
- sprachliche Korrektheit,
- normgerechte Literatur- und Quellenangaben,
- Qualität von Zeichnungen, Abbildungen oder Experimenten,
- äußere Form und Layout,
- angemessener Ausdruck,
- korrekte Verwendung von Fachbegriffen,
- Benennung der Gültigkeitsbedingungen des Ergebnisses,
- fachspezifische Methodenanwendung und -bewertung,
- Selbstständigkeit/Originalität,
- Qualität und Umfang der Recherchen,
- Nachweis der Arbeitskontakte und Kooperationspartner.

Zeitplan für die besondere Lernleistung

Meldung zur Prüfung	Sie beantragen die Genehmigung einer besonderen Lernleistung spätestens zu Beginn der Jahrgangsstufe 13 bei der Schulleitung mit Angabe einer betreuenden Lehrkraft. Die Zustimmung des Betreuungslehrers und das Konzept werden dem Antrag beigefügt. Erst mit der Zustimmung des Schulleiters ist Ihre Meldung perfekt.
Aufgabenstellung	In der Regel schlagen Sie der betreuenden Lehrkraft das Thema vor.
Vorbereitung	Zur Erstellung der Arbeit haben Sie mehrere Monate Zeit: vom Schuljahresbeginn bis zu den Osterferien. Sie werden dabei von einer Lehrkraft Ihrer Wahl betreut.
Abgabe der schriftlichen Ausarbeitung	Die schriftliche Ausarbeitung der besonderen Lernleistung ist spätestens am letzten Tag der schriftlichen Abiturprüfung bei der Schulleitung bzw. dem betreuenden Lehrer abzugeben, d. h. zwei Tage vor den Osterferien.
Prüfungsplan	Die Kolloquien für die besonderen Lernleistungen können vor den mündlichen Prüfungen stattfinden. Spätestens am dritten Unterrichtstag vor der Prüfung wird der Prüfungsplan in der Schule ausgehängt.
Prüfung	Das Kolloquium dauert mindestens zwanzig Minuten und besteht aus Vortrag und Prüfungsgespräch.
Notenbekanntgabe	Das Gesamtergebnis aus schriftlicher Ausarbeitung und Kolloquium wird Ihnen in der Regel am Prüfungstag bekannt gegeben.

Gründe für die Wahl einer besonderen Lernleistung

- Die Beschäftigung mit aktuellen Themen aus dem Bereich Politik und Wirtschaft ist sehr motivierend. Verschiedenartige Quellen, unterschiedliche Perspektiven und sehr oft ein persönlicher Bezug zum Thema machen die BL in PoWi zu einer äußerst interessanten Unternehmung.
- Sie können sie als Chance für die eigene Entwicklung wahrnehmen: Sie entwerfen Ihre Fragestellung selbst, stellen sich (eventuell gemeinsam mit anderen) eine Aufgabe, ein Ziel, und bearbeiten dieses planvoll und eigenverantwortlich über längere Zeit.
- Sie können einen eigenen Wettbewerbsbeitrag einbringen (siehe Themenbeispiele) oder reflektieren ein Praktikum, einen Auslandsaufenthalt.
- Sie wissen bereits besonders viel zu einem Thema, sei es, weil Sie dazu sehr viel Literatur gelesen haben, sei es, weil das Thema für Sie auch von persönlicher Bedeutung ist.
- Im Gegensatz zum Lehrer-Schüler-Verhältnis im regulären Unterricht stellt sich während der Betreuungsphase der BL ein eher kollegiales Verhältnis zwischen Lehrer und Schüler ein.
- Die besondere Lernleistung wird im Abitur gesondert ausgewiesen und kann daher in Bewerbungsverfahren eine besondere Rolle spielen.
- Eine BL geht mit vierfacher Wertung in die Gesamtqualifikation ein.

Themenbeispiele

- Eine Fallstudie, z. B. „McDonald's als Global Player – Vorbild wirtschaftlicher und kultureller Globalisierung?"; „Parteienfinanzierung in Deutschland und in anderen Demokratien – Welche Rolle soll der Staat spielen?"
- Ergebnisse aus einer Wettbewerbsbeteiligung, z. B. „Jugend gründet", „Schule macht Zukunft", „Alle für EINE WELT – EINE WELT für alle". Dazu gehört z. B. die Erstellung von Filmen, Theaterstücken, Musicals, Büchern, Internet-Auftritten, Dokumentationen.
- Dokumentation und Bericht zu einem Auslandspraktikum, z. B. „Entwicklungshilfe in Peru" oder zu einem EU-Projekt an Ihrer Schule.
- Ergebnisse eines fachübergreifenden Projekts, z. B. „Investigativer Journalismus am Beispiel von …" (PoWi, Deutsch); „Die ‚Nationale Identität' von Nachfahren italienischer Immigranten in Deutschland" (PoWi, Geschichte); „Körpersprache im Unterricht" (PoWi, Biologie, Deutsch); „Ursachen und Auswirkungen der Flutkatastrophe an der Elbe" (PoWi, Erdkunde, Biologie); „Der Flughafenausbau in Frankfurt" (PoWi, Naturwissenschaften); „Jurisdiction in Germany and the US" (PoWi, Englisch).

Wie gewinnen Sie einen Betreuungslehrer?

Zunächst die schlechte Nachricht: Es gibt keinen Anspruch auf Betreuung durch eine bestimmte Lehrkraft. Nur ganz wenige Schulen entlasten ihre Lehrkräfte nämlich für diese zusätzliche Arbeit – und Engagement ist notwendige Voraussetzung für Qualität. Die gute Nachricht: Die allermeisten Lehrer freuen sich, wenn ihre Schüler aktiv werden und sich dieser Herausforderung stellen. Einer dieser Lehrkräfte an Ihrer Schule legen Sie Ihre Idee oder Ihren Themenvorschlag vor, am besten gleich mit einem Rohkonzept, das folgende Fragen berücksichtigt:

- Welches Thema soll mit welchen Methoden und in welchem Zeitrahmen erarbeitet werden?
- Liegt der Schwerpunkt der Arbeit in einem bestimmten Fach, oder ist sie fächerübergreifend angelegt? Als Referenzfächer gelten alle in der Schule angebotenen Fächer.
- Geht die Arbeit aus einem Wettbewerb hervor, oder ist eine Wettbewerbsteilnahme geplant?
- Unterstützen schulische oder außerschulische Institutionen (Förderverein, Institute, Firmen …) die Arbeit?
- Wurden die geplante Arbeit oder wesentliche Bestandteile bereits anderweitig im Rahmen der Schule angerechnet?

Der erwünschte Betreuungslehrer kann Ihrem Vorhaben zustimmen oder seine Zustimmung von Änderungen abhängig machen (z. B. Einbeziehung bestimmter Quellen). Er kann die Wahl als Betreuungslehrer auch ablehnen oder Ihnen einen anderen Lehrer empfehlen.

Die Betreuung sollte neben der Korrektur und Bewertung der schriftlichen Arbeit sowie der Durchführung des Kolloquiums folgende Elemente umfassen:

- Hilfe bei der Themenfindung und -formulierung: Der Betreuungslehrer weiß, was „machbar“ ist und kennt die zu berücksichtigenden drei Anforderungsbereiche,
- drei bis fünf ausführliche Begleitgespräche, die stichwortartig zu protokollieren sind,
- Unterstützung beim Zeitplan und bei der praktischen Durchführung (z. B. Bereitstellen von Hilfsmitteln, Literaturhinweise usw.).

Umfang und Gliederung der schriftlichen Arbeit

Erfahrungsgemäß umfassen die meisten Arbeiten 25 bis 50 maschinenschriftliche Seiten (ohne Anhang). Zur schriftlichen Ausarbeitung gehören:

- Titelblatt (enthält Thema, Referenzfach/-fächer, Name der Schule, Name der betreuenden Lehrkraft, Schuljahr, Abgabezeitpunkt),
- Inhaltsverzeichnis (alle Gliederungspunkte des gesamten Textes vollständig mit genauer Seitenangabe),
- Einleitung: Begründung für die Themenwahl, Erläuterung und Abgrenzung des Themas, Begründung seiner Relevanz,
- Hauptteil: Darstellung des Problems, von Lösungswegen, Methoden und Ergebnissen,

- Schlussteil: Zusammenfassung der Ergebnisse bzw. ein Ausblick, am besten in einer Kurzfassung von einer Seite, evtl. Darstellung möglicher Konsequenzen, Querverbindungen, Auswirkungen,
- Anhang: wichtige Materialien und Präsentationselemente, eventuell Abbildungsverzeichnis, Abkürzungsverzeichnis,
- eine kritisch-reflektierende Darstellung des Arbeitsprozesses in Form eines Arbeitsberichtes (in der Einleitung oder im Schlussteil),
- die Angaben der verwendeten Literatur und weiterer Hilfsmittel und
- eine Erklärung über die selbstständige Anfertigung der Arbeit.

Wie geht die besondere Lernleistung in den Abiturschnitt ein?

Die besondere Lernleistung wird als fünftes Prüfungsfach eingebracht und geht dabei vierfach gewertet in den Abiturprüfungsbereich ein. 16 bis 17 Punkte mehr in der Gesamtqualifikation verbessern die Note um ein Zehntel. Allerdings sollte man die Einbringung einer besonderen Lernleistung nicht nur unter dem Gesichtspunkt der möglicherweise verbesserten Gesamtqualifikation sehen. Wichtig ist vielmehr, dass man in einem Spezialgebiet zeigen kann, dass man zu langfristigem und zielgerichtetem quasi-wissenschaftlichen Arbeiten fähig ist.

Beispielrechnung:

ohne besondere Lernleistung:

	Fach	Erg. Q 4	Erg. Abiturprüfung	Summe (Q 4 * 1 + Abi * 3)
LF 1				
LF 2				
3. Pf				
4. Pf				
5. Pf				
			insgesamt:	

mit besonderer Lernleistung:

	Fach	Erg. Q 4	Erg. Abiturprüfung	Summe (Q 4 * 1 + Abi * 3)
LF 1				
LF 2				
3. Pf				
4. Pf				
			Ergebnis	Lernleistung * 4
besondere Lernleistung				
			insgesamt:	

1. **Ihr Auftreten in der Prüfung überlegen!** Wenn Sie die besondere Bedeutung dieses Tages in Ihrer Kleidung ausdrücken möchten, tun Sie das, ohne zu übertreiben. Wenn Sie mit Krawatte Atemnot bekommen oder in einer Bluse verkleidet aussehen, lassen Sie diese Sachen im Schrank. Keine Kaugummis oder Mützen! Wichtiger als der äußere Eindruck ist, dass Sie sich wohlfühlen. Ihre Nervosität wird jeder verstehen, doch meist verfliegt sie rasch. Bemühen Sie sich um ein selbstbewusstes Auftreten, aber verstellen Sie sich nicht, spielen Sie keine Rolle.

2. **Nicht verunsichern lassen!** Lassen Sie sich nicht von der Anwesenheit der Prüfungskommission irritieren (Prüfer, Protokollant, Vorsitzender des Fachausschusses, evtl. außerdem Schulleiter als Vorsitzender der Prüfungskommission, Zuhörer). Zunächst haben Sie das Wort, und das Prüfungsgespräch wird allein Ihr Prüfer führen. Prüfungsvorsitzender und Protokollant haben ein Fragerecht, von dem sie aber in der Regel keinen Gebrauch machen. Allenfalls erwartet Sie von dieser Seite eine „Schlussfrage", die aber relativ allgemein gehalten sein wird oder sich konkret auf Ihre Ausführungen bezieht. Gehen Sie immer davon aus, dass Ihr Prüfer Sie nicht bloßstellen, sondern Ihnen Gelegenheit geben will, Ihre Kompetenzen zu zeigen. Bei einer kritischen Nachfrage sollten Sie nicht voraussetzen, dass Ihr Prüfer Sie verunsichern will, sondern überlegen, ob er Sie vielleicht behutsam von einem Irrweg zurückholt.

3. **Initiative zeigen!** Im Verlauf Ihrer Darlegung können eine eigene Gliederung des Themas, markante Beispiele, die Darstellung von Gegenpositionen, der Entwurf einer Tafelskizze und sporadisch eingestreute kritische Anmerkungen sowie ein Sprachstil, der sich von der Schriftsprache unterscheidet, das Interesse eines Prüfers aktivieren, der vielleicht zehn Prüfungen hintereinander abzunehmen hat.

4. **Anforderungsbereiche beachten!** Die reine Reproduktion von Gelerntem erfüllt nur den Anforderungsbereich I. Wesentlicher für die Bewertung ist der Anforderungsbereich II, der sich über die Anwendung von Kenntnissen auf neue Zusammenhänge definiert. Dieser Anforderungsbereich stellt den Prüfungsschwerpunkt dar. Im höchsten Anforderungsbereich III geht es um die begründete Darlegung eigenständiger Deutungen und um kompetente Beurteilungsleistungen. Deshalb sollten Sie auf keinen Fall vergessen, dass Sie früher oder später dazu aufgefordert werden, einen eigenen Deutungsansatz darzustellen oder einen Sachverhalt zu beurteilen. Die schriftliche Aufgabenstellung enthält diesen Anforderungsbereich zumeist in der dritten Aufgabe. Machen Sie auch sprachlich deutlich, wenn Sie sich in Anforderungsbereich III bewegen („Mich überzeugt die vorliegende Argumentation nicht", „Die Kritik des Autors greift an einer entscheidenden Stelle zu kurz", „Bush ist meiner Auffassung nach keineswegs nur ein Realpolitiker"). Die Nichterfüllung dieses Anforderungsbereiches kann ein Argument gegen eine zweistellige Punktzahl sein.

5. **Fragen vom Allgemeinen zum Besonderen beantworten!** Die meisten Fragen sind nicht nur mit einem Wort zu beantworten, sondern berühren ein breiteres Feld. Dann empfiehlt es sich, die Antwort „von oben nach unten“, also vom Allgemeinen zum Besonderen anzugehen. Erläutern Sie zunächst die groben Kategorien und gehen Sie sukzessive ins Detail. Der Prüfer erfährt dadurch, dass Sie „den Überblick haben“ und nicht nur den Lernstoff „auswendig herunterbeten“.

6. **Demonstrativ angemessene Fachbegriffe verwenden!** Damit stellen Sie nicht nur Ihre Kompetenz unter Beweis, sondern Sie sparen auch Zeit.

7. **Aktuelle Beispiele einbauen!** Lesen Sie in den Wochen vor der Prüfung regelmäßig Zeitung. So können Sie den Aktualitätsbezug in Ihren Ausführungen herstellen und zeigen zugleich, dass Sie Anwendungszusammenhänge im Blick haben.

8. **Die Reaktion des Prüfers beobachten!** Natürlich ist es etwas schwierig, in einer ohnehin angespannten Situation, wie sie eine Prüfung darstellt, einen Stoff gegliedert vorzutragen und gleichzeitig noch Mimik und Körperhaltung des Prüfers zu beobachten. Trotzdem sollte man dies zumindest versuchen. Dafür ist es wichtig, dass Sie Blickkontakt zum Prüfer halten. Durch nonverbale Indizien kann man beispielsweise bei der Darstellung einer Grobgliederung abschätzen, welche Unterpunkte willkommen oder unwillkommen sind.

9. **Strategisch mit Wissenslücken umgehen!** Untersuchungen zum Verhalten in mündlichen Prüfungen deuten an, dass immer das Bemühen des Prüflings durchscheinen sollte, die Prüfung erfolgreich absolvieren zu wollen. Unter diesem Gesichtspunkt können Sie durchaus eventuell auftretende Wissenslücken explizit zugeben. Sie sollten aber zugleich versuchen, ein eigenes Lösungskonzept zu entwickeln. „Ich könnte mir eine Lösung dieser Frage etwa so vorstellen …“, wäre beispielsweise ein Einleitungssatz dazu.

10. **Zeitplan der Prüfung beachten!** Nach etwa zehn Minuten werden Sie in der Regel unterbrochen, bis dahin haben Sie im Idealfall Ihre Ausführungen zu den Arbeitsaufträgen beendet. Gegebenenfalls empfiehlt es sich, die eigene Darstellung so zu raffen, dass dieser Zeitplan eingehalten wird. Zeitknappheit kommt häufiger vor als ein vorzeitig beendeter Vortrag.

Hessen – Politik und Wirtschaft – Grundkurs
Übungsaufgabe 1 – Mündliche Prüfung

Thema: *Die Zukunft der Europäischen Union*

Aufgaben

1. Geben Sie M 1 in eigenen Worten wieder. Ordnen Sie dabei die Veränderungen der EU, die Cohn-Bendit voraussagt, in sinnvolle Kategorien ein. (30 BE)
2. Beurteilen Sie anhand von Beispielen aus dem Text die Chancen dafür, dass die von Cohn-Bendit geschilderte Zukunft eintritt. (40 BE)
3. Cohn-Bendit geht davon aus, dass die Europäische Union 2057 einen Sitz im UN-Sicherheitsrat innehat (vgl. Z. 13 ff.).
   Stellen Sie die Strukturen der UN kurz dar und diskutieren Sie anschließend die Chancen auf Erfolg für einen Sitz der EU im UN-Sicherheitsrat. (30 BE)

M: Odyssee Europa – Europa 2057

Heute feiert Brüssel und zeigt sich in seiner schönsten Pracht. Die Stadt, die […] einziger Sitz des Europäischen Parlaments ist, bereitet sich auf den hundertsten Geburtstag der Europäischen Union vor. Tausend junge Zivildienstleistende wurden für die „European Tour" engagiert, eine Tournee von 500 Künstlern, die nach dem EU-Beitritt der westlichen Balkanländer ins Leben gerufen wurde. Die Musiker, Literaten und Artisten bereisen auf dem transeuropäischen Schiffs- und Eisenbahnnetz den Kontinent. […] Vergangene Woche wurde die Einweihung der ICE-Strecke von München über Zagreb, Sarajevo, Skopje und Tirana nach Athen gefeiert. Inzwischen gibt es auch den „IGC" (Intercity-Güter-Express), der den Lkw-Verkehr um 40 Prozent reduziert hat. […]

Die Europäische Union hat Zeit gebraucht, um stark zu werden. Die schwindende Macht der Staaten hat schließlich zu einer gemeinsamen Außen- und Sicherheitspolitik geführt, die auch die Sicherung der Energieversorgung einschließt. Das emanzipierte die EU nicht nur von den USA, sondern bescherte ihr auch einen Sitz im Sicherheitsrat der Vereinten Nationen.

Wir müssen verstehen, dass gemeinsame europäische Politik nicht immer so selbstverständlich war wie heute. Bei jedem Schritt der Integration wehrten sich die Staatschefs mit Händen und Füßen. Besonders schlimm war es vor dem „Wunder vom Bosporus". Die Türkei, ein wichtiges Transitland für die Gas- und Ölversorgung Europas, hatte für die Verkrampfung des ganzen Kontinents gesorgt. Die Annahme eines Vertrags, der den Türkei-Beitritt erlauben sollte, war schwierig. Aufklärungsfeindliche Gedanken bedrückten das Europa des beginnenden 21. Jahrhunderts. Es zerstritt sich über einen Gottesbezug in seiner Verfassung und über den Vorstoß des verstorbenen Papstes Benedikt XVI., das göttliche Recht über die irdischen Gesetze zu stellen. Länder wie Polen wollten die Theorien Darwins durch den Schöpfungsglauben ersetzen, andere blockierten den biotechnologischen Fortschritt. Nicht minder schädlich war der damalige französische Präsident, der ein Ministerium für Einwanderung und nationale Identität gründete. Eine zeitlang igelte sich Europa ein.

Aber an diesem 25. März 2057 können wir festhalten, dass diese schwierige Ära lange überwunden ist. Die europäischen privaten und öffentlich-rechtlichen Funk- und Fernsehanstalten haben gerade das Kommissionsgebäude gestürmt, um die Rede des Kommissionspräsidenten zu übertragen. Eines Präsidenten übrigens, dessen Beliebtheit die seiner Vorgänger bei weitem übertrifft – mit Ausnahme der des ersten Präsidenten, der [...] direkt vom europäischen Volk gewählt wurde.

Durch ihr weitsichtiges Klima-Engagement ist die EU das weltweit führende Exportland für Spitzentechnologie geworden. Die durch die Wettbewerbsfähigkeit geschaffenen Arbeitsplätze und Maßnahmen gegen das Altern der Bevölkerung (freie Wahl des Rentenalters, bessere Beschäftigungsmöglichkeiten für Frauen und ältere Arbeitnehmer, eine nachhaltige Erweiterungspolitik und legale Einwanderung) haben für Wiederbelebung und Aufschwung der europäischen Gesellschaften gesorgt. 2022 wurde die Türkei und 2027 die Ukraine aufgenommen.

Der Präsident tritt an das Rednerpult und für den Bruchteil einer Sekunde hält die ganze Welt den Atem an.

Daniel Cohn-Bendit, Frankfurter Rundschau vom 24. 03. 2007

Lösungsvorschläge

Unterrichtsinhalte:

- Q 1: Bundesrepublik Deutschland und europäische Integration: Prozess der europäischen Integration; institutionelle Strukturen und Entscheidungsprozesse in der EU (Europäisierung von Entscheidungsprozessen); Frage nach dem Demokratiedefizit in der EU
- Q 2: Wirtschaftliche Integration Europas: wirtschaftliche Integration und nationalstaatliche Interessen
- Q 3: Aktuelle internationale Konfliktregionen und die Möglichkeiten kollektiver Friedenssicherung: Entscheidungsprozesse in internationalen Organisationen (UNO, NATO)

1. *Grundsätzlich kennen Sie dieses Aufgabenformat aus den Klausuren, es ist eine ganz normale Textwiedergabe, die zwei Besonderheiten aufweist: Zum einen ist der Text aufgrund der geringeren Vorbereitungszeit kürzer als ein Klausurtext. Zum anderen sollen Sie hier den Text systematisch wiedergeben, d. h., Sie sollen die vorhergesagten Veränderungen in Kategorien einordnen. Diese Kategorien können Politikfelder wie Innen-, Außen- oder Wirtschaftspolitik sein, oder auch Kategorien wie „wahrscheinlich", „möglich", „unwahrscheinlich" und „unmöglich" – hier ist Ihre Gliederungskompetenz gefragt. (AFB I)*

Bei dem Text handelt es sich um eine Utopie im Sinne einer positiven Zukunftsvorstellung. Der Autor Daniel Cohn-Bendit beschreibt in seinem Beitrag „Odyssee Europa – Europa 2057” für die Frankfurter Rundschau aus dem Jahr 2007 die EU in fünfzig Jahren. Die dargestellten Veränderungen können in folgende Kategorien eingeteilt werden:

Außenpolitische Veränderungen

- Ständiger Sitz der EU im UN-Sicherheitsrat
- Balkanländer als Mitglieder der EU
- Türkei und Ukraine als EU-Mitglieder
- Gemeinsame europäische Außenpolitik, gemeinschaftliche Sicherung der Energieversorgung im Rahmen der GASP

Institutionelle und innenpolitische Veränderungen

- Brüssel als alleiniger Sitz des EU Parlaments
- Direktwahl des Kommissionspräsidenten
- Europäische Verkehrspolitik mit europaweiten Netzen
- Europäische Rundfunkanstalten (privat und öffentlich-rechtlich)

Gesellschaftliche Veränderungen

- Überwindung „aufklärungsfeindlicher“ Gedanken (z. B. erfolgloser Versuch Papst Benedikts, göttliches Recht über das irdische Recht zu stellen, u. a.)
- Nachhaltigkeit beschert der EU einen Aufschwung und mildert die Folgen des demografischen Wandels (Klimaengagement sichert Spitzenreiterposition in Zukunftstechnologien, nachhaltige Erweiterungs- und Einwanderungspolitik)

2. *Hier sollen Sie Beispiele aus dem Text aufgreifen und beurteilen, ob Sie deren Eintreten für wahrscheinlich halten. Natürlich können Sie (ebenso wie Ihre Prüfer) nicht in die Zukunft sehen. Aber Sie kennen Gegenwart und Geschichte der EU und können (und sollen) aus dieser Position heraus eine Prognose abgeben. Der Vorteil dieser Aufgabenstellung besteht darin, dass Sie die Möglichkeit haben, diejenigen Punkte aufzugreifen, bei denen Sie sich gut auskennen. Nutzen Sie diesen Vorteil. Niemand erwartet von Ihnen, dass Sie sämtliche Aspekte ansprechen. Greifen Sie die Beispiele auf, die Sie im Unterricht behandelt haben. Den von Cohn-Bendit angesprochenen Sitz im UN-Sicherheitsrat sollten Sie an dieser Steller aber nur erwähnen, zu einer ausführlichen Erörterung haben Sie in Aufgabe 3 Gelegenheit. (AFB III)*

- Ständiger **Sitz im UN-Sicherheitsrat**
  Unwahrscheinlich, siehe Aufgabe 3
- **Balkanländer (z. B. Kroatien, Serbien) als Mitglieder der EU**
  Kroatien wurde am 1. Juli 2013 der 28. Mitgliedstaat der EU; Serbien, Montenegro und Mazedonien haben den Status von Beitrittskandidaten. Eine Mitgliedschaft der Balkanstaaten in der EU ist bis 2057 durchaus wahrscheinlich.
- **Türkei und Ukraine** als EU-Mitglieder
  Der ehemalige ukrainische Präsidenten Wiktor Juschtschenko hat 2004 bekundet, eine baldige EU-Mitgliedschaft anzustreben; unter dem seit 2010 am-

tierenden Präsident Wiktor Janukowytsch näherte sich die Ukraine aber eher Russland an. Infolge der Verhaftung von Julija Tymoschenko 2011 und der desolaten Menschenrechtslage kühlten die Beziehungen zwischen der EU und der Ukraine weiter ab, die EU hat mittlerweile die Unterzeichnung eines Assoziierungsabkommens vorläufig ausgesetzt.
Die Türkei hat seit 1999 den Status eines Beitrittskandidaten. Gegen den Türkeibeitritt formierte sich in der Vergangenheit starker Widerstand, der im Text zwar erwähnt wird, in der Zukunft aber wohl keine Rolle mehr spielt.

- **Europäische Energiepolitik im Rahmen einer funktionierenden GASP**
  Der Vertrag über die europäische Energiecharta ist 1994 bereits unterzeichnet worden, jedoch fehlen bisher sowohl die Ratifikation Russlands als auch eine gemeinsame europäische Energiepolitik. Die Weiterentwicklung der GASP ist seit 1992 Anliegen der EU. Die Erfolge sind bisher jedoch bescheiden, denn die Bereitschaft der Mitgliedstaaten, auf ihre außenpolitische Souveränität zu verzichten, ist gering. Der Vertrag von Lissabon entwickelt die GASP in geringem Maße weiter, etwa durch den „Hohen Vertreter der EU für Außen- und Sicherheitspolitik" – den Titel eines EU-Außenministers hat man jedoch bewusst vermieden.
- Brüssel als **alleiniger Sitz** des EU-Parlaments
  Derzeit hat das EU-Parlament in Brüssel und Straßburg (und Luxemburg) einen Sitz; ein alleiniger Standort in Brüssel erfordert einen Verzicht Frankreichs. Zwar wird ein Umzug sowohl vom Europäischen Parlament als auch von den europäischen Bürgern befürwortet, es ist jedoch mit Widerstand aus Frankreich zu rechnen.
- **Direktwahl** des Kommissionspräsidenten
  Durchaus denkbar, eine solche Reform würde allerdings bedeuten, dass der Europäische Rat sein Vorschlagsrecht für den Kommissionspräsidenten einbüßt und das Europäische Parlament sein Recht verwirkt, den Kommissionspräsidenten zu wählen.
- **Europäische Verkehrspolitik** mit europaweiten Netzen
  Seit 1987 gibt es ein Eurocity-Netz im Personenverkehr, dessen Ausbau möglich erscheint. Die Annahme hingegen, der Güterverkehr ließe sich weitgehend auf die Schiene verlagern, erscheint angesichts der zunehmenden Verlagerung des Verkehrs auf die Straße mittelfristig aber kaum realistisch.
- **Europäische Rundfunkanstalten** (privat und öffentlich-rechtlich)
  Trotz Kooperationen im Medienbereich (z. B. deutsch-französischer TV-Sender Arte) erscheinen europäische Rundfunkanstalten ob des Sprachproblems eher unwahrscheinlich. Auch eine Etablierung öffentlich-rechtlicher Rundfunkanstalten entspricht nicht der Tradition aller Mitgliedstaaten.
- **Überwindung „aufklärungsfeindlicher" Gedanken**
  Einerseits betont die EU ihre „aufklärerischen" Wurzeln, andererseits stehen der Überwindung „aufklärungsfeindlicher" Gedanken stark verfestigte religiöse Traditionen entgegen. Auch religiöser Fundamentalismus (vgl. internationaler Terrorismus), der zwar nicht von Europa ausgeht, aber durchaus Aus-

wirkungen auf Europa haben könnte (vgl. Debatte über innere Sicherheit, Türkei als „Risikofaktor"), behindert eine derartige Entwicklung.

- **Nachhaltigkeit** sichert der EU-Gesellschaft einen Aufschwung
  Im Rahmen einer nachhaltigen Klimapolitik bemüht sich die EU, den Anstieg der globalen Durchschnittstemperatur zu begrenzen. Die EU ist schon heute Vorreiter in Sachen Klimaschutz, möglicherweise wird sich ein Vorsprung in klimafreundlichen Technologien und Produktionsverfahren zum Standortvorteil entwickeln, von dem die EU 2057 profitiert.
  Was die Einwanderungspolitik betrifft, so geriet die EU bisher vor allem durch ihre eher restriktive Einwanderungspolitik in die Schlagzeilen (afrikanische Flüchtlinge auf der italienischen Insel Lampedusa).

3. *Diese Aufgabe verbindet die EU-Thematik mit der internationalen Politik. Zunächst sollen Sie die Struktur der UN kurz darstellen, beschränken Sie sich hierbei auf die zentralen Organe wie Generalversammlung, Generalsekretär und Sicherheitsrat. Verzetteln Sie sich nicht in Details, die eigentliche Aufgabe kommt erst noch: Die Frage nach einem Sitz der EU im Sicherheitsrat. Kernpunkt ist hier eine Erörterung der Reformfähigkeit der UN. Aber selbst wenn sich eine solche Reform realisieren ließe – ist die EU für einen solchen Sitz bereit? Damit sind Sie wieder bei der Beurteilung der Prognose Cohn-Bendits. Verknüpfen Sie daher Aufgabe 2 und 3. Ist eine solche Reform des Sicherheitsrats möglich und sind die Europäer überhaupt für einen gemeinsamen Sitz bereit (Zukunft der EU und der GASP)? (AFB II und III mit Schwerpunkt auf AFB III)*

Eine tief greifende Reform der UN erscheint unwahrscheinlich.

Zwar besteht **dringender Reformbedarf**,

- da viele Artikel der UN-Charta – z. B. einzelne Abschnitte des Kapitels VII (Maßnahmen bei Bedrohung oder Bruch des Friedens und bei Angriffshandlungen) – sich als **nicht praktikabel** erwiesen haben oder – wie die sogenannten Feindstaatenklauseln – an Bedeutung verloren haben,
- da sich den UN nun **neue Aufgaben** stellen, wie z. B. Krisenprävention und Umweltschutz,
- da die **Zusammensetzung des Sicherheitsrats** nicht mehr zeitgerecht ist. die fünf ständigen Mitglieder spiegeln die Machtverhältnisse nach Ende des Zweiten Weltkriegs wider und die Zahl der nichtständigen Mitglieder entspricht der Struktur der UN zu Beginn der 60er-Jahre,
- da das zunehmend als ungerecht empfundene Vetorecht der fünf ständigen Mitglieder den Sicherheitsrat **handlungsunfähig** machen kann,
- da die Arbeit der Generalversammlung **wenig effizient** ist.

Allerdings

- sieht die UN-Charta für institutionelle Reformen eine **2/3-Mehrheit** in der Generalversammlung vor (denkbar) und eine Zustimmung **aller** ständigen Mitglieder (unwahrscheinlich),

- würde ein Sitz der EU im Sicherheitsrat dazu führen, dass die Franzosen und die Briten ihre ständigen Sitze aufgeben müssten → **Widerstand** in diesen Ländern, weil sie zentrale außenpolitische Vorrechte aufgeben müssten,
- würde das **Stimmgewicht der EU** durch einen einzigen gemeinsamen Sitz abnehmen (bisher: durch Großbritannien und Frankreich haben die Europäer im Prinzip zwei ständige Sitze inne),
- gibt es grundsätzliche **Widerstände** der übrigen ständigen Mitglieder (z. B. USA) gegen tief greifende Reformen der UN.

Auch ist ungewiss, ob die EU für einen gemeinsamen Sitz im UN-Sicherheitsrat überhaupt bereit wäre: Wenn sich die EU heute nicht einmal einen Außenminister „leistet", wie wahrscheinlich ist es, dass sie 2057 eine **kollektive Außenpolitik** praktikziert, die geschlossen im Sicherheitsrat vorgebracht wird? Andererseits: Vor 30 Jahren gab es noch nicht einmal auf dem Papier die GASP. Bis 2057 wäre eine europäische Außenpolitik also durchaus nicht unmöglich.

Mögliche Nachfragen

Der Prüfer bereitet für den zweiten Teil der mündlichen Prüfung Fragen vor. Während Sie im ersten Teil (ca. 10 Minuten) i. d. R. kaum unterbrochen werden, wird der zweite Teil eher als Gespräch gestaltet. Dabei kann der Prüfer Unklarheiten oder Lücken aus dem Vortrag ansprechen. Oft gehen die Prüfungsfragen über Ihren Vortrag hinaus und bieten Ihnen die Gelegenheit, zu zeigen, dass Sie in den letzten zwei Jahren nicht nur Wissen erworben haben, sondern dieses auch flexibel anzuwenden wissen. Bei manchen Fragen sollten Sie ruhig ein paar Sekunden nachdenken, ehe Sie antworten. Wenn Sie eine Frage nicht verstehen, so zögern Sie nicht, nachzufragen, i. d. R. wird der Prüfer die Fragestellung etwas umformulieren, um Ihnen die Beantwortung zu erleichtern.

Mögliche Nachfragen:

- *Um welche Textgattung handelt es sich bei dem Artikel von Cohn-Bendit?*
- *Wie heißt der aktuelle Kommissionspräsident?*
- *Wie wird gemäß dem Vertrag von Lissabon der Kommissionspräsident gewählt?*
- *Welche Folgen hätte es für das europäische Institutionengefüge, wenn die EU-Bürger den Kommissionspräsidenten direkt wählen würden?*
- *Wie könnte eine weniger idealistische Zukunftsperspektive für die EU 2057 aussehen? Welche gegenwärtigen Tendenzen sprächen für eine solche Zukunft?*
- *Eines der zentralen Probleme der EU ist das sogenannte Demokratiedefizit. Erläutern Sie diesen Begriff.*
- *Cohn-Bendit geht davon aus, dass im Jahr 2057 die Türkei Mitglied der EU ist. Welche Vor- und Nachteile sehen Sie in einem EU-Beitritt der Türkei?*
- *Würden Sie gerne in dieser EU 2057 leben? Warum?*
- *Welche Ziele verfolgen die UN gemäß ihrer Charta?*
- *Welche Reformmodelle für die UN kennen Sie?*
- *Wäre ein gemeinsamer Sitz der EU im Sicherheitsrat ein Gewinn für Europa?*

Hessen – Politik und Wirtschaft – Grundkurs
Übungsaufgabe 2 – Präsentationsprüfung

Thema: *Krieg dem Völkermord? – Wie weit darf man zur Verteidigung der Menschenrechte gehen?*

Aufgaben

1. Fassen Sie die wichtigsten Gedanken von Helmut Schmidt aus M 1 in eigenen Worten zusammen und verdeutlichen Sie das Dilemma zwischen den beiden angesprochenen Prinzipien anhand von Beispielen.
2. Erläutern Sie, warum die UN offenbar kein geeigneter Akteur sind, um „Kriege im Namen der Menschenrechte" zu führen und Menschenrechtsverletzungen zu unterbinden.
3. Der amerikanische Soziologe und Politikwissenschaftler Daniel Goldhagen fordert in seinem Buch „Schlimmer als Krieg. Wie Völkermord entsteht und wie er zu verhindern ist" unter anderem, ein Kopfgeld auf die Verantwortlichen von Völkermord auszusetzen: *„Stellen wir uns vor, dass ein Kopfgeld ausgesetzt würde. Wir in den USA haben ja bereits so etwas für die Bekämpfung der Terroristen. Jeder, der Völkermord beginge, müsste ab sofort dann sich darauf einstellen, dass er verfolgt und gejagt wird. Er könnte nicht mehr sicher sein, dass selbst die Mitglieder der eigenen Leibwache ihn nicht ergriffen, um zum Beispiel eine Million Kopfgeld einzustreichen."*
   Nehmen Sie zu Goldhagens Vorschlag wertend Stellung.

M: Über Kriege im Namen der Menschenrechte

Lieber Herr Schmidt, über kein Thema haben wir uns so oft gestritten wie über Menschenrechte. Ich gehöre zu jenen, die sagen: Da, wo Unrecht sichtbar wird, gibt es eine Pflicht, den Opfern zu helfen. Ihrer Ansicht nach ist das eine unzulässige Einmischung in die inneren Angelegenheiten eines anderen Staates. Ist das nicht ein Freibrief für jede Form von Unrecht?

Nein. Richtig ist, dass beide Prinzipien Gültigkeit haben, sowohl das völkerrechtliche Kernprinzip der Nichteinmischung in die inneren Angelegenheiten eines anderen Staates als auch das Prinzip der Mitmenschlichkeit. Beide Prinzipien können in Konflikt miteinander geraten.

Ein Beispiel?

Nehmen Sie die gegenwärtige Lage im Osten des Kongos.

Ja, fünf Millionen Tote in den letzten zehn Jahren!

Wenn der Westen sich hier aus Motiven der Mitmenschlichkeit ernsthaft einmischen will, dann müsste er es in ganz großem Maßstab tun, mit Zehntausenden von Soldaten und mit sehr vielen zivilen Helfern. Dann würde sich aber, leider Gottes, sehr schnell herausstellen, dass die entsendenden Staaten mit dieser Mission zugleich auch imperiale und ökonomische Motive verknüpfen. Sie sehen das auch in Afghanistan.

Dort ging es aber vor allem darum, den Terrorismus zu bekämpfen.

Die Intervention in Afghanistan begann nach dem Attentat auf die Zwillingstürme in Manhattan. Die Nato hat sie aus Mitmenschlichkeit gemeinsam mit den Amerikanern unternommen, um der terroristischen al-Qaida den Boden zu entziehen. Das liegt jetzt sieben Jahre zurück. Tatsächlich ist al-Qaida infolge der Intervention nach Pakistan ausgewandert. Jetzt kämpft man gegen die Taliban, vor Jahren haben aber die Amerikaner die Taliban mit Sprengstoff und Waffen ausgestattet.

Die Intervention im Kosovo gegen ethnische Säuberung – war es da nicht gerade für Deutsche ein moralisches Gebot einzuschreiten?

Das habe ich damals nicht für richtig gehalten, ich glaube es auch heute nicht. Jetzt wird das Kosovo zu einem Staat erklärt, und trotzdem kommen wir da nicht weg. Es ist relativ einfach, den Entschluss zu fassen, in ein fremdes Land einzumarschieren. Aber es ist beinahe unmöglich, wieder abzuziehen, wenn man nicht Mord und Totschlag und Katastrophe hinterlassen will.

Die Alternative zur Einmischung beschreibt das widerliche Wort vom „Ausblutenlassen".

Nein, das ist falsch. Es gibt immer mehrere Möglichkeiten, dazu gehört auch die militärische Intervention. Aber kaum eine besitzt wirklich positive Erfolgsaussichten. Es ist unausweichlich ein Element der conditio humana, dass es Grausamkeit, Verfolgung und Unterdrückung immer wieder gibt.

Sie sind da so pessimistisch?

Die Menschen werden vielleicht eines Tages einsehen, dass man Gewalt nicht mit Gewalt ausrotten kann.

Hat denn der Druck der Weltöffentlichkeit gegen den Vietnamkrieg der Amerikaner nichts bewirkt?

Weniger der Druck der Weltöffentlichkeit als vielmehr die späte Einsicht in die eigenen Interessen Amerikas – unter Hinterlassung von ungezählten zivilen Toten.

Halten Sie internationale Strafgerichtshöfe für eine sinnvolle Einrichtung?

Die theoretische Antwort lautet: Ja. In der Praxis läuft es leider darauf hinaus, dass nur diejenigen angeklagt werden, die verloren haben.

Immerhin. Einen Karadzic in Fesseln zu sehen ist doch eine Genugtuung!

Ich empfinde keine Genugtuung, wenn jemand in Fesseln vorgeführt oder gar exekutiert wird. Es gibt eine Reihe von Staaten, wo man aus Gründen der Mitmenschlichkeit eigentlich eingreifen müsste, nicht nur große Staaten wie den Kongo, auch kleine wie Simbabwe oder Somalia. Aber wenn wir uns überall einmischen wollten, wo himmelschreiendes Unrecht geschieht, dann riskierten wir den Dritten Weltkrieg.

Auf eine Zigarette mit Helmut Schmidt – Zeitmagazin Nr. 4 (15. 01. 2009) „Über Kriege im Namen der Menschenrechte". Das Gespräch führte Giovanni di Lorenzo.

weitere nützliche Quelle:

Goldhagen, Daniel Jonah: Schlimmer als Krieg – Völkermord verstehen und verhindern, TV-Dokumentation 2009

(Der Trailer zum Film http://www.youtube.com/watch?v=y39V0tPWn2o)

Lösungsvorschlag

Unterrichtsinhalte:

- Q 1: Verfassungsnorm und Verfassungsrealität: Grundprinzipien der Verfassungsordnung der Bundesrepublik Deutschland; Art. 1 und Art. 20 GG; Grundrechte und Grundrechtsabwägung (GG, BVerfG)
- Q 3: Aktuelle internationale Konfliktregionen und die Möglichkeiten kollektiver Friedenssicherung: Interessen, Entstehungsgründe, Konfliktpunkte (Sicherung von Menschenrechten, Terrorismus, Friedenssicherung durch Vereinbarungen und Verträge, Einflusssphären); Entscheidungsprozesse in internationalen Organisationen (UNO, NATO); Die deutsche Außenpolitik: Aufgaben, Erwartungen, Probleme: Bundeswehreinsätze in Konfliktregionen

1. *Hier geht es darum, die Thesen von Helmut Schmidt knapp zusammenzufassen. Es ist sinnvoll, diese Aufgabe gleich mit dem in der Aufgabenstellung angesprochenen Dilemma zu verbinden: Was geht vor – Schutz der Menschenrechte oder das Prinzip der Nichteinmischung in die inneren Angelegenheiten eines Staates? Nachdem Sie das Dilemma dargestellt haben, sollen Sie Beispiele für eine militärische Intervention im Namen der Menschenrechte anführen und auch Konflikte nennen, in denen trotz Menschenrechtsverletzungen nicht militärisch eingegriffen wurde. Ein Blick in die Tagespresse oder in die Online-Archive diverser Zeitungen bietet ausreichend Auswahlmöglichkeiten. Vielleicht haben Sie auch im Unterricht bereits einen konkreten Konflikt behandelt. Sie müssen die Auseinandersetzungen nicht im Detail darstellen, es geht nur darum, die noch sehr abstrakten Prinzipien mit konkreten Inhalten zu füllen. (AFB I und II)*

   Altkanzler Schmidt bekräftigt im Interview zwar die Gültigkeit beider Prinzipien – das **Prinzip der Nichteinmischung** in die inneren Angelegenheiten eines Staates und das **Prinzip der Mitmenschlichkeit** –, er betont allerdings, dass, falls beide Prinzipien in Konflikt geraten, das Prinzip der Nichteinmischung aufgrund **mangelnder Erfolgsaussichten** eines militärischen Einsatzes Vorrang hätte (vgl. Z. 6 ff., Z. 29 ff., Z. 36). Gewalt könne nicht mit Gegengewalt bekämpft werden, andernfalls riskiere man aufgrund der Vielzahl an Staaten, in deren innerstaatliche Konflikte aus Gründen der Mitmenschlichkeit eingegriffen werden müsste, einen **Dritten Weltkrieg** (vgl. Z. 53 f.). Außerdem stelle sich das Problem, dass hinter den Einsätzen häufig auch imperiale und ökonomische **Eigeninteressen** der intervenierenden Staaten stünden (vgl. Z. 15 ff.).
   Auch der Internationale Strafgerichtshof ist für Schmidt keine praktikable Lösung für das Problem des Völkermords, da nur die Verlierer eines Krieges angeklagt würden (vgl. Z. 47 f.).
   Aktuelle Beispiele, die man für eine Intervention im Namen der Menschenrechte anführen kann, sind der Einsatz im **Kosovo** (1999) oder auch die Einsätze in **Afghanistan** (2001), im **Irak** (2003), in **Libyen** (2011) oder in **Mali** (2012/13), bei denen zumindest eine Verbesserung der Menschenrechtslage als Legitima-

tion immer mit angeführt wurde. Hierbei sind sowohl **Erfolge** (Ende des organisierten Völkermords auf dem Balkan) als auch **Misserfolge** (keine stabilen Staaten nach dem Eingreifen, Menschenrechtslage weiterhin angespannt) zu verzeichnen. Beispiele für Konflikte, die sich ohne ein entschlossenes militärisches Eingreifen bis zum Völkermord hin entwickelten, sind die Bürgerkriege in **Darfur** (2003) und im **Kongo** (2006–2009).

2. *Der Operator „erläutern" erfordert, einen Sachverhalt mit Informationen und Beispielen zu verdeutlichen. Bei dieser Aufgabe ist eine konkrete These vorgegeben und Sie sollen diese mit Argumenten untermauern. Sicher haben Sie die UN bereits als Akteur der internationalen Politik kennengelernt und sich mit deren strukturellen Problemen befasst. Sie müssen also die bereits bekannten Argumente für die beschränkte Handlungsfähigkeit der UN vor allem neu strukturieren und anschaulich präsentieren. (AFB II und III)*

Die UN scheinen aufgrund ihrer **eingeschränkten Handlungsfähigkeit** kaum geeignet, Völkermorde wirksam zu verhindern. Über militärische Interventionen entscheidet der **UN-Sicherheitsrat**. Da alle Entscheidungen einstimmig getroffen werden, kann ein Einsatz durch den Einspruch eines der fünf ständigen Mitglieder jederzeit **blockiert** werden (z. B. Veto von China und Russland gegen eine militärische Intervention in Darfur 2003). Ein **Veto** ist nicht nur dann wahrscheinlich, wenn sich der Einsatz gegen eine der fünf Großmächte selbst richtet, sondern auch, wenn deren nationale Interessen mit im Spiel sind – ein Problem, das auch Schmidt im Interview anführt (vgl. Z. 15 ff.). Hinzu kommt, dass die UN nicht über **eigene Einsatztruppen** verfügen. Sie sind auf die Bereitschaft der Mitgliedstaaten angewiesen, militärische Kontingente zur Verfügung zu stellen. Dabei ist zu beachten, dass gerade in den westlichen Demokratien die Solidarität mit den Opfern von Völkermorden an Grenzen stößt, wenn „eigene" Soldaten bei einem Einsatz ums Leben kommen.
Darüber hinaus verbietet die UN-Charta die Einmischung in die inneren Angelegenheiten eines Staates (vgl. UN-Charta Art. 2 Abs. 7). Bei Verbrechen gegen die Menschlichkeit steht dieses Prinzip allerdings im Widerstreit zu Art. 1 Abs. 3, der die UN dazu verpflichtet, „die Achtung vor den Menschenrechten und Grundfreiheiten für alle […] zu fördern und zu festigen". Dieses **Dilemma** erfordert eine Entscheidung über die **Rolle der UN** in der internationalen Politik: Will man eine **Weltpolizei**, die Menschenrechtsverletzungen und Völkermorde unter Missachtung der Souveränität der Staaten bekämpft? Militärische Interventionen können mit folgenschweren Akzeptanzproblemen verbunden sein: Kaum ein Staat wird bereit sein, die Einmischung in innere Angelegenheiten zu tolerieren, da es gerade das Wesen staatlicher Souveränität ist, in innerstaatlichen Fragen keiner anderen Instanz gegenüber rechenschaftspflichtig zu sein. Eine militärische Intervention könnte daher einen Krieg und weitere Gewalt heraufbeschwören.
Eine Möglichkeit des Eingreifens der UN liegt im Bereich der **Prävention**, etwa durch Blauhelmeinsätze oder durch Dialogforen, Entwicklungshilfe u. Ä.

3. *Diese Aufgabe hängt eng mit Teilaufgabe zwei zusammen: Wenn die UN kein geeigneter Akteur sind – wer dann? Goldhagens These ist sehr provokativ. Sie müssen nicht zwangsläufig das „Für und Wider" abwägen. Allerdings können Sie Ihre Stellungnahme differenzieren. Wenn Sie so vorgehen, sollten Sie zunächst die Position vorstellen, der Sie nicht zustimmen, und mit Ihrer eigenen Ansicht enden. Beachten Sie, dass der Operator „Stellung nehmen" verlangt, dass Sie über Ihre eigenen Maßstäbe Auskunft geben. Kategorien wie Effizienz, Moral, Legitimität sowie Umsetzbarkeit können dabei helfen, Ihre Argumente zu gewichten. Machen Sie nicht den Fehler, mit einer demütigen Aussage wie „Aber ich weiß es auch nicht" zu enden – Sie haben sich mit dem Thema mehrere Wochen beschäftigt; keiner erwartet ein Fazit, das den UN zur Umsetzung vorgelegt werden kann, aber eine eigene Meinung zu Goldhagens These, die Sie begründet vortragen, sollten Sie sich aneignen. (AFB III)*

Die Überlegung, Kopfgelder auf Völkermörder und damit auf die jeweiligen Politiker und Militärs auszusetzen, die eine eliminatorische Politik betreiben, ist als bewusste **Provokation** zu verstehen. Goldhagen argumentiert betont rational, indem er auf die Kosten-Nutzen-Rechnung eines jeden Völkermörders verweist, die durch eine Aussetzung von Kopfgeldern durchkreuzt werde.
Der Vorschlag wirft aber einige Fragen auf: Wie kann man einem Missbrauch vorbeugen? Wie verhindert man, dass z. B. unliebsame Politiker als Völkermörder deklariert werden, damit man sie aus dem Weg schaffen kann? Hiermit verbindet sich auch die Frage nach dem **Gremium**, das über die Aussetzung eines Kopfgelds entscheidet. Am Beispiel des UN-Menschenrechtsrats, der 2006 die UN-Menschenrechtskommission ablöste, lässt sich das Problem der Legitimation und der Zusammensetzung eines derartigen Gremiums veranschaulichen. Die Menschenrechtskommission war in die Kritik geraten, weil auch Staaten, die offen gegen Menschenrechte verstießen, Mitglied werden konnten. Auch nach der Reform ist die **Integrität der Mitgliedstaaten** fraglich. Besteht das gleiche Problem nicht auch bei einem Gremium, das Kopfgelder auf Völkermörder aussetzen kann? Außerdem: Auf welcher Basis könnte mit Anführern, die Völkermorde verantworten, noch ein friedlicher Dialog entstehen?
Neben diesen eher „technischen" Problemen stellt sich die Frage nach dem Geltungsanspruch **universeller Menschenrechte**. Auch wenn argumentiert werden kann, es gehe um den Schutz der Opfer, so werden hier fundamentale Menschenrechte aufgewogen. Der Völkermörder verliert **das Recht auf körperliche Unversehrtheit** und **das Recht auf Leben**. Die Verhängung von Todesurteilen, ohne dem Angeklagten die Möglichkeit der Verteidigung zu geben, kollidiert darüber hinaus mit dem Prinzip der Rechtsstaatlichkeit.
Goldhagens Vorschlag ist m. E. keine realistische und ethisch-moralisch tragbare Lösung – genauso wenig wie das „Zusehen" der Staatengemeinschaft, wenn Völkermorde stattfinden. Daniel Goldhagen gelingt es aber, durch seine provokante These eine **gesellschaftliche Diskussion** in Gang zu setzen, die möglicherweise zu einer politisch tragfähigen Lösung führt.

Mögliche Nachfragen

Die Präsentation sollte i. d. R. 15 Minuten nicht überschreiten, sie stellt nur einen Teil der Prüfung dar. Anschließend werden Sie zu Ihrem Vortrag befragt. Sie sollten in der Lage sein, Fragen sowohl zur medialen Gestaltung als auch zum methodischen Vorgehen zu beantworten. Hierauf können Sie sich gut vorbereiten, denn es werden meist ähnliche Fragen gestellt. Überlegen Sie sich vorab, warum Sie z. B. als Mittel der Darstellung eine PowerPoint-Präsentation gewählt haben (die Antwort „Ich wollte die Effekte nutzen" wirkt bei einer effektlosen Präsentation nicht sehr glaubwürdig). Der Prüfer wird sich im Kolloquium auch auf die Inhalte beziehen und vertiefende Nachfragen stellen. Denkbar sind zudem Verknüpfungen zu nahe liegenden Themen. Grundsätzlich muss sich das Prüfungsgespräch aber auf Ihr Thema beziehen, eine Frage zur angebotsorientierten Wirtschaftspolitik wäre z. B. nicht zulässig.

Mögliche Nachfragen:

Zur Präsentation:
- *Warum haben Sie diese Art der Präsentation und Gestaltung gewählt?*
- *Wie sind Sie vorgegangen, wie haben Sie sich dem Thema genähert?*
- *Welche Entscheidungen mussten Sie treffen, welche Probleme sind aufgetreten?*

Zu den Quellen:
- *Die einfache Eingabe der Begriffe UN und Menschenrechte ergibt bei Google über zwei Millionen Treffer. Warum haben Sie genau diese Quellen verwendet?*
- *Wie haben Sie geprüft, ob es sich hierbei um seriöse Quellen handelt?*

Zum Inhalt:
- *Sind Menschenrechte universell, unteilbar und miteinander verbunden?*
- *Ist eine militärische Intervention nur dort gerechtfertigt, wo politische Rechte und Bürgerrechte missachtet werden? Wäre z. B. auch ein Eingreifen in Italien zulässig, wenn dort die Pressefreiheit bedroht ist?*
- *Sie haben Samuel P. Huntingtons Thesen („clash of cultures") kennengelernt: Was würde Huntington zu Goldhagens Vorschlag sagen?*
- *Die UN-Charta verbietet jegliche Form der Gewaltanwendung – gibt es Ausnahmen? Könnten diese Sonderfälle nicht als Instrument für militärische Interventionen zur Verhinderung von Völkermord eingesetzt werden?*
- *Woran scheitert es, eine handlungsfähige UN zu erschaffen, die die Macht hat, schweren Menschenrechtsverletzungen wirksam entgegenzutreten?*
- *Kennen Sie Beispiele, bei denen über den Kopf des Sicherheitsrats hinweg interveniert wurde?*
- *Welches Risiko liegt in der Missachtung der Autorität des Sicherheitsrats?*
- *Welche (negativen) Konsequenzen könnte ein aktives Eintreten der Staatengemeinschaft (oder nur eines Teils, z. B. der NATO) für die Menschenrechte haben?*
- *Können es sich die NATO/die UN/„der Westen" überhaupt leisten, bei Menschenrechtsverletzungen nicht einzugreifen? Was sind mögliche Folgen?*
- *Gibt es für das Problem des Widerspruchs der beiden Prinzipien „Souveränität der Staaten" und „Durchsetzung der Menschenrechte" überhaupt eine Lösung?*

Hessen – Politik und Wirtschaft – Grundkurs 2011
Vorschlag A

Thema: *Staatsverschuldung und europäische Integration*

Aufgaben

1. Geben Sie den Inhalt des Zeitungsartikels wieder (Material 1). Beschreiben Sie die in Material 2 dargestellten Reaktionen auf die Griechenland- und die Eurokrise. (20 BE)

2.1 Arbeiten Sie anhand des Materials 3 das Ausmaß der Staatsverschuldung in der Eurozone heraus. (15 BE)

2.2 Erläutern Sie ökonomische, gesellschaftliche und politische Auswirkungen der Staatsverschuldung. (30 BE)

3. Diskutieren Sie, wie politische Entscheidungsträger mit der Problematik der Staatsverschuldung auf nationalstaatlicher und europäischer Ebene umgehen könnten. (35 BE)

M 1: Gerd Höhler: Athen ist auf Stütze angewiesen

Die griechische Schuldenkrise schlägt Wellen rund um den Globus. Dass die unsolide Haushaltspolitik des kleinen Landes, das nicht einmal für drei Prozent der Wirtschaftsleistung der EU steht, die Finanzmärkte derart belasten könnte, hat niemand erwartet. Griechenlands Krise war indes seit langem absehbar, und die EU-Partner tragen Mitverantwortung für die Malaise[1].

Schon in den 90er Jahren warnten Fachleute, es sei riskant, ein Land mit derartigen Wettbewerbsschwächen und so hoher Staatsverschuldung in die Währungsunion aufzunehmen. Zudem erschlich sich die Athener Regierung den Zugang zur Eurozone mit geschönten Statistiken. Das war zwar ein offenes Geheimnis, doch die EU sah darüber hinweg; die Währungsunion war schließlich politisch gewollt. Die Annahme, in der Eurozone würden sich die unterschiedlichen Niveaus und Strukturen im Laufe der Zeit von selbst angleichen, war eine Illusion. Stattdessen hat der Euro die Ungleichgewichte noch verschärft. Befreit vom Wechselkursrisiko, verführt von niedrigen Zinsen und ermutigt durch ständige Milliardenüberweisungen aus Brüssel, genehmigten sich die Griechen einen Wohlstand auf Pump, den sie sich mit der Drachme niemals hätten leisten können. Es gab seit Jahren Alarmsignale: hohe Inflationsraten und ein explodierendes Leistungsbilanzdefizit. Auch darüber sah die EU lange hinweg. Portugal, Italien und Spanien haben ähnliche Probleme. Die Kurse ihrer Staatsanleihen sind ebenfalls auf Talfahrt. „Pigs“[2] lautet der aus den Anfangsbuchstaben der Pleite-Kandidaten abgeleitete Spitzname dieser Ländergruppe an den Finanzmärkten. Die „Pigs“ bilden eine Schicksalsgemeinschaft; die griechische Krise könnte in ihr einen Dominoeffekt auslösen. […]

Über die bisher gefassten Sparbeschlüsse kann die Athener Regierung aber nicht wesentlich hinausgehen, wenn sie nicht soziale Unruhen und einen Absturz der schwachen Konjunktur riskieren will. […]

Gerd Höhler: Athen ist auf Stütze angewiesen. In: Frankfurter Rundschau vom 8. 2. 2010

Anmerkungen:
1 Malaise – Misere, Missstimmung
2 PIGS – Portugal, Italien, Griechenland, Spanien

Zum Autor: Gerd Höhler ist Journalist und lebt in Athen.

M 2:

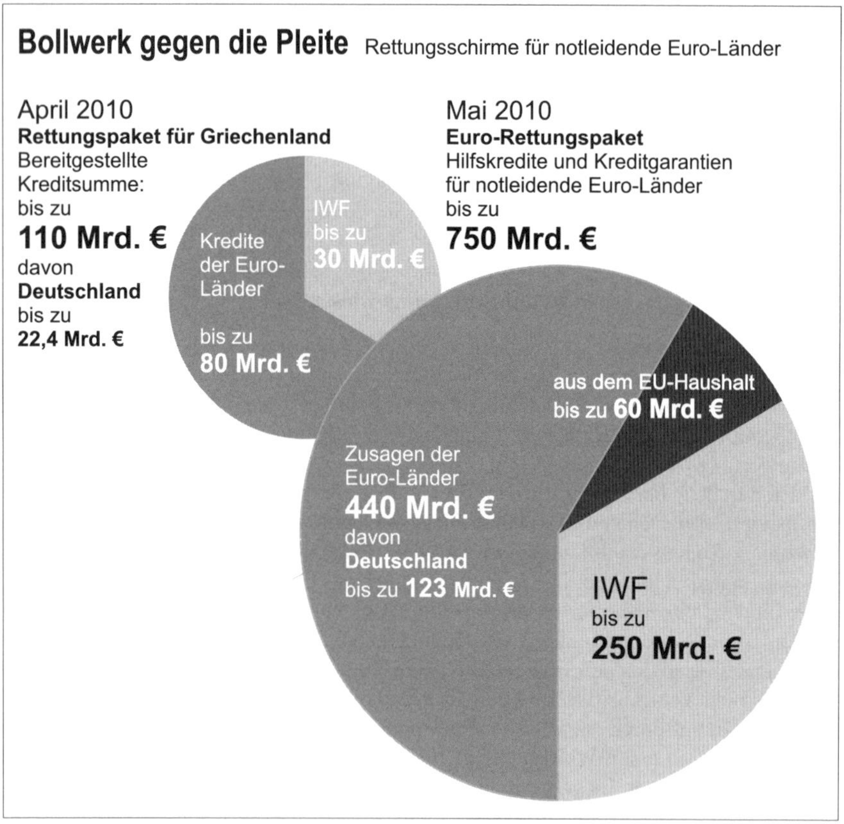

In: Der Spiegel 28/2010 vom 12. 7. 2010, S. 71

M 3: Staatsverschuldung und Wirtschaftsleistung der Euro-Staaten im Vergleich
(Angaben jeweils in % des BIPs)

Staat	Defizite des Staatshaushaltes in % des BIPs (Stand 10/2009)	Staatsverschuldung in Europa in % des BIPs (Stand 10/2009)	Wirtschaftsleistung in 2009 in % im Vergleich zum Vorjahr
Belgien	−5,9	97,2	−3,1
Deutschland	−3,4	73,1	−5,0
Finnland	−2,8	41,3	−7,8
Frankreich	−8,3	76,1	−2,2
Griechenland	−12,7	112,6	−1,1
Irland	−12,5	65,8	−7,5
Italien	−5,3	114,6	−5,0
Luxemburg	−2,2	15,0	−3,4
Malta	−4,5	68,5	−1,9
Niederlande	−4,7	59,8	−4,0
Österreich	−4,3	69,1	−3,6
Portugal	−8,0	77,4	−2,7
Slowakei	−6,3	34,6	−4,7
Slowenien	−6,3	35,1	−7,8
Spanien	−11,2	54,3	−3,6
Zypern	−3,5	53,2	−1,7
Euroraum	−6,4	78,2	−4,1

Prof. Dr. Paul G. Schmidt: Frankfurt School of Finance & Management, nach Zahlen von European Commission 2009, Wikipedia am 8. 4. 2010

Lösungsvorschläge

Unterrichtsinhalte:

- 12/I: Ziele und Zielkonflikte wirtschaftlichen und wirtschaftspolitischen Handelns am Beispiel: Probleme der Staatsverschuldung;
  Konjunktur und Konjunkturpolitik;
  Wirtschaftliche Integration Europas
- 12/II: Bundesrepublik Deutschland und europäische Integration

1. *Nach der Identifizierung von Quelle und Autor geben Sie zunächst den Inhalt des Textes in eigenen Worten und unter Verwendung der Fachsprache wieder. Anschließend sollen Sie die in den Kreisdiagrammen dargestellten Informationen zum Inhalt der beiden Rettungspakete strukturiert zusammentragen und dabei die Geldgeber und Empfänger benennen. (AFB I)*

   In dem vorliegenden Zeitungsartikel des Athener Korrespondenten der Frankfurter Rundschau vom 8. Februar 2010 (M 1) beschäftigt sich der Autor unter der Schlagzeile „Athen ist auf Stütze angewiesen" mit der **griechischen Schuldenkrise**, die im Frühjahr 2010 die Finanzmärkte erschütterte.
   Obwohl zunächst niemand mit derart heftigen Auswirkungen der unsoliden griechischen Finanzpolitik auf die Finanzmärkte gerechnet habe, sei die **Krise eigentlich absehbar gewesen**; die EU gehöre sogar zu ihren Mitverursachern.
   Schon in den 90er-Jahren hätten Ökonomen vor der Aufnahme dieses hochverschuldeten und international wenig konkurrenzfähigen Landes in die Europäische Währungsunion gewarnt. Die EU habe aber diese Warnungen aus politischen Motiven ignoriert und darauf gehofft, dass sich die finanzpolitischen Ungleichgewichte zwischen den Euro-Staaten mit der Zeit von selbst ausgleichen würden. Stattdessen hätten sich diese Differenzen jedoch noch ausgeweitet, weil Griechenland, befreit von jedem Wechselkursrisiko, die niedrigen Zinsen und die Transferzahlungen der EU für eine hemmungslose Schuldenpolitik genutzt habe.
   Auch erste **Warnsignale** wie die **hohe Inflationsrate** oder das **wachsende Leistungsbilanzdefizit habe man in der EU übersehen** und damit Länder wie Portugal, Spanien und Italien zu einer ähnlichen Politik ermuntert. So könnte die griechische Schuldenkrise bei diesen PIGS-Staaten einen Dominoeffekt auslösen.
   Die EU müsse nun handeln und Griechenland stützen, weil eine Verschärfung der griechischen Sparpolitik soziale Unruhen heraufbeschwören könnte.

   In M 2 wird in zwei **Kreisdiagrammen** grafisch dargestellt, **welche Summen von den Euro-Staaten und dem IWF als Kredite und Kreditgarantien im April und Mai 2010 bereitgestellt wurden**, um den griechischen Staatsbankrott abzuwenden sowie andere notleidende Euro-Staaten und den Wechselkurs des Euro zu stützen. Für Griechenland wurde eine Kreditsumme von insgesamt 110 Mrd. Euro mobilisiert („**Rettungspaket für Griechenland**"), davon bringen die Euro-Staaten 80 Mrd. auf, die restlichen 30 Mrd. der IWF. Deutschland beteiligt sich mit einer Summe von bis zu 22,4 Mrd. Euro.

Im Mai 2010, als sich abzeichnete, dass die Krise auf die anderen PIGS-Staaten übergreifen und der Kurs des Euro weiter fallen könnte, wurde ein noch größeres „**Euro-Rettungspaket**" geschnürt, das 750 Mrd. Euro umfasst. 440 Mrd. Euro müssen von den Euro-Ländern und 250 Mrd. Euro vom IWF beigesteuert werden, die restlichen 60 Mrd. Euro werden dem Haushalt der EU entnommen. Deutschland allein trägt zum Euro-Rettungspaket bis zu 124 Mrd. Euro bei. Dies ergibt für beide Rettungspakete eine Summe von 145,4 Mrd. Euro.

2.1 *Der Operator „herausarbeiten" verlangt von Ihnen, mithilfe der Tabelle M 3 das Ausmaß der Staatsverschuldung in der Eurozone möglichst aussagekräftig darzustellen. Dazu bietet es sich an, die zunächst unstrukturierten Daten neu zu ordnen und z. B. in eine Rangskala zu bringen, um daraus Schlussfolgerungen zu ziehen. Zur Bewertung der Daten sollten Sie die Kriterien des Europäischen Stabilitätspaktes ansetzen. Bitte beachten Sie, dass es sich insbesondere bei den Daten der dritten Spalte um eine Momentaufnahme handelt, die keine zuverlässigen Schlussfolgerungen über die Wirtschaftskraft der Staaten zulässt. (AFB I)*

Die Tabelle M 3 „Staatsverschuldung und Wirtschaftsleistung der Euro-Staaten im Vergleich", die von Paul G. Schmidt auf der Basis von Zahlenangaben der Europäischen Kommission zusammengestellt wurde, erfasst in der ersten Spalte die **Staatsdefizite von 16 Euro-Staaten sowie des Euroraums** im Jahre 2009 in Prozent des BIP (Stand: Oktober). Die zweite Spalte zeigt die bis 2009 aufgelaufene **Gesamtverschuldung** dieser Staaten ebenfalls in Prozent des BIP, während in der dritten Spalte die **Wirtschaftsleistung** der Staaten des Euroraumes im Jahre 2009 gegenüber 2008 dargestellt ist.
Aussagekraft für die Bewertung der Verschuldung der Euro-Staaten haben nur die Daten der beiden ersten Spalten der Tabelle. Bringt man die Prozentzahlen der ersten Spalte in eine Rangordnung, so steht **Griechenland** mit 12,7 % **an der Spitze der Schuldenmacher des Jahres 2009**, gefolgt von Irland mit 12,5 %, Spanien mit 11,2 % und Frankreich mit einem Haushaltsdefizit von 8,3 % des BIP. Als solideste Staaten stehen Deutschland mit 3,4 %, Finnland mit 2,8 % und Luxemburg mit 2,2 % am Ende der Rangskala. Außer Finnland und Luxemburg überschreiten damit alle Länder der Währungsunion die **Defizit-Obergrenze des europäischen Stabilitätspakts**, die bekanntlich bei **3 % des BIP** liegt. Im Schnitt beträgt das **Haushaltsdefizit der Euro-Staaten im Jahre 2009** 6,4 % des BIP, die Defizit-Grenze wird also **um mehr als das Doppelte überschritten**.
Bei der Betrachtung der Hierarchie der staatlichen Gesamtverschuldung der Euro-Länder im Jahre 2009 ergibt sich eine deutliche Verschiebung der Relationen. Hier führt Italien mit Staatsschulden in Höhe von 114,6 % des BIP die Skala an, Griechenland, das im Zentrum der Finanzkrise des Jahres 2010 stand, folgt mit 112,6 % erst an zweiter Stelle, den dritten Rang nimmt mit 97,2 % Belgien ein, das nicht zur Gruppe der PIGS-Staaten gehört und das man deshalb hier nicht erwartet hätte. Deutschland nimmt mit 73,1 % den sechsten und Frankreich mit 76,1 % den fünften Platz ein; am niedrigsten sind die Schuldenberge in Luxemburg (15,0 %), in der Slowakei (34,6 %) und in Slowenien (35,1 %).

Neun von 16 Staaten überschreiten im Jahre 2009 mit ihren Haushaltsdefiziten mehr oder weniger deutlich die **im europäischen Stabilitätspakt gesetzte Obergrenze der Gesamtverschuldung in Höhe von 60 % des BIP**, dazu gehören auch Deutschland und Frankreich.
Die dritte Spalte zeigt dagegen nur, wie stark die einzelnen Euro-Staaten durch die Weltwirtschaftskrise des Jahres 2008 in Mitleidenschaft gezogen wurden. Das ist jedoch eine Momentaufnahme, die über die wirtschaftliche Leistungsfähigkeit der Euro-Staaten und damit über ihre Fähigkeit zum langfristigen Schuldenabbau nur wenig aussagt. Besonders im Falle Griechenlands, dessen Zahlen in der dritten Spalte dieser Tabelle sogar am günstigsten aussehen, ergibt sich ein schiefes, ein geschöntes Bild. Es waren doch gerade die schlechten Zukunftsperspektiven dieser Volkswirtschaft, welche das Vertrauen der Finanzmärkte in die griechische Finanzpolitik zerstörten und die Schuldenkrise herbeiführten. Dagegen konnte **Deutschland**, dessen Wirtschaftsleistung im Jahre 2009 um 5 % abnahm, ein Jahr später auf ein **hohes Wirtschaftswachstum von 3,6 %** verweisen und damit seine internationale Wettbewerbsfähigkeit und wirtschaftliche Leistungsfähigkeit unter Beweis stellen. Beides aber wird durch die Zahlenwerte der dritten Spalte dieser Tabelle verschleiert.

2.2 *Der Operator „erläutern“ verlangt von Ihnen, auf der Basis eigener Kenntnisse an Beispielen die Auswirkungen staatlicher Schuldenpolitik auf die Bereiche Wirtschaft, Politik und Gesellschaft im Zusammenhang zu verdeutlichen. (AFB II)*

Die in M 3 ausgewiesenen überhöhten Staatsverschuldungsquoten der Euro-Staaten sind zum Teil durch schuldenfinanzierte Programme zur Rettung von Banken und zur Stützung der Konjunktur verursacht, zu denen sich viele Euro-Staaten nach der Weltwirtschaftskrise des Jahres 2008 gezwungen sahen. Diese Programme haben sich inzwischen im Grundsatz als unabweisbar und vernünftig erwiesen. Eine **kurzfristige Staatsverschuldung zur Krisenbewältigung und zur Konjunkturstützung** kann also durchaus notwendig sein. Bei den überhöhten Schuldenquoten der meisten Euro-Staaten handelt es sich jedoch zum weitaus größeren Teil um **strukturelle und langfristige Staatsschulden** und nur diese sind im Folgenden gemeint.
Wenn ein **Staat** dauerhaft mehr Geld ausgibt als er einnimmt, muss er seinen Haushalt durch die **Aufnahme von Krediten auf dem Kapitalmarkt** ausgleichen. Für die aufgenommenen Geldsummen sind in den Folgejahren Zinsen zu bezahlen; ein **Teil der Steuereinnahmen der nächsten Jahre** muss also für den **Schuldendienst** verwendet werden und **schmälert** damit den **haushaltspolitischen Handlungsspielraum** des Staates. Im Jahre 2011 ist z. B. der Schuldendienst der zweitgrößte Posten im Bundeshaushalt gleich nach dem Sozialetat. Man kann sich ausrechnen, wie viele neue Straßen nicht gebaut oder erneuert, wie viele neue Lehrer- oder Professorenstellen nicht geschaffen werden können, weil die Steuern von **Zins- und Zinseszinszahlungen** für die fast zwei Billionen Euro Staatsschulden Deutschlands aufgefressen werden.

Die starke staatliche Nachfrage nach Krediten auf den Kapitalmärkten treibt langfristig den Preis des Geldes, d. h. den Zinssatz, in die Höhe. Der **Staat verteuert** somit **durch seine Schuldenpolitik auch die Finanzierung von privaten Investitionen**. Wenn aber Investitionen unterbleiben und industrielle Kapazitäten nicht erweitert werden können, ist das wirtschaftliche Wachstum gefährdet und negative Auswirkungen auf Arbeitsmärkte und Steueraufkommen sind programmiert.

Auf gesellschaftlicher Ebene gefährdet der Schuldenstaat den Generationenvertrag, denn die Kosten und die Zahlungen für den überhöhten Konsum der gegenwärtigen Generation werden wegen der jahrzehntelangen Abzahlungsfristen zum großen Teil auf zukünftige Generationen übertragen. Deren **Bereitschaft zur Tilgung der Altschulden** der Elterngeneration in Gestalt von hohen Steuern und Sozialbeiträgen könnte aber unter diesen Umständen **schwinden** und zu einer **zunehmenden Politikverdrossenheit** führen. Denn der jungen Generation ist nicht plausibel zu machen, warum sie die Schulden der Eltern abzahlen sollte, insbesondere wenn diese Schulden zur Finanzierung eines Lebensstandards aufgenommen wurden, den die Jungen längst nicht mehr genießen können. Gerade für hochqualifizierte junge Menschen bietet sich die **Emigration als Ausweg** an, und dieser Weg wird von vielen bereits beschritten. Zudem könnte sich die Unzufriedenheit in einem **geänderten Wahlverhalten** äußern, indem vermehrt populistische und extreme Parteien auf der linken und rechten Seite gewählt werden.

Übersteigt die Schuldenquote die wirtschaftliche Leistungsfähigkeit eines Staates, also seine Möglichkeiten zur Bedienung seiner Schulden, dann passiert, was sich 2010 mit Griechenland abgespielt hätte, wenn die Euro-Staaten nicht als Retter eingesprungen wären. Die Finanzmärkte entziehen diesem Staat, manchmal auch aus spekulativen Motiven, das Vertrauen und stellen zusätzliches Geld nur noch zu sehr hohen Zinssätzen oder gar nicht zur Verfügung. Damit steht ein solches Land vor der **Zahlungsunfähigkeit**, es muss **Staatsbankrott** anmelden und um **Stundung oder Erlass seiner Schulden** bitten. Die Gläubiger, häufig global agierende Großbanken, welche bis dahin von hohen Zinszahlungen profitiert hatten, aber auch kleine inländische Sparkassen, verlieren viel Geld, weil sie einen Teil der geliehenen Kredite abschreiben müssen. Dadurch können sie mit in den Abgrund gerissen werden und durch die nachfolgende **Bankenkrise** kann eine schwere **Wirtschaftskrise** ausgelöst werden.

Mit einer **radikal abgewerteten Währung** und einer **rigiden Sparpolitik**, die **häufig soziale Unruhen** nach sich zieht, muss ein solches Land, weitgehend ohne Hilfen und Kredite der internationalen Kapitalmärkte, einen Neuanfang versuchen. Eine solche Rosskur hat Anfang des neuen Jahrtausends zum Beispiel Argentinien hinter sich gebracht.

3. *In dieser Aufgabe sollen Sie kontroverse Positionen zum Umgang mit der Schuldenproblematik sowohl auf nationaler als auch auf europäischer Ebene argumentierend darlegen und anschließend eine eigene Bewertung zu diesen Positionen abgeben. (AFB III)*

Die in den letzten Jahrzehnten fast ständig gestiegene Staatsverschuldung wird in Deutschland aus den oben dargelegten Gründen von der Bevölkerung, aber auch von der Mehrzahl der Parteien, für äußerst problematisch gehalten. Fast alle Parteien haben deshalb die **Haushaltskonsolidierung** und den **Schuldenabbau** in ihr Programm aufgenommen. Dieser Konsens hat es ermöglicht, dass im Jahre 2009 eine sog. Schuldenbremse in das Grundgesetz, aber auch in einige Länderverfassungen eingefügt wurde, welche besagt, dass die Nettoneuverschuldung des Bundes und der Länder schrittweise zurückgefahren werden muss und ab dem Jahre 2020, außer in wenigen Ausnahmefällen, keine neuen Kredite zur Finanzierung der laufenden Ausgaben des Staates mehr aufgenommen werden dürfen. Die hessischen Wähler haben einer entsprechenden Änderung der Hessischen Verfassung im März 2011 mit einer großen Mehrheit von 70 Prozent zugestimmt.
Dennoch ist die **Schuldenbremse nicht unumstritten**. Die Linkspartei und einige Gewerkschaften befürchten infolge der Schuldenbremse eine **rigide Sparpolitik** des Staates, den **Abbau von Sozialleistungen** und die **permanente Unterfinanzierung des Bildungswesens**.
Auf **europäischer Ebene** hat die Schuldenproblematik durch die **Überschuldung und die drohende Insolvenz der PIGS-Staaten** (bisher Griechenland, Irland und Portugal) unerwartet an Aktualität gewonnen. Wie in Aufgabe 1 bereits dargelegt, konnte der Staatsbankrott Griechenlands und inzwischen auch der Irlands und Portugals nur durch das Schnüren von „**Euro-Rettungspaketen**“, also die Gewährung von Krediten und Kreditgarantien durch die anderen Euro-Staaten und den IWF abgewendet werden. Die Gemeinschaft der Euro-Staaten hat sich unter dem Druck der Finanzmärkte zu diesem Schritt entschlossen, um den Kurs des Euro, der im Frühjahr 2010 bereits ins Trudeln geraten war, zu verteidigen und den Banken Kreditausfälle in Milliardenhöhe zu ersparen.
In der Bevölkerung, aber auch in den Medien wird dieser **Kurs**, zu dem sich die Bundeskanzlerin erst nach einigem Zögern durchgerungen hat, **heftig kritisiert**. Aus der Europäischen Währungsunion sei auf diese Weise eine **Transferunion** geworden und der **Europäische Stabilitätspakt**, der die Haftung der Mitgliedsstaaten für die Schulden anderer ausdrücklich ausschloss, sei **gebrochen** worden. Die **PIGS-Staaten** würden auf diese Weise für ihre **unsolide Finanzpolitik** belohnt und die **Gläubigerbanken**, die jahrelang von hohen Zinsen für die Staatsanleihen der PIGS-Staaten profitiert hätten, trügen keinerlei Haftungsrisiko. Sie hätten ihre Gewinne in Form von überhöhten Boni und Gehältern privatisiert, das **Verlustrisiko** aber werde nun **sozialisiert**. Eine **Umschuldung der PIGS-Staaten unter Beteiligung der Banken wäre der bessere Weg gewesen** und man werde daran über kurz oder lang sowieso nicht herumkommen.
Dem halten die **Regierungsparteien** entgegen, die eingeschlagene **Politik** sei „**alternativlos**“ und ein Gebot der europäischen Solidarität. Nur so habe die

Gemeinschaftswährung, von der vor allem Deutschland als Exportnation profitiere, gerettet und eine weitere Bankenkrise mit unabsehbaren Folgen für Europa abgewendet werden können. Zudem würden **Kredite und Kreditgarantien** den betroffenen Staaten nur **unter strengen Spar- und Konsolidierungsauflagen sowie gegen Zinsen** gewährt und ein „**Pakt für den Euro**" verpflichte sie zur Verbesserung ihrer Wettbewerbsfähigkeit. Die Chance zur Beseitigung der Ungleichgewichte zwischen den Euro-Staaten sei so größer geworden.

Angesichts der ernüchternden Erfahrungen mit dem europäischen Stabilitätspakt neige ich zu großer Skepsis in Bezug auf die längerfristige Durchsetzbarkeit einer strengen Spar- und Konsolidierungspolitik in den PIGS-Staaten, weil sie auf zu heftige Opposition bei der betroffenen Bevölkerung stößt. Eine **Umschuldung** mit einem **teilweisen Verzicht auf Forderungen** („haircut") und/oder eine **Verlängerung der Kreditlaufzeiten**, unter Umständen auch eine befristete Rückkehr der Staaten zu einer nationalen Währung mit der Möglichkeit zur Verbesserung der Konkurrenzfähigkeit durch Abwertung böte den betroffenen Ländern meiner Ansicht nach bessere Chancen zur Überwindung ihrer Malaise. Dass die Gläubigerbanken dadurch in Mitleidenschaft gezogen würden, müsste in Kauf genommen werden, denn die Banken sollten für die von ihnen eingegangenen hohen Risiken haften.

Die These der Kanzlerin, der eingeschlagene Kurs sei „alternativlos", wird die **Bundesbürger, die die Euro-Krise sehr stark verunsichert** hat, jedenfalls kaum beruhigen. Die europäische Währung ist den Deutschen Anfang des neuen Jahrtausends mit dem Argument verkauft worden, der Euro sei genauso solide wie die DM und die EZB nicht weniger stabilitätsorientiert als die Bundesbank. Nun müssen die Deutschen mit ansehen, wie der **Kurs der europäischen Währung** trotz der vergleichsweise soliden Finanzpolitik des eigenen Landes **wegen der Schuldenpolitik Griechenlands verfällt** und die EZB mit Milliardensummen griechische, irische und portugiesische Staatsanleihen aufkauft – Papiere, die von der Börse als „Ramsch" eingestuft werden. Solide Stabilitätspolitik sieht anders aus!

Hessen – Politik und Wirtschaft – Grundkurs 2011
Vorschlag B

Thema: *Wahlen, Parteien und Medien*

Aufgaben

1. Geben Sie die wesentlichen Überlegungen Emanuel Richters in eigenen Worten wieder (Material). (25 BE)

2. Erläutern Sie die Bedeutung von Wahlen, Parteien und Medien in der Bundesrepublik Deutschland und überprüfen Sie die Thesen Richters auf ihre Stichhaltigkeit. (40 BE)

3. Wahlen sind die Legitimationsgrundlage demokratischer Ordnungen.
„[…] im Fall kriegszerrütteter Gesellschaften [geht] es nicht allein um die Rekonstruktion von Staaten, sondern ***auch*** um deren Demokratisierung. […] [Die] Strategie der Demokratisierung [ist] ohne Alternative, wenn es stimmt, dass nur […] durch demokratische Verfahren zustande gekommene Legitimation wirklich trägt.“

   Bruno Schoch: Externe Staatsbildung nach Bürgerkriegen – ein mühsames Geschäft. In: Hans J. Gießmann/Götz Neuneck (Hg.): Streitkräfte zähmen, Sicherheit schaffen, Frieden gewinnen. Baden-Baden 2008, S. 236 ff., zitiert nach: Wochenschau Sek. II, Heft 3/4 2009, S. 148

   Nehmen Sie anhand eines aktuellen Beispiels internationaler Politik zu der im Zitat vertretenen These Stellung. (35 BE)

M: Emanuel Richter: Warum wir Wähler uns nicht zum Stimmvieh machen lassen sollten

[…] Wir haben uns bereits an die Personalisierung des Wahlkampfs gewöhnt und werden gar nicht mehr gewahr, dass sie in ihrer Einseitigkeit ein ernstes politisches und demokratisches Problem darstellt. Sie ist zulässig, wo es ausdrücklich um die Personenwahl geht: bei Wahlen zum Amt des Bürgermeisters in Deutschland, in präsidialen Regierungssystemen in aller Welt bei der Wahl unter den Kandidatinnen und Kandidaten für die mit vielen Exekutivfunktionen ausgestattete Präsidentschaft. Die Personalisierung wird aber geradezu systemwidrig, wenn sich etwa die Wahlen zum Deutschen Bundestag, die in der Wahrnehmung der meisten deutschen Wählerinnen und Wähler zu Recht noch immer als die wichtigste politische Wahl gelten, auf die Entscheidung zwischen zwei Kanzlerkandidaten reduzieren, während sich der programmatische Wahlkampf der Parteien fast nur in strittigen Koalitionsaussagen erschöpft.

Der Wahlauftrag im parlamentarischen Regierungssystem lautet klar: Das Volk wählt ein Parlament, das Parlament wählt die Regierung. Die Spitze der Exekutive wird strikt der Einflussnahme des Souveräns, nämlich des Volkes unterstellt, das wiederum durch den Filter der repräsentativen Mandatsträger seinen Willen ins Parlament einbringt, wo er dem Test auf tragfähige Mehrheitsverhältnisse ausgesetzt wird. Im Kern geht es bei der Bundestagswahl also um den Einfluss von Parlamentariern mit bestimmten politischen Optionen, hinter denen Pakete von Wählerstimmen stehen, auf die Regierungsbildung und auf die Regierungsarbeit. Dahinter steht der Grundsatz einer ausgewogenen Gewaltenteilung zwischen Legislative (Parlament) und Exekutive (Regierung), die vor allem die Parlamentshoheit über die Bestellung der Exekutive einschließt und damit eine gehörige Portion demokratischer Kultur festigt.

Die Fixierung des Bundestags-Wahlkampfes auf Kanzlerkandidaten suggeriert jedoch fälschlich, es gehe bei der Wahl vor allem darum, die Führungsqualifikation der jeweiligen Person zu beurteilen. Unser Grundgesetz sieht zwar eine „Richtlinienkompetenz" des Kanzlers vor, die aber ist vor allem als Bedeutungszuweisung im Rahmen des Kabinetts gedacht und nicht als Ersatz für den Kampf um die Wählerstimmen auf der Basis von programmatischen Alternativen, für die wiederum politische Parteien stehen. Die auf Kanzlerkandidaten fixierte Personalisierung des Wahlkampfs zum Bundestag stellt sich also als provokanter öffentlicher Verzicht auf die Auseinandersetzung mit Parteiprogrammen und mit sachlichen Optionen für die politische Gestaltung der kommenden Legislaturperiode dar.

Darüber hinaus bringt sie unterschwellig die Schieflage eines schwindenden Einflusses unseres Parlaments zum Ausdruck, dessen Abgeordnete schon beim Wahlakt in die Stellvertretung für die Führungsriege abgleiten und dessen institutionelle Bedeutung, verglichen mit anderen Parlamenten in der Welt, relativ gering ist – so gering, dass nicht einmal mehr die Parlamentshoheit über die Wahl des Regierungschefs irgendeine reale oder symbolische Bedeutung erlangt. Die Wählerinnen und Wähler verlieren das Gespür dafür, welche Legitimationskette sie durch ihren Wahlakt eigentlich auslösen.

Die Gründe für diese funktionell unangemessene Personalisierung sind vielfältig, aber lassen sich doch auf zwei gewichtige Ursachen zurückführen. Einerseits ist, übrigens in vielen westlichen Regierungssystemen, das Verblassen profilierter und konträrer Parteiprogramme zu verzeichnen. Alle größeren Parteien zielen auf eine Wählerklientel, die sie in der politischen „Mitte" auszumachen versuchen.

Politische Programmatik wird dabei auf nichtssagende Parolen rund um Themen wie Freiheit, Ordnung, Sicherheit oder Fürsorge reduziert. Ein solcher programmatischer Minimalismus provoziert geradezu ein Wahlvolk ohne profilierte Bedürfnisse und Interessen. Das Wahlvolk wird zum „Stimmvieh" herabgestuft, das nicht mehr über Sachpolitik, sondern nur noch über die Sympathiewerte des Führungspersonals urteilen soll. Am Ende ist die Politikverdrossenheit, die landauf und landab gerade von Politikern beklagt wird, das Produkt ihres eigenen, fehlgeleiteten Selbstverständnisses. […]

Andererseits leistet vor allem das Medium Fernsehen der Personalisierung Vorschub. Das Bildmedium ist auf die optische Darstellbarkeit fixiert – obwohl es dieser selbst immer weniger zu genügen vermag, wie die langweiligen Politik-Talkrunden demonstrieren, die dem Bildlichen keine Kraft verleihen, weil doch nur geredet wird. Dennoch lassen sich Köpfe und Gesten, ein Schlagabtausch zwischen zwei Kontrahenten oder eine symbolische politische Handlung viel besser telegen aufbereiten und transportieren als Sachprobleme oder der Wettbewerb zwischen politischen Programmen und Weltbildern. Im Strudel des Mediums Fernsehen werden sachliche Handlungsalternativen immer häufiger mit personeller Entscheidungskompetenz gleichgesetzt.

Die Enttäuschung beim Wahlvolk setzt zwangsläufig dann ein, wenn sich herausstellt, dass diese Gleichung nicht aufgeht. [...] Welche Lehren sind daraus zu ziehen? Die Lehre einer Art „Selbstaufklärung“, die sich mit demokratischer Skepsis beharrlich den politischen Täuschungsmanövern entzieht. Wir als Wählerinnen und Wähler müssen gegen den Trend der Wahlkampflogik versuchen, hinter dem monströsen Konterfei der Person die nüchterne politische Sache ausfindig zu machen. [...]

Emanuel Richter: Warum wir Wähler uns nicht zum Stimmvieh machen lassen sollten. In: Frankfurter Rundschau vom 24. 9. 2009

Zum Autor: Emanuel Richter ist Professor für Politikwissenschaft

Lösungsvorschläge

Unterrichtsinhalte:

- 12/II: Politische Strukturen und Prozesse: Partizipation und Repräsentation an ausgewählten Beispielen: Rolle der Parteien; Wahlen; Medien: Einfluss der Medien auf die politische Willensbildung und auf politische Entscheidungen
- 13/I: Internationale Beziehungen: Aktuelle internationale Konfliktregionen und die Möglichkeiten kollektiver Friedenssicherung: Entstehungsgründe, Akteure, Interessen und Konfliktpunkte; Friedensbegriff und Konzeptionen der Friedenssicherung

1. *Sie sollen die in einem Zeitungsartikel vorgetragene Kritik an den Entwicklungstendenzen des politischen Prozesses in Deutschland in ihren wesentlichen Zügen darlegen, ohne diese zu erläutern oder zu kommentieren. (AFB I und II mit Schwerpunkt auf AFB I)*

   Der Politikwissenschaftler Emanuel Richter fordert in seinem Artikel „Warum wir Wähler uns nicht zum Stimmvieh machen lassen sollten“, der am 24. 9. 2009 in der Frankfurter Rundschau erschienen ist, zum kritischen Nachdenken über die **Funktion des Wählens in der parlamentarischen Demokratie** auf.
   Die Notwendigkeit dazu ergibt sich für ihn erstens aus einer **überzogenen Personalisierung des Wahlkampfes**, v. a. vor Bundestagswahlen. Die von den Parteien in den Mittelpunkt gestellte Konkurrenz der Kanzlerkandidaten und zweitens der **Verzicht auf echte programmatische Kontroversen** seien „systemwidrig“ (Z. 7) und täuschten den Wähler über seine eigentliche Aufgabe, Abgeordnete des Parlaments zu wählen, deren politisches Programm dann durch Mitwirkung an der Regierungsbildung realisiert werde, hinweg. Drittens **verliere** die **Gewaltenteilung zwischen Legislative und Exekutive an Gewicht**, eines der Fundamente demokratischer Legitimation. Wenn nämlich bereits die Parlamentswahl die Wahl des Regierungschefs vorwegnehme, schwinde das Gewicht des Parlaments.

Diese Verzerrung des demokratischen Prozesses führt Richter auf zwei Ursachen zurück. Die programmatische Profilierung der Parteien werde zum einen durch „**nichtssagende Parolen** rund um Themen wie Freiheit, Ordnung, Sicherheit oder Fürsorge" (Z. 46 f.) sowie durch einen **Sympathiewettbewerb der Spitzenkandidaten**, der sich um die für alle Parteien wichtigen Wählergruppe der „Mitte" bemüht, ersetzt. Diese Entwicklung degradiere das Wahlvolk zu „Stimmvieh" (Z. 49) und begünstige somit **Politikverdrossenheit**. Zum anderen **fördere das Massenmedium Fernsehen die Personalisierung**, da sich „Köpfe und Gesten, ein Schlagabtausch zwischen zwei Kontrahenten oder eine symbolische politische Handlung" (Z. 58 f.) leichter medial umsetzen lassen als Sachprobleme oder Programme. Gegen diese Wahlkampftrends helfe nur „Selbstaufklärung" (Z. 66), d. h. das Streben der Wähler nach Klärung der politischen Sachprogramme hinter den Personen.

2. *Diese Aufgabe zur Überprüfung von Richters Thesen sollten Sie in zwei Schritten lösen. Zunächst erklären Sie die Funktion von Wahlen, Parteien und Medien in unserer Demokratie und verdeutlichen Ihre Kenntnisse durch zusätzliche Informationen. Sie weisen auf wichtige Bestimmungen des Grundgesetzes hin und können auch auf aktuelle Beispiele zurückgreifen. So erhalten Sie Anregungen und schaffen zugleich den Hintergrund für den zweiten Lösungsschritt, in dem Sie Richters Thesen auf ihre Angemessenheit hin untersuchen. Der folgende Vorschlag versucht eine von Anfang an beide Teile der Aufgabe verbindende Lösung. (AFB I und II mit Schwerpunkt auf AFB II)*

Richter bezeichnet die bei Bundestagswahlen auf Unterschiede der Spitzenkandidaten fokussierte Wahlkampfstrategie der Parteien und der medialen Berichterstattung als „systemwidrig" (Z. 7), da sie der eigentlichen Funktion dieser Wahlen widerspreche: Das Volk entscheide in einem parlamentarischen Regierungssystem nicht selbst über die Regierung, sondern könne nur durch den „**Filter der repräsentativen Mandatsträger**" (Z. 15) auf die Wahl des Bundeskanzlers Einfluss nehmen. Der Trend zur Personalisierung werde durch den Verzicht der Parteien auf eine programmatische Profilierung verstärkt.
Blickt man auf die Normen des Grundgesetzes, so lassen sich starke Argumente dafür finden, dass die von Richter beklagte Personalisierung in der Tat den vom Grundgesetz festgelegten Prinzipien widerspricht. In Art. 20 Abs. 2 sind die Grundlagen **repräsentativer (parlamentarischer) Demokratie** fixiert. Diese werden ergänzt durch eine starke **Stellung der Abgeordneten** sowie Bestimmungen zum **Wahlrecht** (Art. 38 Abs. 2) und zur **Kanzlerwahl bzw. -abwahl** durch den Bundestag (Art. 63 und 68 GG). Durch ein **konstruktives Misstrauensvotum** kann eine Parlamentsmehrheit die Regierung nur dann abberufen, wenn sie einen Nachfolger wählt. Die entscheidenden Akteure sind dabei die gewählten Vertreter des Volkes.
Das parlamentarische Regierungssystem basiert daher auf **Wahlen**, der wichtigsten **Partizipationsmöglichkeit der Bürger**. Wegen ihrer zahlreichen Funktionen kommt ihnen eine Schlüsselstellung in der parlamentarischen Demokratie zu.

Zunächst sollen sie den Konkurrenzkampf von Parteien um politische Macht auf der Grundlage alternativer Sachprogramme herbeiführen, dessen Abschluss am Wahltag demokratische Herrschaft auf Zeit legitimiert (**Legitimationsfunktion**). Vielfältige gesellschaftliche Interessen werden durch Parteien in Programme und politische Ziele übersetzt (**Integrationsfunktion**), für die im Wahlkampf eine möglichst große Wählerzahl mobilisiert werden soll (**Repräsentationsfunktion**). Die Wähler entscheiden keine Sachfragen, sondern wählen Personen, allerdings auf der Grundlage politisch bedeutsamer Alternativen (**Artikulationsfunktion**). Da sie mit dieser Auswahl zugleich die Wieder- oder Abwahl von Abgeordneten herbeiführen, ermöglichen sie die Kontrolle der Regierenden (**Kontrollfunktion, Machtverteilungsfunktion**).

Das **personalisierte Verhältniswahlrecht mit Sperrklausel** unterstützt diese Aufgaben von Wahlen, indem es politische Minderheiten respektiert, aber eine Zersplitterung des Parteiensystems verhindert. Die Verhältniswahl bestimmt die Mandatsanteile der Parteien, aber ein Teil der Abgeordneten wird nach relativer Mehrheitswahl direkt gewählt. Da durch dieses Wahlsystem in der Regel Koalitionen erzwungen werden, treten scharfe Abgrenzungen der Parteien zurück.

Die **Abgeordneten des Bundestages sind „Vertreter des ganzen Volkes**, an Aufträge und Weisungen nicht gebunden und nur ihrem Gewissen unterworfen", so definiert das Grundgesetz in Art. 38 Abs. 1 die Stellung der Gewählten. Zugleich erhebt das Grundgesetz in Art. 21 die **Parteien in den Rang von Verfassungsinstitutionen**, die nicht nur als den Bürger aktivierende Kraft im gesellschaftlichen Raum, sondern auch im Parlament bei der politischen Willensbildung mitwirken. Hauptakteure des parlamentarischen Regierungssystems sind daher weniger die einzelnen Abgeordneten als vielmehr die **Parlamentsfraktionen**, die die Regierung wählen und stützen („Kanzlermehrheit") und die parlamentarische Opposition bilden. Parteien besorgen die Rekrutierung von Kandidaten, stellen das Führungspersonal bei jeder Regierungsbildung und beeinflussen maßgeblich die Parlaments- und die Regierungsarbeit. Die Unabhängigkeit des Abgeordneten wird auf diese Weise relativiert.

Der bisher beschriebene demokratische Prozess mit seinen verschiedenen Akteuren wäre ohne den Beitrag der **Medien** nicht denkbar. Deshalb schützt Art. 5 GG neben der Informations- und Meinungsfreiheit des Bürgers die **Freiheit der Presse und des Fernsehens**. Die Massenmedien sorgen durch ihre Berichterstattung dafür, dass soziale und politische Probleme aufgedeckt, über die Aktivitäten aller wichtigen Akteure berichtet und die Interessen gesellschaftlicher Gruppen zur Sprache gebracht werden.

Den Trend zur Personalisierung, insbesondere die Orientierung am Image des Spitzenkandidaten, erzeugen weniger die anspruchsvollen Tages- und Wochenzeitungen als vielmehr das **Leitmedium Fernsehen**, das die Vereinfachung komplexer Sachverhalte erzwingt. Dass sich die Wähler ihre Meinung über die zur Wahl stehenden Parteien hauptsächlich durch die Aussagen und Auftritte der aktuellen Spitzenkandidaten bilden, deckt sich mit Richters Hauptthese, liefert aber keine hinreichende Erklärung für den Erfolg oder Misserfolg bei Wahlen.

Die tatsächliche Entwicklung der letzten Jahre belegt dies deutlich. Bei der **Bundestagswahl 2009**, also kurz nach Erscheinen des Artikels, entschieden sich die Wähler keineswegs nur nach den Spitzenkandidaten: Während die Oppositionsparteien FDP, Die Linke und Bündnis 90/Die Grünen deutlich Stimmen hinzugewannen und die besten Ergebnisse ihrer jeweiligen Parteigeschichte erzielten, fielen die Parteien der seit 2005 regierenden großen Koalition in der Wählergunst auf ein historisches Tief.
Die FDP rückte radikale Steuersenkungen und die Partei der Grünen den Ausstieg aus der Atomenergie in den Mittelpunkt, während Die Linke die Folgen der Weltwirtschaftskrise und die Schwäche der SPD aufgrund ihrer Zusammenarbeit mit der CDU für die Forderung nach sozialer Gerechtigkeit nutzte. Dass die stärker profilierten kleinen Parteien erhebliche Gewinne verzeichneten, deutet darauf hin, dass die **Wähler neben dem Führungspersonal immer auch die Problemlösungskompetenz der Parteien beachten**. Auf jeden Fall lässt sich nicht generell behaupten, dass sich die programmatischen Angebote der Parteien „auf nichtssagende Parolen" (Z. 46) beschränken.
Zusammenfassend lässt sich festhalten: Bei genauerem Hinsehen ergibt sich ein **komplexeres Bild unserer Demokratie**, als es der Kommentar Richters zeigt. Bundestagswahlen sind nicht nur als Abstimmung über zwei Kanzlerkandidaten aufzufassen und die Rolle der Parteien beschränkt sich nicht auf bloßes Image-Marketing, das den Wählern keine sachpolitischen Urteile abverlangt. Zudem stützt das Grundgesetz ein Demokratieverständnis, das auf informierten, mündigen Bürgerentscheidungen bei Wahlen sowie auf der aktiven und engagierten Teilhabe des Staatsbürgers über die Wahlen hinaus (z. B. in Parteien) beruht.

3. *Diese Aufgabe verlangt von Ihnen, dass Sie eine vorgegebene These diskutieren und beurteilen. Dabei sollen Sie ein aktuelles Beispiel internationaler Politik heranziehen, das die Bedeutung von Wahlen beim Wiederaufbau „kriegszerrütteter Gesellschaften" beleuchtet. Es liegt nahe, sich auf Afghanistan zu beziehen, denkbar sind aber auch die Fallbeispiele Kosovo oder Irak. Ihr Urteil sollte schlüssig begründet sein. (AFB II und III mit Schwerpunkt auf AFB III)*

Die These von Bruno Schoch betont die Bedeutung einer Demokratisierung durch **Wahlen als Legitimationsgrundlage für den staatlichen Wiederaufbau** nach einem Krieg. Um diese Behauptung zu überprüfen, werde ich das Beispiel **Afghanistan** betrachten, wo Deutschland sich in großem Umfang an einer multinationalen Friedensmission der UNO beteiligt, und zwar im militärischen (ISAF) und zivil-militärischen Bereich (PRTs: regionale Wiederaufbauteams) sowie beim Aufbau der Polizei.
Langfristig sollen in Afghanistan staatliche Strukturen sowie rechtsstaatliche und demokratische Verhältnisse entstehen. Afghanistan ist – neben dem Irak – das derzeit wichtigste Land, in dem international unterstütztes „**State-Building**", d. h. der Aufbau eines funktionsfähigen demokratischen Staates, stattfindet. Dabei stellt die Gefährdung der inneren Sicherheit durch bürgerkriegsähnliche Zustände und den Einfluss von Nachbarstaaten wie Pakistan große Herausforderungen dar.

Die Resultate zeigen, dass dieses Vorhaben **nur teilweise erfolgreich** ist. Zehn Jahre nach der von den Vereinten Nationen legitimierten US-Intervention wegen der Terroranschläge am 11. September 2001 ist das Land eine **islamische Republik** mit einem präsidialen Regierungssystem. Die Verfassung gilt zwar als eine der demokratischsten der islamischen Welt und sieht die Gleichberechtigung der Angehörigen aller Religionen und ethnischen Gruppen sowie der Geschlechter vor. Mehrfach fanden Parlaments- und Präsidentschaftswahlen statt.
In der Realität erschweren jedoch die jahrzehntelangen **kriegerischen Auseinandersetzungen** sowie die **Armut** des agrarisch strukturierten Landes die Entwicklung zu einer Demokratie bis heute massiv. Lokale Kriegsherren, nominelle Regierung und internationale Präsenz **zersplittern die Regierungsgewalt**. Bei **Wahlen** kommt es regelmäßig zu **Manipulationen**; teilweise werden Wähler durch Todesdrohungen der Taliban abgeschreckt; **Korruption** ist schwer einzudämmen. **Ethnische Konflikte** zwischen Paschtunen und Tadschiken erschweren die demokratischen Aushandlungsprozesse ebenso wie eine extrem konservative Auslegung des Islam und eine **Analphabetenrate** von etwa 70 Prozent. Der **Anbau von Opium** trägt einen erheblichen Anteil am Bruttoinlandsprodukt. Anschläge der **Taliban** richten sich gegen die Zivilbevölkerung wie gegen die ausländischen Truppen.
Die **PRTs**, in denen Zivilisten und Militärs gleichrangig integriert sind, werden bei der Stabilisierung und dem Wiederaufbau in Afghanistan eingesetzt und sollen als **State-Building-Instrumente** dienen. Auch die Bundeswehr wirkt an der Schaffung und Erhaltung eines „sicheren Umfeldes“ für den politisch-institutionellen Wiederaufbau mit. Sie soll dabei aber keine an militärische Besatzung erinnernde Präsenz zeigen, also nicht an Kampfhandlungen beteiligt werden. Genau dies scheint immer weniger möglich zu sein.
Deshalb zielt auch die deutsche Außenpolitik inzwischen auf einen Rückzug aus Afghanistan. Ein 2010 von UNO, ISAF-Teilnehmerstaaten und der afghanischen Regierung beschlossener **Fahrplan für die Zukunft des Landes** umfasst die Schaffung leistungsfähigerer afghanischer Institutionen und die weitere Hilfe durch die internationale Gemeinschaft. Die afghanische Polizei soll bis Ende 2014 die Sicherheit selbstständig schützen können.
Damit zeigt sich das **Dilemma von „Demokratie-Export“ bzw. State-Building**. Wenn solche Vorhaben von Industriestaaten – aus sicherheitspolitischen Motiven heraus – wie eine Blaupause einer Gesellschaft der Dritten Welt übergestülpt werden, bleibt der Erfolg fraglich. Sich auf die technische Durchführung von Wahlen zu beschränken, ist völlig unzureichend. Auch der Bau von Schulen ist als Unterstützung zwar wichtig, stößt aber bei konservativen Islamanhängern auf Widerstand, wenn es um die Beschulung von Mädchen geht.
Eine demokratische Entwicklung muss sich deshalb auf innergesellschaftliche Kräfte stützen können. Hilfen von außen können zwar die Staatsbildung fördern, etwa den Aufbau der Polizei, der langfristige Prozess eines **Nation-Building**, also das Zusammenwachsen von Staat und Bevölkerung, sind aber den regionalen Akteuren zu überlassen. Vorerst scheinen Clan- und Stammesstrukturen diesem Prozess, der auch in Europa mehrere Jahrhunderte dauerte, entgegenzustehen.

Hessen – Politik und Wirtschaft – Grundkurs 2011
Vorschlag C

Thema: *Die Menschenrechte in der internationalen Politik*

Aufgaben

1. Geben Sie den Inhalt des vorliegenden Kommentars in eigenen Worten wieder (Material). (25 BE)

2.1 Stellen Sie die Bedeutung der Menschenrechte auf internationaler Ebene sowie als Teil der Grundrechte in der Verfassungsordnung der Bundesrepublik Deutschland dar. (25 BE)

2.2 Untersuchen Sie, inwiefern der universelle Geltungsanspruch der Menschenrechte für die bundesdeutsche Außenpolitik ein kontroverses Thema darstellt. (20 BE)

3. „Chinas Wirtschaft brummt – und das Militär brummt mit. Ist das ein Grund zur Sorge?" Erörtern Sie ausgehend von dieser Fragestellung, ob Chinas Aufstieg eine Gefahr oder eine Chance für die internationalen Beziehungen darstellt. (30 BE)

M: Klaus-Dieter Frankenberger: Partner, Rivale

Chinas Wirtschaft brummt – und das Militär brummt mit. Ist das ein Grund zur Sorge?

China wächst und wächst – die globale Wirtschaftskrise hat dem Land offenbar wenig anhaben können. Es schreitet mit solcher Kraft voran, dass es schon als dampfende Lokomotive der Weltwirtschaft beschworen, wenn nicht angehimmelt wird. Und jetzt hat es Japan überholt: China, Schwellenland und Großmacht zugleich, ist der neue Verfolger der Vereinigten Staaten, was die Wirtschaftsleistung anbelangt. Nur was die Wirtschaftsleistung anbelangt?

Zufall oder nicht: Kurz nach Bekanntgabe des chinesisch-japanischen Positionstauschs in der Disziplin Bruttoinlandsprodukt machte das amerikanische Verteidigungsministerium seine Sorgen angesichts der Aufrüstung der chinesischen Streitkräfte öffentlich: Pekings Verteidigungsausgaben wachsen in hohem Tempo; seine maritimen Fähigkeiten lassen immer raumgreifendere Operationen zu; die Raketenstreitkräfte werden unablässig modernisiert. Kurzum: Chinas Programm der militärischen Modernisierung entspricht dem Ehrgeiz einer aufstrebenden globalen Macht, was immer Peking an Beschwichtigungen dazu verlauten lässt.

Das beeindruckende wirtschaftliche Leistungsvermögen, das viele Millionen Chinesen aus der Armut geführt hat und das auch die Hoffnungen der hiesigen Exportindustrie beflügelt, findet seine quasi natürliche Entsprechung in militärischer Stärke. Und die gibt den Machthabern immer mehr Optionen an die Hand, zum Beispiel gegenüber Taiwan, in der Regelung regionaler Territorialkonflikte zu eigenen Gunsten und mit Blick auf die Projektion militärischer Macht generell. Das hat Auswirkungen auf das regionale Gleichgewicht, auf das Verhältnis zu den asiatischen Nachbarn und auf die vielschichtigen Beziehungen zu den Vereinigten Staaten, mit denen China durch seine Handels- und Kapitalströme fast symbiotisch verbunden ist.

Der wirtschaftliche Aufstieg Chinas überwindet alle ökologischen, sozialen und energiepolitischen Hürden und vollzieht sich scheinbar unaufhaltsam; so wird er jedenfalls wahrgenommen. Gemeinhin wird er auch begrüßt. Es sind nicht zuletzt die westlichen Länder und ihre Firmen, die in diesen Aufstieg investieren und sich da einen formidablen Wettbewerber heranziehen – schöne Grüße nach Japan! China ist schon heute ein ganz dicker Knoten im globalen Wirtschafts- und Finanzgeflecht, in Zukunft wird dieser Knoten noch dicker.

Dennoch ist das Frohlocken darüber nicht ungetrübt. Gerade in Ost- und Südostasien ist vielen schon mulmig angesichts einer chinesischen Präsenz, die immer sichtbarer und spürbarer wird. Zwar kann von Gegenmachtbildung nicht die Rede sein, dafür sind die Länder der Region viel zu sehr miteinander verflochten. Aber es fällt schon auf, dass sich nicht alle Staaten fröhlich um den chinesischen Pol gruppieren, sondern sich auch um ein gutes Verhältnis zu Indien, dem anderen asiatischen Star der Zukunft, bemühen. […]

Die Zweideutigkeiten und Unsicherheiten, welche die Außensicht auf China prägen – stellt sein Aufstieg eine Gefahr dar oder eine Chance? –, charakterisieren auch das amerikanisch-chinesische Verhältnis. Auf der einen Seite preisen amerikanische Politiker und Wirtschaftsleute möglichst enge Wirtschaftsbeziehungen. Bei Präsident Obama ging das so weit, dass er zunächst bei seinem Werben für einen „vorurteilsfreien Dialog" kontroverse Themen wie Menschenrechte, auf welche die chinesische Führung notorisch gereizt reagiert, gänzlich ausklammerte. Erst in jüngerer Zeit hat seine weniger zur Beschwichtigung neigende Außenministerin deutlichere Worte gefunden. Aber auch Frau Clinton hat an Peking appelliert, weiter amerikanische Schatzbriefe zu kaufen.

Auf der anderen Seite sieht natürlich auch die amerikanische Politik, dass der Weltmacht Amerika in China ein formidabler Konkurrent heranwächst, der seinen Aktionsradius ständig ausweitet. Beispiele hierfür sind die chinesische Rohstoffpolitik und eben die Modernisierung seiner Streitkräfte. Washington betreibt keine offene Eindämmungspolitik[1], aber doch eine Bündnispolitik der Rückversicherung für den Fall, dass Chinas Aufstieg eines Tages eine weitaus ruppigere Seite zeigen könnte.

Im Moment überwiegt freilich die Faszination: China, der Wachstumsmotor, der durch die Weltwirtschaftskrise noch an Bedeutung gewonnen hat. Und in Zukunft? Im Jahr 2020 werden die vier größten Volkswirtschaften aus dem asiatisch-pazifischen Raum stammen: Amerika, China, Japan, Indien. Verloren ist der Westen also nicht, nur die Europäer rutschen ins Mittelfeld ab.

Klaus-Dieter Frankenberger: Partner, Rivale. In: Frankfurter Allgemeine Zeitung vom 23. 8. 2010, S. 1

Anmerkung:

1 Der Versuch, durch eine gezielte, systematische Einflussnahme eine weitere Ausweitung der wirtschaftlichen, militärischen und politischen Bedeutung Chinas entgegenzuwirken bzw. diese zu verhindern.

Lösungsvorschläge

Unterrichtsinhalte:

- 13/I: Internationale Konfliktregionen und die Möglichkeiten kollektiver Friedenssicherung: Entstehungsgründe, Akteure, Interessen und Konfliktpunkte; Einflussmöglichkeiten und Entscheidungsprozesse in internationalen Organisationen (UNO); Die deutsche Außenpolitik nach der Wiedervereinigung: Aufgaben, Erwartungen, Probleme: Die außenpolitische Rolle Deutschlands
- 12/II: Politische Strukturen und Prozesse: Verfassungsnorm und Verfassungsrealität: Grundprinzipien der Verfassungsordnung der Bundesrepublik Deutschland; Grundrechte und Grundrechtsabwägung

1. *Die Aufgabenstellung verlangt von Ihnen, die Argumentation des Autors wiederzugeben. Formulieren Sie zunächst einen kurzen einleitenden Satz zu Autor und Textart. Beachten Sie dabei den Titel („Partner, Rivale"), der die Aussagen des Autors bereits pointiert darstellt. Achten Sie zudem auf eine kritische Distanz zum Autor, indem Sie die indirekte Rede verwenden sowie Zitate aus dem Text in Anführungszeichen setzen und mit Zeilenangaben versehen. (AFB I)*

In seinem Kommentar „Partner, Rivale" in der Frankfurter Allgemeinen Zeitung vom 23. August 2010 geht Klaus-Dieter Frankenberger auf das ambivalente Verhältnis der westlichen Industrieländer zur **aufstrebenden Wirtschaftsmacht China** sowie auf dessen künftige Rolle in der internationalen Politik ein. Diese liegt entsprechend dem Titel des Kommentars zwischen **„Partner" und „Rivale"**. Frankenberger erläutert, dass in China trotz der globalen Wirtschaftskrise ein enormes Wirtschaftswachstum zu verzeichnen sei, wodurch China **Japan überholt** habe (vgl. Z. 4 f.) und nun **„Verfolger der Vereinigten Staaten"** (Z. 6) sei. Dieser wirtschaftliche Aufstieg Chinas überwinde „alle ökologischen, sozialen und energiepolitischen Hürden" (Z. 25 f.) und erscheine geradezu „unaufhaltsam" (Z. 26), was von den westlichen Industriestaaten, die in China investiert hätten, begrüßt werde.
Gleichzeitig zeige **China** aber auch den Ehrgeiz einer **„aufstrebenden globalen Macht"** (Z. 14), deren **Verteidigungsausgaben schnell wüchsen**. Die Modernisierung der Raketenstreitkräfte und die „immer raumgreifendere[n] Operationen" (Z. 12) bereiten sowohl den Nachbarstaaten als auch den USA große Sorgen. Denn durch die militärische Aufrüstung werde China in die Lage versetzt, seine Macht immer weiter zu vergrößern und territoriale Konflikte (wie z. B. mit Taiwan) in seinem Sinne zu lösen. Diese Entwicklung sei auch von **anderen asiatischen Staaten** nicht unbemerkt geblieben, die sich daher **um ein gutes Verhältnis zu** Chinas regionalem Konkurrenten **Indien bemühen** würden (vgl. Z. 37 f.).
Mit dem **ambivalenten amerikanisch-chinesischen Verhältnis** befasst sich Frankenberger besonders ausführlich. Einerseits würden amerikanische Politiker, darunter auch US-Präsident Obama und US-Außenministerin Clinton, die **engen Wirtschaftsbeziehungen zu China** loben und seien – fasziniert vom chinesischen Wachstum (vgl. Z. 55 f.) und eingedenk der „fast symbiotisch" (Z. 24) verbunde-

nen Handels- und Kapitalströme – offenbar sogar bereit, das für China unangenehme **Thema Menschenrechte auszuklammern**. Andererseits würden die USA durchaus bemerken, dass mit **China ein „formidabler Konkurrent**" (Z. 50) heranwachse, auf den die **USA** zwar nicht mit einer „Eindämmungspolitik" (Z. 52 f.) reagieren würden, aber doch mit einer „**Bündnispolitik der Rückversicherung**" (Z. 53) für den Fall, dass Chinas Politik zukünftig aggressiver werde.
Abschließend prognostiziert Frankenberger, dass im Jahr **2020 die vier größten Volkswirtschaften im asiatisch-pazifischen Raum** liegen würden. Europa sei damit zwar nicht verloren, rutsche aber ins Mittelfeld ab.

2.1 *In dieser Aufgabe müssen Sie auf Ihre Kenntnisse der Verfassungsordnung der Bundesrepublik zurückgreifen, die Sie in der Jgst. 12 erworben haben. Denken Sie daran, dass Ihnen für die Beantwortung der Frage eine Ausgabe des Grundgesetzes und eine Ausgabe der Charta der Vereinten Nationen zur Verfügung stehen. Diese sollten Sie auch benutzen, um einige Beispiele anzuführen.*
Beachten Sie zudem, dass die Aufgabe zweigeteilt ist: Zum einen soll die Bedeutung der Menschenrechte auf internationaler Ebene dargestellt werden, zum anderen deren Bedeutung in der Verfassungsordnung der Bundesrepublik. (AFB II)

Das **Grundgesetz** der Bundesrepublik Deutschland misst den **Grund- und Menschenrechten** höchste Bedeutung bei. Dies erkennt man schon daran, dass die Grundrechte gleich zu Beginn der Verfassung (Art. 1–19) genannt werden und – im Unterschied zu früheren Verfassungen in Deutschland – als „**unmittelbar geltendes Recht**" (Art. 1 Abs. 3) nicht nur Exekutive und Judikative, sondern auch die Legislative binden. Diese Bindung geht sogar so weit, dass Artikel 1 GG eine „**Ewigkeitsklausel**" (Art. 79 Abs. 3) enthält, d. h. auch mit einer verfassungsändernden Zweidrittelmehrheit nicht geändert werden darf. Da die übrigen **Grundrechte** nach allgemeiner Rechtsauffassung als „**Funktionen**" **der Menschenwürde** (die wie erwähnt besonders geschützt ist) betrachtet werden, ergibt sich daraus auch ein besonderer Schutz für die übrigen Grundrechte.
Bei der Formulierung der Grundrechte im Grundgesetz wird nicht nur die Bezeichnung „Deutsche" verwendet (wie z. B. in Art. 8, 9, 11 usw.), sondern auch die Formulierung „jeder" (z. B. in Art. 2, 5, 17). Dadurch wird der **universelle Anspruch der Grund- und Menschenrechte** unterstrichen.
Im Grundgesetz sind aber nicht nur die „**klassischen**" **Abwehrrechte** zu finden, die die Bürger vor staatlicher Willkür schützen sollen, etwa die Unverletzlichkeit der Wohnung (Art. 13) oder die Freiheit der Person (Art. 2), sondern auch **Mitwirkungsrechte**, die den Bürgern die Teilhabe am politischen Prozess ermöglichen sollen – u. a. Versammlungs- (Art. 8), Rede- (Art. 5) oder Vereinigungsfreiheit (Art. 9).
Neben dem Grundgesetz ist auch die „**Allgemeine Erklärung der Menschenrechte**" aus dem Jahr 1948, die auch die Bundesrepublik Deutschland ratifiziert hat, zu nennen. Diese Erklärung der Menschenrechte wurde von der Generalversammlung der Vereinten Nationen abgegeben und ist somit eigentlich **für alle Mitgliedstaaten der UNO** (die nahezu alle Staaten der Erde umfasst) **bindend**,

zumal die Menschenrechte auch in der **UN-Charta** aus dem Jahr 1945 einen hohen Stellenwert haben. Schon in der Präambel der Charta wird der „Glaube[n] an die Grundrechte des Menschen, an Würde und Wert der menschlichen Persönlichkeit" bekräftigt. In Artikel 1 der Charta wird darüber hinaus die Förderung der „Achtung vor den Menschenrechten" als Ziel angegeben.
Daneben gibt es mittlerweile einen **UN-Menschenrechtsrat**, der die Durchsetzung der Menschenrechte fördert, Verstöße gegen Menschenrechte untersucht und den Schutz von Opfern von Menschenrechtsverletzungen zum Ziel hat.
Auch der **Internationale Strafgerichtshof** ist hier zu nennen, der Völkermord, Verbrechen gegen die Menschlichkeit und Kriegsverbrechen – also besonders schwere Verstöße gegen Menschenrechte – verfolgt, wenn die jeweiligen Nationalstaaten dazu nicht bereit oder in der Lage sind.
Diese Regelungen und Institutionen können aber nicht darüber hinwegtäuschen, dass im Jahr 2011 die Einhaltung elementarer Menschenrechte in vielen Staaten eine Wunschvorstellung bleibt: seien es **Russland oder China**, die immer wieder durch **Verstöße gegen die Meinungsfreiheit** auffallen (z. T. sogar mit gewaltsamem Vorgehen gegen Regimekritiker), sei es in **Krisengebieten in Asien oder Afrika**, in denen **Kindersoldaten** eingesetzt und Menschen wegen ihrer Religion, ihres Geschlechts oder ihrer Hautfarbe diskriminiert oder sogar getötet werden.
Aber auch in der **westlichen Welt** ist die **Menschenrechtslage häufig verbesserungswürdig:** sei es der Umgang der EU mit **Flüchtlingen aus Nordafrika** oder das **Gefangenenlager in Guantanamo Bay**, in dem die USA seit fast zehn Jahren Menschen ohne konkrete Anklage gefangen halten.
Auf internationaler Ebene sind die Menschenrechte somit seit 1945 juristisch klar verankert und in den letzten Jahren nahmen die Versuche zu, die Menschenrechtsfrage stärker zu regeln. Die internationale Um- und Durchsetzung von universellen Menschenrechten ist aber auch heute noch mehr Utopie als Wirklichkeit.

2.2 *Der Operator „untersuchen" verlangt von Ihnen, dass Sie „Sachverhalte kriterienorientiert bzw. aspektgeleitet erschließen". Das bedeutet, dass Sie sich zunächst selbst darüber im Klaren sein müssen, welche Bedeutung die universelle Geltung der Menschenrechte für die deutsche Außenpolitik darstellt. Anschließend gilt es, eine Kontroverse zu finden. Hier bietet sich der Widerspruch zwischen den hohen Idealen der Außenpolitik der Bundesrepublik (basierend auf der Werteordnung des Grundgesetzes) im Kontrast zur Realität der wirtschaftlichen Interessen Deutschlands an. Da Sie „untersuchen" sollen, inwiefern eine Kontroverse besteht, bedeutet das hier, dass Sie die Kontroverse natürlich auch darstellen müssen, was fast dem Operator „erörtern" entspricht, nur dass Sie hier nicht selbst Stellung beziehen müssen. (AFB II)*

Wie bereits erwähnt, wird in Artikel 1 des Grundgesetzes von der „Würde des Menschen" und nicht „des Deutschen" gesprochen, was den universellen Charakter der Menschenwürde verdeutlicht. Die **Würde des Menschen** wird damit nicht nur zur **Richtschnur allen innenpolitischen Handelns** (sei es in der Sozialgesetzgebung, der Bildungspolitik oder in der Strafverfolgung), sondern auch allen

außenpolitischen Handelns. Im Zwei-plus-Vier-Vertrag von 1990 wird dies noch einmal bekräftigt, wenn es heißt, dass von deutschem Boden nur Frieden ausgehen soll (wenn man Frieden nicht auf den negativen Frieden im Sinne von Abwesenheit personeller Gewalt verengt, sondern auch – im Sinne eines positiven Friedensbegriffs – die Vermeidung von struktureller Gewalt mit einschließt). Auch die deutsche Vergangenheit gebietet eine **wertgebundene deutsche Außenpolitik, die sich für den Schutz und die Achtung der Menschenrechte einsetzt**. Die Bundesrepublik Deutschland hat sich seit ihrer Gründung durchaus bemüht, diesem hohen Anspruch gerecht zu werden und hat sich so international eine **hohe Reputation in Menschenrechtsfragen** erworben, erkennbar daran, dass Deutschland als Mitglied in den UN-Menschenrechtsrat gewählt wurde und in zahlreichen Konflikten als Vermittler gefragt ist.

Trotz aller Kontinuität der deutschen Außenpolitik nach 1949 ist die Frage, wie konkret der universelle Geltungsanspruch der Menschenrechte durch die deutsche Außenpolitik gefördert werden kann, durchaus Gegenstand von Kontroversen. Auf der einen Seite könnte man argumentieren, dass Deutschland sich außenpolitisch konsequent(er) verhalten müsste und mit autoritären Systemen nicht kooperieren dürfte. Sowohl die guten **deutsch-russischen Beziehungen** als auch die sich verbessernden **deutsch-chinesischen Beziehungen widersprechen der Menschenrechtslage** in den jeweiligen Ländern. Müsste Deutschland nicht die Beziehungen zu diesen Staaten abbrechen oder zumindest Bedingungen an den Abschluss von Verträgen (z. B. Handelsverträgen) knüpfen? Müsste Deutschland nicht autokratisch regierende Gewaltherrscher wie Gaddafi von vornherein „links liegen lassen" anstatt mit ihnen zu verhandeln?

Nicht zuletzt: **Deutschland gehört zu den fünf größten Exporteuren von Waffen und Waffentechnologie**. Tragen diese Waffen dazu bei, die universelle Geltung der Menschenrechte durchzusetzen? Verträgt sich diese Rolle mit einer Stärkung der Menschenrechte? Wohl kaum.

Die Argumentation der Gegenseite kann mit einem historischen Argument begonnen werden: Die neue Ostpolitik der 1970er-Jahre stand unter dem Motto „Wandel durch Annäherung". Ist eine deutsche Außenpolitik, die China konfrontativ „in die Knie" zwingen will und so Menschenrechte gleichsam „mit der Brechstange" durchzusetzen sucht, sinnvoll – und vor allem potenziell erfolgreich? Mit einem deutsch-chinesischen Forum zu rechtsstaatlichen Fragen ist vielleicht mehr erreicht, als durch eine Dialogverweigerung der deutschen Regierung mit der zweitgrößten Volkswirtschaft der Welt (eben: „Wandel durch Annäherung").

Auch sollten meines Erachtens **Werte**, die trotz ihres universellen Charakters ihren historischen Ursprung in der westlichen Welt haben, nicht mit Zwang und Druck eingefordert werden. **Menschenrechte müssen auch von der Bevölkerung der Staaten akzeptiert und verinnerlicht** werden, wenn sie keine reinen Lippenbekenntnisse bleiben sollen. Gerade in der arabischen Welt ist – z. B. bezogen auf die Rolle der Frau – noch viel Überzeugungsarbeit zu leisten. Diese lässt sich nicht erzwingen, wenn man den Eindruck eines **Kulturimperialismus** vermeiden will, durch den die Botschaft (Menschenrechte) aufgrund der Art der Übermittlung (Druck, Zwang) diskreditiert wird.

Nicht zu vergessen ist, dass **Deutschland** als eine der größten Volkswirtschaften der Welt und als **Exportnation** auch eigene, oft **wirtschaftliche Interessen** hat. Deutschland benötigt Rohstoffe, um seinen Status als Industriestaat aufrecht zu erhalten – es stellt sich die Frage, von welchen Staaten, die keine Menschenrechte verletzen, Deutschland z. B. Erdöl und Erdgas beziehen soll.
Auch in politischer Hinsicht **ist Deutschland auf die Kooperation mit Staaten wie China und Russland angewiesen**. Beide Länder sind ständige Mitglieder im UN-Sicherheitsrat. Wenn sich die deutsche Außenpolitik nicht völlig isolieren will, wird sie nicht umhinkommen, das Verhältnis zu China und Russland stetig zu verbessern – auch mit der langfristigen Perspektive auf einen ständigen Sitz im UN-Sicherheitsrat, der durch ein chinesisches oder russisches Veto verhindert werden könnte.
Dies mag sehr hart klingen, doch muss man auch hier fragen, ob Deutschland für die internationale Geltung der Menschenrechte nicht mehr erreichen kann, wenn es weiterhin einer der wohlhabendsten und einflussreichsten Staaten der Welt bleibt, der international mit vielen Staaten gut vernetzt ist und diesen Einfluss – im entscheidenden Moment – geltend machen kann. Das heißt jedoch nicht, dass man anderen Staaten jede Menschenrechtsverletzung gleichgültig durchgehen lassen sollte, wenn deutsche Wirtschaftsinteressen berührt werden könnten. Aber eine **Politik mit Augenmaß für das Mögliche und dem Blick auf das Machbare** mag manchmal besser sein, als eine an hohen Idealen orientierte Politik, die zu keinem greifbaren Ergebnis führt.
So bleibt also festzuhalten, dass der universelle Geltungsanspruch der Menschenrechte in der deutschen Außenpolitik grundsätzlich kein kontroverses Thema darstellt, die Umwandlung dieses Anspruchs in konkretes außenpolitisches Handeln jedoch durchaus kontrovers diskutiert wird und wurde.

3. *Der Operator „erörtern" verlangt zu einer Fragestellung sowohl Pro- als auch Kontra-Argumente anzuführen und zu einer eigenen Stellungnahme zu gelangen. Der Kommentar von Frankenberger liefert Ihnen bereits einige Argumente, nun müssen Sie weitere Argumente sammeln, sortieren und gewichten. Sinnvoll ist es, mit der Position zu beginnen, die sie nicht vertreten (z. B. Chinas Aufstieg stellt eine Gefahr dar), und dann zu der Position, die Sie selbst vertreten, überzuleiten. Vergessen Sie am Ende nicht die persönliche Stellungnahme, eine Erörterung ist nicht nur ein Aufzählen von Pro- und Kontra-Argumenten! (AFB III)*

Chinas Aufstieg zur zweitgrößten Volkswirtschaft – verknüpft mit dem damit verbundenen politischen Machtzuwachs – kann durchaus als Gefahr für die internationalen Beziehungen gesehen werden.
Seit dem chinesischen Bürgerkrieg schwelt der **Konflikt um Taiwan**, das China bis heute als Teil des chinesischen Staatsgebietes sieht (weswegen Taiwan auch nicht Mitglied der UNO ist). Ein selbstbewussteres China könnte versuchen, diesen **Konflikt gewaltsam zu lösen** oder zumindest den Druck auf Taiwan zu erhöhen, um eine **Lösung im chinesischen Sinne** herbeizuführen. Eine ähnliche

Situation findet man in **Tibet**, das China gegen den Willen der Bevölkerung annektiert hat. Es ist sehr zweifelhaft, ob ein mächtigeres China tibetischen Autonomiewünschen nachgeben wird.
Außerdem sei darauf verwiesen, dass **China keine Demokratie** ist: Nicht nur, dass das politische System den Bürgern kaum Möglichkeiten der Partizipation einräumt, auch die Macht des Staates wird durch Grund- und Menschenrechte kaum eingeschränkt. So konnte etwa im Jahr 2010 der Friedensnobelpreisträger Liu Xiaobo aus China seinen Preis nicht entgegennehmen, weil das Regime ihm die Ausreise verweigerte. Auch die **Zensurmaßnahmen** der Regierung verdeutlichen immer wieder, dass die Meinungsfreiheit in China nur dann einen hohen Stellenwert genießt, wenn nichts System- oder Regierungskritisches geäußert wird. Ob die Sache der Menschenrechte und der Demokratie auf internationaler Ebene durch einen menschenrechtsverletzenden Staat und ein autoritäres System wie China befördert wird, darf getrost bezweifelt werden.
Problematisch ist auch die **Vorbildrolle, die China durch seinen Aufstieg zukommt:** Galt seit den 1990er-Jahren das westliche Modell mit Demokratie, Menschenrechten und freier Marktwirtschaft als das Erfolgsmodell, **an dem sich Entwicklungs- und Schwellenländer orientierten**, so bekommt dieses Modell durch Chinas autoritären Kapitalismus Konkurrenz. Es wäre durchaus denkbar, dass z. B. afrikanische Staaten, die bisher nur sehr zurückhaltend und z. T. nur auf Druck der westlichen Staaten und internationaler Organisationen (wie des IWF oder der Weltbank) Strukturreformen und Demokratisierungsprozesse in Gang gesetzt haben, künftig eher dem chinesischen Modell nacheifern könnten.
Dies würde nicht nur einen **politischen Machtverlust der westlichen Industriestaaten** bedeuten, noch empfindlicher wäre der Verlust der „Deutungshoheit" über den „richtigen" Weg in eine positive Zukunft für die Menschheit, an die sich die westlichen Staaten nach dem Untergang der Sowjetunion bereits gewöhnt haben. Mit einem Mal könnten **global anerkannte Werte infrage gestellt** werden: Warum eigentlich universelle Menschenrechte – offenbar kann man auch ohne Partizipation und Menschenrechte zu Wohlstand kommen.
Dazu passt, dass China als ständiges Mitglied im Sicherheitsrat bisher keine große Bereitschaft gezeigt hat, sich für Menschenrechte zu engagieren. Grundsätzlich **vertritt China das Prinzip der Nichteinmischung in die inneren Angelegenheiten eines Staates** und muss daher im Sicherheitsrat oft mühsam von der Notwendigkeit eines Eingreifens zum Wohl der Zivilbevölkerung überzeugt werden (so bei den Sanktionen, die im März 2011 gegen Libyen verhängt wurden).
Genau hier könnten aber diejenigen anknüpfen, die Chinas Aufstieg als Chance sehen. Einem **unilateralen Vorgehen**, wie es z. B. die Supermacht USA beim Irak-Krieg an den Tag gelegt hat, würde **durch eine wachsende Bedeutung Pekings Einhalt geboten**. Eben diese Politik der Nichteinmischung ist auch eine Politik, die Alleingänge verhindert und schon heute wesentlich dazu beigetragen hat, dass die unipolare Welt der 1990er-Jahre heute eine **multipolare Welt** ist.
Diese multipolare Welt ist nicht mehr die Gleiche wie bei der Gründung der UNO 1945, als v. a. die westlichen Staaten tonangebend waren. Mehr Einfluss und Macht für China ist nur fair angesichts einer Bevölkerungsgröße von über eine

Milliarde Chinesen, deren Interessen (sei es in Wirtschaft, Umwelt oder Politik) damit – ganz im Sinne der Demokratie – auf internationaler Ebene angemessener berücksichtigt würden.
China als ehemaliges Entwicklungsland war im Unterschied zu den anderen ständigen Mitgliedern im UN-Sicherheitsrat **keine Kolonialmacht** oder blickt auf eine imperialistische Vergangenheit zurück. Ein stärkeres Gewicht Chinas könnte daher dafür sorgen, dass die **Interessen und Sorgen der Entwicklungs- und Schwellenländer stärker in den Fokus gerückt werden** und nicht immer nur die des Westens.
Darüber hinaus stellt das „**chinesische Modell**" **des** „**autoritären Kapitalismus**" mit einer deutlich stärkeren Rolle des Staates im Wirtschaftsgeschehen wie schon erwähnt ein **Gegenmodell zum westlichen liberalen Kapitalismus** dar. Trotz der Schwächen, die dieser liberale Kapitalismus in den letzten Jahren offenbart hat (z. B. Finanzkrise 2008), fand in der westlichen Welt kaum ein vertieftes Nachdenken über die Grenzen und den Verbesserungsbedarf der eigenen Position statt – warum auch, der westliche Kapitalismus war seit dem Zusammenbruch der Sowjetunion ja alternativlos geworden. Mit dem Aufstieg Chinas könnte sich dies ändern und der Westen dadurch gezwungen werden, einen weniger selbstgefälligen und stärker selbstkritischen Blick auf das eigene System und die eigenen Probleme zu werfen.
Alles in allem hängt die Beantwortung der Frage, ob Chinas Aufstieg eine Gefahr oder eine Chance für die internationalen Beziehungen darstellt, davon ab, wie sich China in Zukunft entwickeln wird. Ich teile hier den Optimismus des Politikwissenschaftlers Francis Fukuyama, dass ein sich (wirtschaftlich) modernisierendes China fast automatisch auch den Weg zu einem sich politisch modernisierenden China eingeschlagen hat oder einschlagen wird. Ein solches China wird – ähnlich wie Südkorea – in naher Zukunft seine autoritären Strukturen modernisieren und damit demokratisieren, da eine moderne Wirtschaft nicht mit unterdrückten Untertanen im globalen Wettbewerb konkurrieren kann, sondern nur mit freien, mündigen und innovativen Bürgern. Ein solches China wäre in jedem Fall eine Chance für die internationalen Beziehungen.

Hessen – Politik und Wirtschaft – Leistungskurs 2011
Vorschlag A

Thema: *Deutschland und der Euro*

Aufgaben

1. Fassen Sie die Ausführungen Peter Bofingers zusammen (Material). (20 BE)
2. Ordnen Sie Bofingers Überlegungen einer wirtschaftspolitischen Grundkonzeption zu. (25 BE)
3. Im Schlussabsatz seines Textes behauptet Peter Bofinger, Deutschland habe ein „ökonomisches […] Interesse am Euro". Erläutern Sie diese Aussage. (25 BE)
4. In ihrer Laudatio auf Polens Ministerpräsidenten Donald Tusk, den Träger des Karlspreises 2010, sagte Bundeskanzlerin Merkel: „Scheitert der Euro, dann scheitert nicht nur das Geld, dann scheitert mehr, dann scheitert Europa, dann scheitert die Idee der europäischen Einigung."[1]
   Setzen Sie sich mit dieser These kritisch auseinander. (30 BE)

Anmerkung:
1 zitiert nach Zeit-Online vom 13. 5. 2010, http://www.zeit.de/politik/deutschland/2010-05/merkel-euro

M: Peter Bofinger: Deutschland lebt unter seinen Verhältnissen

Die Spekulanten sind schuld an der Eurokrise, und die Bundesrepublik ist ein Opfer? Alles Märchen.

Aus der Wahrnehmung der deutschen Politik wie des deutschen Stammtischs sind die Schuldigen der Eurokrise schnell ausgemacht. Zum einen sind es die bösartigen Spekulanten, die es sich zum Ziel gesetzt haben, den Euro zu zerstören. Zum anderen sind es die Mitgliedsländer in Südeuropa, die nicht nur bei der Haushaltspolitik geschlampt, sondern zugleich ihre Löhne viel zu stark erhöht haben. Deutschland ist bei alledem das unschuldige Opfer, das seit Beginn der Währungsunion alles richtig gemacht hat und jetzt riesige Milliardenbeträge zur Stützung der anderen Länder aufwenden muss.

Bei dieser Sichtweise ist klar, wie der Euroraum wieder genesen kann: Alle Länder müssen so tugendhaft werden wie wir. Das Problem müsse an der Wurzel angepackt werden, sagte die Kanzlerin, die Länder müssten ihre Staatsfinanzen in Ordnung bringen und sich um eine bessere Wettbewerbsfähigkeit bemühen.

Doch wie würde ein Euroraum mit 16 Deutschländern aussehen? In den vergangenen zehn Jahren war die deutsche Wirtschaftspolitik darauf fixiert, die Lohnkosten möglichst gering zu halten. Dies führte dazu, dass die Arbeitnehmer nicht mehr am Anstieg des Wohlstandes teilhaben konnten und die Ausgaben im Inland – preisbereinigt – nicht mehr zunahmen. Natürlich schlug sich das in einem enormen Exportboom nieder, die Ausfuhren stiegen real um bis zu 70 Prozent. Im finanziellen Sektor führte die Kombination aus Knauserei und Exportweltmeistertum zu einer riesigen Geldersparnis, die zwangsläufig im Ausland angelegt werden musste. Seit Beginn der Währungsunion gab Deutschland – ausweislich seines Leistungsbilanzsaldos – 895 Milliarden Euro weniger aus, als es einnahm. Wir lebten als Volkswirtschaft also nicht über, sondern wie kaum ein anderes Land unter unseren Verhältnissen.

Eine Währungsunion mit 16 Deutschländern wäre ein Albtraum. Gingen alle Mitgliedsländer dazu über, ihre Löhne nicht mehr zu erhöhen oder sie sogar zu senken, um so wettbewerbsfähig wie wir zu werden, würde der Euroraum geradewegs in die Deflation steuern. Diese Tendenz würde noch verstärkt, wenn alle auch noch versuchen würden, weniger auszugeben, als sie einnehmen, um genauso viel Geld zu sparen wie Deutschland. Das kann in der Summe nicht aufgehen, der Euroraum würde durch ein kollektives Gürtel-enger-Schnallen so in die Knie gehen, dass am Ende überhaupt keine nennenswerte Geldersparnis mehr möglich würde.

Das heißt allerdings nicht, dass sich alle Länder nun an den Beispielen Griechenlands, Irlands oder Spaniens orientieren sollten. Für den finanzpolitischen Schlendrian Griechenlands kann es keine Entschuldigung geben. Und in den südeuropäischen Mitgliedsländern sind – ebenso wie in Irland – die Löhne stärker gestiegen, als es von der Produktivität und dem Inflationsziel der Europäischen Zentralbank her angemessen gewesen wäre. Das hat der Wettbewerbsfähigkeit geschadet und zu einer überzogenen Verschuldung geführt. Der Euroraum wird nur dann ins Gleichgewicht kommen, wenn sich seine Mitgliedsländer überwiegend so verhalten, dass sie mittelfristig in etwa das ausgeben, was sie einnehmen. Ein Musterbeispiel hierfür ist Frankreich, das seit Jahren eine stetig steigende Binnennachfrage aufweist, ohne dabei in eine Schieflage wie die südeuropäischen Länder geraten zu sein. Eine Währungsunion mit 16 Frankreichs wäre aus makroökonomischer Sicht keine schlechte Vorstellung.

Bundeskanzlerin Angela Merkel hat sich in überzeugender Weise für den Euro ausgesprochen. Doch die Währungsunion wird nur Zukunft haben, wenn die deutsche Wirtschaftspolitik erkennt, dass wir selbst ein Teil des Problems wie auch der Lösung sind. […]

Ein zentraler Ansatzpunkt für mehr Eigendynamik sind die hohen Ersparnisse der deutschen Wirtschaft, die seit Jahren überwiegend in ausländischen Geldanlagen investiert werden. Wenn es gelingen würde, diese Mittel verstärkt für Investitionen im Inland einzusetzen, würde das nicht nur die Inlandsnachfrage steigern. Es würde zugleich dazu beitragen, dass wir nicht länger unsere Altersvorsorge auf spanischen oder US-amerikanischen Schrottimmobilien aufbauen.

Im Mittelpunkt der Wirtschaftspolitik muss deshalb die Förderung der Investitionstätigkeit stehen. […] Aber die Privaten werden es allein nicht stemmen. Nach den bisherigen Planungen werden die öffentlichen Investitionen in den nächsten Jahren so gering ausfallen, dass sie nicht einmal die Abschreibungen ausgleichen. Der Staat sollte deshalb ein umfangreiches öffentliches Investitionsprogramm auflegen, auch wenn er sich dafür zusätzlich verschulden muss. Das Ersparte der Bürger ist momentan sicherer und ertragreicher in der deutschen Infrastruktur investiert als in ausländischen Staats- oder Unternehmensanleihen. Auf den ersten Blick würde ein solches

Vorgehen mit den Bestimmungen der Schuldenbremse in Konflikt geraten. Aber man kann diese Bremse zeitweise außer Kraft setzen, wenn man es mit außergewöhnlichen Notsituationen zu tun hat, die sich der Kontrolle des Staates entziehen. Wenn die Eurokrise keine solche „außergewöhnliche Notlage“ ist, was dann?

Deutschland hat ein vitales ökonomisches wie politisches Interesse am Euro. Doch ohne energische Anstrengungen der deutschen Wirtschaftspolitik für mehr Balance innerhalb des Systems wird die Europäische Währungsunion dieses Jahrzehnt nicht überleben.

Peter Bofinger: Deutschland lebt unter seinen Verhältnissen.
In: Süddeutsche Zeitung vom 17. 5. 2010, S. 2

Zum Autor: Peter Bofinger ist Professor für Volkswirtschaftslehre an der Universität Würzburg und Mitglied im Sachverständigenrat zur Begutachtung der gesamtwirtschaftlichen Entwicklung.

Lösungsvorschläge

Unterrichtsinhalte:

- 12/I: Ziele und Zielkonflikte wirtschaftlichen und wirtschaftspolitischen Handelns am Beispiel: Probleme der Staatsverschuldung;
  Konjunktur und Konjunkturpolitik;
  Wirtschaftliche Integration Europas;
  Internationale Wirtschaftsbeziehungen
- 12/II: Bundesrepublik Deutschland und europäische Integration

1. *Der Operator „zusammenfassen“ verlangt von Ihnen, die Kernaussagen des Materials sach- und sinngemäß, komprimiert und unkommentiert wiederzugeben. Dabei ist vor allem auf sprachliche Distanz zu achten. Diese stellen Sie her, indem Sie die Thesen des Autors eigenständig strukturieren, in eigenen Worten wiedergeben und in indirekter Rede präsentieren. Die Rückanbindung an das Material erfolgt über Textbelege. (AFB I)*

   Peter Bofinger, Professor für Volkswirtschaftslehre und Mitglied im Sachverständigenrat der Bundesregierung, also einer der fünf Wirtschaftsweisen, weist in seinem Artikel „Deutschland lebt unter seinen Verhältnissen“ in der Süddeutschen Zeitung vom 17. Mai 2010 die Sichtweise der deutschen Politik und des „deutschen Stammtischs“ (Z. 3) zurück, allein Spekulanten und die schwachen südeuropäischen Länder der EU seien für die **Eurokrise** verantwortlich. Bofinger sieht Deutschland nicht als das „unschuldige Opfer“ (Z. 8), vielmehr macht er die **deutsche Wirtschaftspolitik als Mitverursacher der Krise** aus.
   Vor allem der **Fixierung Deutschlands auf geringe Lohnkosten** (vgl. Z. 15 ff.) gibt er eine Hauptschuld. Sie habe zwar zu einer **Verbesserung der internationalen Wettbewerbsfähigkeit** und zu hohen **Exportüberschüssen** geführt, sei aber gleichzeitig die Ursache für eine **schwächelnde Binnennachfrage**. Die Überschüsse aus dem Export seien nicht für inländische Investitionen eingesetzt, son-

dern aufgrund der besseren Rendite im Ausland angelegt worden (vgl. Z. 20 ff.). Damit habe die deutsche Wirtschaft letztlich der Wettbewerbsfähigkeit anderer Wirtschaften geschadet und deren Inflation und Verschuldung indirekt gefördert (vgl. Z. 39 f.). Zudem führte die Politik der Auslandsinvestitionen und des Sparens, ablesbar am steigenden Leistungsbilanzsaldo, dazu, dass wir als Volkswirtschaft „unter unseren Verhältnissen" (Z. 25) lebten.
Diese deutsche Wirtschaftspolitik könne nicht auf die übrigen Euro-Länder übertragen werden. Denn wenn alle EU-Länder auf eine Erhöhung der Löhne verzichten und so viel Geld sparen würden wie Deutschland, wäre eine **Deflation für den ganzen Euroraum** die Folge (vgl. Z. 26–29).
Das heißt aber nicht, dass Länder wie Irland, Griechenland oder Spanien zum Vorbild werden sollten. Natürlich müssten die Mitgliedsländer eine **seriöse Finanzpolitik** betreiben und Lohnerhöhungen müssten immer in Abhängigkeit zur Produktivität sowie mit Blick auf die Inflationsrate getroffen werden (vgl. Z. 36–39). Darüber hinaus sei aber auch eine **ausgeglichene Handelsbilanz** notwendig.
Deshalb plädiert Bofinger für eine **Ausweitung der Investitionstätigkeit und Nachfrage im Inland**. Diese Investitionen müssten aber nachhaltig sein, also überschüssiges Geld in der Realwirtschaft binden. Insbesondere der Staat sei gefordert, für ein **besseres Investitionsklima** zu sorgen. Für diese Investitionsprogramme, z. B. zur **Verbesserung der Infrastruktur**, müsse auch eine höhere Verschuldung, die der **Schuldenbremse** widerspreche, in Kauf genommen werden (vgl. Z. 59–64). Das sei aber in einer Notsituation wie der Eurokrise geboten. Andernfalls sieht Bofinger den Euro zum Scheitern verurteilt (vgl. Z. 64–67).

2. *Der Operator „einordnen" verlangt, Sachverhalte in einen Zusammenhang zu stellen. Dabei müssen Sie erworbene Kenntnisse und gewonnene Einsichten mit neuen Aspekten oder Thesen verknüpfen. In dieser Aufgabe sollen Sie die Überlegungen Bofingers auf ihren wirtschaftstheoretischen Gehalt untersuchen und einer konjunkturpolitischen Theorie zuordnen. Wichtig ist es, gefundene Zusammenhänge nicht nur zu nennen, sondern jeweils auch zu erläutern und dabei weiterhin eng am Material zu arbeiten. (AFB II)*

Peter Bofinger kritisiert die deutsche Wirtschaftspolitik der vergangenen Jahre und macht gleichzeitig Vorschläge für ein Umsteuern auch auf europäischer Ebene. Aus beiden Argumentationsansätzen lassen sich Hinweise auf seine wirtschaftspolitischen Grundkonzeptionen ableiten.
Einerseits kritisiert er die **Lohnzurückhaltung** in der vergangenen Dekade (vgl. Z. 15 ff.). Diese Politik hätte einseitig auf die **Stärkung der Wettbewerbsfähigkeit der Unternehmen** gesetzt, die wichtige **Rolle des Konsums aber vernachlässigt**. Da der Großteil des Bruttoinlandsprodukts auf dem Binnenmarkt generiert wird, führt eine zu starke Exportorientierung damit zwangsläufig zur konjunkturellen Schwäche in Deutschland. Mit dieser Kritik und der Heraushebung des französischen Beispiels mit seiner seit Jahren stetig steigenden Binnennachfrage (vgl. Z. 42 ff.) reiht sich Bofinger bei den **Nachfragetheoretikern** ein. Andererseits aber möchte er die notwendigen Lohnsteigerungen an die Produktivität und

Stabilitätsziele der EZB binden und ruft die europäischen Staaten grundsätzlich zur **Haushaltsdisziplin** auf, was auch von **Angebotstheoretikern** vertreten wird und auf die Forderung nach einem „**policy mix**" hindeutet.
Die **aktive Rolle**, die Bofinger dem **Staat** zuweist und vor allem die Forderung nach Investitionen auf der Basis von Schulden („**deficit spending**") geht aber klar auf die **nachfrageorientierten Ansätze von John Maynard Keynes** zurück. In einer Politik der einseitigen Haushaltskonsolidierung, also des zu starken Sparens („Knauserei", Z. 21), und einer zu starken Exportorientierung sieht er die Gefahr deflatorischer Tendenzen (vgl. Z. 26–29), die die aktuelle Krise noch verstärkten. Er schlägt deshalb vor, **in der Krise zu investieren, also antizyklisch vorzugehen**. Eine solche staatliche Investitionstätigkeit würde erwartungsgemäß die privaten Investitionen ankurbeln und somit zur Ausweitung der Produktion sowie zur Schaffung von Arbeitsplätzen beitragen. Im so ausgelösten **konjunkturellen Aufschwung** müssen nach der Theorie von Keynes dann allerdings die **Schulden abgebaut werden**, was praktisch alle europäischen Staaten in den letzten Jahrzehnten versäumt haben, sodass sich gewaltige Staatsschulden aufgetürmt haben.
Während sich konjunkturpolitische Maßnahmen meist durch kurzfristige Wirkungen auszeichnen, erhofft sich Bofinger von seinem Maßnahmenpaket auch eine **Konsolidierung der Sicherungssysteme** (vgl. Z. 53 ff.) und einen **Ausbau der Infrastruktur** (vgl. Z. 61 ff.). Seine These ist, dass eine nachhaltige und sozial ausgewogene Entwicklung in Deutschland Vorbild und Impuls für eine Beseitigung von Ungleichgewichten in Europa (vgl. Z. 68–71) sein könnte.
Damit **kritisiert Bofinger** auch den **Standortwettbewerb innerhalb der Europäischen Union**. Die deutschen Überschüsse sind zuletzt von verschiedenen europäischen Staaten kritisiert worden. Deutschland würde sich mit Reallohnsenkungen und Konsumverzicht Marktanteile auf Kosten anderer Länder verschaffen, ganz im Sinne der Theorie der komparativen Kostenvorteile nach David Ricardo. Ein starker deutscher und europäischer Binnenmarkt ist aber letztlich nicht so anfällig für Krisen, die außerhalb der EU entstehen.
Weder eindeutig der Nachfrage- noch der Angebotstheorie zuzuordnen, ist die Forderung Bofingers nach einer **stärkeren Bindung des Kapitals in der Realwirtschaft**, die zu mehr Eigendynamik und damit höheren Investitionen im Inland führen könnte (vgl. Z. 50 ff., 56 f.)
Trotz einiger Anlehnungen an die Angebotstheorie sind **Bofingers Überlegungen eher einer nachfrageorientierten Konzeption** zuzuordnen.

3. *Der Operator „erläutern" (AFB II) verlangt von Ihnen, auf der Basis Ihres Wissens und der Einsichten in die Zusammenhänge die Thesen des Autors einzuordnen, zu verdeutlichen und zu begründen. Dadurch, dass Sie eine Behauptung Peter Bofingers behandeln sollen, enthält die Aufgabenstellung bereits einen geringen wertenden Anteil (AFB III). Welche Aspekte Sie zur Erläuterung heranziehen, ist Ihnen überlassen, sie sollen aber einen Bezug zur Euro-Thematik haben. Es sind also durchaus andere Zugänge als der hier vorgestellte denkbar.*

Das Verhältnis Deutschlands zum Euro ist durchaus ambivalent. Einerseits hat **Deutschland** wie kaum ein anderes Land **von der Währungsunion profitiert**. Dank der **festen Wechselkurse** kann Deutschland seine Exportüberlegenheit vor allem gegenüber seinen **europäischen Nachbarn**, immer noch **Haupthandelspartner Deutschlands**, voll ausspielen. In einem freien Wechselkurssystem dagegen würden die deutschen Exportüberschüsse durch die erhöhte Nachfrage nach deutschen Devisen zu einer Aufwertung der deutschen Währung führen. Dieser Mechanismus, der in einem freien Markt zu einer Art Selbstregulation führen würde, fällt innerhalb der Eurozone weg. So können sich tatsächlich gewaltige Ungleichgewichte in den Handelsbilanzen der Euro-Länder aufbauen, wovon Deutschland als starke Exportnation überproportional profitiert. Da über die Hälfte des deutschen Außenhandels mit Ländern der Eurozone abgewickelt wird, bedeutet die Existenz einer **gemeinsamen Währung auch die Verringerung von Transaktionskosten**, z. B. durch den Wegfall von Umtauschkosten, und eine **sichere Kalkulationsbasis** für Auslandstransaktionen.
Die gemeinsame Währung erlaubt darüber hinaus eine **bessere Vergleichbarkeit von Preisen und fördert damit den Wettbewerb**. Das kommt den europäischen Verbrauchern entgegen, nützt aber vor allem den gut aufgestellten, starken Standorten, besonders wenn diese ihre Wettbewerbsfähigkeit zusätzlich gesteigert haben, z. B. durch stagnierende Löhne. Wirtschaftlich **schwächere europäische Länder müssen** am Ende **Kredite aufnehmen**, um staatliche Leistungen und Importe finanzieren zu können. Solche Kredite wiederum kommen überwiegend aus den starken Euro-Ländern wie Deutschland. Überspitzt gesagt, leiht Deutschland Ländern wie Griechenland Geld, damit diese deutsche Waren kaufen können.
Die Eurokrise hat gezeigt, dass dieses Modell nicht zukunftsträchtig ist. Deutsche Banken, die einen Großteil der Kredite für Griechenland zur Verfügung gestellt hatten, mussten vom deutschen Staat und damit vom Steuerzahler gestützt werden. Damit sanken die griechischen Staatsschulden nicht, die deutschen aber stiegen. Die **massive Ausweitung der Geldmenge** produziert im Gegenzug eine **Inflation**, und zwar so stark, dass sich die **EZB zum Eingreifen genötigt** sieht, denn die Preisniveaustabilität ist ihre oberste Direktive.
Die **Gemeinschaftswährung fördert die politische Integration** durch die Übertragung von geld- und währungspolitischen Kompetenzen von den nationalen Notenbanken auf die EZB. Insofern schien die Einführung einer gemeinsamen Währung folgerichtig in der Erwartung einer **verstärkten Koordination der Wirtschaftspolitik** der Euro-Länder. Über eine Stärkung der wirtschaftlichen Verflechtungen sollten sich auch die politischen Bindungen intensivieren.
Die konsequente Verfolgung der Hauptaufgabe der **EZB**, nämlich im Euro-Raum für **stabile Preise** zu sorgen, war erfolgreich. Die **jährliche Inflationsrate** liegt seit Einführung des Euro knapp **unter 2 %**. Damit ist der Euro sogar noch etwas stabiler, als es die D-Mark gewesen ist. Die gemeinsame Währung erwies sich damit nicht nur als stabil, sondern auch als spekulationsresistenter als es die Einzelwährungen vorher waren.
Nach Problemen in der Anfangsphase steht der **Euro** sehr stark gegenüber dem Dollar. Er ist zur **zweitwichtigsten Leitwährung der Welt** geworden. Allerdings

mussten sich die Einzelwährungen zuvor dem Markt stellen und waren daher ein Index für die wirtschaftliche Leistungsfähigkeit der Euro-Länder. Die festen Wechselkurse kaschieren dagegen die Leistungsfähigkeit der einzelnen Volkswirtschaften.

Eine sehr **starke Bewertung der europäischen Währung würde den Export der Euro-Länder** erschweren. Mit einer solchen Erschwernis kommen starke Wirtschaftsstandorte besser zurecht. Insofern hat **Deutschland** tatsächlich ein **großes Interesse am Euro**, denn deutsche Unternehmen können weiterhin zu einem relativ günstigen Eurokurs exportieren. Durch die gemeinsame Währung verpuffen aber andererseits Anstrengungen einer Haushaltskonsolidierung des einen Landes, wenn die anderen nicht ebenso verfahren. Mangelnde Wettbewerbsfähigkeit kann durch Staatsdefizite, die von der gesamteuropäischen Bonität profitieren, jahrelang verschleiert werden.

Der gemeinsame **Standort- und Arbeitskräftewettbewerb** kann sogar zu einem **Wettlauf um Sozialleistungen** führen, die sich schwächere Volkswirtschaften gar nicht leisten können. Somit befinden sich diese Länder in einem Teufelskreis von immer höherer Auslandsverschuldung. Die Einführung des Euro war an Stabilitätskriterien gebunden, die im Laufe der Zeit fast alle Staaten – selbst Deutschland – ein- oder mehrmals nicht eingehalten haben. Die Konvergenzkriterien haben also keine hinreichende Sicherheit schaffen können, zumal deren Einhaltung nicht streng genug kontrolliert wurde.

Peter Bofingers These, Deutschland habe ein „ökonomisches [...] Interesse am Euro", lässt sich also mit mehreren Argumenten belegen. Diese Argumente beziehen sich jedoch vor allem auf die Vergangenheit. Wenn, wie es in der aktuellen Eurokrise den Anschein hat, die Eurozone aber zu einer Transferunion wird, mit Deutschland als Hauptzahler und den deutschen Steuerzahlern als Hauptgläubigern, dann ist Bofingers Behauptung zu relativieren.

4. *„Auseinandersetzen" ist kein offizieller Operator, bedeutet aber so viel wie „diskutieren". D. h., Sie sollen zu einer These eine eigene Argumentation entwickeln, die zu einer begründeten Bewertung führt. Sie haben grundsätzlich verschiedene Zugangsmöglichkeiten, um die geforderte Lösung zu erstellen. Wichtig ist weder eine große Zahl unterschiedlicher Aspekte anzusprechen, noch einen bestimmten geforderten Aspekt besonders herauszustellen. Vielmehr kommt es auf die Stichhaltigkeit Ihrer Argumentation und die nachvollziehbare Anknüpfung an den Kern der Thesen an. Achten Sie auf Schlüsselbegriffe in dem angeführten Merkel-Zitat („Scheitern", „Euro", „Geld" und die „Idee der europäischen Einigung") und aktivieren Sie Ihr Wissen zu diesen Begriffen als Grundlage für eine lineare Erörterung. (AFB III)*

Vor dem Hintergrund der Eurokrise geht Bundeskanzlerin Angela Merkel davon aus, dass das Überleben der Währungsunion, also die Bewältigung der Eurokrise, von existenzieller Bedeutung für Europa und die Idee der europäischen Einigung insgesamt sei. Dabei sieht sie im **Euro das Symbol der Integration**.

Merkels These basiert offensichtlich auf der Annahme, eine **politische Einigung** sei nur **auf der Basis einer ökonomischen** möglich. Dieser Ansatz entspricht nicht nur dem tatsächlichen Verlauf der europäischen Integration, sondern ruft auch die Bedingungen der Einführung einer gemeinsamen Währung ins Gedächtnis. Die **Einführung des Euros** sollte nämlich nicht nur den Wirtschaftsraum vereinheitlichen, sondern auch die Integration insgesamt vorantreiben, man hoffte auf die Entstehung eines einheitlichen Sozialraumes.

Der Beitritt zur **Währungsunion** wurde darüber hinaus **an bestimmte Kriterien gebunden und der Überwachung durch** eine einheitliche Institution, die **europäische Zentralbank** (EZB), unterworfen. Nicht zufällig hat Deutschland den Sitz der europäischen Zentralbank bekommen. Schon damals galt Deutschland mit seiner auf Stabilität ausgerichteten Wirtschaftspolitik, seiner geringen Verschuldung und seiner unabhängigen Bundesbank als Vorbild für eine europäische Lösung. Unter dem Dach einer gemeinsamen Währung sollte die **Angleichung der nationalen Wirtschafts- und Sozialräume** quasi automatisch erfolgen. Der Verlust an nationalstaatlichen Kompetenzen, z. B. die Verfügungsgewalt über die eigene Währung, sollte durch die **Vorteile des Binnenmarktes und des erleichterten Handels** ausgeglichen werden. Diese Hoffnungen haben sich zu einem guten Teil nicht erfüllt.

Die wirtschaftliche Integration wurde zwar konsequent vorangetrieben, die Erweiterung – auch des Euroraumes – vollzog sich zügig, die **politische Vertiefung scheiterte aber oft an nationalstaatlichen Egoismen**. Damit war ein Kernelement der Währungsunion, nämlich die Stabilität, von Anfang an gefährdet. Eine **gemeinsame Währung erfordert eine stark koordinierte Wirtschafts-, Sozial- und Finanzpolitik**. Das wäre selbst für die Koordination der fortgeschrittenen Wirtschaften wie Frankreich oder Deutschland eine **anspruchsvolle Aufgabe**, denn die beiden „Motoren" der europäischen Integration sind sehr unterschiedlich strukturiert: Frankreich eher zentral mit einer interventionistischen, auf Großkonzerne ausgerichteten Wirtschaftspolitik, Deutschland eher dezentral mit einem wirtschaftlichen Rückgrat, das sich im Wesentlichen auf mittelständische Unternehmen stützt; Frankreich mit starken Gewerkschaften und expansivem Sozialstaat, Deutschland mit eher schwachen Gewerkschaften und vorsichtigem Sozialabbau. Wie groß ist dann erst der Unterschied zwischen einem starken Industriestandort wie Deutschland und einem praktisch deindustrialisierten Griechenland in einer Währungsunion und mit einem gemeinsamen Wechselkurs?

Schon bald zeigte sich, dass die **EZB** enorm schwierige Aufgaben zu bewältigen hat. Sie muss für die **Preisniveaustabilität im gesamten Euroraum** sorgen und ist für die **Kontrolle der Zinsentwicklung** verantwortlich, ohne dabei direkt nationalstaatlichen Einflüssen zu unterliegen. Sie muss bei ihren Entscheidungen einen mittleren Kurs zwischen den Bedürfnissen einer deutschen und einer griechischen Wirtschaft fahren, also eines export- und eines importorientierten Landes. Die **gemeinsame Währung hat die Unterschiede zwischen den starken und schwachen europäischen Volkswirtschaften** in den letzten Jahren **eher verstärkt**, als abgebaut. Da schlechte Wirtschaftspolitik und fehlende Haushaltskonsolidierung einzelner Staaten an den Finanzmärkten nicht mehr unmittelbar abgestraft werden können, hat die **gemeinsame Währung alle Staaten zu einer Schuldenpolitik verleitet**. Die unmittelbare Vergleichbarkeit von Preisen und Lebensstandards führte z. B. in den schwächeren Ländern der Eurozone dazu, eine rasch aufholende Entwicklung beim Ausbau der Sozialsysteme zu verfolgen, bis zu einem Stadium, das sich diese Staaten eigentlich nicht leisten können. Es sieht also so aus, als ob eine **gemeinsame Währung nicht von sich aus** schon eine (**wirtschafts-)politische Einigung schafft**, sondern diese eigentlich als Voraussetzung benötigt. Insofern verweist Merkels These auf die Notwendigkeit, diese fehlenden Grundbedingungen einer Währungsunion zügig nachzuholen. Die dafür notwendige Zeit soll der Euro-Rettungsschirm schaffen. Gleichzeitig muss aber die bisher nicht gründlich genug geführte **Diskussion, wie es mit Europa weitergehen soll** (Europa der zwei Geschwindigkeiten – Kerneuropa – Modell Monet) fortgesetzt werden, und zwar mit den Bürgern. Die gut 50-jährige Geschichte der europäischen Einigung seit den Römischen Verträgen (1957) ist eine Erfolgsgeschichte. Ein **europäisches Bewusstsein bei den Bürgern ist aber noch nicht entstanden**, geschweige denn eine europäische Identität.

Die Eurokrise hat diesen Prozess zusätzlich erschwert. Zwar schafft sie einen äußeren Druck, besonders für die schwächeren Wirtschaften, sich stärker dem Wettbewerb zu stellen. Jedoch sind durch die Krise die fehlenden gemeinsamen Interessen und die nicht gelösten, sondern vertagten Fragen offen zutage getreten. Nicht zuletzt aufgrund dieser Tatsache nehmen die Zustimmungsraten in der Bevölkerung für die europäische Integration seit einiger Zeit deutlich ab. Zunehmend machte sich der Eindruck breit, die europäische Integration bringe dem einzelnen Bürger keine Vorteile mehr, sondern gerate zunehmend zum Selbstzweck und zur Bühne für eine politische Klasse, die die Bodenhaftung längst verloren hat. Jetzt rächte sich, dass die Ziele der europäischen Integration nicht genügend erklärt worden sind, ja vielleicht sogar letztlich unklar waren.

Die **Entwicklung der EU schwankte zwischen Erweiterung und Vertiefung**, wobei Letztere zunehmend auf der Strecke blieb. Die zunächst gescheiterte Verfassung schien geradezu der Beweis dafür zu sein. Besonders in der deutschen Bevölkerung wurde die mangelnde Beteiligung an den Grundsatzentscheidungen der weiteren Integration beklagt. Die Rettung der ins Trudeln geratenen gemeinsamen europäischen Währung durch gigantische Rettungsschirme, für die letztlich der Steuerzahler bürgt, brachten in Deutschland die Zustimmungsraten für eine weitere Integration 2010 erstmals unter 50 Prozent. Das ist ein Alarmsignal, denn die Rückkehr Deutschlands in die Völkergemeinschaft nach dem Zweiten Weltkrieg wurde wesentlich durch die europäische Integration befördert. Die enge wirtschaftliche und politische Zusammenarbeit mit unseren Haupthandelspartnern in Europa liegt im ureigensten Interesse Deutschlands. Die Einführung einer gemeinsamen Währung als Dach über disparaten Volkswirtschaften, ohne vorher bezüglich der politischen Grundlagen über Absichtserklärungen hinauszukommen, war wohl ein Fehler. Das will die Politik aber nicht zugeben.

Ob die Idee der europäischen Einigung scheitert, wenn der Euro scheitert, ist fraglich. Die **EU ist mehr als der Euro**, zumal ihn nicht alle Mitglieder eingeführt haben. Die **europäische Zusammenarbeit** beschränkt sich längst nicht mehr nur

auf den **wirtschaftlichen** Bereich, auch **außen- und sicherheitspolitisch** nähert man sich langsam an. Die EU steht auch für ein Europa der **gemeinsamen Wertvorstellungen** wie Demokratie, Menschenwürde, soziale Gerechtigkeit, Rechtssicherheit und eine offene, pluralistische Gesellschaft.
Aber ein Aus für die gemeinsame Währung wäre doch ein fundamentaler Einschnitt in den Integrationsprozess. Ein **Scheitern des Euro**, der inzwischen zur zweitwichtigsten Währung der Welt aufgestiegen ist, würde **Europa global gesehen schwächen**, und zwar auch im Hinblick auf das politische Modell der europäischen Einigung. Für die europäischen Bürger würde bei aller Kritik das Abschaffen der gemeinsamen Währung ein Symbol für einen vorläufigen Stopp der europäischen Integration darstellen. Das könnte zu **Renationalisierungstendenzen** führen und letztlich sogar die gesamte EU sprengen.
Schon jetzt zeigt sich aber, dass gegenüber anderen großen Wirtschaftsräumen und global handelnden Großkonzernen sowie angesichts national nicht zu bewältigender Probleme wie der Energiefrage nur gemeinsames europäisches Handeln helfen kann. Insofern hat Bundeskanzlerin Merkel Recht, dass **im Scheitern des Euro eine große Gefahr liegt**. Der Preis der Stützung der Gemeinschaftswährung scheint sehr hoch zu werden, der Preis eines Auseinanderbrechens der Gemeinschaftswährung wäre aber auf jeden Fall höher.

Hessen – Politik und Wirtschaft – Leistungskurs 2011
Vorschlag B

Thema: *Repräsentative und plebiszitäre Demokratie*

Aufgaben

1. Geben Sie die zentralen Überlegungen von Markus Horeld in eigenen Worten wieder (Material). (20 BE)
2. Untersuchen Sie kritisch die Vor- und Nachteile der repräsentativen und der direkten Demokratie. Stellen Sie dabei das jeweilige Modell in Grundzügen vor. (30 BE)
3. a) Stellen Sie wesentliche Motive und Ziele von Auslandseinsätzen der Bundeswehr dar. (20 BE)

   b) Würden Sie sich für eine Ergänzung des Grundgesetzes aussprechen, die Plebiszite – bezogen auf Auslandseinsätze der Bundeswehr – zulässt? Erörtern Sie diese Frage auch unter Berücksichtigung der Überlegungen Horelds. (30 BE)

M: Markus Horeld: Mehr Direkte Demokratie wagen

Die Schweizer Abstimmung über Minarette ist für viele ein Beleg: Direkte Demokratie ist gefährlich. Das ist ein Irrtum. Gefährlich ist nur die Arroganz der Politik.

Ist das Votum der Schweizer also der finale Beweis, dass Direkte Demokratie mehr schadet als nützt? Gestern haben die Schweizer mehrheitlich beschlossen, dass in ihrem Land künftig keine Minarette mehr gebaut werden dürfen. In keinem Land der Welt gibt es ein solches Verbot. Es wird der Schweiz eine Menge Probleme bescheren. Dass womöglich sehr bald in manch einem islamischen Land einige Schweiz-Flaggen abgefackelt werden, ist dabei noch das Geringste. Viel schwerer wiegt, dass sich Muslime in der Schweiz nun als nicht akzeptiert fühlen müssen, dass Investoren aus arabischen Staaten abgeschreckt werden. Und auch auf der rechtlichen Ebene wird es heikel: Das Minarett-Verbot verstößt gegen verbindliche UN-Abkommen und gegen die europäische Menschenrechtskonvention. Möglicherweise wird die Schweiz aus dem Europarat ausgeschlossen.

Die Direkte Demokratie – Heimstatt merkwürdiger Beschlüsse? Auch Beispiele aus Deutschland lassen sich anführen: In Dresden stimmten die Bürger für den Bau der Waldschlösschenbrücke, obwohl damit die Streichung der Stadtkulisse von der Unesco-Welterbeliste bewirkt wurde. In Berlin kassierten sie das Megaprojekt Mediaspree und nahmen damit hohe Schadensersatzforderungen der Investoren in Kauf. Und ein Volksentscheid in Schleswig-Holstein hätte fast dazu geführt, dass dort eine andere Rechtschreibung gegolten hätte als im Rest Deutschlands.

Sind die Bürger nicht reif für die Direkte Demokratie? Sind sie zu uninformiert, zu sehr von Partikularinteressen geleitet, nicht zurechnungsfähig genug, um mitentscheiden zu dürfen? Ist der Minarettbau ein Fall für die Stadtplaner, nicht für das Volk?

Keineswegs! Volksabstimmungen sind das heiligste Element demokratischer Beteiligung, das auch durch ein verwunderliches Ergebnis nicht grundsätzlich infrage gestellt werden darf. Wenn nun in harschen Reaktionen an der Direkten Demokratie gezweifelt wird, wenn behauptet wird, in wichtigen gesellschaftlichen Fragen habe das Volk keine Kompetenz, dann spricht daraus die Arroganz einer politischen – und auch publizistischen – Klasse, die zum einen meint, alles besser zu wissen, und zum anderen fortwährend versagt, Politik und ihre Hintergründe besser zu erklären.

Demokratie lebt von der Kultur der Kommunikation. Doch wird dieses Prinzip häufig genug verletzt. Politiker verstecken sich und ihre Botschaften hinter verschwurbelten Sätzen, Wahlkämpfer versprechen allerlei Schönes, ohne zu erklären, was die Nachteile sein könnten. Schon in ihrer repräsentativen Variante hat die Demokratie ein Kommunikationsproblem. Umso mehr hat sie es, wenn es um direkte Bürgerbeteiligung geht. Direkte Demokratie funktioniert dann, wenn den Bürgern die Auswirkungen ihres Votums deutlich gemacht werden – ohne Arroganz und Hysterie. Wie es nicht geht, war in Berlin vor Entscheiden zu Pro-Reli und zum Flughafen Tempelhof gut zu beobachten. In den ideologisch aufgeladenen Debatten war es für die Bürger kaum noch möglich, sich ausgewogen zu informieren. Die Berliner Medien hatten leider ihren Anteil daran.

Dass die Schweizer gestern einer populistischen, kleinkarierten und intoleranten Kampagne auf den Leim gegangen sind, zerstört keineswegs den Nimbus der Direkten Demokratie. Es zeigt stattdessen, dass es sich Bürger nicht immer gefallen lassen, wenn sie mit ihren – berechtigten oder unberechtigten – Ängsten allein gelassen werden. Die Abstimmung in der Schweiz war auch eine Abrechnung mit der politischen Klasse, die zu sehr mit sich selbst beschäftigt ist.

Es ist auch diese Unfähigkeit der Parteien zur ehrlichen und verständlichen Kommunikation, die sich viele Menschen von der Politik abwenden und in Referenden ebenso überraschend wie eruptiv äußern lässt. Ein Argument gegen die Direkte Demokratie ist das nicht. Gerade die Schweiz kann auf eine lange und meistens vorbildliche plebiszitäre Tradition zurückblicken.

Direkte Demokratie funktioniert – wenn man sie ernst nimmt. Dazu gehört, dass man den Bürgern zutraut, sich über einen Sachverhalt eine Meinung zu bilden. Gerade das Internet ist hier eine riesige Chance. Dazu gehört auch, dass auf fast unerreichbare Quoren, wie sie in vielen deutschen Bundesländern Realität sind, verzichtet werden muss. Und dazu gehört, dass man sich in Deutschland endlich davon lösen muss, nur landespolitische und kommunale Angelegenheiten für „harmlos" genug zu halten, um das Volk abstimmen zu lassen. Als sei die Bundespolitik nur etwas für eingeweihte Menschen.

Direkte Demokratie braucht Regeln – dieselben wie die Repräsentative Demokratie: Verfassungswidrige Beschlüsse darf es nicht geben. Deutschland ist hier besser gerüstet als die meisten anderen Länder, denn die Grundrechte sind unantastbar. Keine Volksabstimmung käme daran vorbei. Und natürlich muss auch das Volk akzeptieren, was für Parlamente gilt, dass nämlich seine Beschlüsse durch ein Verfassungsgericht kassiert werden können. Die Gewaltenteilung gilt auch für die Direkte Demokratie.

Was die Schweizer angeht: Sie werden mit diesem seltsamen Votum und seinen Folgen leben müssen. Das Volk hat gesprochen, es ist sein Beschluss, nicht der einer Regierung. Deshalb muss es auch akzeptieren, dass es fortan von vielen Beobachtern im Ausland für intolerant und vorgestrig gehalten wird.

Markus Horeld: Mehr direkte Demokratie wagen. In: ZEIT ONLINE. 30. 11. 2009, http://www.zeit.de/gesellschaft/zeitgeschehen/2009-11/schweiz-referendum-direkte-demokratie

Zum Autor: Markus Horeld ist Ressortleiter bei ZEIT ONLINE, zuständig für Politik, Meinung und Gesellschaft.

Lösungsvorschläge

Unterrichtsinhalte:

- 12/II: Politische Strukturen und Prozesse: Verfassungsnorm und Verfassungsrealität: Parlament und Regierung im konkreten politischen Gesetzgebungsprozess; Partizipation, Repräsentation und Regierung: Pluralismus und politischer Entscheidungsprozess; weitere Akteure und Formen der politischen Beteiligung
- 13/I: Internationale Beziehungen: Deutsche Außenpolitik nach der Wiedervereinigung: Aufgaben, Erwartungen, Probleme; Bundeswehreinsätze in Konfliktregionen

1. *Die Aufgabe verlangt von Ihnen, einen Zeitungskommentar, der ein aktuelles Thema aufgreift und dies mit grundsätzlichen Überlegungen verbindet, unter Wahrung seines Sinns auf das Wesentliche zu reduzieren. Sie sollten die Hauptthesen des Textes sowie ihre Begründung erfassen und diese möglichst selbstständig formulieren. Achten Sie darauf, Zitate zu vermeiden (Ausnahme: Schlüsselbegriffe) und die Thesen des Autors im Konjunktiv wiederzugeben. (AFB I)*

   Mit seinem Kommentar „Mehr Direkte Demokratie wagen“, der am 30. November 2009 bei „Zeit Online“ erschienen ist, reagiert Markus Horeld auf das Ergebnis des Schweizer Referendums, das den Bau von Minaretten verbietet, und auf die davon abgeleitete **negative Bewertung unmittelbarer Demokratie**. Fragwürdige Beschlüsse finden sich aber nicht nur in der Schweiz, sondern auch in Deutschland, z. B. die Entscheidung für den Bau der Waldschlösschenbrücke.
   Der Autor vertritt die These, dass **Volksabstimmungen „das heiligste Element demokratischer Beteiligung“** (Z. 24 f.) darstellen. Dem Volk fehle weder die Reife noch die Kompetenz, es lasse sich auch nicht von egoistischen Teilinteressen leiten. Vorwürfe dieser Art verrieten die „Arroganz“ (Z. 28) von Politikern und Medien, die zur politischen Aufklärung nicht in der Lage seien.
   Daraus ergibt sich die zweite Hauptthese des Autors, die **Bedingungen für den Erfolg direkter Demokratie** benennt. Von Politik und Medien seien vor allem

verbesserte kommunikative Leistungen zu fordern: eine verständliche Sprache, sachliche Informationen und die Verdeutlichung der Konsequenzen eines Votums. Allein dadurch würden die Bürger und die direkte Demokratie ernst genommen. Zudem biete das **Internet** umfassende Möglichkeiten zur Information der Bürger. Darüber hinaus benennt Horeld ihm wichtig erscheinende institutionelle Bedingungen für eine funktionierende plebiszitäre Demokratie: **Volksabstimmungen** sollte es in Deutschland künftig auch **auf Bundesebene** geben, das **Beteiligungsquorum dürfe nicht zu hoch angesetzt sein und die Abstimmungen dürften nicht gegen das Grundgesetz** und die dort verankerten Grundrechte **verstoßen**. Gerade letztere Bedingung könne verfassungswidrige Entscheidungen verhindern und somit zum Gelingen der direkten Demokratie beitragen.

2. *Diese Aufgabe verlangt einen Vergleich der beiden Demokratiemodelle, also die Betrachtung ihrer jeweiligen Vor- und Nachteile. Dabei ist es sinnvoll, an einzelnen Punkten Bezüge zum Text herzustellen. Da der Schwerpunkt der Arbeit insgesamt jedoch in der 3. Aufgabe liegt (50 BE!), sollten Ihre Darlegungen nicht zu breit angelegt sein. Die ausführliche Musterlösung bietet aus Übungszwecken eine Vielzahl von Aspekten an, die in diesem Umfang nicht erwartet werden. Selbstverständlich müssen Sie hier vorrangig die im Unterricht erworbenen Kenntnisse einbringen. (AFB I, II mit Schwerpunkt auf AFB II)*

In der repräsentativen Demokratie wählen die Bürger ihre Abgeordneten für ein Parlament, das für die Dauer einer Legislaturperiode unabhängig von ihnen politische Entscheidungen trifft. Laut Art. 38 GG sind die Abgeordneten „an Aufträge und Weisungen nicht gebunden und nur ihrem Gewissen unterworfen". Die Entscheidungen der Vertretungskörperschaft betreffen in der parlamentarischen Demokratie zunächst die **Wahl der Regierung** sowie die Mitwahl von Richtern des Bundesverfassungsgerichtes und des Bundespräsidenten. Hauptaufgaben des Parlaments sind aber die möglichst interessenunabhängige Definition des Gemeinwohls bei der **Gesetzgebung und die Kontrolle der Regierung**.
Den Abgeordneten stehen bei der Beratung von Gesetzen zu meist hochkomplexen Sachfragen **Experten** zur Seite, z. B. durch die Anhörung von Sachverständigen und Interessenvertretern. Auch wenn durchschnittlich drei Viertel der verabschiedeten Gesetze ursprünglich von der Regierung eingebracht wurden, erfahren sie durch die Behandlung in Ausschüssen des Bundestags starke Veränderungen. Indem sachkundige und erfahrene Parlamentarier z. B. den Haushalt oder Steuergesetze beraten, sind **sachbezogene Kompromisse** eher zu erzielen.
Die Unabhängigkeit der Abgeordneten erlaubt es, auch **unpopuläre Maßnahmen durchzusetzen**, die im Interesse der Allgemeinheit notwendig sind. Die Anhebung des Rentenalters oder die Entscheidung für Bundeswehreinsätze im Ausland werden oft als Beispiele dafür genannt, dass die Mehrheitsmeinung der Bevölkerung der parlamentarischen Mehrheit entgegensteht.
Die **Bürger** haben aber auch in der vom Grundgesetz definierten Repräsentativdemokratie mehrere **Möglichkeiten, zwischen den Wahlen** den Abgeordneten ihre **Wünsche und Forderungen zu signalisieren**. Dazu können sie ihre Grund-

rechte, z. B. das der Meinungsfreiheit, nutzen und sich über das Engagement in Parteien, Bürgerinitiativen und Verbänden, durch Demonstrationen oder über die neuen Medien in die politische Diskussion einschalten.

Die ständige Mitwirkung der **Parteien** an der politischen Willensbildung ist im Grundgesetz besonders hervorgehoben und privilegiert; sie erstreckt sich auch auf die parlamentarische Willensbildung, wodurch die Unabhängigkeit des Abgeordneten eingeschränkt wird (GG Art. 21 und 38). Schließlich sorgt das deutsche System permanenter **Europa-, Landtags- und Kommunalwahlkämpfe** für eine **Rückkoppelung der Parteien und der Abgeordneten an das Volk**.

Allzu oft versetzt die Repräsentativdemokratie die Bürger jedoch in die **Rolle von Zuschauern**, denen nur das Recht bleibt, den politischen Entscheidern an Wahltagen eine Art Generalvollmacht auszustellen. Zudem bieten die Parteien den Bürgern bei Wahlen häufig keine deutlichen Alternativen an. Die Orientierung am Wechselwähler und an der „Mitte" unterstützt die **programmatische Annäherung der Volksparteien** und führt zu ihrer **Profillosigkeit**.

Die **vertikale Gewaltenteilung** zwischen Bundestag und Bundesrat bedingt eine für die Bürger **oft nicht mehr transparente Mitsteuerung durch Vertreter der Landesregierungen**. Komplizierte Verhandlungs- und Vermittlungsprozesse kann der Wähler kaum oder gar nicht nachvollziehen. Er rätselt, wer – welche Partei, welcher Politiker – für welche Politik verantwortlich ist, und wen er durch Nicht-Wiederwahl abstrafen soll.

Darüber hinaus benennt Horeld deutliche Gefahren, die die repräsentative Demokratie beschädigen, wenn er auf die „Arroganz" (Z. 28) der Politiker und die kommunikative Unfähigkeit der Parteien (vgl. Z. 34 ff.) hinweist. So kann es zu einer **Entfremdung zwischen Bürgern und Parlament** kommen, zur **Abstinenz bei Wahlen und zu Politikverdrossenheit**. In den letzten Jahren ist tatsächlich ein auffälliger Rückgang der Wahlbeteiligung zu beobachten, in dem sich ein Vertrauensverlust für Parteien und Parlamente spiegelt.

Oligarchisch deformierte Parteien und der Neokorporatismus, also die Einbindung wirtschaftlich starker Interessengruppen in die staatliche Entscheidungsfindung, beeinträchtigen die Unabhängigkeit der Abgeordneten.

Der einzige Akteur, der Parteien und Politikern klare Signale vermitteln kann, ist das Volk. Hebel ist das direktdemokratische Korrektiv. Das **Modell der direkten Demokratie**, das von Horeld vehement verteidigt wird, strebt politische Entscheidungsverfahren an, bei denen das **Volk unmittelbar über Sachfragen abstimmt**. Dabei lassen sich mindestens drei Instrumente unterscheiden: Bei einem **Volksentscheid** (bzw. Plebiszit, lat.: „Volksbeschluss") geht die Initiative von Bürgern aus. Als **Referendum** bezeichnet man eine Abstimmung, wenn die Vorlage nicht aus dem Volk selbst, sondern aus einer gewählten Vertretung stammt. Ein **Volksbegehren** (Volksinitiative, Bürgerbegehren) ermöglicht den Bürgern die Einbringung eines politischen Gegenstandes oder eines Gesetzesentwurfes in ein Parlament. Ist ein Volksbegehren erfolgreich, kommt es zu einem Volksentscheid.

Diese in vielen Demokratien ergänzend zu Wahlen eingeführten Verfahren drücken unverfälscht und direkt die **Volkssouveränität** aus (vgl. Horelds Resümee

Z. 68 f.). Mitglieder der Gesellschaft kennen ihre Wünsche und Vorstellungen am besten und können sie so an die politischen Institutionen vermitteln. Politische Gruppen, welche nicht den etablierten Parteien oder Verbänden angehören, erhalten durch die direkte Demokratie die Möglichkeit zur **Partizipation**. Neben der direkten Klärung einer Sachfrage bewirken solche Verfahren grundsätzlich **Entscheidungsakzeptanz und Zufriedenheit mit dem demokratischen Prozess**.

Die **politische Kommunikation**, deren Bedeutung Horeld mehrfach hervorhebt (vgl. Z. 31 ff., Z. 48 ff.), gehört zu den Gewinnern der Direktdemokratie, sind doch eine breite Information der Bürger in der Vorbereitungsphase einer Abstimmung sowie eine intensive öffentliche Diskussion um Sachthemen mit ihr verbunden, nicht zuletzt mit positiven Folgen für die **politische Bildung der Bürger**.

Die Abgeordneten im Parlament, die meisten von ihnen Berufspolitiker, müssen bei ihren Entscheidungen **auf die Volksstimmung Rücksicht nehmen**, noch bevor ein Plebiszit sich ankündigt. Da über ihnen ständig die Drohung schwebt, dass ein Veto der Bürger die im politischen Raum der Parteien und Parlamente ausgehandelten Entscheidungen hinfällig macht, dürfte dies den „Tunnelblick" der Parteien korrigieren und sie veranlassen, die Bürger und ihre Bedürfnisse ernst zu nehmen.

Kritiker der direkten Demokratie führen ins Feld, sie fördere auf diese Weise den **Populismus**, sei stimmungsabhängig und führe zu sachfremden, **uninformierten Entscheidungen**. Horeld selbst deutet an etlichen Beispielen aus der Schweiz und Deutschland auf diese Risiken hin (vgl. Z. 14–20, 42 ff.). Notwendigerweise vereinfache ein Plebiszit komplexe Sachverhalte, indem es nur „Ja" oder „Nein" kenne. Direktdemokratie erlaube also **keine Kompromisse**.

Zudem **privilegiere** die direkte Demokratie **wirtschaftlich mächtige Gruppen**, die meist eher an der Erhaltung des Status quo interessiert sind, oder andere aktive Minderheiten und begünstige so eine **Flucht aus politischer Verantwortung**. Gewählte Vertreter können für ihre Fehler bei der nächsten Wahl abgestraft werden, eine Volksmehrheit bei einem Plebiszit nicht.

3. a) *Diese Aufgabe erfordert die sachliche Darlegung der Gründe, die bisher zu Auslandseinsätzen der Bundeswehr geführt haben. Dabei sollen Sie auch die Ziele dieser Einsätze angeben. Die rechtlichen Vorgaben des Grundgesetzes sind nicht zwingend zu nennen. (AFB I und II mit Schwerpunkt auf AFB II)*

   Anfang der 1990er-Jahre wurde die Bundeswehr erstmals außerhalb Deutschlands zu **friedenserhaltenden und friedenssichernden Maßnahmen** eingesetzt. Nach der Wiedervereinigung hatte eine heftige innenpolitische Debatte über den Einsatz der Bundeswehr außerhalb des NATO-Vertragsgebiets (**„out-of-area-Debatte"**) begonnen. Bestand während des Zweiten Golfkrieges im Januar 1991 noch ein breiter Konsens, wonach eine Beteiligung von Bundeswehreinheiten an den Kampfhandlungen nicht infrage komme, wurde die verfassungsrechtliche Zulässigkeit von humanitären oder militärischen Einsätzen nach Maßgabe des **Art. 24 Abs. 2 GG** (also innerhalb von NATO- oder UN-Mandaten) vom Bundesverfassungsgericht in einem **Urteil von 1994** geklärt.

Dieses enthält auch den **Parlamentsvorbehalt** für den Einsatz bewaffneter deutscher Streitkräfte im Ausland, nach dem der Bundestag zuvor mit einfacher Mehrheit seine Zustimmung erteilt haben muss.
1999 hat die Bundeswehr im Rahmen der NATO mit der Luftwaffe am **Kosovo-Krieg** teilgenommen. Die Intervention wurde von den verantwortlichen Politikern als „**humanitäre Intervention**" gerechtfertigt, da man die Gefahr eines drohenden Genozids der Serben an den Kosovo-Albanern sah. Dieser Krieg war verfassungsmäßig und völkerrechtlich umstritten, weil die NATO ihn sowohl außerhalb eines Bündnisfalls, dessen Ausrufung bis dahin als Grundlage eines NATO-Vorgehens galt, als auch ohne ausdrückliches UN-Mandat führte.
Ein kurzer Bundeswehr-Einsatz fand 2006 im **Kongo** im Rahmen eines EU-Kontingents und aufgrund eines UN-Auftrags statt. Dieser Einsatz diente dazu, die im Land stattfindenden **Wahlen vor Störungen zu schützen**.
Seit 2001 beteiligt sich die Bundeswehr mit mehreren Tausend Soldaten an der vom Sicherheitsrat der Vereinten Nationen mandatierten **NATO-Schutztruppe ISAF für Afghanistan**, die das Land stabilisieren, den Aufbau staatlicher Strukturen unterstützen sowie rechtsstaatliche und demokratische Verhältnisse schaffen soll. Von Afghanistan und unterstützt von seiner Taliban-Regierung waren am 11. September 2001 die Al-Kaida-Terroranschläge gegen Ziele in New York und Washington ausgegangen. 2002 hatte der deutsche Verteidigungsminister Struck den Afghanistan-Einsatz der Bundeswehr daher mit dem Argument begründet, die Sicherheit der Bundesrepublik Deutschland werde auch am Hindukusch verteidigt. Insofern dient der Einsatz dem **Kampf gegen den internationalen Terrorismus**.
Im Sinne eines „**State-Building**" geht es in Afghanistan zudem um die Schaffung funktionierender Regierungs- und Verwaltungsstrukturen auf der Basis demokratischer Prinzipien. Die ISAF-Kräfte sollen die afghanische Regierung bei der **Herstellung und Wahrung der Sicherheit** unterstützen, solange afghanische Sicherheitskräfte dazu noch nicht in der Lage sind. Ziel ist es, dass sowohl die afghanischen Staatsorgane als auch UN-Einrichtungen in einem sicheren Umfeld arbeiten können. Deutschland trägt seit Mitte 2006 Verantwortung in der Nordregion des Landes und organisiert dort „regionale Wiederaufbauteams". Darüber hinaus unterstützt Deutschland den Aufbau der afghanischen Armee und der Polizei.

b) *Auf der Grundlage einer eigenen Pro- und Kontra-Argumentation sollen Sie beurteilen, ob das Grundgesetz für Auslandseinsätze der Bundeswehr um die Möglichkeit von Plebisziten erweitert werden soll. Horelds Plädoyer für direktdemokratische Verfahren ist dabei zu berücksichtigen. Jede Erörterung ist dreiteilig anzulegen: Einleitung, Hauptteil, Schluss. Ob Sie sich für die Pro- oder Kontra-Position entscheiden, bleibt Ihnen überlassen. Fassen Sie Ihre Stellungnahme am Ende in einem Resümee zusammen. Am besten bewahren Sie sich ein besonders triftiges Argument für den Abschluss auf. (AFB III)*

Das Grundgesetz lässt bisher allein im Falle der Neugliederung des Bundesgebietes ein Plebiszit zu. Die öffentliche Debatte der letzten Jahre über Auslandseinsätze der Bundeswehr rechtfertigt jedoch die Frage, ob die Bürger nicht auch die Möglichkeit haben sollen, solche schwerwiegenden Entscheidungen selbst mitbestimmen zu können. Auch Horeld regt an, nicht nur kommunale oder landespolitische, sondern auch bundespolitische Angelegenheiten direktdemokratisch entscheiden zu lassen (vgl. Z. 57 ff.).
Für eine Grundgesetzänderung spricht die Bedeutung dieses Themas. Es gibt nur wenige Fragen, die mit so großem Interesse und Engagement öffentlich diskutiert werden wie die Beteiligung an einem militärischen Einsatz im Ausland. Gerade bei zentralen Themen hat Horelds Forderung zu gelten, dass den **Bürgern die Meinungsbildung zuzutrauen** ist (vgl. Z. 53 f.). Die **unmittelbare Bedeutung eines Krieges für viele Bürger** ist nachvollziehbar: Es geht um Konsequenzen in zahlreichen Bereichen, von der wachsenden Lebensgefahr für die beteiligten Soldaten über die von terroristischen Gruppen ausgehende Bedrohung der Sicherheit in Deutschland bis hin zu den ökonomischen Folgen, die sich aus der Belastung der Kriegführung ergeben.
Während die Auslandseinsätze der Bundeswehr anfangs nur geringe Risiken für die Soldaten darstellten, sind im Afghanistan-Krieg bereits über 50 deutsche Soldaten gestorben, zahlreiche wurden schwer verletzt oder traumatisiert. Darin liegt ein Hauptgrund für weit verbreitete Zweifel am Afghanistan-Engagement in der deutschen Bevölkerung. Trotz der großen Bundestagsmehrheit für den Einsatz **lehnt ihn die Mehrheit der Bevölkerung** ab, wie es zahlreiche Meinungsumfragen offenbaren. Durch eine Volksabstimmung können die Bürger also deutlich zu verstehen geben, was sie „eigentlich wollen".
Zudem sind Plebiszite geeignet, das **in der Wahl abgegebene generelle Votum** der Bürger für die Programmpakete der Parteien durch eine **spezifische Stellungnahme zu einer konkreten Angelegenheit** zu ergänzen. Wer nämlich in den letzten Jahren den Auslandseinsatz in Afghanistan ablehnen wollte, hatte bei Bundestagswahlen nur die Möglichkeit, für Die Linke zu votieren, da alle anderen Parteien das militärische Engagement unterstützten.

Stimmungslagen in der Bevölkerung aufzugreifen kann aber auch problematisch sein. **Gegen die Verfassungsänderung spricht**, dass sich **Populismus, Demagogie** und Unzufriedenheit in direktdemokratischen Verfahren eher auswirken als in der repräsentativen Demokratie. Es ist durchaus vorstellbar, dass bei einem schlimmen Terroranschlag mit zahlreichen Opfern der emotionalisierende Ruf nach massiver Vergeltung gegen ein Land, das die Verantwortlichen deckt, erfolgreich ist und so zu vorschneller Reaktion führt.
Vernünftige Urteile über internationale Konflikte zu fällen, ist für Bürger eines Landes meist auch schwieriger als bei innenpolitischen Fragen. Wegen der **Komplexität eines Konfliktfalls ist eine Zuspitzung auf die Ja-Nein-Alternative in der Regel nicht möglich**.
Anders als bei Themen des nationalen Nahbereichs, wie z. B. die Nutzung der Kernenergie, der Nichtraucherschutz oder die Einführung einer „Schulden-

bremse", erscheint es als sehr viel schwieriger, die zur Urteilsfindung erforderlichen Kenntnisse zu gewinnen. Man frage sich nur, über welches **Hintergrundwissen** zur Geschichte und Gesellschaft eines asiatischen Landes wie Afghanistan die deutschen Bürger nach dem 11. September 2001 verfügten. Dadurch würden die Medien mit ihren Möglichkeiten des „Agenda-Setting" und andere außerparlamentarische Akteure an Einfluss gewinnen bei gleichzeitigem Machtverlust des gewählten Parlaments.
Das meines Erachtens gewichtigste Argument gegen eine Grundgesetzänderung liegt jedoch im besonderen Charakter und in den besonderen Zwängen des **außenpolitischen Entscheidungsprozesses**. Hier hängt ein Erfolg in der Sache oft davon ab, ob die Bundesregierung zu einer **raschen Abstimmung mit anderen Staaten** gelangt, sei es in der EU, in der NATO oder in den Vereinten Nationen. Auch **Bündnisverpflichtungen** sind zu bedenken. Da für Auslandseinsätze der Bundeswehr die Beteiligung des Bundestages vorgeschrieben ist, muss im Parlament eine Mehrheit sicher sein. Es würde die Handlungsfähigkeit der Regierung erheblich einschränken, wenn sie zusätzlich zu den dafür nötigen Klärungsprozessen ihre Position von einer Volksabstimmung abhängig machen müsste.
Horeld plädiert zwar dafür, dass sich die Direktdemokratie an die Regeln der Verfassung halten muss (vgl. Z. 62 ff.), lehnt es aber ab, einzelne Themen bei ihrer Anwendung auszuschließen. Dies halte ich für problematisch. Vor allem aus den beiden zuletzt genannten Gründen lehne ich eine Ergänzung des Grundgesetzes ab, die Plebiszite bezogen auf Auslandseinsätze der Bundeswehr zulässt. Für alle anderen Bereiche der Politik kann ich Horelds Argumentation unterstützen.

Hessen – Politik und Wirtschaft – Leistungskurs 2011
Vorschlag C

Thema: *Entwicklung durch Handel?*

Aufgaben

1. Fassen Sie die Argumentation von D. J. Kotte zusammen (Material). (25 BE)
2. Der Autor weist im Schlussteil seines Aufsatzes darauf hin, dass
   a) „auf nationaler Ebene begleitend eine aktive wachstumsorientierte Wirtschaftspolitik" betrieben werden solle und dass
   b) „es auch einer Ausgestaltung des multilateralen Rahmens für die internationalen Handels- und Finanzbeziehungen" bedürfe, der den Entwicklungsländern ausreichend Spielraum verschaffe.

   Erläutern Sie gemäß dieser Forderungen die Rolle nationalstaatlicher Politik („good governance") und die Bedeutung der internationalen Rahmenbedingungen für Entwicklungsszenarien. (45 BE)
3. Diskutieren Sie vor dem Hintergrund von D. J. Kottes Überlegungen Möglichkeiten, Entwicklung aus Armut und ökonomischer Randständigkeit voranzutreiben. Dies kann auch unter Bezugnahme auf konkrete Beispiele geschehen. (30 BE)

M: Detlef J. Kotte: Entwicklung durch Handel?

[…] Dieser Artikel betrachtet die Frage des Zusammenhangs zwischen Handel und Entwicklung vor dem Hintergrund, dass der Schlüssel zu Produktivitätsfortschritt und nachhaltigem Wachstum des Sozialprodukts in einem typischen Entwicklungsland in der Ausweitung des industriellen Sektors und einer Erhöhung der dafür erforderlichen Investitionen in das Produktivkapital liegt. Von daher kommt es für positive Entwicklungsimpulse darauf an, inwieweit eine wechselseitige Dynamik zwischen steigenden Exporten und verstärkter Investitionstätigkeit entsteht.

Im Außenhandel der Entwicklungsländer bedingen sich Exporte und Importe zum größten Teil gegenseitig: Devisenerlöse aus Exporten sind erforderlich für die Finanzierung von Importen, umgekehrt erfordert die Produktion von Gütern für den Export häufig den Import von Kapitalgütern und Vorprodukten, die nicht im Lande selbst produziert werden können.

Höhere Exporte können das Sozialprodukt in den Entwicklungsländern unmittelbar in dem Umfang erhöhen, in dem sie die Wertschöpfung in diesen Ländern steigern, d. h. keine erhöhten Importe an Vorprodukten erfordern und nicht mit einer Verringerung der Produktion für den einheimischen Markt verbunden sind. Der für die wirtschaftliche Entwicklung wichtigere Effekt besteht dabei in den höheren Deviseneinnahmen, mit denen zusätzliche Importe bezahlt werden können. Ob daraus ein nachhaltiger positiver Entwicklungseffekt entsteht, hängt aber wesentlich davon ab, für welche Art von Importgütern sie verwendet werden. Exporterlöse, die für den Import von Konsumgütern verwendet werden, bringen keinen Entwicklungseffekt im Sinne einer Verbesserung der einheimischen Wertschöpfungsmöglichkeiten mit sich; das Gleiche gilt für Exporterlöse, die auf internationalen Kapitalmärkten angelegt werden.

Um Investitionen vornehmen zu können, die die Produktivität im Rohstoffsektor und die Kapazität für die Produktion von Industriegütern erhöhen, müssen Maschinen und Anlagegüter mit zunehmend anspruchsvoller Technologie und meist auch Vorprodukte importiert werden. Es kommt also darauf an, die Exporterlöse so weit wie möglich für solche Güter zu verwenden, um langfristig eine Steigerung der einheimischen Wertschöpfung sowie internationale Wettbewerbsfähigkeit zu erreichen.

Der potenzielle Beitrag eines erweiterten Außenhandels hängt daher u. a. davon ab, in welchem Maße Importe von Konsumgütern begrenzt werden können. Daraus ergibt sich für die Entwicklungsländer die Bedeutung der maximalen Selbstversorgung mit Nahrungsmitteln und der Vermeidung von Importen von Luxusgütern. Auch andere Konsumgüter sollten nach Möglichkeit nur dann importiert werden, wenn ihre Herstellung im Lande selbst aus Mangel an einheimischem Kapital oder Technologie nicht möglich ist.

Diese Überlegung hat zum Konzept der „Importsubstitution" geführt, das aber nicht als Alternative zu „Exportorientierung" verstanden werden sollte. Tatsächlich handelt es sich nicht um Alternativen, sondern um je nach den Bedingungen und dem Entwicklungsstand des einzelnen Landes unterschiedlich zu kombinierende Elemente einer umfassenden Entwicklungs- und Industrialisierungsstrategie. Dies zeigen die Erfahrungen aller Volkswirtschaften, die sich erfolgreich in die Weltwirtschaft integriert haben.

Die Vorstellung, dass eine Ausweitung des Außenhandels durch Handelsliberalisierung grundsätzlich von Vorteil sei, beruht auf den Überlegungen der neoklassischen Wirtschaftstheorie, derzufolge sich bei Abwesenheit von Handelshemmnissen die Allokation[1] der Produktionsfaktoren gemäß der „Theorie des komparativen Vorteils" verbessert und die gesamtwirtschaftliche Effizienz erhöht. […]

Außerdem können sich dynamische Entwicklungseffekte daraus ergeben, dass bei einer Öffnung der Märkte einheimische Produzenten verstärktem Wettbewerb ausgesetzt sind, der den Druck zu Produktivitätssteigerungen und Innovationen erhöht.

Eine Ausweitung des Außenhandels kann auch ein Anreiz für ausländische Investoren sein, in dem betreffenden Land Produktionskapazitäten aufzubauen, was wiederum mit dem Transfer von Know-how und Technologie verbunden sein kann.

Unter den in den Modellen der neoklassischen Wirtschaftstheorie gemachten Annahmen ergeben sich all diese Wirkungen ohne Friktionen[2] und Zeitaufwand. Die Realität sieht allerdings anders aus: Gerade in Entwicklungsländern stehen den dynamischen Anpassungsprozessen zahlreiche strukturelle Hindernisse im Wege. […]

Handelsliberalisierung ruft selten die auf der Grundlage von abstrakten Modellen vorausgesagten positiven Entwicklungsimpulse hervor, und eine Ausweitung des Handels kann nicht mit ökonomischer Entwicklung gleichgesetzt werden. Sie kann ein wichtiger Antrieb für die wirtschaftliche Entwicklung im globalen Süden sein. Diese setzt aber voraus, dass auf nationaler Ebene begleitend eine aktive wachstumsorientierte Wirtschaftspolitik betrieben werden kann [...]. Dazu bedarf es auch einer Ausgestaltung des multilateralen Rahmens für die internationalen Handels- und Finanzbeziehungen, der den Entwicklungsländern ausreichenden wirtschaftspolitischen Spielraum zur Ausgestaltung einer export- und wachstumsorientierten Wirtschaftspolitik erlaubt.

Detlef J. Kotte: Entwicklung durch Handel. In: Aus Politik und Zeitgeschichte, 10/2010, 8. 3. 2010, S. 16 f.

Anmerkungen:
1 Allokation – Verteilung von Ressourcen
2 Friktionen – Reibungsverluste

Zum Autor: Detlef J. Kotte ist Leiter der Abteilung „Macroeconomic and Development Policies" im Sekretariat der United Nations Conference on Trade and Development (UNCTAD)

Lösungsvorschläge

Unterrichtsinhalte:

- 12/I: Internationale Wirtschaftsbeziehungen: Außenwirtschaftspolitik, Außenhandel (Konkretisierung: Handels- und Finanzströme);
  Konjunktur und Konjunkturpolitik: angebots- und nachfrageorientierte Wirtschaftspolitik
- 13/I: Entwicklungs- und Schwellenländer und ihre wirtschaftlichen und politischen Beziehungen zu den hochindustrialisierten Weltzentren: Ursachen und Folgen der ungleichzeitigen Entwicklung

1. *Nach der Identifikation von Quelle und Autor im Einleitungssatz verlangt der Operator „zusammenfassen" die komprimierte Wiedergabe der wichtigsten Aussagen des Textes. Dabei soll auch der argumentative Zusammenhang bewahrt werden. Bei der Paraphrase des Textes müssen Sie auf den korrekten Einsatz des Konjunktivs achten. Wörtliche Zitate sind durch Zeilenangaben zu kennzeichnen. (AFB I)*

   In seinem in der Ausgabe 10/2010 erschienenen Artikel der Zeitschrift „Aus Politik und Zeitgeschichte", der hier in Auszügen wiedergegeben ist, beschäftigt sich Detlef J. Kotte, ein Abteilungsleiter der UN-Entwicklungsorganisation UNCTAD, mit der Frage, ob und inwieweit eine Liberalisierung und Verstärkung des Außenhandels dem wirtschaftlichen Fortschritt der Entwicklungsländer nützt.
   Aus Kottes Sicht sind die "**Ausweitung des industriellen Sektors**" (Z. 4) **und der „Investitionen in das Produktivkapital**" (Z. 5) **entscheidend für den Produktivitätsfortschritt und das nachhaltige Wachstum des Sozialprodukts** in den Entwicklungsländern. Deshalb könnte sich eine Steigerung der Exporte durchaus positiv auswirken, wenn dadurch Devisenerlöse erwirtschaftet würden, die den **Import von Maschinen und Anlagegütern mit hohem Technologiestandard** ermöglichten. Die positive Wirkung stelle sich aber nur dann ein, wenn

wegen der Exportsteigerung die Produktion für den Binnenmarkt nicht eingeschränkt werde oder die erwirtschafteten Devisen nicht zur Finanzierung von Konsum- oder Luxusimporten verwendet würden. Mit Nahrungsmitteln müsse sich das Land vielmehr selbst versorgen und Importe von Luxusgütern müssten nach Möglichkeit unterbunden werden. Die Erfahrungen erfolgreicher Entwicklungsländer machten deutlich, dass eine **verstärkte Exportorientierung mit dem Konzept der Importsubstitution zu einer "umfassenden Entwicklungs- und Industrialisierungsstrategie**" (Z. 41) verbunden werden müsse.
Die neoklassische Theorie, welche besagt, dass durch die Nutzung komparativer Kostenvorteile und daraus erwachsenden Effizienzsteigerungen eine Ausweitung des Außenhandels automatisch Entwicklungsfortschritte herbeiführen werde, wird dagegen von Kotte als abstrakt und nicht realitätsgerecht abgelehnt. Sie stehe im Widerspruch zu den Erfahrungen der Länder des Südens, in denen die **wirtschaftliche Entwicklung** immer wieder **durch strukturelle Hindernisse gehemmt** werde. Eine entwicklungsfördernde Wirkung habe eine Ausweitung des Außenhandels nur unter der Voraussetzung, dass auf nationaler Ebene begleitend eine strikt „**wachstumsorientierte Wirtschaftspolitik**" (Z. 63 f.) betrieben werde. Dies wiederum sei nur möglich, wenn die **wirtschaftspolitischen Handlungsspielräume der Drittweltstaaten durch multilaterale Abkommen** und Regelungen **nicht zu stark eingeschränkt** würden.

2. *In dieser Aufgabe sollen Sie im ersten Schritt an Beispielen verdeutlichen, worin eine aktive wachstumsorientierte Wirtschaftspolitik in Entwicklungsländern bestehen könnte. Sie können dabei von den im Text erwähnten Elementen ausgehen, sollten aber auch eigene Exempel zur Hand haben. Im zweiten Schritt geht es um die Bedeutung der internationalen Rahmenbedingungen von Entwicklung, die Sie mit zusätzlichen, also über den Text hinausgehenden Informationen erklären und in den Zusammenhang einordnen sollen. (AFB II)*

Die **Regierungen der Entwicklungsländer** spielen für das Zustandekommen eines nachhaltigen Entwicklungsprozesses eine **zentrale Rolle**, denn sie müssen die Ziele der wachstumsorientierten Wirtschaftspolitik bestimmen, die geeigneten Mittel zur Erreichung dieser Ziele festlegen und gemeinsam diese mit einer am Fortschritt des eigenen Landes interessierten Wirtschaftselite umsetzen.
Ein erstes wichtiges Ziel für eine nachhaltige Entwicklung ist die **Befriedigung der Grundbedürfnisse der Bevölkerung**, also deren ausreichende Versorgung mit Nahrung, Kleidung, Wohnung und sauberem Trinkwasser. Der **Aufbau eines funktionsfähigen Bildungssystems** für alle dient nicht nur der Qualifizierung von Arbeitskräften für neue Wirtschaftszweige, sondern auch der Befähigung der Menschen zur **gesellschaftlichen Teilhabe**. Diese wiederum ist die Voraussetzung zur Überwindung der vormodernen Strukturen ausgeprägter sozialer Ungleichheit, die die Gesellschaften vieler Entwicklungsländer bis heute kennzeichnen.
Wachstumsorientierte Wirtschaftspolitik ist dabei ein Mittel zur Erreichung der genannten Ziele. Eine an den Prinzipien von „good governance" orientierte Regierung wird dafür Sorge tragen, dass sich die wirtschaftlichen Interessen im

Entwicklungs- und Industrialisierungsprozess nicht verselbstständigen und – wie leider in der Praxis vielfach zu beobachten – auf Kosten der Umwelt und des nachhaltigen Umgangs mit den natürlichen Ressourcen verfolgt werden.
Die Befriedigung der Grundbedürfnisse der Bevölkerung, insbesondere ein erfolgreicher Kampf gegen Hunger und Unterernährung sowie die Selbstversorgung der Bevölkerung ohne massive Nahrungsmittelimporte ist ohne **landwirtschaftliche Entwicklungserfolge** nicht denkbar. Deshalb darf die neue Industrie nicht auf Kosten der Landwirtschaft bevorzugt werden.
Der Aufbau neuer Produktionskapazitäten für die bessere Versorgung des Binnenmarktes und/oder für den Export kann nur gelingen, wenn von einer **kreativen und innovativen Unternehmerschaft geeignete neue Produkte entwickelt** und hergestellt werden, welche auf den vorhandenen natürlichen Ressourcen (Rohstoffen) oder Gegebenheiten (klimatische Bedingungen) aufbauen. So kann es zum Beispiel sinnvoll sein, landwirtschaftliche oder mineralische **Rohstoffe**, die bisher zu Niedrigpreisen an multinationale Konzerne abgegeben wurden, **an Ort und Stelle weiterzuverarbeiten**, damit die eigenen Unternehmen in der Wertschöpfungskette eine höhere Stufe einnehmen können. Der Aufbau neuer Produktionskapazitäten erfordert hohe Investitionen, die vom Staat gefördert oder zu tragbaren Bedingungen, d. h. zu möglichst niedrigen Zinsen, kreditiert werden müssen.
Die wirtschaftliche Elite des Landes, also die wenigen Reichen und Superreichen, muss mit geeigneten Mitteln motiviert werden, ihr Kapital in die Entwicklung des eigenen Landes zu investieren, anstatt es sicher und hochverzinslich in Schweizer Banken zu deponieren oder die US-amerikanischen Staatsschulden zu finanzieren. Dies aber wird die Regierung nur erreichen, wenn sie ein **gutes Investitionsklima** garantiert, wenn die Investoren darauf vertrauen können, dass ihr Kapital nicht verstaatlicht oder mit konfiskatorischen Steuern belegt wird.
Ein **stabiler und nicht überbewerteter Wechselkurs der eigenen Währung** ist unverzichtbar für die Vermarktung der neuen Produkte im Ausland und die internationale Konkurrenzfähigkeit der neuen Wirtschaftszweige.
Zeitlich begrenzt kann auch die Erhebung von **Schutzzöllen** auf die Produkte der Konkurrenten der neuen aufstrebenden Industrien notwendig sein, um sie vor der Dumping-Konkurrenz internationaler Konzerne so lange zu bewahren, bis sie auf eigenen Füßen stehen können.
Aus der eigenen Bevölkerung rekrutierte, disziplinierte und qualifizierte Arbeitskräfte müssen befähigt werden, die neuen Produktionsanlagen ohne Hilfe von außen zu bedienen, instand zu halten und weiterzuentwickeln; dazu bedarf es entsprechender **Reformen des Bildungs- und Ausbildungssystems**.
Manche Entwicklungspolitiker rechnen „good governance“ insgesamt, also auch die Gewährleistung von Grund- und Menschenrechten, die Einhaltung von rechtsstaatlichen Normen, die Abwesenheit von Korruption und Vetternwirtschaft sowie die Durchsetzung der demokratischen Regierungsform zu den unerlässlichen Voraussetzungen einer erfolgreichen nationalen Wachstumspolitik. Daran kann man angesichts der Entwicklungserfolge von Ländern wie Südkorea, das zur Zeit seines rasanten wirtschaftlichen Aufstiegs zum „Tigerstaat“ eine Militärdiktatur war, dem kommunistischen China oder Vietnam jedoch Zweifel anmelden.

Eine wachstumsorientierte Wirtschaftspolitik kann in den Entwicklungsländern jedoch nur gelingen, wenn die **internationalen Rahmenbedingungen** dies zulassen. Einige dieser Rahmenbedingungen scheinen jedoch eine erfolgreiche Wachstumspolitik der Drittweltstaaten eher zu behindern.
In den 80er-Jahren des letzten Jahrhunderts setzten sich die Anhänger des **neoliberalen Freihandelskonzepts** gegen ihre protektionistischen Gegner mehr und mehr durch. In den 90er-Jahren wurde der **Welthandel** im Rahmen von WTO-Abkommen **durch Abbau von Zöllen und Vergünstigungen konsequent liberalisiert und ausgeweitet**. Manche Schwellenländer, so etwa die südostasiatischen „Tigerstaaten" Südkorea, Taiwan und Singapur, aber auch China und Indien profitierten von dieser Entwicklung und konnten sich ihren Anteil am wachsenden Welthandel sichern.
Aber auch schwächere Staaten der Dritten Welt in Afrika oder Lateinamerika wurden von der Weltbank oder vom IWF z. B. vor der Gewährung von Krediten zur Bewältigung von Währungs- oder Finanzkrisen zum Abbau von vorher bestehenden Zollschranken veranlasst. Im Zuge der nachfolgenden Ausweitung des Handels entstanden so in vielen **Drittweltstaaten Handels- und Zahlungsbilanzdefizite**. Vorher geschützte Industriezweige gerieten angesichts der übermächtigen Konkurrenz multinationaler Konzerne in Schwierigkeiten, das Wirtschaftswachstum geriet ins Stocken oder stagnierte ganz.
Zu den **Auflagen**, die den Drittweltstaaten **vom IWF im Zuge von Krisenbewältigungsprogrammen** gemacht wurden, gehörten in der Regel die Konsolidierung der Staatsfinanzen und der Kampf gegen die Inflation durch eine **restriktive Finanzpolitik**. Die logische Folge einer solchen Politik war aber der **Anstieg des Zinsniveaus** und damit die Verteuerung der für das Wirtschaftswachstum notwendigen Investitionen, die dann unterblieben.
Im Übrigen propagieren die Industrieländer die Durchsetzung des Freihandelsprinzips nur so lange, wie es den eigenen Interessen nützt. Die Forderung der Entwicklungsländer nach Liberalisierung des Handels mit landwirtschaftlichen Produkten und Abbau von Exportsubventionen wird dagegen von der EU, Japan und den USA, die alle den Zorn ihrer Bauern fürchteten, konsequent abgeblockt, woran die Doha-Runde im Jahre 2008 scheiterte.
Aber auch bei den Industrieprodukten kehren die **Industriestaaten** in der Zollpolitik zum **Protektionismus** zurück, wenn eigene Interessen bedroht sind: So steigen die Zollsätze für Industrieprodukte aus den Entwicklungsländern mit dem Grad ihrer Weiterverarbeitung.
Eine regelrechte Bedrohung der nationalen Souveränität von Schwellen- und Entwicklungsländern ist die **Existenz von ungeregelten, global agierenden Finanzmärkten**. Wenn es raschen Profit verspricht, können Spekulanten z. B. die Währung eines verschuldeten Entwicklungslandes angreifen und deren Wechselkurs in wenigen Wochen halbieren. Das Resultat ist die Verdoppelung des Werts der Auslandsschulden des betroffenen Landes und nicht selten der Staatsbankrott. Genau dies passierte Thailand im Zuge der sogenannten „Asien-Krise" in den 90er-Jahren des vorigen Jahrhunderts.

Alle diese Beispiele zeigen, dass die internationalen Rahmenbedingungen der Realisierung einer konsequent wachstumsorientierten Wirtschaftspolitik in den Entwicklungsländern bisher keineswegs immer förderlich sind.

3. *Der Operator „diskutieren" verlangt von Ihnen, dass Sie sich mit einem entwicklungspolitischen Konzept oder einer Theorie – unter Berücksichtigung kontroverser Standpunkte und Positionen – argumentierend auseinandersetzen und diese Argumentation mit einer eigenen Bewertung abschließen. (AFB III)*

Seit dem Eintritt der ehemaligen Kolonien in die nationale Unabhängigkeit sehen die meisten Industriestaaten die **Entwicklungshilfe**, d. h. die Zusage billiger Kredite oder auch die Leistung direkter Transferzahlungen an die Entwicklungsländer, **als notwendige Voraussetzung für eine erfolgreiche Entwicklung der Länder des Südens**. Im Rahmen der UN wurde sogar versucht, den Industriestaaten die Verpflichtung zur Verwendung eines bestimmten Anteils ihres Bruttosozialprodukts (BSP) für diesen Zweck aufzuerlegen. Die meisten Industriestaaten erreichten zwar nicht die geforderte Quote, aber Entwicklungshilfe leisteten alle; in der Zeit des Kalten Krieges nicht zuletzt, um die Staaten der Dritten Welt auf ihre Seite zu ziehen.
In den letzten Jahren wurden jedoch von einigen Entwicklungspolitikern und auch von einigen Repräsentanten der Dritten Welt selbst starke **Zweifel am Konzept der Entwicklungshilfe** angemeldet. Eine Überprüfung des Verhältnisses von Aufwand und Ertrag hatte nämlich ernüchternde Ergebnisse erbracht: Gerade einige Länder mit den höchsten entwicklungspolitischen Transferleistungen, zumeist afrikanische Staaten, verharrten in der Gruppe der „**least developed countries**", während andere Länder, zumeist südostasiatische, in die aus den Entwicklungshilfetöpfen vergleichsweise wenig Geld geflossen war, inzwischen zu Schwellenländern aufgestiegen waren. Dieser überraschende Tatbestand verlangte nach Erklärungen.
Entwicklungspolitiker wie James Shikwati kamen zu der Erkenntnis, dass sich **in den trotz hoher Transferzahlungen zurückgebliebenen Staaten bei den Empfängern**, meist den Regierungen und Teilen der Oberschicht, vielfach eine Art **Anspruchsmentalität herausgebildet hatte**. Man glaubte, ein moralisches Anrecht zu haben auf regelmäßige Transferzahlungen der ehemaligen Kolonialisten und nahm sie als eine Art Rente für Konsumzwecke entgegen, ohne davon – wie eigentlich von den Gebern intendiert – entwicklungsfördernde Investitionen zu finanzieren. Dies geschah offenbar auch deshalb nicht, weil man erwartete, dass nur das Verharren der Bevölkerung in tiefster Armut bei den Industriestaaten garantiert den Geberreflex auslöse, während ein erfolgreicher Kampf gegen Hunger und Not die Transferzahlungen vielleicht zum Versiegen brächte. **Entwicklungshilfe**, so das Fazit, **wirke also geradezu kontraproduktiv**. Sie verhindere Entwicklung, anstatt sie zu beschleunigen. Deshalb solle man die Zahlungen sofort einstellen.

Warum aber fühlen sich manche afrikanische Eliten legitimiert, entwicklungspolitische Transfergelder als Rente zu privatisieren oder aber damit die Loyalität der eigenen Anhänger, der bewaffneten Macht, des eigenen Stammes oder Clans zu erkaufen? Offenbar weil **manche dieser afrikanischen Staaten** eigentlich **noch keine modernen Staaten sind, sondern eher Stammesgesellschaften** darstellen, in denen weder die Eliten noch die Bevölkerung als Ganzes ein nationales Bewusstsein ausgebildet haben (für Afghanistan gilt übrigens Ähnliches). Das Denken der Menschen wird noch geprägt durch **partikularistische Prinzipien:** Die Loyalität gegenüber Familie, Clan und Stamm erscheint wichtiger als die Orientierung am Gemeinwohl und dem Wohlergehen der Nation. In Afrika hat diese Mentalität, der „**Tribalismus**", in den letzten Jahrzehnten immer wieder Bürgerkriege und den Zerfall von scheinbar stabilen Staatsgebilden hervorgerufen, die Entwicklungsexperten sprechen dann von „**failed states**". In Somalia z. B. kann man einen solchen Staat in Auflösung seit über zehn Jahren beobachten.
Das **erfolgreiche Gegenmodell** stellen die **südostasiatischen Schwellenländer** dar, welche nicht nur eine konsequent wachstumsorientierte Wirtschaftspolitik betrieben haben (s. Aufg. 2), sondern in der Tradition des Konfuzianismus über eine **am Gemeinwohl orientierte politische Elite** und eine Bevölkerung verfügen, die sich mehrheitlich an **universalistischen nationalen Prinzipien** orientiert sowie Korruption und Vetternwirtschaft ablehnt. Vielleicht sind diese Eigenschaften der südostasiatischen „Tigerstaaten" für deren entwicklungspolitischen Erfolg letztlich sogar wichtiger gewesen als die wachstumsfördernde Wirtschaftspolitik.

Die Bedeutung entwicklungshemmender internationaler Rahmenbedingungen für die Entwicklungspolitik wurde in Aufgabe 2 bereits angesprochen, insbesondere auch das Problem der unregulierten globalen Finanzmärkte, die z. B. durch Währungsspekulation und Kapitalflucht die finanzpolitische Souveränität von Entwicklungsländern bedrohen können.
Die Weltwirtschaftskrise des Jahres 2008, von der die Entwicklungsländer besonders schwer getroffen wurden, hat allerdings ebenso wie die Euro-Krise, die noch andauert, den Beweis dafür erbracht, dass unreglementierte Finanzmärkte nicht nur die Souveränität von Entwicklungsländern, sondern auch die von Euro-Staaten, ja den Euro selbst, bedrohen können. Insofern liegt die **Regulierung der Finanzmärkte** nicht nur im Interesse einiger ferner Entwicklungsländer, vielmehr sind die Industrie- und die Euro-Staaten im eigenen Interesse gehalten, die Finanzmärkte zu disziplinieren und einem international verbindlichen Regelwerk zu unterwerfen, das die Entwicklungsländer vor deren spekulativen Übergriffen ebenso schützt wie die europäischen Randstaaten und die europäische Währung.
Bei genauerem Hinsehen finden sich sowohl externe als auch interne Entwicklungshemmnisse. Dass gerade die Entwicklungshilfe zu einem externen Hemmnis werden kann, ist eine besonders ironische Pointe. Die Schlussfolgerung daraus muss sein, dass die Hilfe nur noch projektgebunden und als **Hilfe zur Selbsthilfe** vergeben wird.

Hessen – Politik und Wirtschaft – Grundkurs 2012
Vorschlag A

Thema: *Automobilindustrie und Globalisierung*

Aufgaben

1. Geben Sie die Hauptaussagen des Textes (Material) zur Situation der deutschen Automobilindustrie wieder. (20 BE)
2. Stellen Sie, anknüpfend an das Beispiel der Automobilindustrie, grundlegende Bedingungen und Merkmale einer globalisierten Weltwirtschaft dar. (25 BE)
3. Ordnen Sie die im Text beschriebenen Maßnahmen und Entwicklungen konjunkturellen Phasen und wirtschaftspolitischen Konzepten zu. (25 BE)
4. Erörtern Sie, ob Konjunkturprogramme eine wirtschaftspolitisch sinnvolle Maßnahme darstellen. (30 BE)

M: Frank-Thomas Wenzel: Auf Hochtouren

Schwacher Euro und leere Lager

Zwei kurzfristige Effekte haben den Autobauern in den vergangenen Monaten massiv geholfen. Erstens der schwache Euro. Die Gemeinschaftswährung sackte im ersten Halbjahr im Verhältnis zu vielen Währungen ab, insbesondere zum Dollar. Das machte die Exporte von Autos in die USA, aber auch nach China lukrativ – die chinesische Währung ist an den Greenback[1] gekoppelt. Ende 2009 gab es für einen Euro noch 1,50 Dollar, im Juni waren es gerade mal 1,20 Dollar. Inzwischen hat die Gemeinschaftswährung im Verhältnis zur US-Währung wieder kräftig angezogen. Aber das dürfte den Autobauern nicht allzu viel ausmachen.

Die Konzerne sichern ihre Geschäfte jenseits der Eurozone durch Devisen-Terminkontrakte[2] mit Banken ab. Zur Jahresmitte – als der Euro extrem schwach war – hätten die Hersteller sich sehr günstige Konditionen für Termingeschäfte in den nächsten Monaten sichern können, so Commerzbank-Analyst Daniel Schwarz. Gewissermaßen eine Gewinnversicherung. Hinzu kam, dass die Preise für die Autos in vielen Märkten relativ stabil blieben.

Das hat nach Ansicht von Willi Diez, Leiter des Instituts für Automobilwirtschaft der Hochschule Nürtingen-Geislingen, vor allem mit dem massiven Zurückfahren der Produktion im Krisenjahr 2009 zu tun. „Teilweise wurde weniger hergestellt als abgesetzt." Der Effekt war, dass die Lager leer waren, dass Hersteller und Händler bei anziehender Nachfrage nicht gezwungen waren, ältere Modelle losschlagen zu müssen, wodurch das gesamte Preisniveau womöglich ins Rutschen gekommen wäre.

[…] Noch nie ging es in der Autobranche so schnell bergab und so schnell wieder bergauf wie in den vergangenen zwei Jahren. „Die Autobauer haben mit großer Flexibilität beim Personal die Entwicklung erfolgreich aufgefangen", sagt Ferdinand

Dudenhöffer, Leiter des Car-Instituts der Uni Duisburg-Essen. In den Verwaltungen wurden Stellen gestrichen, Entwicklungsaufgaben wurden ausgelagert. Und in einigen Fabriken, wo früher drei Meister die Abläufe kontrollierten, macht das jetzt nur noch einer. So wurden Kosten gesenkt.

Kurzarbeit war ein noch erheblich wichtigeres Instrument zur Bewältigung des Auf und Ab. Gerade die Autobauer und die Zulieferer hätten damit in den vergangenen Monaten sehr konstruktiv gearbeitet, heißt [es] in der Bundesagentur für Arbeit. Anfang 2009 waren 277 000 Beschäftigte in der Branche in Kurzarbeit. Ihre Zahl schrumpfte Monat für Monat zusammen. Der große Vorteil für die Autobauer: Als die Nachfrage wieder anzog, konnten sie die Beschäftigten schnell wieder zurückholen und die Produktion mit erfahrenen Leuten hochfahren, was die Umsätze anschob.

Die Schattenseite: Die Branche hat ein riesiges Heer von Tausenden von Zeitarbeitern in der Krise gefeuert. Inzwischen sind viele wieder in Lohn und Brot. Die Gewerkschaften kämpfen nun dafür, dass ihre unsicheren Jobs in normale unbefristete Stellen umgewandelt werden. Für Dudenhöffer hingegen steht fest: „Die Branche braucht die Zeitarbeit.“ Nur deshalb stehe beispielsweise BMW derzeit so gut da.

[…] In den Jahren nach der Jahrtausendwende war das durchschnittliche Alter der Autos auf den deutschen Straßen von sieben auf 8,5 Jahre gestiegen. „Da ist ein großer Ersatzbedarf entstanden“, erläutert NordLB-Analyst Frank Schwope. Dieser Bedarf sei, angetrieben durch die Abwrackprämie, befriedigt worden.

Vor allem im Krisenjahr 2009 schnellten die Zulassungszahlen rasant in die Höhe. Davon profitierten japanische und koreanische Hersteller genauso wie Ford und Opel. Größter Gewinner unter den deutschen Herstellern war aber die Volkswagen-Gruppe, auch weil sie mit einem relativ neuen Golf und einem neuen Polo punkten konnte. Andere Staaten machten es den Deutschen mit Zeitverzögerung nach. Deshalb war ein Absatzschub bis zur Jahresmitte durch die paneuropäische Abwrackerei zu spüren.

Nachholbedarf gab es aber auch in den USA. In den düstersten Monaten der Krise, im Frühjahr 2009, lag der US-Automarkt am Boden. Die Konsumenten trauten sich nicht, größere Anschaffungen zu machen. Und die wenigen Mutigen bekamen keine Finanzierungen, weil Banken klamm waren. Mit Erholung der Konjunktur kam die Kauflaune zurück und die Banken wurden auch wieder großzügiger bei der Kreditvergabe. Aber inzwischen sieht es nicht mehr so rosig aus. Arbeitslosigkeit und Zwangsversteigerungen wachsen, damit geht die Dynamik auf dem Automarkt verloren.

[…] Die Zahlen sind atemberaubend: BMW hat seinen Absatz in China von Januar bis September um 95 Prozent, Daimler gar um 124 Prozent gesteigert. Nicht ganz so stark fiel das Plus (39 Prozent) bei Volkswagen aus. Dafür beeindruckt die Gesamtzahl von fast 1,5 Millionen ausgelieferten Fahrzeugen. Schwellenländer sind riesige Märkte, China ist der größte.

Die Ursache dafür liegt für Frank Schwope, Analyst der NordLB, auf der Hand: „Das Wachstum im Automobilbereich ist eine direkte Folge des gestiegenen Wohlstandes in China.“ Das Bruttoinlandsprodukt hat sich seit 2000 vervierfacht. Die Wirtschaftsleistung wuchs – dank riesiger Konjunkturprogramme – auch im globalen Krisenjahr 2009. „In China entsteht eine Mittelschicht, diese umfasse mittlerweile je nach Berechnungsart 150 Millionen bis 300 Millionen Menschen", so Schwope. Tendenz steigend.

Und diese Mittelschicht ist extrem markenbewusst, den größten Imagewert haben die Autos der deutschen Hersteller: BMW, Audi, Mercedes. Schwope sieht für die Zukunft in China riesige Potenziale: Um in der Motorisierung auf westliches Niveau zu kommen, fehlten noch rund 600 Millionen bis 650 Millionen Automobile. Ein Quell unerschöpflichen Wachstums also? Daniel Schwarz, Commerzbank-Analyst, warnt: Es handele sich ganz stark um Neubedarf, der viel schwerer zu kalkulieren sei als der Ersatzbedarf in westlichen Ländern. [...]

Frankfurter Rundschau vom 26. 10. 2010
http://www.fr-online.de/wirtschaft/auf-hochtouren/-/1472780/4778418/-/index.html, abgerufen am 21. 02. 2011

Anmerkungen:
1 US Dollar
2 vertragliche Verpflichtung, einen Währungsbetrag zu einem bestimmten Kurs und zu einem festgelegten Termin zu kaufen oder zu verkaufen

---

Lösungsvorschläge

Unterrichtsinhalte:

- Q 2: Ziele und Zielkonflikte wirtschaftlichen und wirtschaftspolitischen Handelns am Beispiel: Konjunktur und Konjunkturpolitik, angebots- und nachfrageorientierte Wirtschaftspolitik
- Q 3: Weltwirtschaft und Globalisierung: Weltmarkt und Welthandel zwischen Liberalisierung der Märkte und globaler Ordnungspolitik, transnationale Konzerne, Standortfaktoren und Veränderungen der internationalen Arbeitsteilung

1. *Beginnen Sie Ihre Ausführungen mit exakten Angaben zur Textquelle und legen Sie die wichtigsten der darin enthaltenen Informationen in eigenen Worten, aber unter Verwendung der Fachsprache dar. Die Darlegung sollte im Konjunktiv erfolgen, es können auch kurze Textzitate eingebaut werden, die allerdings gekennzeichnet und durch Zeilenangaben nachgewiesen werden müssen. (AFB I)*

   Der in Auszügen abgedruckte Zeitungsbericht von Frank-Thomas Wenzel über die Lage der deutschen **Automobilindustrie** nach dem Krisenjahr 2009 wurde unter dem Titel „Auf Hochtouren. Schwacher Euro und leere Lager" am 26. 10. 2010 in der linksliberalen FRANKFURTER RUNDSCHAU veröffentlicht.
   Nach Wenzels Ansicht ist die günstige Lage der deutschen Automobilindustrie im Herbst 2010 vor allem auf den **schwachen** Euro und die infolge leerer Lager **stabilen** Autopreise zurückzuführen. Der gegenüber dem Dollar niedrig bewertete Euro habe vor allem die **Exporte in die USA und nach China** begünstigt, zumal sich die Konzerne gegen den inzwischen erfolgten Anstieg des Eurokurses durch **Devisenterminkontrakte** abgesichert hätten (vgl. Z. 1 ff.).

Dass die Kfz-Preise trotz Konjunkturkrise stabil geblieben sind, sei darauf zurückzuführen, dass die Produktion entsprechend zurückgefahren wurde. In der Folge seien die kompletten Lagerbestände zur Befriedigung der noch vorhandenen Nachfrage abgebaut worden – nicht zuletzt mithilfe der **Abwrackprämie des Jahres 2009**. Von dieser staatlichen Prämie wie auch von den Abwrackprämien in anderen europäischen Staaten hätten zwar ebenso ausländische Hersteller, insbesondere aber die VW-Gruppe profitiert (vgl. Z. 45 ff.).
Dank Flexibilität beim Personal sei es den deutschen Unternehmen in der Krise gelungen, die Entwicklung erfolgreich aufzufangen (vgl. Z. 22 f.). Die Autoindustrie habe auf den starken Absatzrückgang im In- und Ausland mit der **Entlassung von Zeitarbeitern**, **Kurzarbeit** für das Stammpersonal und Arbeitsverdichtung reagiert. Als im Jahre 2010 die Nachfrage wieder anstieg, haben die Produktionskapazität und das Arbeitsvolumen ohne hohe Kosten rasch wieder hochgefahren werden können. Gewerkschaften kritisierten zwar, dass die prekären Zeitarbeitsverträge von den Unternehmen nicht wieder in „normale unbefristete Stellen umgewandelt" (Z. 37 f.) würden. Für andere aber sei gerade die Zeitarbeit für das erfolgreiche Bestehen der Automobilindustrie notwendig (vgl. Z. 38 f.).
Weiter führt Wenzel aus, dass die deutsche Autoindustrie ihren Absatz während der Konjunkturerholung im Jahr 2010 insbesondere auf dem **chinesischen Markt** steigern konnte. In China sei inzwischen eine sehr **markenbewusste Mittelschicht** (vgl. Z. 71) entstanden. Das nütze neben der VW-Gruppe vor allem den deutschen Premiummarken wie BMW, Audi und Daimler.

2. *Hier sollten Sie zunächst die allgemeinen Voraussetzungen und Bedingungen der Globalisierung darstellen, um anschließend deren Strukturen und Merkmale an einigen Beispielen aus der Automobilindustrie zu veranschaulichen. (AFB II)*

Obwohl die Industrialisierung von Beginn an ein globaler Entwicklungsprozess war, spricht man erst seit den 90er-Jahren des 20. Jahrhunderts von „Globalisierung". Mit **Ende des Kalten Kriegs** trat die Welt in ein neues Zeitalter internationaler Arbeitsteilung. Die ehemaligen Ostblockstaaten wie z. B. Russland und China öffneten sich dem internationalen Handel und gaben ihre bisherige Abschottung auf. Erst von diesem Zeitpunkt an konnte von einem „**Weltmarkt**" wirklich die Rede sein.
Trotz mancher Rückschläge wurden im Rahmen der WTO das **Prinzip des freien Handels** weitgehend durchgesetzt und für den Handel hinderliche **Zollsätze reduziert**. Dies begünstigte die weltweite **Ausweitung des Handelsvolumens**. Die Fortschritte der **Telekommunikationstechnik** und des Internets ermöglichten eine ungleich größere Intensität und Dichte weltumspannender Kommunikation. In Sekundenschnelle können Kontrakte abgeschlossen, Transaktionen durchgeführt und riesige Datenmengen ausgetauscht werden. Die Entwicklung des Transportwesens, insbesondere die Luftfracht, ermöglichte eine Beschleunigung und drastische Verbilligung des Transports und begünstigte auf diese Wei-

se die **Intensivierung des globalen Warenhandels** und die **Vertiefung der internationalen Arbeitsteilung**. Neben **China und Russland** traten neue **Schwellenländer** wie Brasilien, Indien, Argentinien und Südafrika mit kaufkräftigen Mittelschichten auf dem Weltmarkt in Erscheinung und steigerten mit ihren jährlich wachsenden Im- und Exportziffern das Welthandelsvolumen. Nicht nur große **multinationale Konzerne** wie Daimler, VW oder Apple betätigen sich mit ihren Direktinvestitionen und Absatzstrategien weltweit. Auch für **kleine und mittelständische Unternehmen** und Zulieferer ist eine globale Ausrichtung der Geschäftspolitik inzwischen unerlässlich geworden.
Die vielleicht wichtigste Voraussetzung für die nachhaltige Globalisierung aller Wirtschaftstätigkeit in den letzten 25 Jahren war jedoch die **Erhaltung des Weltfriedens**, die trotz aller regionalen Konflikte und des Terrorismus bisher gelungen ist. Ein großer Krieg hätte den Globalisierungsprozess sofort beendet, so wie der Erste Weltkrieg den damals sich entwickelnden Weltmarkt sofort zerstörte.

Die deutsche Automobilindustrie profitiert stark vom globalen Markt und nimmt im internationalen Wettbewerb eine führende Rolle ein. Dies belegen die im Text erwähnten **Exporterfolge** in China und den USA, aber auch in Russland oder Brasilien. Schon seit langer Zeit sind die Verkäufe im Ausland, insbesondere in Übersee, für die Gewinnentwicklung der deutschen Autoindustrie wichtiger als der Absatz auf dem Heimatmarkt. Die Bedeutung der überseeischen Exportmärkte für den Erfolg eines Unternehmens wird deutlich, wenn man die Firma **Opel** betrachtet. Als Tochter von GM sind ihr die Absatzmärkte der USA und Chinas nach wie vor verschlossen. Nicht zuletzt deshalb schreibt Opel trotz attraktiver Modelle rote Zahlen.
Die große Bedeutung globaler Absatzmärkte führt zu weltweiten Abhängigkeiten, die z. B. über einen Nachfragerückgang infolge regionaler Konjunktur- und Wechselkursschwankungen spürbar werden. Umgekehrt konnten allerdings die Folgen der weltweiten Konjunkturkrise für die exportorientierte deutsche Autoindustrie durch einen schwachen Euro abgemildert werden (vgl. Z. 2 ff.).
Man darf sich nicht der Illusion hingeben, die in China oder Brasilien verkauften Automobile deutscher Hersteller seien „made in germany". Die deutschen Autokonzerne haben in allen für den Absatz wichtigen Ländern inzwischen **Produktionsstätten** errichten lassen, nicht nur um von günstigeren Standortfaktoren wie z. B. einem **niedrigeren Lohnniveau** zu profitieren, sondern auch um **Wechselkursrisiken** zu minimieren und **Importrestriktionen** zu umgehen. Auch die „**Marktnähe**" spielt bei den Standortentscheidungen eine große Rolle. Die globalen Wertschöpfungsketten verstärken die weltweiten Abhängigkeiten weiter. Kein einziges modernes Automobil wird heute noch komplett in dem Land hergestellt, in dem der Markeninhaber seinen Sitz hat. Die sogenannte „**Fertigungstiefe**" moderner Autowerke ist gering. Mehr als die Hälfte der Einzelteile wird von Zulieferern aus aller Welt produziert, um dann vertragsgemäß „**just in time**" im deutschen oder chinesischen Montagewerk abgeliefert und eingebaut zu werden. Die EU-Kommission hat vor diesem Hintergrund jüngst die Frage aufge-

worfen, ob es legitim sei, die in Deutschland montierten BMWs und Audis als „made in germany" zu bezeichnen. Korrekter wäre wohl „made on planet earth". Der Globalisierung der Produktion und den Absatzstrategien deutscher Autokonzerne entspricht auch die **Globalisierung der Besitzverhältnisse**. Nur ein kleiner Teil der Aktien z. B. von Daimler ist noch im Besitz deutscher privater oder institutioneller Anleger. Die Aktienmehrheit dürfte in den Händen verschiedener Golfstaaten und bei diversen amerikanischen Pensionsfonds liegen.
Bei VW sieht es nicht viel anders aus. Allerdings hält das Land Niedersachsen nach wie vor mehr als 20 % des Aktienkapitals und das deutsche **VW-Gesetz** sichert dem Land bei strategisch wichtigen Entscheidungen, z. B. über die Verlagerung von Produktionsstätten, eine Sperrminorität. Gegen dieses VW-Gesetz hat die **EU-Kommission** jedoch jüngst Klage vor dem Europäischen Gerichtshof eingereicht, weil es ihrer Ansicht nach gegen europäisches Recht verstößt. Es schrecke Investoren ab, behindere Innovationen und könne zu Preiserhöhungen führen. Die EU klagt also gegen Deutschland, um die Prinzipien der Globalisierung auch in der deutschen Automobilindustrie restlos durchzusetzen.

3. *Hier sollen Sie die im Text enthaltenen Fakten über den Verlauf der Konjunktur im beschriebenen Zeitraum den jeweiligen Phasen des Konjunkturzyklus zuweisen und die angesprochenen wirtschaftspolitischen Maßnahmen der Angebots- oder der Nachfragepolitik zuordnen. (AFB II)*

Der vorliegende Text behandelt zwei Phasen des Konjunkturzyklus: zunächst die **Rezession**, die durch den Zusammenbruch von **Lehman-Brothers** im August 2008 ausgelöst wurde, im Laufe des Jahres 2009 zu einer tiefen **weltweiten Finanz- und Wirtschaftskrise** auswuchs und Deutschland eine seit dem Krieg nicht dagewesene Verringerung des BIPs um knapp 5 % bescherte. Als zweite Phase wird der **Wiederaufschwung der Konjunktur**, **die Expansion**, behandelt. In dieser Phase konnte die Bundesrepublik mit einem BIP-Wachstum von fast 4 % die 2009 erlittenen Wachstumsverluste fast vollständig kompensieren. Das Wachstum hat sich im Jahr 2011 mit 3 % fortgesetzt, inzwischen ist es jedoch wieder etwas abgeschwächt.
Charakteristische Merkmale der Rezession waren scharfe Einbrüche der in- und ausländischen Nachfrage nach Automobilen. Das machte, wie im Text beschrieben, Einschränkungen der Produktionskapazitäten, Entlassungen von Arbeitskräften sowie eine Ausdehnung der Kurzarbeit für die Stammbelegschaften erforderlich (vgl. Z. 24 ff.). Die Arbeitslosenzahl stieg in der Folge an.

Die vom Staat zur Wiederankurbelung der Konjunktur ergriffenen Maßnahmen, die im Text erwähnt werden, können zwei unterschiedlichen wirtschaftspolitischen Richtungen zugeordnet werden. Auf der einen Seite steht die neoliberale, sogenannte **angebotspolitische Schule**, welche das beste Mittel zur Bekämpfung der Krise in einer Verbesserung der Rahmen- und Investitionsbedingungen der Angebotsseite sieht. Die Senkung der Lohnnebenkosten, Steuerentlastungen für Unternehmen und die Flexibilisierung des Arbeitsmarkts gehören zu ihrem Maß-

nahmenrepertoire. Auf der anderen Seite stehen die nachfrageorientierten **Keynesianer**, die in Krisensituationen ihre Wirtschaftspolitik an einer Verbesserung der Nachfragesituation ausrichten. Erhöhte staatliche Investitionen und eine expansive Geld- und Steuerpolitik sollen die Nachfrage stärken. Zur Deckung der finanziellen Einbußen und des Mehraufwands soll der Staat Schulden aufnehmen („deficit spending"), die er im Aufschwung wieder zurückbezahlt.
Im Maßnahmenkatalog der Bundesregierung finden sich Elemente beider Schulen. Mehrere **Konjunkturprogramme** und die Ausweitung der Staatsnachfrage sollten die ausgefallene private Nachfrage zumindest teilweise kompensieren und ein noch stärkeres Abgleiten der Konjunktur verhindern. Die **staatliche Abwrackprämie** in Höhe von 2 500 € konnte die private Nachfrage nach Automobilen steigern und den Absatz der in Deutschland besonders wichtigen Automobilkonzerne stabilisieren (vgl. Z. 45 ff.). Diese Maßnahmen sind klassische Instrumente der nachfrageorientierten, keynesianischen Wirtschaftspolitik. Der Staat stützt die Gesamtnachfrage, indem er die staatliche Nachfrage erhöht bzw. die private Nachfrage nach Automobilen subventioniert.
In den angebotspolitischen Instrumentenkasten gehören die Ausdehnung der Regelungen zur Kurz- und Zeitarbeit. Die finanzielle Unterstützung der Unternehmen mittels **Aufstockung der Kurzarbeiterlöhne durch die Bundesagentur für Arbeit** konnte vielfach Entlassungen verhindern. Die Arbeitslosenzahl stieg in Deutschland geringer an als in anderen Ländern, die von der Krise heimgesucht wurden. Gleichzeitig erleichterten Zeitarbeitsverträge eine bedarfsorientierte Entlassung der Arbeitnehmer **ohne Abfindung**. So konnten die Unternehmen auf den Nachfrageeinbruch des Jahres 2009 flexibel reagieren, ohne unter Kostendruck zu geraten. Kurzarbeit ist allerdings auch nachfragewirksam; ohne sie hätten mehr Autowerker entlassen werden müssen. Eine höhere Arbeitslosenquote wiederum hätte negative Auswirkungen auf die Konsumnachfrage gehabt.

Im Jahr 2010 setzte der Aufschwung ein. Auf vielen Märkten wurden **neue Absatzrekorde** erreicht, die Kurzarbeit konnte beendet und Zeitarbeiter konnten wieder eingestellt werden. Auch die Arbeitslosenzahlen gingen zurück. Die Konjunkturprogramme liefen aus, die Abwrackprämie wurde zum 31. 12. 2009 eingestellt. Wie von Keynes vorgesehen, erlangte in der beginnenden Expansionsphase die **Haushaltskonsolidierung** wieder Priorität auf der politischen Agenda.

= Verringerung + Stabilisierung der öffentlichen Schulden

4. *Hier sollen Sie das Für und Wider von Konjunkturprogrammen möglichst differenziert darlegen, dabei auch eigene Überlegungen anstellen und schließlich zu einem abgewogenen Urteil, einer Bewertung gelangen. (AFB III)*

In der weltweiten Wirtschafts- und Finanzkrise sind von allen wichtigen Industriestaaten mehr oder weniger umfangreiche Konjunkturprogramme beschlossen und umgesetzt worden. Der Erfolg und die **Sinnhaftigkeit** staatlicher Eingriffe sind jedoch **umstritten**.
Die Befürworter staatlicher Konjunkturprogramme verweisen darauf, dass der Staat eingreifen müsse, wenn die Nachfrage plötzlich und umfassend wegbreche.

Was passieren könne, wenn der Staat untätig bleibe, hätte der Verlauf historischer Wirtschaftskrisen, wie etwa 1929 in Deutschland, gezeigt. Die Rezession habe in eine Abwärtsspirale geführt und sich zu einer handfesten jahrelangen **Depression** ausgewachsen. **Massenarbeitslosigkeit und Massenelend** hätten schließlich dem **Nationalsozialismus** den Boden bereitet. Nichtstun sei in einem konjunkturellen Abschwung großen Ausmaßes unverantwortlich. Ein vorübergehend steigendes Staatsdefizit müsse dabei in Kauf genommen werden. Aufgenommene Kredite könnten nach dem Wiederaufschwung der Wirtschaft aus dem wachsenden Steueraufkommen leicht zurückgezahlt werden. Weiter, so die Befürworter, würden durch staatliche Konjunkturprogramme der Rückgang von Steuereinnahmen (z. B. Umsatzsteuer, Einkommensteuer), der ebenfalls zu finanziellen Engpässen führe, gedämpft und die Haushaltssituation stabilisiert. Staatliche Konjunkturprogramme setzten zudem positive Signale für den Arbeitsmarkt. Durch die Schaffung neuer Arbeitsplätze bzw. den Erhalt von Arbeitsplätzen würden die Versicherungssysteme, die sich überwiegend durch an die Löhne gekoppelte Sozialversicherungsbeiträge finanzieren, entlastet.
Die Zweifler am Sinn dieser Programme führen dagegen an, dass die Maßnahmen zumeist **zu spät** kämen bzw. zu spät wirkten („time lag"). Es liege in der Natur öffentlicher Investitionen, dass sie nicht von heute auf morgen getätigt werden könnten, sondern in einem vorgegebenen verwaltungsrechtlichen Rahmen sorgfältig geplant werden müssten. Das aber brauche Zeit. Vielfach würden die im Rahmen von Konjunkturprogrammen beschlossenen Investitionen erst nachfragewirksam, wenn sich die Konjunktur bereits wieder im Aufwärtstrend befinde. Dann aber verstärkten sie nur die Hochkonjunktur, wirkten also „**prozyklisch**" und könnten somit sogar Schaden anrichten. Wirkten sie allerdings tatsächlich antizyklisch, wie es bei der Abwrackprämie 2009 der Fall war, so seien die Maßnahmen auf ihre Nachhaltigkeit zu überprüfen. Oft sei die Wirkung nur kurzfristig und führe zu keiner dauerhaften Stabilisierung der Nachfrage.
Glaube man an die sogenannte unsichtbare Hand (Adam Smith), so behinderten Staatseingriffe die Selbstheilungskräfte des Markts. Wettbewerbsverzerrungen und die Verdrängung konjunkturbelebender Innovationen könnten die Folge sein. Hinzu käme, dass Konjunkturprogramme in aller Regel von sowieso schon hochverschuldeten Staaten durch eine nochmalige **Ausweitung des Haushaltsdefizits** finanziert würden. Das Versprechen, aufgenommene Kredite im Aufschwung sofort zurückzuzahlen, sei unglaubwürdig. Die Erfahrung zeige, dass auf diese Weise immer **neue Schuldenberge** aufgetürmt worden seien. Zudem sei die Wirksamkeit nationaler Konjunkturprogramme angesichts eines hohen Exportanteils am deutschen Wirtschaftsaufkommen und einer hohen Anzahl exportabhängiger Arbeitsplätze ohnehin infrage zu stellen. Für den Unternehmenserfolg deutscher Automobilhersteller sei die Konjunkturlage in ausländischen Volkswirtschaften entscheidender als die Nachfrage auf dem Heimatmarkt.

Mir erscheinen die Argumente beider Seiten plausibel und beachtenswert. Das Beispiel der verhängnisvollen **Deflationspolitik unter Reichskanzler Brüning** in den Jahren 1930 bis 1932, die durch prozyklische Maßnahmen die Krise wei-

ter verschärfte, ist eine Lehre, die insbesondere die deutsche Politik beherzigen sollte; andererseits zeigt die aktuelle **europäische Schuldenkrise** deutlich die **Gefahren der Staatsverschuldung**, die nicht zuletzt durch ein wiederholtes „deficit spending" zur Finanzierung von Konjunkturprogrammen entstanden ist.
Vor diesem Hintergrund erscheinen Konjunkturprogramme nur dann verantwortbar, wenn sie nicht über Kredite finanziert werden, zumindest aber nicht zu einer untragbaren Staatsverschuldung führen. Im Übrigen enthalten die Konjunkturprogramme – wie dargestellt – Maßnahmen sehr verschiedener Art, die entsprechend hinsichtlich ihrer Wirksamkeit differenziert beurteilt werden müssen.
So hat die Abwrack- oder Umweltprämie die Nachfrage nach Automobilen nur für kurze Zeit belebt und zum Wiedererstarken der deutschen Automobilindustrie weit weniger beigetragen als etwa der robuste chinesische Markt. Überdies ist die Inlandsnachfrage nach Auslaufen der Prämie drastisch eingebrochen.
Als außerordentlich **sinnvoll** hat sich dagegen die mehrmalige Verlängerung der **Kurzarbeitsregelung** erwiesen. Sie hat den Unternehmen den in der Krise notwendigen Abbau von Produktionskapazitäten ermöglicht, gleichzeitig aber den Anstieg der Arbeitslosigkeit und die Einkommensverluste der Arbeitnehmer in Grenzen gehalten. In der Expansionsphase ermöglichte sie das rasche Hochfahren der Produktion mit der alten, gut ausgebildeten Stammbelegschaft.

Haushaltsdefizit = negative Differenz zwischen Budget und (erwarteten) Einnahmen = Haushaltssaldo

Thema: *Europäische Union – Wohin geht der Weg?*

Aufgaben

1. Der Autor Dieter Ebeling betitelt seinen Artikel „Der EU geht es denkbar schlecht". Fassen Sie zusammen, wie der Autor diesen Befund begründet (Material). (20 BE)

2.1 Stellen Sie Idee und Zielrichtung der politischen und wirtschaftlichen Integration Europas dar. (20 BE)

2.2 Erläutern Sie das institutionelle Gefüge der Europäischen Union. Beziehen Sie dabei Fragen der demokratischen Legitimation mit ein. (30 BE)

3. Wohin soll der Weg der Europäischen Union führen?
Setzen Sie sich, ausgehend von der Analyse des Autors Ebeling, mit dieser Frage auseinander. (30 BE)

M: Dieter Ebeling: Der EU geht es denkbar schlecht

[...]

Der Euro bebt. Das unkontrollierte Reisen über Grenzen hinweg wankt. Die gemeinsame Außenpolitik bröselt. Der Europäischen Union geht es also schlecht. Mit dem Inkrafttreten des Lissabon-Vertrages vor eineinhalb Jahren sollte alles besser werden. Tatsächlich aber steckt die EU gleich in einer ganzen Reihe schwerer Krisen. Jede ist brandgefährlich, weil sie den Kern der Union von 27 Staaten und knapp 500 Millionen Bürgern betrifft.

„Wir brauchen jetzt sehr drastische und schnelle Lösungen, um diese Krisen zu bewältigen", sagt Sara Hagemann, Dozentin für EU-Politik an der London School of Economics. „Das ist eine Frage der politischen Führung, der Zusammenarbeit zwischen den Regierungschefs." Mit dem Lissabon-Vertrag habe die derzeitige Misere nichts zu tun. „Es gibt Mängel in den Entscheidungsprozessen", sagt die Expertin, doch sei eine neue Vertragsdebatte unsinnig: „Wir sollten uns um die wirtschaftlichen, sozialen und politischen Herausforderungen Europas kümmern."

EU-Gipfel und Finanzministertreffen sind seit mehr als einem Jahr ohne Diskussionen über Rettungspakete, Stabilisierungsmechanismen oder Schuldenkrisen unvorstellbar. Die Innenminister reden mittlerweile darüber, unter welchen Umständen der unkontrollierte Reiseverkehr zwischen den 25 „Schengen-Staaten" wieder gestoppt werden darf. Es geht um eine der großen Errungenschaften der EU. Die Außenminister agieren – ob im Nahostkonflikt, in Nordafrika oder in Libyen – vielstimmig. Jeder für sich und allein gegen alle.

„Wir haben in verschiedenen Ländern einen innenpolitischen Druck, der da aufgebaut wird", konstatierte der deutsche Innenminister Hans-Peter Friedrich in Brüssel. Zuvor hatte er sich von seinem dänischen Kollegen – der einer Mitte-Rechts-Minderheitsregierung angehört, die im Parlament auf die Rechtspopulisten angewiesen ist – erklären lassen, warum dieser gleich hinter Flensburg wieder Grenzhäuschen errichten will, wo Zöllner Reisende am Schlagbaum durchwinken – oder auch nicht.

Frankreich, wo sich der bedrängte Präsident Nicolas Sarkozy für den nächsten Wahlkampf warmläuft, hatte die Grenze zu Italien schon kurz vorher zeitweilig dichtgemacht. Denn Rom hatte den Flüchtlingen aus Nordafrika in Windeseile Papiere ausgestellt, die diesen zur Weiterreise nach Frankreich dienen konnten. Es sehe so aus, „dass beim einen oder anderen der innenpolitische Druck dazu führt, dass er sagt: Naja, hilft ja vielleicht für den Wahlkampf, machen wir es mal", sagt Friedrich. So entstehe eine „Spirale" nationaler Maßnahmen, die auch jene unter Druck setze, die solche Maßnahmen eigentlich gar nicht wollten.

Was im Kleinen bei den Innenministern abläuft, läuft im Großen auch bei den Staats- und Regierungschefs. Mit dem neuen Posten des ständigen Ratspräsidenten hat Herman Van Rompuy – sehr viel umtriebiger und machtbewusster als er aussieht – viele Kompetenzen und Entscheidungen an sich oder zumindest auf die Ebene der Regierungschefs gezogen. „Intergouvernemental" heißt das Verfahren in der EU-Sprache – die EU-Kommission, die hingegen für die „Gemeinschaftsmethode" steht, sei „zunehmend unter Druck geraten", diagnostiziert Nicolai von Ondarza von der Stiftung Wissenschaft und Politik (SWP) in Berlin. In der Wirtschaftskrise habe sie weniger wie ein Initiativgremium, sondern „eher wie ein Dienstleister" der Regierungen agiert.

Die Krise hat nach Ansicht Ondarzas gezeigt, dass die Regierungen „eine klare Präferenz für intergouvernementale Strukturen" haben: Sie entscheiden lieber selbst. Die „Großen" tun das zunehmend in ganz kleinem Kreis, sehr zum Ärger der „Kleinen": So wurde der dauerhafte Krisenmechanismus von Sarkozy und Kanzlerin Angela Merkel im Wesentlichen unter vier Augen am Strand von Deauville festgezurrt. Auch die wichtigsten Euro-Währungsentscheidungen liefen an der EU-Kommission vorbei.

Das Erstarken populistischer und nationalistischer Kräfte in mehreren EU-Staaten habe dort einen Trend zur „Renationalisierung" der Politik geschaffen, meint auch Yves Pascouau vom European Policy Center (EPC) in Brüssel. Das dritte Aushängeschild neben dem Euro und dem Schengen-Abkommen, die EU-Außenpolitik, leidet darunter nicht weniger. Vor allem London und Paris haben de facto die gemeinsame Sicherheitspolitik verlassen und reden in kritischen Fragen wie beispielsweise Libyen lieber miteinander als mit den EU-Partnern.

Dies sei nicht die Schuld der EU-Außenbeauftragten Catherine Ashton, fanden die meisten Abgeordneten bei einer Debatte im Europaparlament. Die Britin büße vielmehr für ihre mangelnden Befugnisse. Und dafür, dass die Regierungen auch die Außenpolitik lieber selbst machten. Europa werde hinterher nur noch informiert.

Wetterauer Zeitung vom 19. 5. 2011

Lösungsvorschläge

Unterrichtsinhalte:

- Q 1: Bundesrepublik Deutschland und europäische Integration: institutionelle Strukturen und Entscheidungsprozesse in der EU (Europäisierung von Entscheidungsprozessen)
- Q 2: Wirtschaftliche Integration Europas: wirtschaftliche Integration und nationalstaatliche Interessen
- Q 3: Die deutsche Außenpolitik: Aufgaben, Erwartungen und Probleme: die sicherheitspolitische Lage Deutschlands

1. *Legen Sie nach einer kurzen Einleitung, in der Sie die Textquelle und deren Kerninhalt kurz vorstellen, dar, welche Gründe der vorliegende Zeitungsartikel für den Befund eines kritischen Zustands der EU nennt. Bemühen Sie sich um eigenständige Formulierungen und verwenden Sie bei der Wiedergabe von Textaussagen den Konjunktiv. Wörtliche Zitate sollten Sie sparsam verwenden und durch Zeilenangaben belegen. (AFB I)*

   Dieter Ebeling untersucht in seinem Artikel „Der EU geht es denkbar schlecht", abgedruckt in der WETTERAUER ZEITUNG vom 19. 5. 2011, durch welche Entwicklungen die EU bis in ihren „Kern" (Z. 6) bedroht sei und benennt die Ursachen dieser Krisen.
   Die EU stecke gleich in mehreren bedrohlichen Krisen. Der Autor führt eingangs die Euro- oder Schuldenkrise an, die seit 2010 die EU-Gipfel beschäftigt (vgl. Z. 15 ff.). Im Falle Dänemarks oder Frankreichs bedrohten zudem innenpolitisch bedingte Initiativen den freien Reiseverkehr zwischen den Schengen-Staaten, z. B. um Flüchtlinge aus Nordafrika an ihrer Einreise zu hindern (vgl. Z. 28 ff.). Schließlich, so Ebeling, sei auch die Außenpolitik der EU von einer „Renationalisierung" (Z. 54) bedroht, wie der Nahostkonflikt oder die Abkehr Frankreichs und Englands von einer gemeinsamen europäischen Sicherheitspolitik im Libyenkonflikt zeigten (vgl. Z. 57 ff.).
   Ebeling nennt zwei Ursachen für diese Entwicklungen: Zum einen würden Entscheidungen verstärkt auf die intergouvernementale Ebene verlagert, fielen also in die Kompetenz der einzelnen Regierungen, während die EU-Kommission entmachtet werde und die „Gemeinschaftsmethode" (Z. 41) an Bedeutung verliere. Die Regierungen „entscheiden lieber selbst" (Z. 47). So handelte die EU-Kommission in der Wirtschaftskrise „eher wie ein Dienstleister" (Z. 44) als „ein Initiativgremium" (Z. 44). Dies zeigten die währungspolitischen Entscheidungen und die dabei auffällige Dominanz der großen EU-Staaten (vgl. Z. 49 ff.) besonders deutlich. Zum anderen seien populistische und nationalistische Kräfte in einigen Ländern erstarkt (vgl. Z. 53). Auf sie werde in nationalen Wahlkämpfen Rücksicht genommen und dadurch werde ein „Trend zur ‚Renationalisierung' der Politik" (Z. 54) gefördert.

2.1 *Die Idee und Zielrichtung der politischen und wirtschaftlichen Integration der EU darzustellen erfordert, deren Geschichte, deren Entwicklung und deren gegenwärtige Rolle strukturiert zu beschreiben und zu erklären. (AFB II)*

Die ursprüngliche Idee eines vereinigten Europas geht weit in die europäische Geschichte zurück. Tatsächlich entstanden ist die EU jedoch erst ab Mitte des 20. Jahrhunderts. Ein Bündnis von sechs westeuropäischen Staaten verfolgte in den 1950er-Jahren zuallererst das Ziel, den **Frieden** unter den Mitgliedstaaten zu sichern – als Konsequenz aus dem Zweiten Weltkrieg, in dem Deutschland und Frankreich erbitterte Kriegsgegner waren. Alle Einigungsschritte seit der Europäischen Gemeinschaft für Kohle und Stahl (EGKS) 1952 bis zur Bildung der EU durch den Vertrag von Maastricht 1992 waren an gemeinsamen Werten orientiert und auf ganz Europa angelegt. Die Integration erfasste im Laufe der Jahre und vor allem seit Ende des Ost-West-Konflikts zahlreiche neue Mitglieder.
Die europäische Integration konnte sich auf eine gemeinsame **Geschichte und Kultur** der beteiligten Völker stützen, mit gemeinsamen Wertvorstellungen und Zukunftshoffnungen. Große Werke der Literatur, der Musik und der Kunst haben zur Annäherung der Völker beigetragen, und die Vielfalt wird bis heute als Bereicherung empfunden. Die „Idee Europa" entstand vielleicht schon mit Karl dem Großen und steht heute für Frieden, Freiheit, Menschenrechte, für Demokratie und Rechtsstaatlichkeit. Diese Grundsätze der EU wurden im Vertrag von Lissabon (Art. 1 a) festgelegt.
Die Gemeinschaft und die Mitgliedstaaten sind inzwischen durch eine europäische **Rechtsordnung** miteinander verschränkt, die durch zahlreiche Verträge zustande kam: Von den Römischen Verträgen 1957 bis zum Vertrag von Lissabon im Jahr 2007 wurde die europäische Zusammenarbeit intensiviert, zunehmend verrechtlicht und auf weitere Politikbereiche ausgedehnt. Eine gemeinsame Rechtsordnung erleichtert nicht nur die wirtschaftliche Kooperation, sondern sichert auch den Freiheitsraum der Bürger, z. B. durch die europäische Grundrechtecharta. Jeder Vertrag und jede Abtretung von Hoheitsrechten an supranationale Einrichtungen muss von den Parlamenten der nach wie vor souveränen Mitgliedstaaten gebilligt werden.
Durch die wirtschaftliche Zusammenarbeit in Europa sollte der **Wohlstand** gesichert und gesteigert werden. Über nationalstaatliche Grenzen hinweg wurde nach und nach ein gemeinsamer Binnenmarkt geschaffen, der Mobilitätsgrenzen für Kapital, Dienstleistungen, Güter und Arbeit abbaute und ein größeres Wachstum als auf nationalen Märkten ermöglichte. Da der überwiegende Teil deutscher Exporte heute ins europäische Ausland geht, bestehen zusätzliche Arbeitsplätze. Europa konnte durch die zunehmende Integration im Zeitalter der Globalisierung an Wirtschaftskraft gewinnen und seinen Einfluss auf die Weltwirtschaft sichern.
Auch in der **internationalen Politik** sind Rolle und Gewicht des integrierten Europas aufgrund seines gewaltigen wirtschaftlichen Gewichts und seiner koordinierten Außen- und Sicherheitspolitik bedeutender als der Einfluss einzelner europäischer Staaten. Die europäische Integration hilft in zahlreichen Politikfeldern bei der Lösung von **Zukunftsproblemen**, die im nationalen Rahmen nicht

mehr zu bewältigen sind und ein gemeinsames Vorgehen erfordern. Dazu gehören der Klimawandel, die Sicherung der Energie- und Rohstoffversorgung oder die Migration. Als internationaler Akteur bringt die EU ihr Gewicht für die Weiterentwicklung des Weltwirtschaftssystems und für europäische Werte wie die Erhaltung bzw. Schaffung des Friedens und die Sicherung der Menschenrechte ein. In diesem Zusammenhang sind auch gemeinsame Maßnahmen gegen Bedrohungen wie Terrorismus und organisierte Kriminalität zu sehen.

2.2 *Hier sollen Sie die Zusammensetzung und die Kompetenzen der zentralen Organe der EU beschreiben und ihr Zusammenwirken im europäischen Institutionengefüge darstellen. Gewichten Sie dabei auch die Macht der einzelnen Organe und gehen Sie in diesem Zusammenhang auf das Problem der demokratischen Legitimation ein. (AFB II)*

Drei Organe bestimmen die politische Richtung der EU und treffen wirksame Entscheidungen: der Rat der Europäischen Union, die Europäische Kommission und das Europäische Parlament. Jedem der Organe im sogenannten institutionellen Dreieck sind bestimmte Aufgabenbereiche zugewiesen. Die Aufgabenverteilung weicht von der klassischen, aus dem nationalen Rahmen bekannten Dreiteilung in Exekutive, Legislative und Judikative ab. Eine vierte Institution, der **Europäische Rat** der Staats- und Regierungschefs aller Mitgliedstaaten, der im Text als „EU-Gipfel" (Z. 15) bezeichnet wird, legt die politischen Zielrichtungen und Prioritäten fest, hat jedoch keine legislative Funktion.
Der Rat der Europäischen Union – auch als **Ministerrat** bekannt – ist neben dem Europäischen Parlament das zentrale Entscheidungsgremium in der EU. Er besteht aus den Regierungen der 27 Mitgliedstaaten und fungiert als deren Sprachrohr. Er teilt sich mit dem Europäischen Parlament die gesetzgebende und mit der Europäischen Kommission die vollziehende Gewalt. Der Rat tagt mehrere Male im Monat auf Ministerebene. Mitglieder des Rats sind jeweils die Minister der inhaltlich betroffenen politischen Ressorts: Außenbeziehungen, Wirtschaft und Finanzen, Verkehr, Energie, Landwirtschaft usw. Die meisten Entscheidungen werden durch Mehrheitsentscheid getroffen. Heikle Themen in Bereichen wie Steuerpolitik, Asyl- und Einwanderungspolitik oder Außen- und Sicherheitspolitik erfordern hingegen Einstimmigkeit.
Die **Europäische Kommission** ist ein regierungsunabhängiges Organ, das die Interessen der gesamten Union vertritt. Sie hat zwei wichtige Funktionen: Als „Initiativgremium" (Z. 44) ist sie als einziges Organ befugt, politische Maßnahmen sowie Rechtsetzungsakte vorzuschlagen. Des Weiteren hat sie als Exekutivorgan dafür zu sorgen, dass die EU-Verträge und europäischen Rechtsakte eingehalten werden. Aus diesem Grund wird die Kommission auch als „Hüterin der Verträge" bezeichnet. Alle fünf Jahre wird eine neue Kommission eingesetzt. Jeder Mitgliedstaat entsendet einen Kommissar. Die Kommission wird in ihrer Zusammensetzung vor Amtsantritt vom Europäischen Parlament bestätigt.

Das **Europäische Parlament** wird – der Amtszeit der Europäischen Kommission entsprechend – alle 5 Jahre von den EU-Bürgern gewählt. Seine wichtigste Funktion besteht darin, die von der Kommission vorgelegten Gesetzesentwürfe zusammen mit dem Ministerrat zu verabschieden. Das Recht der Mitbestimmung gilt inzwischen bei 75 % der Entscheidungen. In manchen Bereichen, wie z. B. der Außen-und Sicherheitspolitik, verfügt das Parlament aber nach wie vor nur über ein Recht auf Anhörung. Zum Kompetenzbereich des Europäischen Parlaments gehören weiter die Genehmigung des europäischen Haushalts gemeinsam mit dem Ministerrat und die Kontrolle der EU-Kommission. Durch ein Misstrauensvotum kann das Parlament die Kommission absetzen.
Der **Europäische Gerichtshof** (EuGH) besteht aus je einem Richter pro Mitgliedstaat. Der EuGH soll sicherstellen, dass die Rechtsvorschriften der EU einheitlich ausgelegt und angewandt werden. Er ist befugt, in Rechtsstreitigkeiten, sofern sie europäische Angelegenheiten betreffen, zwischen Mitgliedstaaten, Organen der EU, Unternehmen und Privatpersonen zu entscheiden. Die Entscheidungen sind bindend.

Das Europäische Parlament ist das einzige Organ, das durch die EU-Bürger direkt legitimiert ist. Auch wenn dessen Rechte durch den Lissabonner Grundlagenvertrag gestärkt wurden, wird – vor allem mit dem Hinweis auf die Brüsseler „Eurokratie" – der EU noch immer ein **Demokratiedefizit** vorgeworfen. Auch das Bundesverfassungsgericht bewertete den Vertrag von Lissabon aufgrund einer Machtverschiebung hin zu demokratisch nicht unmittelbar legitimierten Entscheidungsträgern zurückhaltend. Es forderte, die Rechte des Bundestags und des Bundesrats in bestimmten Politikbereichen zu stärken.
Dem Europäischen Parlament fehlen klassische parlamentarische Kompetenzen. Es verfügt weder über das Recht zur Gesetzesinitiative, noch kann es die Zusammensetzung der Kommission und des Rats beeinflussen (Wahlfunktion). Auch die Kontrollfunktion gegenüber dem Rat ist auf mündliche und schriftliche Anfragen begrenzt, ebenso die Budgetfunktion. Das Parlament kann nur über die Ausgaben, nicht aber über die Einnahmen der EU entscheiden.
Ebeling deutet in seinem Artikel eine **starke Stellung der Regierungen** in der europäischen Finanz- und Währungskrise an. Wichtige Entscheidungen wurden zum Teil in einem Gremium vorbereitet, dem zeitweise nur noch die Bundeskanzlerin und der französische Staatspräsident angehörten (vgl. Z. 49 ff.).
Der im März 2012 auf der Grundlage solcher Beratungen im kleinen Kreis von den meisten EU-Mitgliedstaaten beschlossene **Fiskalpakt** verleiht Organen wie der EU-Kommission, dem EuGH und der Europäischen Zentralbank, die keiner direkten demokratischen Kontrolle unterliegen, mehr Macht. Das Abkommen soll mit der Verpflichtung zu ausgeglichenen Haushalten verhindern, dass Länder wie Griechenland gigantische Schuldenberge anhäufen. Durch die Beschränkung auf nur wenige Entscheidungsträger ist das Prinzip der Gleichheit der Mitgliedstaaten bedroht.

3. *Die Aufgabe setzt an der Analyse des Artikels von Ebeling an. Sie sollen dabei eine begründete Antwort auf die Frage nach der Zielrichtung der weiteren Entwicklung der EU geben. Welche Position – von einer Renationalisierung bis hin zu einer verstärkten Integration – Sie beziehen, bleibt Ihnen überlassen. Ausschlaggebend für die Bewertung ist eine nachvollziehbare und stichhaltige Argumentation. Stellen Sie dabei immer wieder einen Textbezug her. (AFB III)*

In der aktuellen Krise wird heftig darüber debattiert, worin die Perspektive der EU liegt. Das Spektrum der Szenarien und Vorschläge reicht von einer Vertiefung der Zusammenarbeit der Mitgliedstaaten durch eine Erweiterung der Kompetenzen auf EU-Ebene bis hin zu einer Rückkehr zu einem Europa der Nationalstaaten.
Ebeling zeigt an mehreren Beispielen die deutliche Gefahr eines Rückfalls der EU in nationalstaatliches Denken als Folge wirtschaftlicher oder politischer Herausforderungen (vgl. Z. 17 ff., Z. 57 ff.). Eine solche Renationalisierung, die durch populistische Trends angetrieben wird, dürfte die aktuellen Probleme allerdings eher verstärken als zu ihrer Lösung beitragen. In einer globalisierten Welt sind gemeinsame europäische Regelungen und ein geschlossenes Vorgehen bei überstaatlichen Problemen (vgl. Aufgabe 2.1) unabdingbar.
Das Grundgesetz legitimiert die Übertragung von Hoheitsrechten. Die Präambel und Art. 23 Abs. 1 GG enthalten den Verfassungsauftrag, zu der Entwicklung der EU zu einem vereinten Europa beizutragen. Angesichts der bisherigen Errungenschaften der EU – die vier Grundfreiheiten und die damit verbundenen wirtschaftlichen Vorteile für die Mitgliedstaaten und für die EU-Bürger – hat sich das bisherige Streben bewährt.
Das gegenwärtig drängendste Problem auf dem Weg zu einem vereinten Europa nennt Ebeling gleich zu Beginn des Textausschnitts: „Der Euro bebt" (Z. 2). Die **Krise** lässt deutlich werden, dass nationaler Eigennutz und europäische Integration durchaus miteinander verflochten sind, allerdings auf andere Weise, als es die Vertreter einer populistischen Europamüdigkeit sehen: Wenn der Euro kollabiert, geht es mit der deutschen Wirtschaft bergab. Auch deshalb wäre es gefährlich, den wirtschaftlich schwachen und hoch verschuldeten EU-Mitgliedstaaten die Unterstützung zu verweigern. Ich plädiere daher dafür, dass die Zusammenarbeit der Regierungen der Mitgliedstaaten weiter forciert wird. Langfristig aber sollte die verstärkte intergouvernementale Kooperation durch eine Erweiterung der Kompetenzen der EU-Organe abgelöst werden.
Der Währungsunion, in deren Rahmen ab 1990 der Euro eingeführt wurde, fehlte von Anfang an die notwendige Ergänzung durch eine **gemeinsame Wirtschafts- und Fiskalpolitik**. Diese gilt bis heute als ein zentrales Element nationaler Souveränität, weshalb Entscheidungen über Steuern und Ausgaben bislang allein auf nationaler Ebene getroffen werden. Die EU gleicht auch nach dem Vertrag von Lissabon einem Staatenbund. Die Legitimation europäischer Entscheidungen hängt weiterhin von den nationalen Parlamenten ab.
Die Rechte des Bundestags in wichtigen finanz- und wirtschaftspolitischen Fragen dürfen schon aus legitimatorischen Gründen nicht beschnitten werden. Das

Grundgesetz schreibt vor, dass der Bundeshaushalt vom Bundestag beschlossen wird (Art. 110 GG). Das Budgetrecht stellt ein zentrales Element demokratischer Willensbildung des Volks und der Regierungskontrolle dar. Das Bundesverfassungsgericht hat 2011 die **Budgethoheit** zum „Identitätskern" der Verfassung gerechnet. Ebeling zitiert daher zu Recht eine EU-Expertin, die die dringende Bewältigung der aktuellen Krisen nicht von Vertragsänderungen, sondern von der entschlossenen Zusammenarbeit der Regierungschefs erwartet (vgl. Z. 10 f.).
Mit Blick auf die weitere Zukunft der EU trete ich jedoch für einen **demokratisch legitimierten europäischen Bundesstaat** ein. Damit Kompetenzen im wirtschafts- und finanzpolitischen Bereich überhaupt an EU-Organe abgegeben werden können, muss jedoch das Grundgesetz geändert werden. Die Perspektive einer Stärkung der „Gemeinschaftsmethode" (Z. 41) stößt in Deutschland auf Widerstände, weil sich gegenüber Brüssel ein Gefühl der Entfremdung ausgebreitet hat. Das europäische **„Wir-Gefühl"** ist erst schwach entwickelt. Ich sehe diese Einstellung aber nicht als unveränderbar an, denn im Unterschied zu anderen europäischen Ländern ist in der Bundesrepublik ein „Erstarken populistischer und nationalistischer Kräfte" (Z. 53) nicht zu beobachten.
Das dennoch spürbare Misstrauen gegenüber einer tiefer gehenden Europäisierung lässt sich in der Zukunft am ehesten durch die **Vertiefung der repräsentativen wie der direkten Demokratie** innerhalb der Union abbauen. Denn nur eine gemeinsame Suche nach Lösungen, die die Bürger stärker als bisher einbezieht, kann aus der Krise führen. Die Partizipation lässt sich verbessern, indem z. B. die Abgeordneten des Europäischen Parlaments künftig auf Basis **europäischer Listen** gewählt werden. Durch Direktwahlen der Abgeordneten in Wahlkreisen entstünde ein „echtes" EU-Wahlvolk. Auf der Grundlage gesamteuropäischer Programme müssten Politiker im Europa-Wahlkampf über Grenzen hinweg um die Mehrheit kämpfen. Es ginge um europäische Themen und Ideen und nicht um die Abrechnung des Wählers mit seiner nationalen Regierung.
Ergänzend können **europaweite Volksbegehren** die Partizipationsmöglichkeiten der Bürger erweitern. Mit der im Grundlagenvertrag eingeführten „Europäischen Bürgerinitiative" können die Bürger unterschiedlicher EU-Staaten in einer Gemeinschaftsaktion die Europäische Kommission auffordern, sich mit einem Thema zu befassen oder eine Gesetzesinitiative zu ergreifen.
Ebenso wie der Fiskalpakt zur Sicherung des Euro ist die Zukunft der EU kein Thema für technokratische Eliten oder Hinterzimmer, sondern geht alle an. Europa wird nicht am Spiel der Finanzmärkte oder am Euro scheitern, sondern an der mangelhaften Legitimation durch die Bürger. Deshalb plädiere ich für eine offene Debatte über die notwendigen politischen Reformen und Alternativen, um die Zukunft der EU zu sichern.

Hessen – Politik und Wirtschaft – Grundkurs 2012
Vorschlag C

Thema: *Deutsche Außenpolitik*

Aufgaben

1. Fassen Sie die vom derzeitigen Außenminister Guido Westerwelle vorgetragenen zentralen Zielrichtungen der deutschen Außenpolitik zusammen (Material). (20 BE)
2. Erläutern Sie wesentliche Aspekte des von Westerwelle angesprochenen europäischen Kooperations- und Integrationsmodells. (25 BE)
3. Analysieren Sie ausgehend von Westerwelles Ausführungen das für die deutsche Außenpolitik konstitutive Spannungsverhältnis zwischen der Sicherung des internationalen Handels und der Wahrung der Menschenrechte. (25 BE)
4. Diskutieren Sie, ob die Bundesrepublik Deutschland einen ständigen Sitz für die Europäische Union im Sicherheitsrat anstreben sollte. (30 BE)

M: Grundsatzrede von Bundesaußenminister Westerwelle bei der Deutschen Gesellschaft für Auswärtige Politik, 21. 10. 2010

Lieber Herr von Maltzahn[1],
Exzellenzen,
Kollegen aus dem Bundestag,
meine Damen und Herren,

vor wenigen Tagen ist Deutschland in den Sicherheitsrat der Vereinten Nationen gewählt worden. Dies geschah ein paar Tage, nachdem wir den 20. Geburtstag der Deutschen Einheit feiern durften. Beide Ereignisse haben etwas mit Vertrauen zu tun, das Deutschland entgegen gebracht wird.

Die Wahl in den Sicherheitsrat vor wenigen Tagen wie die Einheit vor 20 Jahren war für Deutschland Vertrauensbeweis und Vertrauensvorschuss zugleich.

Die Väter und Mütter des Grundgesetzes haben in der Präambel für die deutsche Außenpolitik einen klaren Kurs gesetzt, „in einem vereinten Europa dem Frieden der Welt zu dienen". Mit diesem Kompass haben wir uns das Vertrauen erarbeitet, das die Einheit erst möglich machte. Dieser Kompass bestimmt auch heute den Kurs unseres Landes.

Deutsche Außenpolitik steht in der Kontinuität der vergangenen Jahrzehnte. Sie ist verlässlich und berechenbar, sie ist orientiert an unseren Werten und Interessen, und sie ist ein Motor für politische Öffnung und wirtschaftliche Entwicklung. Deutsche Außenpolitik setzt auf Gleichberechtigung und auf fairen Interessenausgleich.

Deutsche Außenpolitik ist aber nicht statisch. Sie ist immer auch ein Spiegelbild der Welt um uns herum. Die Gewichte auf dem Globus verschieben sich rasant. […]

Daraus ergeben sich drei zentrale Orientierungen. Deutsche Außenpolitik zielt erstens darauf, das Kooperations- und Integrationsmodell Europa zu stärken.

Deutsche Außenpolitik ist zweitens im umfassenden Sinne Frieden, Sicherheit und Stabilität verpflichtet und setzt sich für Abrüstung und nukleare Nichtverbreitung ein.

Deutsche Außenpolitik setzt drittens darauf, die Chancen der Globalisierung zu Gunsten aller zu nutzen. Auf jedem dieser drei Felder haben wir in den zurückliegenden zwölf Monaten Pflöcke eingeschlagen, die unseren weiteren Weg markieren.

Die Europäische Union ist das Fundament deutscher Außenpolitik. Sie ist unser Garant für Frieden, Freiheit, Sicherheit und Gerechtigkeit. Die EU ist unsere Wohlstandsversicherung. Deutschland wird in der Welt von morgen nur dann Beachtung finden, wenn wir gemeinsam mit unseren europäischen Partnern in der Union agieren. Deutschland bleibt Motor der Integration. […]

Vor einer Renationalisierung gegen Europa kann ich nur warnen. Für Deutschland kommt ein solcher Kurs nicht in Betracht. Wer als Antwort auf die Euro-Krise den europäischen Gedanken in Frage stellt, hat aus der Geschichte nichts gelernt. Deutschland steht unzweideutig zu Europa, zur Europäischen Union und zu einem harten Euro. Renationalisierung ist ein Irrweg. […]

Wir wollen die Globalisierung mit gestalten, weil sie unseren Wohlstand, unsere Gesellschaft, unsere Freiheit mit prägen wird. Deshalb wollen wir die enormen Chancen nutzen, die die Globalisierung birgt, und ihr gleichzeitig ein Gerüst von Regeln geben. […]

Die Förderung deutscher wirtschaftlicher Interessen auf den Weltmärkten ist ein Ziel deutscher Außenpolitik. Dieses Ziel hat keineswegs nur etwas mit Geld zu tun. Handel trägt zur Globalisierung unserer Werte bei. Wohlstand und Verflechtung schaffen Mittelschichten. Mittelschichten wollen, was unseren Werten entspricht, bürgerliche Grundrechte, eine unabhängige Justiz, transparente und effiziente Verwaltungen, weniger Korruption, politische Verantwortlichkeit. Eine Welt, in der hunderte Millionen in Mittelschichten aufsteigen, ist eine bessere Welt. Menschen, die ihr Schicksal in die eigene Hand nehmen können, fordern und erkämpfen eine bessere Gesellschaft.

Diese Menschen sind unsere Verbündeten. Diese Bürgerinnen und Bürger schätzen es, wenn wir die Menschenrechte deutlich gegenüber ihren Regierungen ansprechen. Manchmal wird behauptet, man müsse sich entscheiden zwischen dem Einsatz für die Menschenrechte und guten Beziehungen zu Regierungen. Dies ist nicht meine Erfahrung. Für falsch verstandene Rücksichtnahme erntet man keinen Respekt, mit Leisetreterei ändert man nichts. […]

Wir werden mit ganzem Engagement an die nun vor uns liegende zweijährige Arbeit gehen. Wir werden daran mitarbeiten, dass der Sicherheitsrat selbst die Realität unserer Zeit abbildet. Deshalb wollen wir, dass auch Lateinamerika und Afrika ständig im Sicherheitsrat vertreten sind und auch Asien nicht länger unterrepräsentiert bleibt. Deutschland ist bereit, auch selbst dauerhaft Verantwortung im Sicherheitsrat zu übernehmen. Unser langfristiges Ziel bleibt ein ständiger Sitz für die Europäische Union.

Wir werden in den Sicherheitsrat unsere Erfahrungen, unsere Möglichkeiten und unsere Vorschläge einbringen. Zu belehren haben wir niemanden, aber zu verstecken brauchen wir uns auch nicht.

Ich danke für Ihre Aufmerksamkeit.

Grundsatzrede vom 21. 10. 2010, http://www.auswaertiges-amt.de/DE/Infoservice/Presse/Reden/2010/101021-BM-dgap-grundsatzrede.html, abgerufen am 15. 04. 2011

Die Rechtschreibung entspricht der Textvorlage.

Anmerkung:

1 Paul Freiherr von Maltzahn, geschäftsführender stellvertretender Präsident der Deutschen Gesellschaft für Auswärtige Politik (DGAP)

Lösungsvorschläge

Unterrichtsinhalte:

- Q 1: Verfassungsnorm und Verfassungsrealität: Grundprinzipien der Verfassungsordnung der Bundesrepublik Deutschland; Art. 1 und Art. 20 GG; Bundesrepublik Deutschland und europäische Integration: institutionelle Strukturen und Entscheidungsprozesse in der EU (Europäisierung von Entscheidungsprozessen)
- Q 3: Aktuelle internationale Konfliktregionen und die Möglichkeiten kollektiver Friedenssicherung: Interessen, Entstehungsgründe und Konfliktpunkte (Sicherung von Menschenrechten, Terrorismus, Friedenssicherung durch Vereinbarungen und Verträge, Einflusssphären); Die deutsche Außenpolitik: Aufgaben, Erwartungen, Probleme: die sicherheitspolitische Lage Deutschlands

1. *Hier geht es darum, die zentralen Aussagen von Außenminister Westerwelle zusammenzufassen. Beginnen Sie mit einer kurzen Einordnung der Rede (Zeitpunkt, Anlass, Autor). Bei der Wiedergabe der Aussagen sollen Sie sich einerseits um Distanz zum Autor bemühen, indem Sie indirekte Rede verwenden und zentrale Begriffe mit Zeilenangaben zitieren. Andererseits sollen Sie den Text strukturieren. Beachten Sie dabei, dass Westerwelle zunächst drei Prinzipien aufzählt und dann jedes einzeln erklärt. Sinnvoll ist eine Gliederung, in der Sie die drei Prinzipien (Europa, Friede, Chancen der Globalisierung nutzen) als Überschriften eintragen und darunter Westerwelles zentrale Aussagen dazu notieren. (AFB I)*

   In seiner Grundsatzrede am 21. 10. 2010 vor der Gesellschaft für Auswärtige Politik anlässlich der Wahl Deutschlands zum Mitglied des UN-Sicherheitsrats skizziert Bundesaußenminister Guido Westerwelle drei **Grundprinzipien deutscher Außenpolitik**. Westerwelle vergleicht den Vertrauensbeweis durch die Wahl in den **Sicherheitsrat** mit dem Vertrauensvorschuss, den Deutschland 1990 erhalten hat, als es sich mit internationaler Zustimmung wiedervereinigen konnte. Beides führt er auf die „drei zentrale[n] Orientierungen" (Z. 22) der deutschen Außenpolitik zurück, die so auch in der Präambel des **Grundgesetzes** zu finden seien („in einem vereinten Europa dem Frieden der Welt zu dienen"). Westerwelle betont ausdrücklich die **Kontinuität deutscher Außenpolitik** seit der Gründung der

Bundesrepublik Deutschland. Weder die Wiedervereinigung noch die sich rasch verschiebenden „Gewichte auf dem Globus“ (Z. 21) hätten daran etwas geändert. Der erste Grundpfeiler sei die **europäische Integration**. Westerwelle bezeichnet die EU sogar als „das Fundament deutscher Außenpolitik“ (Z. 29). Der Außenminister bekennt sich zur europäischen Idee und warnt vor dem „Irrweg“ (Z. 38) einer Renationalisierung, vielmehr sei die EU eine „Wohlstandsversicherung“ (Z. 30 f.) für Deutschland und Garant dafür, dass Deutschland „in der Welt von morgen“ (Z. 31) überhaupt Beachtung finde. Daher dürfe auch die Euro-Krise nicht den europäischen Gedanken infrage stellen.

Der zweite Grundpfeiler, das Ziel von „im umfassenden Sinne **Frieden**, **Sicherheit** und **Stabilität**“ (Z. 24 f.), wird im vorliegenden Ausschnitt aus der Rede Westerwelles nur kurz angesprochen. Der Außenminister hebt in diesem Zusammenhang **Abrüstung** und – vermutlich mit Blick auf das Atomprogramm des Iran – „nukleare Nichtverbreitung“ (Z. 25) hervor.

Im Sinne eines „umfassenden Friedensbegriffs“ geht Westerwelle mit dem dritten Grundsatz deutscher Außenpolitik auf das Ziel ein, „die Chancen der **Globalisierung** zu Gunsten aller zu nutzen“ (Z. 26 f.). Nutzen will Westerwelle diese Chancen auch im deutschen Interesse, wenn er betont, dass die Globalisierung „unseren Wohlstand, unsere Gesellschaft, unsere Freiheit mit prägen“ (Z. 39 f.) würde und daher die „Förderung deutscher wirtschaftlicher Interessen“ (Z. 43) auch ein Ziel deutscher Außenpolitik sei. Gleichzeitig benötige die Globalisierung ein „Gerüst von Regeln“ (Z. 41), auf das Westerwelle im vorliegenden Auszug nicht weiter eingeht. Er betont, dass Globalisierung auch eine „Globalisierung unserer Werte“ (Z. 45) bedeute. Durch Globalisierung könne Wohlstand entstehen, der wiederum zur Entwicklung einer Mittelschicht beitrage, die „**bürgerliche Grundrechte**, eine unabhängige Justiz, transparente und effiziente Verwaltungen, weniger **Korruption**, politische Verantwortlichkeit“ (Z. 47 f.) fordere. Die Angehörigen der entstandenen Mittelschicht bezeichnet Westerwelle als „unsere Verbündeten“ (Z. 52) und hebt hervor, dass man die Menschenrechte „deutlich gegenüber ihren Regierungen ansprechen“ (Z. 53 f.) müsse. Es gebe keinen Widerspruch zwischen guten Beziehungen zu – eher autokratischen – Regierungen und einem Einsatz für **Menschenrechte**, vielmehr könne man sich mit einem engagierten Einsatz für Menschenrechte Respekt verschaffen.

Nach Darlegung der Grundsätze der deutschen Außenpolitik blickt Westerwelle in die Zukunft der zweijährigen Arbeit als nicht ständiges Mitglied im UN-Sicherheitsrat. Deutschland werde sich für eine Reform dieses Gremiums mit dem Ziel, dass es „die Realität unserer Zeit abbildet“ (Z. 59 f.), einsetzen. Afrika, Asien und Lateinamerika sollten nach Westerwelles Meinung in Zukunft im Sicherheitsrat mit einem ständigen Sitz vertreten, bzw. stärker repräsentiert sein. Deutschland sei auch bereit, dauerhaft Verantwortung zu übernehmen (vgl. Z. 62 f.), womit Westerwelle einen ständigen deutschen Sitz im Sicherheitsrat meint. Langfristig strebe Deutschland einen ständigen Sitz für die EU an.

Westerwelle schließt seine Rede betont selbstbewusst. Deutschland werde seine Erfahrungen, Möglichkeiten und Vorschläge einbringen, ohne andere zu belehren, Deutschland brauche sich nicht zu verstecken (vgl. Z. 65 ff.).

2. *Der Ausdruck „europäisches Kooperations- und Integrationsmodell“, der in der Aufgabenstellung verwendet wird, kann beim ersten Lesen möglicherweise abschrecken – lassen Sie sich nicht aus der Ruhe bringen und machen Sie ggf. während der Einlese- und Auswahlzeit von Ihrem Recht auf Erläuterung der Prüfungsaufgaben (OAVO §32 Abs. 5) Gebrauch.*
Sie haben im Unterricht die EU mit Sicherheit ausführlich behandelt. Hier ist jetzt abstrakt gefragt, nach welchen Prinzipien die EU funktioniert: durch Kooperation der 27 Mitgliedstaaten und durch Integration der einzelnen Politiken zu einer gemeinsamen europäischen Politik (daher Kooperations- und Integrationsmodell). Sie haben also eine Vielzahl von Möglichkeiten, diese Frage zu beantworten: Sie können die europäischen Institutionen ebenso wie die wirtschaftliche Einigung Europas als Beispiel für die Kooperation anführen. Auch ein historischer Zugang, der die zunehmende Integration aufzeigt, wäre möglich. Beachten Sie, dass Sie durch den Operator „erläutern“ dazu aufgefordert sind, Ihre Aussagen anhand von Beispielen zu verdeutlichen. (AFB II)

Das europäische **Integrations- und Kooperationsmodell** ist durch drei Aspekte gekennzeichnet:
Die Europäische Kooperation begann als **Wirtschaftsgemeinschaft**. Nach dem Zweiten Weltkrieg wollten die europäischen Staaten ihre Wirtschaften vernetzen, um so den Wiederaufbau schneller in Gang zu bringen, aber auch um künftige Kriege durch **wirtschaftliche Interdependenzen** zu verhindern (vgl. Z. 35 f.). So sind sowohl die **Europäische Gemeinschaft für Kohle und Stahl** (**EGKS**, 1952 gegründet) als auch die **Euratom** und die **Europäische Wirtschaftsgemeinschaft** (**EWG**; beide 1957 gegründet) Wurzeln des europäischen Kooperationsmodells. Diese ökonomische Komponente wurde in den letzten 60 Jahren kontinuierlich ausgebaut, sodass die **EU** heute für ihre Mitglieder durch einen **gemeinsamen Binnenmarkt** mit den „**Vier Freiheiten**“ (Freiheit des Kapitals, der Arbeit, der Personen und der Waren) zu der „Wohlstandsversicherung“ geworden ist, die Westerwelle in Z. 30 f. anspricht. Dabei betont er die europäische Solidarität, die sich nicht nur in der aktuellen Euro-Krise zeigt, sondern auch in der europäischen Strukturpolitik, welche gezielt strukturschwache Regionen in ganz Europa fördert (z. B. die neuen Bundesländer, viele osteuropäische Staaten).
Das Europäische Kooperationsmodell war neben der wirtschaftlichen Zusammenarbeit der Mitgliedstaaten schon früh auch auf eine **politische Kooperation** ausgerichtet. Bereits in den genannten Gemeinschaften EGKS, Euratom und EWG wurden gemeinsame Institutionen gegründet, auf die im Laufe der Jahre zunehmend Souveränitätsrechte der Staaten übertragen wurden. 2007 wurde mit dem **Vertrag von Lissabon** sogar ein „**Europäischer Verfassungsvertrag**“ von den mittlerweile 27 Mitgliedstaaten unterzeichnet. Das **Europäische Parlament**, das 1979 erstmals direkt von den Bürgern gewählt wurde, bekam durch den Vertrag von Lissabon das Recht zugesprochen, den **Präsidenten der Europäischen Kommission**, quasi der „Regierungschef Europas“, auf Vorschlag des **Europäischen Rats** zu wählen und der gesamten **Europäischen Kommission** das Misstrauen auszusprechen, in dessen Folge diese geschlossen zurücktreten muss. Auf

europäischer Ebene sind heute zahlreiche Politikbereiche angesiedelt („vergemeinschaftet"), etwa die Umwelt- oder Agrarpolitik. Dabei hat sich die EU von einem Kooperationsmodell, das ausschließlich auf dem Konsens der Mitgliedstaaten aufbaute, zu einem Modell gewandelt, das auch **Mehrheitsentscheide** zulässt. Bis zum heutigen Tag werden allerdings Entscheidungen im Rahmen der **Gemeinsamen Außen- und Sicherheitspolitik** (**GASP**) nur einstimmig getroffen, was bei einem gemeinsamen Sitz im UN-Sicherheitsrat, den Westerwelle anstrebt (vgl. Z. 63 f.), zu bedenken wäre (vgl. Aufgabe 4).
Europa hat sich darüber hinaus, bedingt durch die wirtschaftliche und politische Kooperation der letzten Jahre, auch zu einer **Wertegemeinschaft** entwickelt. Westerwelle spricht davon, dass der Handel mit anderen Staaten zur „Globalisierung unserer Werte" (Z. 45) beitrage. Diese Werte (vgl. Z. 47 f.) können auch als Werte der europäischen Staatengemeinschaft bezeichnet werden. Allgemein formuliert sind es **Demokratie**, **Rechtsstaatlichkeit**, **Menschenrechte**, **freie Marktwirtschaft** mit sozialer Verantwortung und bürgerliche Freiheitsrechte, die den „europäischen Weg" charakterisieren.
Diese drei Dimensionen kennzeichnen meiner Meinung nach die Gegenwart des Europäischen Kooperations- und Integrationsmodells. Wohin sich dieses Modell entwickeln wird, ist noch nicht absehbar. Diese Offenheit könnte ebenfalls als Teil des europäischen Wegs bezeichnet werden. Sowohl Ansätze zu einer **Vertiefung der europäischen Integration** hin zu einem europäischen Bundesstaat lassen sich denken als auch eine **Erweiterung der EU**, etwa um die Schweiz, die Türkei, die ehemaligen jugoslawischen Staaten oder weitere osteuropäische Staaten. Das europäische Modell ließ zudem in der Vergangenheit durchaus mehrere Geschwindigkeiten zu, etwa bei der Einführung der gemeinsamen Währung (ohne Großbritannien, Schweden u. a.), einer europäischen Grundrechtecharta (ohne Großbritannien und Polen) oder dem Wegfall innereuropäischer Grenzkontrollen durch das Schengener Abkommen (ohne Großbritannien, aber z. B. mit dem Nicht-EU-Mitglied Schweiz).

3. *Der Operator „analysieren" erfordert, Merkmale eines Sachverhaltes kriterienorientiert bzw. aspektgeleitet zu erschließen und zusammenhängend darzustellen. Der Sachverhalt ist hier das „Spannungsverhältnis zwischen der Sicherung des internationalen Handels und der Wahrung der Menschenrechte", das Westerwelle in Zeile 52–57 beschreibt. Beachten Sie, dass Sie von Westerwelles Ausführungen „ausgehend" Ihre Analyse durchführen sollen, ein Bezug auf den Text wird also in jedem Fall erwartet.*
Für Ihre Gliederung kann es sinnvoll sein, zunächst beide Seiten (Sicherung des internationalen Handels und Wahrung der Menschenrechte) getrennt zu betrachten und zu sammeln, welche Interessen Deutschland hier jeweils hat. Beachten Sie dann aber, dass beide Teile verbunden werden müssen, sodass das Spannungsverhältnis der beiden Seiten erkennbar wird. Beenden Sie Ihre Analyse mit einem kurzen Fazit: Ist dieses Spannungsverhältnis unauflösbar? Welche Seite halten Sie für wichtiger? (AFB II)

Ein Spannungsverhältnis zwischen der Sicherung des internationalen Handels und der Wahrung der Menschenrechte wird von Außenminister Westerwelle in seiner Grundsatzrede eher verneint. Er bestreitet, dass man sich entscheiden müsse „zwischen dem Einsatz für die Menschenrechte und guten Beziehungen zu Regierungen" (Z. 54 f.).
Westerwelle betont die Werte, an denen sich die deutsche Außenpolitik in den vergangenen Jahrzehnten orientiert hat und bis heute orientiert. Sie sind durch die **Werteordnung des Grundgesetzes** vorgegeben, zu der nicht nur Demokratie, Rechts- und Sozialstaatlichkeit (Art. 20 GG) gehören, sondern auch die Menschenwürde. Das Grundgesetz betrachtet die **Menschenwürde** als „unantastbar" (Art. 1 Abs. 1 GG) und verpflichtet alle staatliche Gewalt und damit auch die Außenpolitik, sie zu achten und zu schützen. Auch die von der BRD anerkannten internationalen Verpflichtungen und Mitgliedschaften binden die deutsche Außenpolitik rechtskräftig. So verbietet der Atomwaffensperrvertrag eine nukleare Verbreitung und die UN untersagt einen Angriffskrieg.
Hinzu kommen die Wertedispositionen innerhalb der deutschen Gesellschaft, die Krieg als Mittel der Politik allgemein ablehnt und auch militärischen Mitteln zum Einsatz für wirtschaftliche Vorteile, etwa zum Schutz von Handelswegen (vgl. die Reaktion auf die Aussagen des damaligen Bundespräsidenten Horst Köhler), skeptisch gegenübersteht.
Schließlich versteht sich Deutschland trotz einer seit einigen Jahren stärker werdenden militärischen Komponente nach wie vor als **Zivilmacht**, die ihre Ziele mehr durch Kooperation denn durch Konfrontation zu erreichen sucht. Dieses Vorgehen hat Deutschland in den letzten Jahren durchaus Anerkennung eingebracht, wie Westerwelle eingangs feststellt (vgl. Z. 16 ff.).
All diese Faktoren sprechen für eine **wertegebundene deutsche Außenpolitik**, die mit autokratischen Staaten, die diese Werte nicht teilen und die Menschenrechte ihrer Bevölkerung missachten, nicht kooperieren darf. Eine rein wertegebundene Außenpolitik müsste konsequent gegen diktatorische Regime arbeiten, etwa durch Unterstützung demokratischer, oppositioneller Gruppen, durch ökonomische (z. B. Handelsembargo), ggf. sogar durch militärische Mittel (wie etwa beim Kosovo-Krieg 1999), und nicht einzig dadurch, dass die Menschenrechte deutlich gegenüber den Regierungen angesprochen werden (vgl. Z. 52 ff.). Westerwelle ist in der Beschreibung der Mittel sehr vorsichtig, er spricht sich nur gegen „falsch verstandene Rücksichtnahme" (Z. 56) und „Leisetreterei" (Z. 57) aus. Für diese Vorsicht Westerwelles in der Umschreibung der Mittel deutscher Außenpolitik gibt es einen guten Grund: Deutschland ist eine der weltweit größten Volkswirtschaften mit starker **Exportorientierung** und benötigt daher Absatzmärkte auf der ganzen Welt – nicht nur in den demokratischen Rechtsstaaten der EU, sondern auch in autokratischen Staaten wie z. B. China. Gleichzeitig ist Deutschland ein rohstoffarmes Land, das auf den Import diverser strategischer Rohstoffe (etwa Öl, Gas) angewiesen ist und dabei mit Staaten kooperieren muss, deren Wertvorstellungen nicht mit dem Grundgesetz in Einklang stehen (z. B. mit Russland oder mit einigen arabischen Staaten).

Daraus ergibt sich das in der Aufgabenstellung angesprochene Spannungsverhältnis zwischen den Interessen Deutschlands als Handelsmacht einerseits und den Interessen einer wertegebundenen deutschen Außenpolitik andererseits.
Deutschland hat immer schon auch mit autokratischen Staaten gehandelt, z. T. sogar mit Waffen (z. B. Export von Panzern nach Saudi-Arabien). Manche kritisieren in diesem Zusammenhang die Werte der deutschen Außenpolitik als Lippenbekenntnisse, die in Sonntagsreden betont würden, aber geopfert würden, sobald ökonomische Interessen den Werten entgegenstehen.
Auf der anderen Seite muss aber hervorgehoben werden, dass – nicht zuletzt aufgrund der kooperativen Erfahrungen Deutschlands im Rahmen der europäischen Integration – eine konsequente „Alles-oder-Nichts"-Politik nicht dem deutschen Politikstil der letzten Jahrzehnte entspräche. Westerwelle sagt: „Handel trägt zur Globalisierung unserer Werte bei. Wohlstand und Verflechtung schaffen Mittelschichten. Mittelschichten wollen, was unseren Werten entspricht" (Z. 45 f.). So kann durchaus argumentiert werden, dass über den „Umweg" einer **ökonomischen Kooperation** westliche Werte in diese Länder einfließen, dass sich durch den ökonomischen Einfluss, den Deutschland als Handelsmacht hat, auch – sanfter – politischer Druck ausüben lässt, dass durch deutsche **Entwicklungshilfeprojekte** mehr für die demokratische Entwicklung anderer Staaten getan werden kann als durch ein lautstarkes, aber erfolgloses Einfordern von Menschenrechten. In diesem Sinne hat Westerwelle vielleicht nicht ganz Recht, wenn er sagt: „mit Leisetreterei ändert man nichts" (Z. 56 f.).

4. *Bei dieser Aufgabe sollen Sie zu Westerwelles Forderung nach einem europäischen Sitz im Sicherheitsrat eine Argumentation entwickeln. Auch hier empfiehlt sich eine Gliederung, die Sie z. B. nach Pro- und Kontra-Argumenten strukturieren können. Die Lösung hier geht etwas anders vor: Das Streben nach einem Sitz im Sicherheitsrat für die EU wird anhand übergeordneter Kriterien (Legitimität, Umsetzbarkeit, Interesse) überprüft. Beachten Sie, dass von Ihnen am Ende eine begründete Bewertung erwartet wird. (AFB III)*

Die Diskussion um einen ständigen Sitz für die EU im UN-Sicherheitsrat kann auf mehreren Ebenen geführt werden:
Zunächst möchte ich die Ebene der **Legitimität** einer solchen Reform beleuchten. Kein ständiges Mitglied des UN-Sicherheitsrats kommt aus Afrika oder Lateinamerika, obwohl dort mehr Menschen leben als in der EU. Asien wird nur durch China repräsentiert, das mit seinem autoritären Regime sicher nicht für die demokratischen Staaten Asiens wie Japan, Südkorea oder Taiwan spricht. Staaten wie Indien mit über 1 Mrd. Menschen Bevölkerung sind ebenso wenig repräsentiert wie z. B. die Atommacht Pakistan oder muslimische Staaten. Der westlich dominierte Sicherheitsrat macht sich auf Dauer unglaubwürdig, wenn er einerseits demokratische Repräsentation fordert, andererseits aber an einer Zusammensetzung festhält, die die Machtverhältnisse nach dem Zweiten Weltkrieg widerspiegelt. Ein gemeinsamer Sitz für die EU (anstatt eines britischen und

französischen Sitzes) würde die aktuellen Machtverhältnisse deutlich besser widerspiegeln und stellt somit eine legitime Forderung dar – vor allem, wenn der eine Sitz im Sicherheitsrat, der durch einen gemeinsamen europäischen Sitz „eingespart" wird, an eine bisher unberücksichtigte Region übertragen würde.
Unter dem Gesichtspunkt der Umsetzbarkeit erscheint eine solche Reform dagegen problematisch: Jede Veränderung der **UN-Charta**, insbesondere eine Umgestaltung der Machtverhältnisse im Sicherheitsrat, muss nicht nur die Zustimmung einer Zweidrittelmehrheit in der **Generalversammlung** und eine Ratifikation von zwei Dritteln der Mitgliedstaaten erreichen, vor allem müssen alle ständigen Mitglieder des UN-Sicherheitsrats einer Änderung der UN-Charta zustimmen (Art. 108 der UN-Charta). Diese hohe Hürde wurde bei den Reformvorschlägen in der Vergangenheit (z. B. Erweiterung des UN-Sicherheitsrats um einen Sitz für Deutschland) bisher nicht erreicht. Für einen europäischen Sitz im Sicherheitsrat stellt sich die Frage, was mit dem britischen und dem französischen Sitz passieren würde. Es ist unwahrscheinlich, dass diese beiden Staaten auf ihre Rechte als ständige Mitglieder im UN-Sicherheitsrat verzichten und einem europäischen Sitz, der mit einer Stimme spricht, weichen würden. Andererseits ist es aber auch undenkbar, einen europäischen Sitz neben einem britischen und einem französischen Sitz zu fordern. Dadurch würde nicht nur das europäische Übergewicht im Sicherheitsrat, welches eben nicht mehr „die Realität unserer Zeit abbildet" (Z. 59 f.), weiter gestärkt, ein europäischer Sitz im Sicherheitsrat wäre auch kein wahrhaft europäischer, wenn er nicht zwei der wichtigsten europäischen Staaten, nämlich Frankreich und Großbritannien, einschließen würde. Eine Umsetzung dieser Forderung scheint höchst unwahrscheinlich.
Neben der Ebene der Legitimität und der Umsetzbarkeit einer solchen Reform bleibt die Frage, ob das Ausmaß der Integration der europäischen Außenpolitiken für einen ständigen Sitz im Sicherheitsrat ausreicht. Ein solcher Sitz würde der GASP der EU mehr Gewicht verleihen. Westerwelle betont: „Deutschland wird in der Welt von morgen nur dann Beachtung finden, wenn wir gemeinsam mit unseren europäischen Partnern in der Union agieren" (Z. 31 ff.). Künftig könnte die gesamte EU ihr Gewicht in die Waagschale werfen. Auch die aus der Mitgliedschaft im Sicherheitsrat erwachsende Verantwortung (z. B. Stellen von Truppen zur Umsetzung einer **Resolution** im Konfliktfall) würde auf mehrere Schultern verteilt. Allerdings setzt ein gemeinsamer Sitz auch eine echte gemeinsame Außenpolitik voraus, zu der sich die 27 Mitgliedstaaten der EU bisher kaum durchringen konnten. Solange es nur bei Erklärungen bleibt, ist man bereit, der „**Hohen Vertreterin der EU für Außen- und Sicherheitspolitik**", Catherine Ashton, den Vortritt zu überlassen, sobald es aber um vitale nationale Interessen geht, sind die wenigsten Länder damit einverstanden, sich einem europäischen Kurs unterzuordnen. Sichtbarstes Zeichen ist der sperrige Titel der „Hohen Vertreterin" – der Titel „**EU-Außenminister**" war nicht durchsetzbar. Dies legt den Schluss nahe, dass zunächst die notwendigen Voraussetzungen geschaffen werden müssten, bevor ein gemeinsamer Sitz gefordert wird.
Schließlich stellt sich eine ganz egoistische, machtpolitische Frage: Von einer Gleichgewichtung aller Sitze im Sicherheitsrat ausgehend – warum sollte die EU

ihr Gewicht von zwei Sitzen (Großbritannien und Frankreich) auf einen Sitz (gemeinsamer Sitz der EU) verringern? Würden die von Westerwelle angesprochenen Werte wie Bürgerrechte und Rechtsstaatlichkeit (vgl. Z. 47 f.) durch eine Verringerung des europäischen Gewichts in der Welt gestärkt? Noch zugespitzter: Wäre es für die Welt besser – im Sinne der von Westerwelle angestrebten Werte –, wenn der chinesische und der russische Einfluss stärker würden?
So komme ich zu dem Ergebnis, dass die Forderung nach einem ständigen europäischen Sitz im UN-Sicherheitsrat zwar legitim ist, diese jedoch weder mit Blick auf die Reformmöglichkeiten der UN noch mit Blick auf den Stand der GASP umsetzbar ist und im Sinne deutscher Interessen auch nicht wirklich wünschenswert. Meiner Meinung nach wäre ein ständiger deutscher Sitz (ggf. ohne Veto-Recht) im Zuge einer umfassenden Reform des Sicherheitsrats ein realistischeres und den deutschen Interessen eher entsprechendes Ziel.

Hessen – Politik und Wirtschaft – Leistungskurs 2012
Vorschlag A

Thema: *Soziale Marktwirtschaft und Globalisierung*

Aufgaben

1. Geben Sie die zentralen Überlegungen der beiden Texte wieder. (Material 1 und 2) (20 BE)
2. „Die Politik trägt eine Verantwortung für die Gesellschaft, und dieser muss sie nachkommen“ (Material 2). Erläutern Sie ausgehend von den Materialien, wie die Verantwortung des Staates für die Gesellschaft aussehen kann und welche sozialpolitischen und wirtschaftspolitischen Instrumente dem Staat zur Verfügung stehen, um dieser Verantwortung nachzukommen. (25 BE)
3. Untersuchen Sie unter Berücksichtigung Ihrer bisherigen Arbeitsergebnisse, inwieweit die Globalisierung Auswirkungen auf die Rolle des Staates als Sozialstaat hat. (25 BE)
4. „Ein Land mit einer erfolgreichen, funktionierenden Marktwirtschaft bietet den besten Schutz vor Armut“. (Material 1)
   Setzen Sie sich mit dieser Behauptung auseinander. (30 BE)

M 1: INSM[1]-Argumente rund um die Soziale Marktwirtschaft

[…] Wettbewerb ist die Triebfeder für den Erfolg der Sozialen Marktwirtschaft. Denn Wettbewerb sorgt für Beschäftigung und Wachstum. Und das funktioniert so. Anbieter von Waren und Dienstleistungen bemühen sich um die Gunst der Kunden und Konsumenten. Wer da erfolgreich sein will, muss seine Produkte ständig weiterentwickeln, ihre Qualität optimieren und möglicherweise auch die Preise senken. Das nützt den Verbrauchern, die optimale Qualität zum günstigsten Preis wählen können. Die Unternehmen setzt der Wettbewerb ständig unter Innovationsdruck. Auf diese Weise treibt die Marktwirtschaft die Entwicklung voran. Deshalb liefert die Marktwirtschaft unterm Strich bessere Ergebnisse als eine staatlich gelenkte Planwirtschaft ohne Konkurrenz.

Ein Beispiel dafür ist der Telekommunikationsmarkt. Er wurde Ende der 90er Jahre liberalisiert. Private Marktteilnehmer konnten mit dem früheren Monopolisten Post konkurrieren. So sanken die Preise für Festnetztelefonate auf etwa einen Cent pro Minute. 1997 waren es noch über 30 Cent. Dazu kamen viele neue Leistungen der Telekommunikation, die Verbrauchern heute angeboten werden – zum Beispiel mobiles Internet und TV, UMTS, DSL. […]

Wenn Unternehmen in einem immer härteren weltweiten Wettbewerb bestehen wollen, müssen sie sich ständig den Wünschen der Kunden nach neuen Produkten und Dienstleistungen anpassen. Wer hier erfolgreich bleiben will, muss intensive Forschung treiben und ständig die Grenzen des Machbaren neu ausloten. Dieses Spiel von Angebot und Nachfrage bringt immer neue Dienstleistungen und Produkte, die sich wenige Jahre zuvor niemand hätte vorstellen können. Der Verbraucher profitiert davon. [...]

Ein Land mit einer erfolgreichen, funktionierenden Marktwirtschaft bietet den besten Schutz vor Armut. Die marktwirtschaftlichen Reformen der letzten Jahre – vor allem am Arbeitsmarkt – haben dafür gesorgt, dass zigtausende Menschen neue Beschäftigungschancen gefunden haben. Vom Beschäftigungsaufbau haben vor allem Menschen profitiert, die den Einstieg am schwersten finden. Es waren Langzeitarbeitslose, Geringqualifizierte und Ältere. Die Erwerbsquote der Generation 55 plus lag im Jahr 2005 bei nur 45,5 Prozent. Im Jahr 2007 war sie um 6,5 Prozentpunkte auf 52 Prozent gestiegen.

Nur eine funktionierende Marktwirtschaft kann zudem dafür sorgen, dass der Staat jene, die sich nicht selbst helfen können, unterstützen kann. Kontinuierlich ist in Deutschland seit der Nachkriegszeit der Anteil der Wirtschaftsleistung gestiegen, der für soziale Zwecke umverteilt wird. Er lag zunächst bei 15 Prozent, heute sind es rund 30 Prozent.

Die Soziale Marktwirtschaft lässt die Schwächeren keineswegs allein. Das belegt auch die Statistik. In Deutschland hat ausnahmslos jeder gesetzlichen Anspruch auf das Existenzminimum. Und rund jeder Vierte zwischen 18 und 65 lebt ganz oder teilweise mit staatlicher Unterstützung. Bezahlt wird dies vor allem von Besserverdienern. So trägt das obere Viertel der Einkommensbezieher mit 76 Prozent der Lohn- und Einkommensteuer einen größeren Anteil an der Steuerlast als je zuvor. Solche Zahlen belegen, dass die „Gerechtigkeitslücke“, von der manche sprechen, vielfach eine gefühlte ist.

http://www.insm.de/insm/Themen/Soziale-Marktwirtschaft/INSM-Argumente-rund-um-die-Soziale-Marktwirtschaft.html; Erscheinungsjahr 2010; abgerufen am 26. 02. 2011

Anmerkung:

1 INSM = Die Initiative Neue Soziale Marktwirtschaft (INSM) ist eine branchen- und parteiübergreifende Plattform und ausdrücklich offen für alle, die sich dem Gedanken der Sozialen Marktwirtschaft verbunden fühlen. Finanziert wird ihre Arbeit durch die Arbeitgeberverbände der Metall- und Elektro-Industrie. Die INSM verfügt über einen Jahresetat von rund 8,32 Mio. Euro jährlich, nach Abzug von Steuern. Wissenschaftlich begleitet wird die INSM vom Institut der deutschen Wirtschaft Köln (IW).

M 2: Thomas Strobl: Wohlstand für alle ist mehr als eine Phrase

[...] Jenseits der politischen Propaganda führt die Soziale Marktwirtschaft ein recht bescheidenes Dasein. „Wohlstand für alle“ – hinter diesem Leitbild versammelte sich einmal ganz Deutschland, nicht nur in Parteipamphleten[1] und politischen Sonntagsreden, sondern in der konkreten Lebenswirklichkeit. Das war zu einer Zeit, „die immer weitere und breitere Schichten unseres Volkes zu Wohlstand zu führen“ vermochte, wie sich das der politische Vater der Sozialen Marktwirtschaft, Ludwig Erhard, zum Ziel gesetzt hatte. Erhards Kalkül war dabei recht einfach: Die Politik müsse nur dafür sorgen, dass der Kuchen wachse, dann würde für alle ein entsprechend größeres Stück davon abfallen.

Nun wächst der Kuchen heutzutage nicht mehr so kräftig wie zu Erhards Zeiten, aber zumindest in den letzten zehn Jahren wuchs er nach wie vor. Gleichwohl vermochten Erhards politische Erben sein Versprechen nicht mehr einzulösen: Der reale Zuwachs des Bruttoinlandsprodukts entfiel fast zur Gänze auf Unternehmensgewinne und Kapitalerträge, während sich die Arbeitnehmer mit Reallohnstagnation bescheiden mussten.

Ist es Zufall, dass diese Entwicklung mit dem Siegeszug des allgemeinen Liberalisierungs-Mantras[2] zusammenfällt? Das politische Spitzenpersonal scheint das zu glauben: Nur in absoluten Ausnahmefällen wären staatliche Eingriffe in die Wirtschaftsordnung gerechtfertigt, meinte die Bundeskanzlerin kürzlich, nämlich dann, wenn die Märkte, die ansonsten immer alles am besten regeln, diesem hehren Anspruch aus welchen Gründen auch immer nicht mehr gerecht würden.

Also ist offenbar alles wie gehabt. Aber was bedeutet das für die Wirtschafts- und Sozialpolitik von morgen, wenn wir die Krise endlich überstanden haben? Will man uns dann ein „Weiter so wie vorher“ als zukunftsfähige Maxime zumuten? Ein Wirtschaftssystem, das nur dadurch vom alten Paradigma zu unterscheiden wäre, dass es jetzt wieder als „Soziale Marktwirtschaft“ firmierte?

[...] Seit ihren frühesten Anfängen wird die Marktwirtschaft regelmäßig von Krisen heimgesucht. Neu und bedrohlich ist allerdings, dass diese Krisen seit Mitte der achtziger Jahre in noch nie dagewesener Häufung und Schwere auftreten und dabei jedes Mal eine gigantische Vermögensvernichtung nach sich ziehen. Würden wir auf diesem Kurs weitermachen, dann wäre unsere Zukunft einem System anvertraut, das sich neuerdings im Rhythmus von lediglich fünf bis zehn Jahren an den Rand der Selbstzerstörung bringt und nur mittels Einsatz unbeschreiblich hoher finanzieller Ressourcen am Leben halten lässt. Deren Aufbringung aber übersteigt die Leistungsfähigkeit unserer eigenen Generation wie auch die unserer Kinder und Kindeskinder.

Gleichzeitig erleben wir in Deutschland eine historisch beispiellose Konzentration von Einkommen und Vermögen. Nach jüngsten Erhebungen vereinigen die reichsten zehn Prozent der deutschen Bevölkerung mehr als sechzig Prozent des privaten Vermögens auf sich, die reichsten zwanzig sogar achtzig Prozent. Dieser Vermögenskonzentration steht rund die Hälfte der deutschen Bevölkerung gegenüber, die gar kein Vermögen besitzt. [...]

Mit solchen Zuständen kann man sich nicht mehr zufriedengeben. Wir sollten der Politik und den Verbänden nicht länger gestatten, uns mit der wohlklingenden, aber inhaltsleeren Chiffre „Soziale Marktwirtschaft“ für dumm zu verkaufen. Die Politik trägt eine Verantwortung für die Gesellschaft, und dieser muss sie nachkommen. Die Faktenlage beweist eindeutig, dass der bisherige Kurs zu nichts anderem geführt hat als zu Verteilungsungerechtigkeit und finanzieller Instabilität. […]

Thomas Strobl, FAZNET vom 05. 05. 2009, http://www.faz.net/s/Rub9A19C8AB8EC84EEF8640E9F05A69B915/Doc~EEA8814460A834563B4B14F9AF00C43D1~ATpl~Ecommon~Sspezial.html, abgerufen am 14. 09. 2010

Anmerkungen:

1 Pamphlet, hier: abwertende Bezeichnung für Parteiveröffentlichung
2 Mantra – Worte oder Silben, die durch vielfache Wiederholung eine besondere magische oder spirituelle Kraft in sich tragen

---

Lösungsvorschläge

Unterrichtsinhalte:

- Q 1: Verfassungsnorm und Verfassungsrealität: Grundprinzipien der Verfassungsordnung der Bundesrepublik Deutschland; Art. 1 und Art. 20 GG
- Q 2: Soziale Marktwirtschaft: Soziale Marktwirtschaft als ordnungspolitisches Leitbild; Funktionen und Folgen des Wettbewerbs
- Q 3: Weltwirtschaft und Globalisierung: Weltmarkt und Welthandel zwischen Liberalisierung der Märkte und globaler Ordnungspolitik, Standortfaktoren und Veränderungen der internationalen Arbeitsteilung

1. *Geben Sie zunächst die Quelle des jeweiligen Texts an und rekapitulieren Sie anschließend strukturiert die wichtigsten Aussagen. Die Wiedergabe erfolgt in der Regel in indirekter Rede, also im Konjunktiv. Auch kurze direkte Textzitate sind möglich. Sie müssen entsprechend gekennzeichnet und mit Zeilenangaben ausgewiesen werden. (AFB I)*

Bei dem Text M 1 „INSM-Argumente rund um die Soziale Marktwirtschaft“ handelt es sich um eine programmatische Darlegung der **Vorzüge der Sozialen Marktwirtschaft**, veröffentlicht im Jahr 2010 auf der Webseite der wirtschafts- und arbeitgebernahen Organisation „**Initiative Soziale Marktwirtschaft**“.
Die entscheidende Triebfeder der Marktwirtschaft sei demnach der **Wettbewerb**, der Wachstum und Beschäftigung verbürge. Er zwinge die Unternehmen, sich durch Weiterentwicklung der Produkte, Verbesserung der Qualität und Senkung der Preise um die Gunst der Kunden zu bemühen. Auf den Produzenten laste ein **Innovationsdruck**, der den Verbrauchern die Chance biete, **optimale Produktqualität zu günstigen Preisen** zu erhalten. Deshalb sei die **Marktwirtschaft** einer staatlich gelenkten Wirtschaft **überlegen** (vgl. M 1, Z. 1 ff.).
Als Beispiel wird der **Telekommunikationsmarkt** in Deutschland angeführt, der in den 90er-Jahren das bis dahin bestehende Monopol der Bundespost ablöste. Die **Preise** für Festnetztelefonie seien seitdem auf einen Bruchteil des damali-

gen Niveaus **gefallen** und viele **neuartige Telekommunikationsleistungen** seien hinzugekommen (vgl. Z. 11 ff.).
Marktwirtschaftliche Reformen zur **Liberalisierung des Arbeitsmarkts** hätten in den letzten Jahren auch viele **neue Beschäftigungschancen** eröffnet, vor allem für bisher benachteiligte Gruppen wie z. B. Langzeitarbeitslose und Geringqualifizierte (vgl. Z. 25 ff.).
Nur eine prosperierende Marktwirtschaft könne den Staat mit den nötigen Ressourcen zur Finanzierung **großzügiger Sozialleistungen** ausstatten, um z. B. seinen Bürgern einen gesetzlichen **Anspruch auf ein Existenzminimum** zu gewährleisten und somit das marktwirtschaftliche System sozial abzufedern. Der Anteil des BIP, der für soziale Zwecke umverteilt werde, sei kontinuierlich auf heute rund 30 % gestiegen (vgl. Z. 33 ff.). Dabei trügen die Besserverdienenden einen besonders großen Anteil der Steuerlast; von einer „Gerechtigkeitslücke" (Z. 43) könne daher keine Rede sein.

Der Text M 2 „Wohlstand für alle ist mehr als eine Phrase" wurde am 5. 5. 2009, also auf dem Höhepunkt der damaligen weltweiten Finanzkrise, von **Thomas Strobl** auf der Webseite der FAZ veröffentlicht. Sein **kapitalismuskritischer Grundtenor** steht eigentlich im Widerspruch zu der eher konservativ-bürgerlichen Ausrichtung dieser Zeitung.
Strobl hält den Begriff Soziale Marktwirtschaft als Bezeichnung für das deutsche Wirtschaftssystem für **nicht mehr zeitgemäß**. Zur Zeit **Ludwig Erhards** habe dieser Begriff der Lebenswirklichkeit entsprochen, heutzutage gehöre er eher in „politische Sonntagsreden" (M 2, Z. 3 f.) und „Parteipamphlete" (Z. 3).
Zu Erhards Zeit sei das Wachstum des BIP noch den Arbeitnehmern zugutegekommen, heute aber stagnierten die **Reallöhne**, die Wachstumsgewinne flössen nur den Unternehmen zu und vermehrten die Kapitalerträge (vgl. Z. 12 ff.).
Nach Strobl ist dies die Folge einer falschen **neoliberalen Politik** und des Vertrauens der führenden Politiker in die Segnungen unkontrollierter Märkte. Er ist überzeugt, dass die **Krisen des marktwirtschaftlichen Systems** immer häufiger aufträten und immer schwerer ausfielen, wodurch sogar die Gefahr der **Selbstzerstörung dieses Wirtschaftssystems** heraufbeschworen werde. Dessen Zusammenbruch habe nur durch den „Einsatz unbeschreiblich hoher finanzieller Ressourcen" (Z. 33 f.) von der Staatengemeinschaft abgewendet werden können. Außerdem sei es in Deutschland zu einer „**historisch beispiellose[n] Konzentration von Einkommen und Vermögen**" (Z. 36 f.) gekommen. Die wohlhabendsten 10 % der Bevölkerung besäßen mehr als 60 % des privaten Vermögens, die Hälfte der Bevölkerung verfüge demgegenüber über keinerlei Vermögenswerte (vgl. Z. 37 ff.).
Strobl appelliert an seine Leser, diese Zustände nicht länger zu tolerieren. Den Politikern dürfe nicht weiterhin erlaubt werden, das Publikum mit der Phrase der Sozialen Marktwirtschaft „für dumm zu verkaufen" (Z. 44), denn der bisherige wirtschaftspolitische Kurs habe zu „**Verteilungsungerechtigkeit** und **finanzieller Instabilität**" (Z. 47) geführt. „Die Politik trägt", so der Autor, „eine Verantwortung für die Gesellschaft, und dieser muss sie nachkommen" (Z. 44 f.).

2. *Dieser Aufgabenteil verlangt ausgehend von einem Textzitat aus M 2 die Verdeutlichung der gesellschaftlichen Verantwortung des Staats anhand von Beispielen aus dem Bereich der Sozial- und der Wirtschaftspolitik. Beziehen Sie sich dabei auf die in den Texten genannten wirtschafts- und sozialpolitischen Instrumente und bringen Sie darüber hinaus auch eigenes Wissen ein. (AFB II)*

„Die Politik trägt eine Verantwortung für die Gesellschaft, und dieser muss sie nachkommen" (M 2, Z. 44 f.). Der in M 2 formulierte Satz spielt auf das **Sozialstaatsprinzip** an, das die Verfassungsgeber der Bundesrepublik Deutschland 1949 ausdrücklich in das Grundgesetz aufgenommen haben, um die politische Grundordnung des neues Staats vom ungezügelten liberalistischen Typus des 19. Jahrhunderts abzugrenzen. Die Väter und Mütter des Grundgesetzes strebten demgegenüber eine „Soziale Marktwirtschaft" an, welche die **Effektivität und Produktivität der Marktwirtschaft** nutzen, deren Gefahren und Auswüchse jedoch durch Gesetzgebung und politische Eingriffe vermeiden sollte.

So wurde die Bundesrepublik Deutschland nach Art. 20 bzw. Art. 28 GG ein „sozialer Bundesstaat" und ein „sozialer Rechtsstaat". Dieses sogenannte **Sozialstaatsgebot** gehört zu den Verfassungsbestandteilen, die mit einer **Ewigkeitsgarantie** (Art. 79 Abs. 3 GG) ausgestattet sind und entsprechend nicht angetastet werden dürfen. Die inhaltliche **Ausgestaltung** und die politische Umsetzung dieses Sozialstaatsgebots sind jedoch unter Politikern, Wissenschaftlern und Verfassungsjuristen **umstritten**.

Grundsätzlich bewegt sich der Staat bei der Wahrnehmung seiner sozialpolitischen Verantwortung für die Gesellschaft im Bereich der **Sozialpolitik** auf zwei großen Politikfeldern: Er kann sich um **sozialen Ausgleich** bemühen, um das Einkommens- und Vermögensgefälle (vgl. M 2, Z. 36 ff.), welches durch marktwirtschaftliche Strukturen hervorgebracht wird, in erträglichen Grenzen zu halten. Der Staat kann aber auch auf dem Feld der **sozialen Sicherung** Prioritäten setzen und die Auswirkungen individueller oder gesellschaftlich induzierter **Lebensrisiken** wie Krankheit oder Arbeitslosigkeit minimieren und ein Existenzminimum garantieren.

Das Ziel des sozialen Ausgleichs kann z. B. mit den Mitteln der **Steuerpolitik** angestrebt werden. So dient das in Deutschland bei der Erhebung der direkten Steuern vorherrschende **Progressionsprinzip** dem sozialen Ausgleich. Es sorgt dafür, dass starke Schultern größere steuerliche Lasten tragen als schwache. Laut M 1 trägt deshalb das obere Viertel der Einkommensbezieher mit 76 % der Lohn- und Einkommensteuer den größten Teil der Steuerlast (vgl. M 1, Z. 41 ff.). Weil aber die von Strobl in M 2 angesprochene Vermögenskonzentration (vgl. M 2, Z. 37 ff.) dadurch nicht verhindert wurde, ist der **Spitzensteuersatz** für die Bezieher sehr hoher Einkommen wieder in die Diskussion geraten. Die Sozialpolitiker der Opposition fordern dessen Anhebung. Das gleiche Ziel wird mit der Forderung nach einer Wiedereinführung **der Vermögenssteuer** verfolgt, die in den 90er-Jahren abgeschafft worden ist.

Bei allen steuerpolitischen Maßnahmen ist jedoch zu beachten, dass Steuern in erster Linie kein Instrument der Sozialpolitik darstellen. Sie bilden vielmehr die

Grundlage der Staatseinnahmen. Die Staatseinnahmen, darüber besteht heute parteipolitisch Einigkeit, sollten zumindest die Staatsausgaben decken, damit der Staat sich nicht immer höher verschulden muss. Übermäßig hohe **Staatsverschuldung** würde nicht nur die **Stabilität der Währung** gefährden, sondern auch **Inflationsgefahren** heraufbeschwören und die **Zinsen** in die Höhe treiben. Diese Folgen aber wären sozialpolitisch höchst unerwünscht.

Das wichtigste Instrument der sozialen Sicherung bildet in Deutschland seit der Zeit Bismarcks das **System der gesetzlichen Sozialversicherungen**, in dem Renten-, Kranken-, Unfall-, Arbeitslosen- und seit den 90er-Jahren des 20. Jahrhunderts auch die Pflegeversicherung zusammengefasst sind. Dieses Sozialversicherungssystem soll verhindern, dass die von Alter, Krankheit, Unfall, Arbeitslosigkeit oder dem Eintritt des Pflegefalls betroffenen Menschen ihre Situation als Einzelne ohne die Hilfe einer **Solidargemeinschaft** bewältigen müssen. Deshalb beruht das deutsche Sozialversicherungssystem im Wesentlichen auf zwei Prinzipien: der **paritätischen Finanzierung** der Beiträge durch Arbeitgeber und Arbeitnehmer sowie dem **Umlageverfahren**. Nach diesem Verfahren werden die Leistungen, die an Alte, Kranke, Arbeitslose, Unfallopfer oder Pflegebedürftige von den Sozialkassen ausgezahlt werden, aus den Beiträgen der Jüngeren, der Gesunden und der produktiv Beschäftigten finanziert.

Dieses **Solidarprinzip**, das auch als „**Generationenvertrag**" bezeichnet wird, konnte allerdings in den letzten Jahrzehnten vor allem aufgrund der demografischen Entwicklung nur durch eine stetige Ausweitung staatlicher Zuwendungen an die Sozialkassen aufrechterhalten werden. Deshalb wurden Reformen notwendig, die zwar den Sozialstaat bewahren, das System aber an die demografische Entwicklung anpassen und zukunftssicher machen sollen.

Ein aktuell umstrittenes sozialpolitisches Thema aus dem Bereich der sozialen Sicherung ist der **Tarifpolitik** zuzuordnen. Grundsätzlich gilt in der Sozialen Marktwirtschaft das Prinzip der Tarifautonomie. Im Hinblick auf die wachsende Zahl von gering Verdienenden in prekären Arbeitsverhältnissen wird jedoch von den Sozialpolitikern der Opposition im Sinne der Gewährleistung einer Grundsicherung auch für prekär Beschäftigte die Einführung eines **flächendeckenden Mindestlohns** gefordert. Unter dem Einfluss der FDP und der Wirtschaftsverbände hat sich die Regierung Merkel jedoch dazu bisher nicht durchringen können, weil sie befürchtet, dass dadurch Arbeitsplätze verloren gingen.

Im Bereich der **Wirtschaftspolitik** hat die Regierung die Wahl zwischen **angebots- und nachfrageorientierten Maßnahmen**, um durch ein stetiges Wirtschaftswachstum allgemeinen Wohlstand sowie innergesellschaftliche Verteilungsspielräume zu erhalten und so soziale Verantwortung zu übernehmen. Auch eine Kombination aus beiden ist möglich und wurde mit Erfolg praktiziert.

Angesichts der in M 2 (vgl. Z. 28 ff.) beschriebenen Häufung schwerer Wirtschaftskrisen, die ihre Ursache in den spekulativen Bewegungen der Finanzmärkte haben, wird die Staatengemeinschaft im Sinne politischer Verantwortung Mittel und Wege zu einer **Regulierung** dieser Märkte finden müssen, wenn nicht Wohlstand und Beschäftigung unwägbaren Risiken ausgesetzt werden sollen.

Der Staat muss seine Verantwortung gegenüber der Gesellschaft auch im Bereich der Ordnungspolitik wahrnehmen. So soll er durch eine entsprechende **Wettbewerbspolitik** und strenge **Kartellgesetzgebung** dafür sorgen, dass der Wettbewerb funktioniert und nicht auf Kosten der Verbraucher unverdiente Monopolgewinne erwirtschaftet werden (vgl. M 1, Z. 11 ff.).
Schließlich muss der Staat gesellschaftliche Verantwortung wahrnehmen, indem er durch seine **Bildungspolitik** dazu beiträgt, dass die Beschäftigten bei ihrem Eintritt in den Arbeitsmarkt über ein hohes Qualifikationsniveau verfügen.
Eine gewisse Deregulierung des Arbeitsmarkts (vgl. M 1, Z. 25 ff.), durch die Einstellungshemmnisse beseitigt werden und die Flexibilität der Arbeitnehmer erhöht wird, kann die Beschäftigungschancen verbessern und die Arbeitslosigkeit abbauen. Demnach kann der Staat auch durch eine beschäftigungsfördernde **Arbeitsmarktpolitik** gesellschaftspolitische Verantwortung übernehmen.

3. *In dieser Aufgabe soll unter Berücksichtigung der bisherigen Ergebnisse geprüft werden, wie sich die Globalisierung auf die sozialstaatlichen Funktionen des Staats auswirkt. Beginnen Sie mit einer Definition des Begriffs Globalisierung und beschreiben Sie kurz deren allgemeine Effekte. Überprüfen Sie anschließend die Auswirkungen auf den nationalen Sozialstaat. Es liegt nahe, diese Überprüfung anhand der in Aufgabe 2 angeführten Beispiele vorzunehmen. (AFB II)*

Unter Globalisierung versteht man die vor allem seit Ende des Kalten Kriegs durch technische Entwicklungen und politische Entscheidungen weltweit zunehmende **Verflechtung** und **Vernetzung** in den Bereichen Wirtschaft, Politik, Kultur, Umwelt und Kommunikation. Nationalstaatlich geprägte Verhältnisse werden mehr und mehr durch **globale Strukturen** abgelöst.
Globalisierung und **internationale Arbeitsteilung** führen u. a. zu einer **Standortkonkurrenz** der Nationalstaaten um potente Investoren und global tätige Unternehmen. Zum Investitionsklima tragen vielerlei Faktoren bei, u. a. die Präsenz **qualifizierter** und **flexibel einsetzbarer Arbeitskräfte**, das Niveau von **Steuern und Abgaben** und schließlich die **Faktorkosten** für die Produktionsfaktoren Arbeit, Kapital und Ressourcen.

Die von der Globalisierung ausgehenden **Zwänge** haben sich in Form von Liberalisierungsbemühungen auf dem Arbeitsmarkt, Reformen im Bereich der sozialen Sicherung und Änderungen in der Steuerpolitik vielseitig auf den deutschen Sozialstaat ausgewirkt.
In ihrer zweiten Amtsperiode beschloss die **Regierung Schröder** mit der sogenannten **Agenda 2010** ein Bündel von Reformen, die die Wettbewerbsfähigkeit der Bundesrepublik verbessern und den damaligen „Reformstau" abbauen sollten. Die Flexibilität der Arbeitskräfte wurde durch die in M 1 (vgl. Z. 25 ff.) angesprochenen Reformen verbessert. Neue gesetzliche Regelungen ermöglichten die Ausweitung der **Leiharbeit** und die Entstehung eines **Niedriglohn-Sektors**.
Um einen weiteren **Anstieg der Lohnnebenkosten** abzuwenden und insbesondere **Langzeitarbeitslose** schneller wieder in den Arbeitsmarkt zu integrieren,

wurde im Zuge der Agenda 2010 das Arbeitslosengeld I (ALG I) gekürzt, die sogenannte Arbeitslosenhilfe abgeschafft und mit der Sozialhilfe zum **Arbeitslosengeld II** (ALG II, HartzIV) zusammengelegt. Hartz-IV-Empfänger müssen seitdem stetige Bemühungen um einen neuen Job nachweisen, wenn sie nicht die Kürzung von Leistungen riskieren wollen.
Der Begrenzung des Anstiegs der Lohnnebenkosten dienten auch die Reformen im Bereich der **Rentenversicherung**. So soll das Rentenalter schrittweise auf 67 Jahre heraufgesetzt werden. Das durchschnittliche Rentenniveau der gesetzlichen Rentenversicherungen wurde abgesenkt und durch die Einführung der staatlich geförderten **Riesterrente** wurden die Arbeitnehmer zur **privaten Altersvorsorge** veranlasst.
Auch die **Krankenversicherung** blieb nicht von einschneidenden Reformen verschont. Vom Prinzip der paritätischen Finanzierung wurde zugunsten der Arbeitgeber, deren Beitrag seitdem um einen Prozentpunkt unter dem der Arbeitnehmer liegt, abgerückt; die Leistungen der Krankenkassen wurden gekürzt und die **Zuzahlungspflichten** der Patienten wurden deutlich erhöht.
Auch in der **Steuerpolitik** versuchte die Regierung Schröder, die Position der Bundesrepublik im globalen Wettbewerb zu verbessern. Der **Spitzensteuersatz** der Einkommensteuer wurde um fünf, die **Körperschaftssteuer** der Unternehmen sogar um sechs Prozentpunkte gesenkt. Die entstandenen Mindereinnahmen wurden durch eine Anhebung einiger **indirekter Steuern** kompensiert. In M 2 (vgl. Z. 36 ff.) werden die negativen Folgen dieser Maßnahmen angeprangert.
Die skizzierten und in M 1 (vgl. Z. 25 ff.) positiv bewerteten sozialpolitischen Reformen der Regierung Schröder waren und sind bis heute höchst umstritten. Sie wurden von den Gewerkschaften als „**Sozialabbau**" heftig kritisiert und haben zweifellos zum **Aufstieg der Linkspartei** beigetragen und letztlich zur vorzeitigen **Abwahl der rot-grünen Bundesregierung** geführt. Heute wird die Agenda 2010 von den meisten politischen Beobachtern und Ökonomen jedoch als die eigentliche Ursache für die im europäischen Vergleich gute Wirtschaftslage Deutschlands betrachtet. Den krisengeschüttelten südeuropäischen Staaten wird sie vielfach als **Blaupause** für eigene Reformbemühungen empfohlen.
Die Globalisierung hat also zweifellos Auswirkungen auf die Konstruktion und das Funktionieren des Sozialstaats. Wenn aber die Staaten für ein hohes Qualifikationsniveau der Beschäftigten sorgen, eine gute Infrastruktur aufweisen, politische Stabilität und Rechtssicherheit garantieren, Arbeitskosten, Sozialabgaben und Steuer- und Zinssätze im Rahmen halten, bleiben sie dennoch **wettbewerbsfähig** und können auf dieser Grundlage auch unter den Bedingungen der Globalisierung relativ hohe soziale Standards gewährleisten. Deutschland demonstriert gegenwärtig, wie man das macht.

4. *Hier sollen zu der in der Aufgabe zitierten These aus M 1 eine Argumentation entwickelt und letztlich eine begründete Bewertung dieser These vorgelegt werden. Ob Sie dabei historisch, wirtschaftstheoretisch oder tagespolitisch argumentieren, bleibt Ihnen überlassen. Wichtig ist in jedem Fall, dass Sie auch die Argumente beachten und verarbeiten, die nicht Ihre Position stützen. (AFB III)*

Das Zitat aus M 1 hätte so oder ähnlich bereits von **Adam Smith** im 18. Jahrhundert formuliert werden können. Smith war der erste, der die Überlegenheit freier Märkte und die produktiven Kräfte des Wettbewerbs erkannt und beschrieben hat. Smiths liberalistische Wirtschaftstheorie war in den folgenden Jahrhunderten die ordnungspolitische Grundlage für den von **Pionierunternehmern** in Gang gesetzten und durch viele bahnbrechende technische und wissenschaftliche Innovationen ermöglichten **Industrialisierungsprozess**. Durch diesen wurde in weniger als zwei Jahrhunderten der **Pauperismus der vorindustriellen Ära überwunden**. Durch ansteigende Löhne und in industrieller **Massenproduktion** preisgünstig hergestellte Produkte konnten breite Bevölkerungsschichten ein bis dahin undenkbares Wohlstandsniveau erreichen. Die zitierte Aussage ist also in diesem Sinne historisch korrekt. Sie ist aber auch ergänzungsbedürftig: Die Arbeitnehmer wurden keineswegs automatisch, sondern vielfach erst nach langen **Kämpfen der Arbeiterorganisationen** und **durch die Schutz- und Sozialgesetze intervenierender demokratischer Staaten** angemessen am wirtschaftlichen Erfolg des Marktsystems beteiligt. Es wäre also zu einfach zu behaupten, die kapitalistisch organisierten Gesellschaften hätten das Armutsproblem allein dadurch gelöst, dass sie auf die Kräfte des freien Marktes bauten.

Wirtschaftshistorisch kann man feststellen, dass sich die Volkswirtschaften des angelsächsischen Typus (Großbritannien, USA) lange Zeit erfolgreich an dem im Ausgangszitat beschriebenen Modell einer freien Marktwirtschaft orientiert haben. Gegen Lebensrisiken wie Alter und Krankheit müssen die Menschen nach diesem Modell **eigenverantwortlich Vorsorge** treffen. Sozialer Ausgleich hat keine Priorität, weil ein hohes Maß an **sozialer Ungleichheit toleriert** wird.
Dass dieses Modell an seine Grenzen stieß, zeigt z. B. die Einführung des steuerfinanzierten **National Health Service** in Großbritannien nach dem Zweiten Weltkrieg. Auch die amtierende US-Administration hat mit der Einführung einer **obligatorischen gesetzlichen Krankenversicherung** endlich eine sozialpolitische Lücke geschlossen, unter der viele Amerikaner gelitten hatten, die zur Eigenvorsorge gegen Krankheit finanziell eben nicht mehr in der Lage waren.
Die mittel- und westeuropäischen Staaten (z. B. Frankreich, Deutschland) bevorzugten demgegenüber eine Form der Marktwirtschaft, in der **staatliche Interventionen** und **Regulierungen** eine stärkere Rolle spielten und der Staat weitgehend die Aufgabe der sozialen Sicherung übernahm. Durch sozialen Ausgleich wird hier die Verwirklichung des Ideals „**Wohlstand für alle**" angestrebt.
Aber auch dieses Gesellschaftsmodell ist aus demografischen Gründen und aufgrund der Sachzwänge, die von der Globalisierung ausgehen, an seine Grenzen gestoßen.

Weil das bestehende soziale Leistungsniveau nur noch durch stetig **wachsende Staatsverschuldung** zu halten gewesen wäre, werden überall in Europa soziale **Leistungen gekürzt** (vgl. Aufgabe 3). Der Eigenvorsorge der Menschen z. B. gegen altersbedingte Arbeitsunfähigkeit und gegen Krankheit wird wieder ein höherer Stellenwert beigemessen.

Nicht nur sozialpolitische Gründe zwingen jedoch dazu, die im Ausgangszitat aufgestellte These infrage zu stellen: In der Vergangenheit, z. B. 1929 und in den Folgejahren, haben immer wieder durch **Marktversagen** ausgelöste **Wirtschaftskrisen** zu schweren politischen und sozialen Verwerfungen geführt, durch Massenarbeitslosigkeit viele Menschen ins Elend gestürzt und damit dem politischen Radikalismus Vorschub geleistet.

Es ist eine offene Frage, ob die Staaten von heute daraus die richtigen Lehren gezogen haben. Immerhin haben die Regierungen versucht, die sozialen Auswirkungen der weltweiten **Wirtschafts- und Finanzkrise des Jahres 2008** durch massive staatliche Interventionen zu begrenzen. Mit Milliardenbeträgen wurden **Konjunkturprogramme** zur Stützung der Nachfrage finanziert. Um die Banken und das Finanzsystem vor einem Zusammenbruch zu bewahren, verbürgten sich die Staaten für hunderte von Milliarden Euro. Banken und sogar große Automobilunternehmen wurden verstaatlicht, um deren Pleite zu verhindern.

Bei drohenden Finanzkrisen sind offensichtlich zur Rettung und Wiederherstellung „funktionierender Marktwirtschaften" starke Staaten und deren Bereitschaft zu massiven Eingriffen in das Marktgeschehen erforderlich. Die Regierungen wären sehr schlecht beraten gewesen, hätten sie sich in den Jahren nach 2008 auf die Selbstheilungskräfte der Märkte verlassen.

Hessen – Politik und Wirtschaft – Leistungskurs 2012
Vorschlag B

Thema: *Zukunft der Demokratie in Deutschland*

Aufgaben

1. Geben Sie die Aussagen von Franz Walter und Michael Lühmann wieder. (Material) (20 BE)

2. Im Text wird gesagt, dass insbesondere das deutsche parlamentarische Regierungssystem durch eine „Vielzahl institutioneller Vetospieler", die „Permanenz von Wahlkämpfen" und den „Koalitionszwang bei Regierungsbildungen" geprägt sei.
   Arbeiten Sie die darin erkennbaren Strukturen des politischen Systems und die darin enthaltenen Stärken und Schwächen heraus. (30 BE)

3. Die Autoren sprechen davon, dass „Globalisierung, Europäisierung und Internationalisierung [...] die Verantwortlichkeiten für politische Beschlüsse" anonymisieren. Erläutern Sie diese Aussage. (20 BE)

4. „Auf Dauer kann ein demokratischer Staat indes nur ein begrenztes Maß von Demokratieunverständnis ertragen." Setzen Sie sich mit diesem Zitat aus dem Text auseinander. (30 BE)

M: Franz Walter, Michael Lühmann: Die Empörungsgesellschaft

Populismus hier, Parteienverachtung dort: Das Land wird zur Empörungsgesellschaft. Eine aggressive Anti-Politik gedeiht, mit fatalen Folgen.

Wir lesen Schlagzeilen vom Dauerstreit in der Koalition, von unlauteren Dienstreisen und populistischen Hartz-IV-Debatten. Wir empören uns über Parteispenden, Lobbyismus und unkluge Formulierungen. Oft geht dabei der politische Inhalt – der eigentliche Zweck von Politik – verschüttet. Wer ist daran schuld? Die Politiker? Die Medien? Wir, die Konsumenten?

Alle ein bisschen. Das Geschäft des Politikers besteht nun einmal darin, Unterstützung zu organisieren, Mehrheiten zu schaffen und Konsens zu stiften. Politik in parlamentarischen Regierungssystemen erfordert wesentlich – und dies gilt besonders für Deutschland mit seiner Vielzahl institutioneller Vetospieler, der Permanenz von Wahlkämpfen und dem Koalitionszwang bei Regierungsbildungen – die Kunst des Zuhörens, die Beschaffung sowie Verarbeitung von Informationen, die Bündelung von Interessen und die Herstellung von Kompromissen, kurz: Kommunikation, Moderation, Vermittlung.

Doch an eben dieser Vermittlung mangelt es. Politische Entscheidungsträger und Bevölkerung, Staat und Gesellschaft haben sich in den letzten Jahren voneinander entfernt. Die „politische Klasse“ scheint sich mittlerweile von ihrem gesellschaftlichen Wurzelgrund mehr und mehr abgelöst zu haben. In weiten Teilen der Gesellschaft wiederum wachsen – sagen wir es deutlich – Ahnungslosigkeit und Unkenntnis über die Realität des komplexen politischen Prozesses.

Auf Dauer kann ein demokratischer Staat indes nur ein begrenztes Maß von Demokratieunverständnis ertragen. Denn je mehr es grassiert, desto geringer ist die aktive und passive Beteiligung bei Wahlen, desto weniger Bürger beteiligen sich durch eigenes Engagement und Meinungsäußerungen. Es liegt daher im Selbsterhaltungsinteresse von Demokratien, die Parteien- und Politikverachtung zu bekämpfen. Ansonsten droht, so der niederländische Politologe Ruud Koole, ein Schwund an „konstitutionellen Werten“ zugunsten der „antipolitischen Momente“ einer Erregungs- und Empörungsgesellschaft. […]

Die Ursachen der Entkoppelung von Politik und Gesellschaft sind leicht auszumachen und vielfach diagnostiziert. Die zunehmende Komplexität und Interdependenz politischer Probleme macht deren sachkundige Beurteilung immer schwerer. Gleichzeitig anonymisieren mit den Schlagworten Globalisierung, Europäisierung und Internationalisierung gekennzeichnete transnationale Verflechtungen die Verantwortlichkeiten für politische Beschlüsse, wodurch sich bei zahlreichen Bürgern das Gefühl verstärkt, die Politik sei eine ihnen fremde, abgeschottete Welt. Diese Entkoppelung wird ebenfalls befördert durch gesellschaftliche Großtrends wie Säkularisierung und Entheimatung der Individuen[1], in deren Folge homogene Lebenslagen sich zu diffusen Lebensstilen und lebenslange Bindungen in beliebig kündbare Beziehungen auflösen. Diese Auflösungserscheinungen treffen nicht zuletzt die Parteien, die […] ihre Funktion als wichtigste Bindeglieder zwischen Staat und Gesellschaft weit weniger auszufüllen vermögen.

Offenkundig sind ebenfalls die Folgen – für die Demokratie im Allgemeinen wie die Parteien im Speziellen. Letztere sehen sich vor das Problem gestellt, sich immer weniger auf die Loyalität ihrer Wähler verlassen zu können. Dadurch stehen sie vor einem Dilemma. Einerseits sind sie aufgrund tiefgreifender Umbrüche und elementarer Unsicherheit mit einem verbreiteten Bedürfnis nach geschlossenen Konzeptionen, klaren Bekenntnissen und langfristigen Zielvorgaben konfrontiert. Andererseits haben sie durch Milieuerosion und ihre abnehmende Bindungskraft viel an Orientierungsfähigkeit verloren, sind also strukturell viel weniger als früher dazu in der Lage, konzise Strategien einzuschlagen, was beinahe zwangsläufig enttäuschte Erwartungen produziert. Die Frustration steigt, je verständnisloser und uninformierter die Bürger der Politik gegenüberstehen. […]

Daher ist das Ziel im Grunde klar vorgegeben: Wenn Ahnungslosigkeit und Politikverdrossenheit miteinander korrelieren und die Wertschätzung demokratischer Verfahren mit der genaueren Kenntnis der politischen Strukturen steigt, dann muss die politische Unkenntnis bekämpft und das Niveau politischer Bildung gesteigert werden.

Aus DIE ZEIT vom 17. 03. 2010, http://www.zeit.de/politik/deutschland/2010-03/empoerung-gesellschaft-demokratie-populismus, abgerufen am 07. 09. 2010

Anmerkung:
1 Gemeint ist hier, dass sich die Bindungen z. B. zwischen sozialen Schichten und Parteipräferenzen zunehmend auflösen und dass die enge Verknüpfung zwischen sozialer Lage und Lebensorientierung durch Individualisierung der Lebensstile entkoppelt wird.

Zu den Autoren: Franz Walter ist Leiter, Michael Lühmann wissenschaftlicher Mitarbeiter des Göttinger Instituts für Demokratieforschung

---

Lösungsvorschläge

Unterrichtsinhalte:

- Q 1: Verfassungsnorm und Verfassungsrealität: Gewaltenteilung und Gewaltenverschränkung; Partizipation und Repräsentation an ausgewählten Beispielen: Parteien (innerparteiliche Demokratie, Fraktionszwang und freies Mandat), Wahlen; Bundesrepublik Deutschland und europäische Integration
- Q 3: Weltwirtschaft und Globalisierung: Weltmarkt und Welthandel zwischen Liberalisierung der Märkte und globaler Ordnungspolitik

1. *Die Aufgabe verlangt von Ihnen, einen Zeitungsartikel strukturiert und mit eigenen Worten wiederzugeben, der aktuelle Probleme der Demokratie in Deutschland beschreibt und ihre Ursachen analysiert. Fachsprachliche Begriffe sollten Sie dabei übernehmen, längere Zitate jedoch vermeiden. (AFB I)*

Franz Walter und Michael Lühmann analysieren in ihrem in der Wochenzeitung DIE ZEIT vom 17. 3. 2010 erschienenen Artikel „Die Empörungsgesellschaft" den gegenwärtig problematischen Zustand der deutschen Demokratie und gelangen zu einer konkreten Lösungsstrategie.
Die Autoren diagnostizieren, dass eine vordergründige Empörung der Öffentlichkeit über Lobbyismus, Politikerstreit und andere aktuelle Ereignisse die eigentlichen politischen Inhalte verdränge (vgl. Z. 1 ff.). Dies liege unter anderem an den Medien und ihren Konsumenten, vor allem aber an dem Problem der politischen Klasse, unter den Bedingungen einer hohen Zahl „institutioneller Vetospieler" (Z. 9), ständiger Wahlkämpfe und Koalitionszwänge zu einer Beschaffung von Mehrheiten durch Interessenbündelung und Kompromisse zu gelangen (vgl. Z. 6 ff.). Weiter vergrößere auch die mangelnde Vermittlung der getroffenen Entscheidungen seitens der Politiker den Abstand zwischen Staat und Gesellschaft. Mangelnde Kenntnisse über politische Prozesse rufe „Demokratieunverständnis" (Z. 21) bis hin zu einer „Parteien- und Politikverachtung" (Z. 24) hervor. Diese gefährliche „Entkoppelung" (Z. 28) der Bürger von der Politik bewirkten mehrere Faktoren. Zu diesen rechnen die Autoren zunächst die „zunehmende Komplexität und Interdependenz politischer Probleme" (Z. 29 f.) und ihre Internationalisierung, was zu einer Anonymisierung der politischen Verantwortlichkeiten führe. Zudem würden traditionell homogene Lebenslagen durch gesellschaftliche Trends wie den der „Entheimatung der Individuen" (Z. 36) aufge-

löst. Daraus ergebe sich für die Parteien die Konsequenz, dass sie aufgrund reduzierter Wählerbindungen ihre Rolle als „Bindeglieder zwischen Staat und Gesellschaft“ (Z. 39 f.) weitgehend verlören. Die Parteien könnten die Erwartungen an klare Zielsetzungen und Programme, die die Bürger gerade in Zeiten „tiefgreifender Umbrüche und elementarer Unsicherheit“ (Z. 44 f.) erwarten, infolge der Individualisierungsprozesse und der damit einhergehenden „Milieuerosion“ (Z. 47) immer weniger befriedigen. Dadurch wachse wiederum die Frustration der Bürger. Die Beständigkeit eines demokratischen Staats aber sei durch ein hohes Maß an Demokratieunverständnis auf Dauer stark gefährdet, da dieses zu einem Rückgang der Beteiligung am politischen Prozess führe (vgl. Z. 20 ff.). Um den demokratiegefährdenden Zustand zu ändern, fordern die Autoren eine intensivierte politische Bildung, da Politikverdrossenheit ein Ausdruck fehlender Kenntnis der politischen Strukturen und Prozesse sei (vgl. Z. 18 f., Z. 52 ff.).

2. *In dieser Aufgabe sollen Sie die in den drei genannten Merkmalen des politischen Prozesses erkennbaren Strukturprinzipien des parlamentarischen Systems der Bundesrepublik Deutschland herausarbeiten und erklären. Dazu ist es notwendig, die relevanten GG-Normen zu benennen und Aspekte der Verfassungswirklichkeit darzustellen. Schließlich wird erwartet, dass Sie Stärken und Schwächen der erläuterten politischen Strukturen benennen. (AFB II)*

Die Autoren betrachten die „Vielzahl institutioneller Vetospieler“ (Z. 9), die „Permanenz von Wahlkämpfen“ (Z. 9 f.) und den beständigen „Koalitionszwang bei Regierungsbildungen“ (Z. 10) als Merkmale der parlamentarischen Demokratie. Die genannten Aspekte spiegeln wesentliche Strukturen des politischen Prozesses in der Bundesrepublik Deutschland wider.
Art. 20 GG definiert **fünf elementare Staatsstrukturprinzipen:** das Demokratie- und Rechtsstaatsprinzip, den Föderalismus, die Republik als Staatsform und das Sozialstaatsprinzip. Die drei erstgenannten Prinzipien betreffen den Willensbildungs- und Entscheidungsprozess. Sie sind Ursache für die von Walter und Lühmann genannten Bedingungsfaktoren der Politik in der Bundesrepublik.
Gemäß Art. 20 Abs. 2 GG übt das Volk die Staatsgewalt „in Wahlen und Abstimmungen und durch besondere Organe der Gesetzgebung, der vollziehenden Gewalt und der Rechtsprechung“ aus. Der Parlamentarismus als grundlegendes Merkmal der Demokratie wird weiter durch Art. 63 GG bestimmt. Der Bundestag wählt den Bundeskanzler. Legislative und Exekutive sind dadurch eng miteinander verflochten. Das **Bundesverfassungsgericht** (BVerfG) als judikative Gewalt verfügt über Kontrollmöglichkeiten, die in Art. 93 und Art. 100 GG festgehalten sind. Neben dieser horizontalen Gewaltenteilung steht die föderale Struktur als vertikale Aufteilung der Staatsgewalt zwischen Bund und Ländern. Damit sind die zentralen **institutionellen Vetospieler** im parlamentarischen System der Bundesrepublik Deutschland benannt. Sie sind diejenigen Akteure, die Gesetze direkt verhindern oder nachträglich infrage stellen können.

Das BVerfG, in Grenzen auch der Bundespräsident, tritt im politischen Prozess als „Hüter der Verfassung" in Erscheinung. Die Hauptaufgabe des BVerfGs liegt darin, Gesetze auf ihre Verfassungsmäßigkeit zu überprüfen. Diese Prüfung erfolgt entweder anlässlich einer Verfassungsbeschwerde, die jeder bei einer Grundrechtsverletzung einreichen kann, oder bei Antrag auf Normenkontrolle, den die Bundes-, eine Landesregierung oder ein Viertel der Mitglieder des Bundestags stellen können, wenn sie ein Gesetz für verfassungswidrig halten. Die genannten Verfahren zur Anrufung des BVerfGs stellen auch Handlungsoptionen der Opposition dar, eine Niederlage im Parlament zu korrigieren. So kippte das BVerfG 2002 das Zuwanderungsgesetz der rot-grünen Regierung. 2010 erklärte es die Vorschriften zur Vorratsdatenspeicherung infolge einer Verfassungsbeschwerde für verfassungswidrig.

Als weiterer potenzieller Vetospieler überprüft der **Bundespräsident** alle Bundesgesetze dahin gehend, ob sie verfahrensrechtlich korrekt zustande gekommen und inhaltlich verfassungskonform sind. Liegt ein Verstoß vor, kann er die Ausfertigung eines Gesetzes verweigern. Das Prüfungsrecht ist verfassungsrechtlich eng begrenzt (Art. 82 GG), entsprechend beschränkt ist die Vetomacht.

Der **Bundesrat** als Vertretung der Bundesländer muss insbesondere solchen Bundesgesetzen mehrheitlich zustimmen, die die Finanzen der Länder oder die ihnen vom Grundgesetz zugesicherten Kompetenzbereiche betreffen. Die **Zustimmungsgesetze** sichern dem Bundesrat eine Vetomacht zu. Dadurch wird die Teilhabe der Länder an Gesetzgebungsprozessen, die sie maßgeblich betreffen, garantiert. Es wird kritisiert, dass sich der Anteil zustimmungsbedürftiger Gesetze zunehmend auf Bereiche ausdehnt, die kaum mehr den Kernbereich der Länderinteressen betreffen. Immer mehr Entscheidungen des Bundestags können blockiert werden. Insbesondere wenn sich im Bundestag und Bundesrat Mehrheiten unterschiedlicher politischer Richtungen gegenüberstehen, kann es dazu kommen, dass die Mehrheit des Bundesrats in Sachfragen nicht Länder-, sondern Parteiinteressen vertritt. Die Opposition kann so ihre parlamentarische Minderheitenrolle teilweise kompensieren. 2011 scheiterte z. B. eine Vorlage der Regierungsmehrheit zu Hartz IV im Bundestag zunächst an der Bundesratsmehrheit. Im Extremfall kann es sogar zu einer Blockadepolitik des Bundesrats kommen, die den Bundestag faktisch handlungsunfähig werden lässt.

Aus der bundesstaatlichen Ordnung mit 16 Bundesländern und der zusätzlichen Politikebene der Gemeinden ergibt sich eine „**Permanenz von Wahlkämpfen**" (Z. 9 f.). Die häufig stattfindenden Wahlen eröffnen den Bürgern zwar zahlreiche Teilhabechancen, die Konsequenzen für den politischen Prozess werden jedoch häufig beklagt. Die regierenden Parteien widmeten sich – anstatt sich mit komplexen Problemen auseinanderzusetzen und Entscheidungen voranzutreiben – vorrangig der Rechtfertigung ihrer vergangenen Politik, und die oppositionellen Parteien seien nicht zur Kooperation bereit. Wahlkämpfe dienten zudem weniger der Präsentation programmatischer Alternativen als vielmehr öffentlichkeitswirksamer Politikinszenierung. In **Landtagswahlen** spielen oft bundesstaatliche Aspekte eine bedeutende Rolle, sie werden als Testwahlen für die politische Stimmungslage im Bund betrachtet. Auch die Wähler vernachlässigen zuweilen

den eigentlichen Zweck von Landtagswahlen und strafen, statt landespolitische Gesichtspunkte abzuwägen, die Bundesregierung ab. Vorab kann es zu politischem Stillstand kommen, wenn die Mehrheitsparteien bei unpopulären Reformmaßnahmen erst eine Wahl abwarten. An die Stelle langfristiger Konzepte treten kurzfristige, stimmbringende Wahlversprechen. Es zeugt allerdings von vordemokratischer Effizienzorientierung, wenn Wahlkämpfe nicht als Korrekturmöglichkeit für die Bürger, sondern als Störfaktor betrachtet werden.
Der faktische „**Koalitionszwang bei Regierungsbildungen**" (Z. 10) ergibt sich aus dem Wahlsystem, das eine eindeutige parlamentarische Mehrheit einer Partei erschwert. Bei der personalisierten Verhältniswahl wird der Mandatsanteil der Parteien überwiegend nach einer Methode der Verhältniswahl, die für eine gerechte Stimmenrepräsentation sorgt, ermittelt. Dieses System erleichtert die Entstehung neuer Parteien. Durch „Die Linke", die sich 2005 als zusätzliche Kraft etablierte, und die aktuell sehr erfolgreiche Piratenpartei wurde die Zahl parteipolitischer Vetospieler weiter erhöht. Der politische Prozess wird inzwischen von fünf Bundestagsfraktionen geprägt. Koalitionsregierungen in unterschiedlicher Zusammensetzung sind unumgänglich. Am Ende einer langwierigen Suche nach dem kleinsten gemeinsamen Nenner innerhalb der Regierungskoalition stehen oft wenig richtungsweisende Kompromisse. Den Bürgern fällt es dabei oft schwer, die Verantwortung für politische Entscheidungen klar zuzuordnen.
Abhängig von der Perspektive fällt die Bewertung der hier dargestellten **Merkmale politischer Willensbildungs- und Entscheidungsprozesse** in parlamentarischen Systemen sehr unterschiedlich aus: Aus Sicht der Gewaltenteilung erscheinen institutionelle Vetospieler, der Zwang zur Koalition und die häufige Möglichkeit einer Abwahl der Repräsentanten als Garanten der Demokratie und des Konsenses, der allerdings eine komplexe und zeitintensive Beratung aller Beteiligten erfordert. Aus dem Blickwinkel der politischen Steuerungsfähigkeit und Effizienz können der Einigungszwang unter Vetospielern und die häufigen Wahlkampfphasen jedoch politischen Stillstand und Reformunfähigkeit bewirken, was zu der im Text beschriebenen Politikverdrossenheit führen kann.

3 *Diese Aufgabe erfordert, die im Text dargelegte Tendenz zur Anonymisierung politischer Entscheidungsprozesse infolge zunehmender Internationalisierung zu erläutern. Es bietet sich an, die Europäisierung der nationalen Politik zum Ausgangspunkt zu machen und an einem aktuellen Beispiel zu verdeutlichen. Über den europäischen Raum hinaus ist auf die Globalisierung politischer Entscheidungen einzugehen, wie Sie sie im Unterricht der Q 3 anhand von Themen internationaler Politik bearbeitet haben. Sie können dabei auf Beispiele aus der Ökonomie oder der Sicherheitspolitik eingehen. (AFB II)*

Die Autoren stellen fest, dass die zunehmende internationale Verflechtung zu einer „Entkoppelung von Staat und Gesellschaft" durch Anonymisierung (vgl. Z. 28 ff.) führt. Diese These möchte ich anhand der europäischen Integration und der aktuellen globalen Wirtschaftskrise veranschaulichen.

Die **EU** ist ein Verbund von 27 selbstständigen Staaten, die einen Teil ihrer Hoheitsrechte „vergemeinschaftet“ haben. In manchen Politikbereichen, wie z. B. der Außen- und Sicherheitspolitik, sind die Regierungen nach wie vor souverän, arbeiten aber eng zusammen (intergouvernementale Zusammenarbeit). Vor allem in wichtigen wirtschaftsbezogenen Politikfeldern wie der Binnenmarkt- und Wettbewerbspolitik wird jedoch supranational auf EU-Ebene entschieden. Dabei wirken drei Organe der EU zusammen: das Europäische Parlament, der Rat der EU (Ministerrat) und die Europäische Kommission. Ihre Entscheidungen beeinflussen die deutsche Gesetzgebung erheblich. Inzwischen setzen ca. 40 % der vom Bundestag verabschiedeten Gesetze europäische Vorgaben um. Im Ergebnis rücken die politischen Entscheidungen in den genannten Bereichen immer weiter von den Bürgern und ihren gewählten Repräsentanten ab, oft unter Missachtung des Subsidiaritätsprinzips. Es ist nicht mehr klar erkennbar, wer die Verantwortung für die in Brüssel und Straßburg ausgehandelten Kompromisse trägt.
Die europäische Willensbildung ist eng mit den Institutionen auf nationaler Ebene verflochten, denn vor allem der Ministerrat und der Europäische Rat der Regierungschefs sind aus Vertretern der Mitgliedstaaten zusammengesetzt, deren Handeln stark durch die Einbindung in ihrem jeweiligen nationalen Rahmen bestimmt ist. Dieses „**Mehrebenensystem**“ erscheint vielen Bürgern schwer durchschaubar und es kann der Eindruck einer Anonymisierung politischer Entscheidungen entstehen (vgl. Z. 31 ff.). Kritisiert wird vielfach auch die Macht der Brüsseler „Eurokraten“ und ein Demokratiedefizit, da der Einfluss des Europäischen Parlaments stark begrenzt ist. Dass dieses Problem im Ansatz erkannt wurde, zeigt der 2009 in Kraft getretene Vertrag von Lissabon, der die Rechte des direkt gewählten Europäischen Parlaments stärkte und eine „Europäische Bürgerinitiative“ ermöglichte. Um der Anonymisierung entgegenzuwirken, sah das BVErfG bei seiner Zustimmung zum Lissabon-Vertrag die Notwendigkeit, den Bundestag und Bundesrat durch Informations- und Vetorechte am europäischen Entscheidungsprozess zu beteiligen.
Die Eurokrise veranschaulicht die dargestellte Problematik. Der im März 2012 von den Regierungen der meisten EU-Mitgliedstaaten beschlossene **Fiskalpakt** verleiht Organen wie der EU-Kommission, dem Europäischen Gerichtshof und der Europäischen Zentralbank, die keiner direkten demokratischen Kontrolle unterliegen, erhebliche Macht. Da das Abkommen stark in die Haushaltsautonomie des Bundestags eingreift, soll es nach dem Willen der Bundesregierung von einer Zwei-Drittel-Mehrheit in Bundestag und Bundesrat genehmigt werden. Die unmittelbare politische Verantwortlichkeit für dieses EU-weite Abkommen mit all seinen Konsequenzen für die deutsche Haushaltspolitik ist aus Sicht der Bürger aber dennoch nicht mehr klar erkennbar.
Nicht nur die europäische Integration trägt zu einer Anonymisierung der Entscheidungsprozesse bei. In Zeiten der **Globalisierung**, in der politische Grenzen zunehmend an Bedeutung verlieren, ist der Staat nach wie vor der Adressat der Erwartungen seiner Bürger, er hat aber einen Teil seiner früheren Handlungsmacht eingebüßt. Politische Grenzen waren noch vor wenigen Jahren auch wirtschaftliche Grenzen. Heute haben die **Finanzmärkte** eine Dynamik entwickelt,

die der staatlichen Wirtschafts- und Sozialpolitik die Agenda vorschreibt. Entscheidungen müssen oft unter Zeitdruck gefällt werden, sodass eine demokratische Beteiligung entfällt oder auf eine nachträgliche Output-Legitimation beschränkt wird. Anonyme globale Marktmächte ersetzen zunehmend die Kontrolle durch demokratische Institutionen.
Die **Ausweitung des internationalen Kapitalverkehrs** ist auch auf das Auftreten neuer, Politik bestimmender Akteure zurückzuführen. Neben Banken, Versicherungen und „klassischen" Investmentfonds geraten seit einigen Jahren Hedgefonds und staatliche Investmentfonds auf den internationalen Kapitalmärkten ins Blickfeld. Eine Kontrolle dieser mächtigen Akteure und der spekulativen internationalen Kapitalströme durch eine institutionelle Rahmenordnung gibt es kaum. Inzwischen müssen Nationalstaaten und die EU die Stabilität der Geldmärkte sichern. Akzeptanz- und Legitimationsdefizite des politischen Systems sind das Ergebnis. 1999 hat sich die „Gruppe der zwanzig wichtigsten Industrie- und Schwellenländer" (G20) gebildet, ein informeller Zusammenschluss aus 19 Industrie- und Schwellenländern sowie der EU. Die G20 soll als ein Forum für Kooperation und Konsultation in Fragen des internationalen Finanzsystems dienen. Auch hier zeigt sich die Beeinflussung nationaler Entscheidungsprozesse durch Vorentscheidungen in internationalen, weitgehend anonymen Gremien.
Die dargestellten Entwicklungen der Europäisierung und der Globalisierung veranschaulichen die These, dass die Verantwortung für politische Beschlüsse aufgrund ihrer Verlagerung in den internationalen Raum weitgehend anonymisiert wird und für viele Bürger nur noch schwer greifbar ist.

4. *In dieser Aufgabe sollen Sie sich mit der Aussage des Texts auseinandersetzen, eine Demokratie könne nur „ein begrenztes Maß von Demokratieunverständnis ertragen" (Z. 20 f.). Ihre Argumente, die die These hinterfragen oder bestätigen, sollen zu einem abschließenden, begründeten Urteil führen. (AFB III)*

In ihrer These, ein demokratischer Staat halte auf Dauer nur ein begrenztes Maß von Demokratieunverständnis aus, setzen die Autoren Demokratieunverständnis mit einer wachsenden „Ahnungslosigkeit und Unkenntnis" (Z. 18 f.) der Bürger über die politische Komplexität gleich, die eine Abwendung von der Politik begünstigten. Die Politikverdrossenheit äußere sich in der Verachtung der Parteien, einer geringen Wahlbeteiligung und anti-politischer Empörung. Weitere Gründe für die Abkehr von der Politik seien Mängel im politischen Prozess und in der Kunstfertigkeit der Politiker, unterschiedliche Interessen zu vermitteln.
Eine Demokratie, d. h. eine durch die Zustimmung der Mehrheit der Bürger und deren Beteiligung legitimierte Regierungsform, benötigt ohne Zweifel **engagierte Bürger**, die das politische Geschehen verfolgen und sich um das Verständnis komplexer und neuartiger Probleme bemühen. In diesem Demokratieverständnis ist Politik vorrangig die Angelegenheit teilhabebereiter Bürger, vor denen sich die professionellen politischen Akteure in Wahlen rechtfertigen müssen. Ohne

ein gewisses Maß an Demokratieverständnis und eine damit verbundene Mitwirkung seiner Bürger kann ein demokratischer Staat dem hohen Anspruch einer Repräsentation des Volkswillens nicht gerecht werden.
Nicht zu Unrecht attestieren Wissenschaftler der Demokratie in Deutschland im Vergleich mit anderen westlichen Staaten gute Noten. Die **politische Bildung** ist in den Schulen stärker verankert als in anderen Ländern. Das **duale Mediensystem** aus konkurrierenden öffentlich-rechtlichen und privaten Anbietern garantiert ein breites Informationsangebot. Dessen Wirkung wird nur durch die zu beobachtende Neigung eingeschränkt, schwierige Probleme durch Skandalisierung (vgl. Z. 1 ff.), Personalisierung und die Konzentration auf die Rivalität von Spitzenpolitikern zu vereinfachen. Hinzu kommen die **neuen Medien**, die mithilfe sozialer Netzwerke schnelle und nicht-hierarchische Kommunikation ermöglichen. Zudem bietet die deutsche Demokratie ein breites Spektrum realer **Beteiligungsmöglichkeiten zwischen Wahlterminen**, die einer Output-Orientierung von Politik entgegenstehen. Mitbestimmungsmöglichkeiten in Schulen, Verbänden und Unternehmen, zahlreiche Bürgerinitiativen sowie direktdemokratische Strukturen auf Länder- und Gemeindeebene, um Bürger zu beteiligen, ergänzen die Repräsentativdemokratie im Bund. Demokratische Strukturen sind in der Bundesrepublik Deutschland fest etabliert.
Im Bereich der repräsentativen Demokratie haben Europäisierung und Globalisierung allerdings, wie in Aufgabe 3 dargestellt, zu einer **Verlagerung der Entscheidungszentren** geführt. Parteien und Politiker erwecken dennoch den Eindruck, nach wie vor alle wesentlichen Entscheidungen zu kontrollieren. Oder aber sie greifen zum **Argument der Alternativlosigkeit**, wenn diese Entscheidungen nicht mehr beeinflussbar sein sollen. Oft tritt die **Herrschaft von Experten** an die Stelle der Bürgerentscheidung. In Griechenland und Italien übernahmen aufgrund der Schuldenkrise Wirtschaftsexperten und Finanzfachleute die Regierungsverantwortung, Sachentscheidungen sollen den Parteienstreit ersetzen. Auch in Brüssel tritt mit der Europäischen Kommission eine expertokratisch orientierte Institution häufig an die Stelle demokratischer Beteiligung. Zeigt sich darin nicht vielmehr ein „Demokratieunverständnis" von Politikern?
Ihre Adressaten, die Bürger, haben möglicherweise gar kein begrenztes Demokratieverständnis, sondern nur eine andere, ebenso legitime Auffassung von Demokratie, die mit dem aktuellen System nicht im Einklang steht. Die **Schlussfolgerung** der Autoren, zur Rettung der Demokratie auf eine verbesserte politische Bildung zu setzen, um die Akzeptanz und Wertschätzung der vorherrschenden demokratischen Verfahren zu erhöhen, **greift meines Erachtens** daher **zu kurz**.
Ich plädiere für die **Weiterentwicklung demokratischer Strukturen** von unten, um eine **aktive Wahrnehmung der Bürgerrolle zu erreichen**. Es genügt nicht, Wissen über das Funktionieren der Institutionen oder über politische Sachverhalte zu erwerben. Menschen werden eher bereit sein, Bürgerinitiativen und Parteien engagiert zu nutzen, um die für sie wichtigen Probleme anzugehen (z. B. Energiewende oder Bau eines Bahnhofs), wenn sich die entsprechenden Möglichkeiten dazu bieten. Gleichzeitig ist die **Transparenz** von Planungsprozessen und politischen Entscheidungen zu stärken. Heikle Diskussionen dürfen nicht

hinter verschlossenen Türen stattfinden. Weitere Ansatzpunkte, die repräsentative Demokratie zu ergänzen, sind eine **Wahlrechtsreform**, die z. B. durch Vorwah-len den Einfluss der Bürger vergrößert, sowie **Volksentscheide auf Bundesebene**.

Neben dieser Erweiterung von Partizipationsmöglichkeiten sollten **Wahlen** auch viel deutlicher als bisher **programmatische Alternativen** aufzeigen. Ein aktuelles Beispiel bildet das Thema der sozialen **Gerechtigkeit:** Die Einkommensschere klafft weit auseinander, prekäre Beschäftigungsverhältnisse nehmen zu, und die Beispiele derer häufen sich, die durch geschickte Spekulationen zu einem gewaltigen Vermögen gekommen sind. Politikverdrossenheit steigert sich dadurch zu Empörung gegenüber den politischen und wirtschaftlichen Eliten. Wenn die großen Parteien deutlich zeigen könnten, was in diesem Zusammenhang anders gemacht werden kann, wenn also gegen wütende Empörung konkrete Alternativen ins Spiel gebracht würden, wäre viel für den Rückhalt der Demokratie getan.

Hessen – Politik und Wirtschaft – Leistungskurs 2012
Vorschlag C

Thema: *Völkerrecht und Friedenssicherung*

Aufgaben

1. Fassen Sie die Argumentation Reinhard Merkels zur Militärintervention in Libyen zusammen. (Material) (20 BE)
2. „Nach Kriterien, die sich inzwischen auch im Völkerrecht durchsetzen, war Gaddafis Despotenregime nach innen, der eigenen Bevölkerung gegenüber, niemals legitim". (Material)
   Erläutern Sie die Grundlagen und die Praxis legitimer Herrschaft am Beispiel der Bundesrepublik Deutschland. (20 BE)
3. Erörtern Sie Reinhard Merkels These, die Militärintervention in Libyen sei illegitim, vor dem Hintergrund des Spannungsverhältnisses zwischen dem Völkerrecht und der Praxis des „demokratischen Interventionismus". (30 BE)
4. Die Bundesregierung hat der Resolution 1 973 des UN-Sicherheitsrates vom 17. 03. 2011 nicht zugestimmt. Diskutieren Sie, ob die Entscheidung der Bundesregierung auch im Rückblick von heute richtig war. (30 BE)

M: Reinhard Merkel: Die Militärintervention gegen Gaddafi ist illegitim

[…] Die Resolution 1 973 des UN-Sicherheitsrats vom 17. März[1], die den Weg zur militärischen Intervention in Libyen freigab, und Maß und Ziel dieser Intervention selbst überschreiten die Grenzen des Rechts. Nicht einfach nur die Grenzen positiver Normen – das geschieht im Völkerrecht oft und gehört zum Motor seiner Entwicklung. Sondern die seiner Fundamente: der Prinzipien, auf denen jedes Recht zwischen den Staaten beruht. Die Entscheidung der Bundesregierung, der Resolution nicht zuzustimmen, war richtig. Die empörte Kritik daran ist so kurzsichtig und fahrlässig wie die Entscheidung des Sicherheitsrats und die Art der Intervention selbst: kurzsichtig im Ausblenden wesentlicher Voraussetzungen der Situation in Libyen, fahrlässig im Hinblick auf die Folgen dieses Kriegs für die Normenordnung der Welt.

Strenger als es der Sicherheitsrat getan hat, müssen zwei denkbare Ziele der Intervention unterschieden werden: die Verhinderung schwerer völkerrechtlicher Verbrechen und die gewaltsame Parteinahme zur Entscheidung eines Bürgerkriegs. Beides unterliegt höchst unterschiedlichen Möglichkeiten der Rechtfertigung. An eine dritte Unterscheidung sei vorsichtshalber erinnert: Ob man Gewalttaten unterbinden oder Diktatoren zum Teufel jagen soll, ist die eine Frage – selbstverständlich soll man das, so gut es geht. Eine ganz andere ist es aber, ob man zu diesem Zweck einen Krieg führen darf, dessen Folgen politisch wie normativ schwer abzusehen sind.

Das Ziel, einen Tyrannen zu stürzen und bewaffneten Aufständischen dabei zu helfen, ist kein legitimer Titel zur gewaltsamen Intervention dritter Staaten. […]

Schon Kant hat in seiner Schrift „Zum ewigen Frieden“ von 1796 festgehalten, die Intervention äußerer Mächte in einen unentschiedenen Bürgerkrieg sei „eine Verletzung der Rechte eines nur mit seiner inneren Krankheit ringenden, von keinem andern abhängigen Volks“, ein „Skandal“, der „die Autonomie aller Staaten unsicher“ mache. Dieser Satz bezeichnet das normative Grundproblem aller Interventionen in fremden Bürgerkriegen richtig. Solange die innere Auseinandersetzung andauert, verdrängt die konfliktentscheidende Parteinahme von außen für eine der kämpfenden Seiten die andere gewaltsam aus ihrer legitimen Rolle als Mitkonstituent der künftigen innerstaatlichen Verfasstheit. Ja, auch der interne Sieg einer der Parteien kann dies bewirken, so wie es durch das Regime eines Despoten vom Schlage Gaddafis schon zuvor dem größten Teil des Volkes aufgezwungen worden sein mag.

Aber Kant hat recht mit dem Hinweis, das bezeichne ein Ringen des Volkes mit seiner „inneren Krankheit“, verletze jedoch dessen Autonomie gegenüber anderen Völkern nicht. Das tut erst die gewaltsame Entscheidung des Konflikts durch externe Dritte. Und genau deshalb bedroht sie die Grundnorm des Rechtsverhältnisses aller Staaten: deren Gleichheit und Autonomie.

Ganz gewiss: Gaddafi ist ein Schurke, dessen Entfernung von der Macht ein Segen wäre, nicht nur für Libyen. Aber die Annahme, die ihn bekämpfenden Rebellen seien eine Demokratiebewegung mit homogenen freiheitlichen Zielen, ist lebensblind. Niemand durchschaut das dunkle Gemisch politisch-ideologischer Orientierungen unter den Rebellen derzeit auch nur annähernd. Was man dagegen sehr genau kennt, und nicht erst seit 2003, sind die Schwierigkeiten eines demokratischen State-Building ohne historisches Fundament und nach einem extern erzwungenen Regimewechsel. Sollte man nicht meinen, die führenden Politiker der westlichen Welt hätten inzwischen gelernt, was schon Kant gesehen hat? Die wichtigste Ressource eines solchen State-Building, die prinzipielle Loyalität der großen Mehrheit eines Volkes, dürfte durch den gewaltsamen Eingriff von außen weit nachhaltiger zerstört als durch die Entmachtung eines Despoten gewährleistet werden.

Was das für Libyens politische Zukunft heißt, mögen die Experten für die arabische Welt ermessen. Was es aber normativ heißt, liegt auf der Hand: Ein Ziel, das nicht oder doch nicht in akzeptabler Weise erreichbar ist, taugt als legitimierender Grund von vornherein nicht. Der demokratische Interventionismus, propagiert 2003, als sich die irakischen Massenvernichtungswaffen als Lüge erwiesen, und jetzt in der euphemistischen Maske einer Pflicht zur kriegerischen Hilfe im Freiheitskampf wieder erstanden, ist politisch, ethisch und völkerrechtlich eine Missgeburt. […]

Nun also: Darf man zum Schutz der Zivilbevölkerung eines anderen Staats gegen diesen Staat Krieg führen? Ja, in Extremfällen darf man das – wenn sich nur so ein Völkermord oder systematische Verbrechen gegen die Menschlichkeit verhindern lassen, wie sie Artikel 7[2] des Statuts des Internationalen Strafgerichtshofs beschreibt. Das hat die Entwicklung des Völkerrechts in den vergangenen zwei Jahrzehnten klargestellt. Gestritten wird zwar, ob eine solche Intervention auch ohne Mandat des Sicherheitsrats legitim sein kann. Aber für die gegenwärtige ist das belanglos.

Dass Gaddafi keinen Völkermord begonnen oder beabsichtigt hat, ist evident. Ein Völkermord setzt hinter allen dabei begangenen Taten das Ziel voraus, „eine nationale, rassische, religiöse oder ethnische Gruppe als solche“ zu zerstören. Nichts spricht dafür, dass die offensichtliche Intention Gaddafis, einen Aufstand – mit welcher Brutalität immer – niederzuschlagen, von diesem für ihn sinnlosen Motiv begleitet wäre. [...]

Nach Kriterien, die sich inzwischen auch im Völkerrecht durchsetzen, war Gaddafis Despotenregime nach innen, der eigenen Bevölkerung gegenüber, niemals legitim. Davon zu unterscheiden ist seine Legitimität nach außen gegenüber allen anderen Staaten der internationalen Gemeinschaft. [...]

So widerwärtig Gaddafis Regime gewesen und zunehmend geworden ist: dass der Widerstand dagegen das Recht zu einer Form gehabt hätte, die zahllosen Unbeteiligten, Frauen und Kinder eingeschlossen, den Tod aufzwingen musste, darf man mit Gründen bezweifeln. So schmerzlich das jeden anmuten muss, der das Recht auf demokratische Teilhabe als fundamentales Menschenrecht verteidigt: die libysche Opposition dürfte ihr legitimes, moralisch hochrangiges Ziel mit illegitimen Mitteln verfolgt haben. Der ägyptische und der tunesische Weg waren nicht nur klüger, sondern auch moralisch besser und wohl nicht zuletzt deshalb erfolgreicher.

Das ist ein trostloser Befund. Die Intervention der Alliierten, so berechtigt ihr Schutzanliegen ist, steht auf brüchigem normativem Boden. Die politische Ziellosigkeit des Unternehmens ist dabei das geringere Übel. Es geht um weit mehr als die pragmatisch beste Lösung eines einzelnen Konflikts: um die Garantie des Gewaltverbots und seiner vernünftigen Grenzen als Grundprinzip der Weltordnung. [...]

FAZ.NET vom 22. 03. 2011
http://www.faz.net/s/Rub117C535CDF414415BB243B181B8B60AE/Doc~ED1054B1A2C78441F8F32CC4486887553~ATpl~Ecommon~Sspezial.html, abgerufen am 5. 9. 2011

Anmerkungen:

1 Die UN-Resolution 1 973 vom 17. 03. 2011 ermächtigte die Mitgliedsstaaten der UN, eine Flugverbotszone über Libyen einzurichten und „alle notwendigen Maßnahmen“ zum Schutz der Bevölkerung zu ergreifen. Jegliche Besatzung libyschen Territoriums durch ausländische Mächte wurde ausgeschlossen und das allgemeine Waffenembargo ausdrücklich bestätigt.

2 Das Römische Statut des Internationalen Strafgerichtshofs definiert in Artikel 7 folgende Handlungen als Verbrechen gegen die Menschlichkeit, wenn sie im Rahmen eines ausgedehnten oder systematischen Angriffs gegen die Zivilbevölkerung und in Kenntnis des Angriffs begangen werden: Vorsätzliche Tötung; Ausrottung; Versklavung; Vertreibung der Bevölkerung; Freiheitsentzug; Vergewaltigung oder jede andere Form schwerer sexueller Gewalt; Verfolgung einer identifizierbaren Gruppe aus politischen, rassischen, nationalen, ethnischen, kulturellen oder religiösen Gründen oder Gründen des Geschlechts; zwangsweises Verschwindenlassen von Personen; das Verbrechen der Apartheid sowie andere unmenschliche Handlungen ähnlicher Art, mit denen vorsätzlich große Leiden oder eine schwere Beeinträchtigung der körperlichen Unversehrtheit oder der geistigen oder körperlichen Gesundheit verursacht werden.
http://www.un.org/Depts/german/internatrecht/roemstat1.html#T27

Zum Autor: Reinhard Merkel lehrt Strafrecht und Rechtsphilosophie an der Universität Hamburg

Lösungsvorschläge

Unterrichtsinhalte:

- Q 1: Verfassungsnorm und Verfassungsrealität: Grundrechte und Grundrechtsabwägung (GG, BVerfG), Gewaltenteilung und Gewaltenverschränkung;
  Partizipation und Repräsentation an ausgewählten Beispielen: Parteien (innerparteiliche Demokratie, Fraktionszwang und freies Mandat), Wahlen
- Q 3: Aktuelle internationale Konfliktregionen und die Möglichkeiten kollektiver Friedenssicherung: Interessen, Entstehungsgründe und Konfliktpunkte (Sicherung von Menschenrechten, Terrorismus, Friedenssicherung durch Vereinbarungen und Verträge, Einflusssphären);
  Internationales Recht: Souveränität und Völkerrecht;

1. *Mit dieser Aufgabenstellung und dem Operator „zusammenfassen" sollen Textverständnis und Methodenkompetenz nachgewiesen werden. Es kommt darauf an, die Argumentation des Autors inhaltlich und formal korrekt, auf das Wesentliche reduziert, wiederzugeben. Das Material ist zunächst formal zu bestimmen (Verfasser, Textart, Zeitpunkt der Veröffentlichung, Titel). In der Einleitung soll darüber hinaus die Kernthese herausgearbeitet werden. Im Hauptteil ist für eine gute Bewertung entscheidend, ob zu den Thesen des Autors die notwendige Distanz aufgebaut wird (indirekte Rede), die Autorenthesen in eigenen Worten wiedergegeben und die Aussagen am Text belegt werden (Zeilenangabe). Maßgeblich ist dabei vor allem, dass es gelingt, die Zusammenfassung eigenständig zu strukturieren. (AFB I)*

   Die militärische Intervention in Libyen in der Folge der Resolution 1 973 des UN-Sicherheitsrats vom 17. 3. 2011 sei illegitim, da sie die Grundprinzipien von Gleichheit und Autonomie im Völkerrecht verletze. Das ist der Kern der Stellungnahme des Hamburger Rechtsphilosophen Reinhard Merkel in seinem am 22. 3. 2011 auf FAZ.NET veröffentlichten Artikel mit dem vielsagenden Titel „Die Militärintervention gegen Gaddafi ist illegitim".
   Der Autor sieht durch das Eingreifen der Alliierten in den Bürgerkrieg in Libyen, auch wenn der Einsatz im Sinne einer **Schutzverantwortung** erfolgte, das völkerrechtliche Weltordnungsprinzip des Gewaltverbots verletzt (vgl. Z. 81 ff.). Dieses dürfe nur im äußersten Notfall zum Schutz der Zivilbevölkerung gegen Völkermord und zur Verhinderung von Verbrechen gegen die Menschlichkeit im Sinne von Art. 7 des Statuts des Internationalen Gerichtshofs eingeschränkt werden (vgl. Z. 56 ff.). Dieser Tatbestand sei im Falle Libyens nicht erfüllt (vgl. Z. 63). Zwar sei Gaddafis Regime zu keinem Zeitpunkt nach innen legitimiert gewesen, wohl aber nach außen gegenüber anderen Staaten (vgl. Z. 69 ff.). Der Bürgerkrieg mit dem Ziel des Sturzes des Diktators sei damit eine innere Angelegenheit, in die die Weltgemeinschaft nicht eingreifen dürfe, denn sonst werde die **Souveränität** des Staats Libyen verletzt. Um dies zu verdeutlichen, verweist der Autor auf Kants Schrift „Zum ewigen Frieden" (1796), in der bereits die

äußere Parteinahme in inneren Konflikten als Verletzung der **Autonomie** der Staaten abgelehnt und Folgeprobleme einer Parteinahme für die Zeit nach Beendigung des Bürgerkriegs aufgezeigt worden seien (vgl. Z. 21 ff.). Genau diese Probleme befürchtet Merkel auch für Libyens politische Zukunft. Nach einem von außen gewaltsam erzwungenen Tyrannensturz werde ein erfolgreiches **State-Building** nur schwer zu betreiben sein, da durch Gewalt die prinzipielle Loyalität der Bevölkerung verloren gehe (vgl. Z. 45 ff.). Im Übrigen seien die Rebellen keine Demokratiebewegung mit homogenen freiheitlichen Zielen. Die Ziele der libyschen Opposition seien zwar legitim, ihre Mittel jedoch nicht (vgl. Z. 76 ff.). Somit seien der ägyptische und der tunesische Weg Erfolg versprechender und „auch moralisch besser" (Z. 80).
Der Autor lehnt aus den genannten Gründen ein kriegerisches Eingreifen im Sinne eines „demokratische[n] Interventionismus" (Z. 52) zur Unterbindung von Gewalttaten und zum Sturz von Diktatoren ab und befürwortet die Entscheidung der Bundesregierung, der Intervention nicht zuzustimmen (vgl. Z. 6 f.). Selbstverständlich sollten Grausamkeiten gestoppt und brutale Diktatoren entmachtet werden, die Mittel müssten allerdings andere sein (vgl. Z. 15 ff.).

2. *Anknüpfend an das Zitat sollen bei dieser Aufgabenstellung der im Grundgesetz verankerte Verfassungskern der parlamentarischen Demokratie der Bundesrepublik Deutschland dargestellt und der politische Prozess der Repräsentation und der pluralistischen Willensbildung im Hinblick auf die Kategorie „Legitimität" erläutert werden. (AFB II)*

Der Autor des vorliegenden Materials, Reinhard Merkel, behauptet: „Nach Kriterien, die sich inzwischen auch im **Völkerrecht** durchsetzen, war Gaddafis Despotenregime nach innen, der eigenen Bevölkerung gegenüber, niemals legitim" (Z. 69 f.). Es stellt sich die Frage nach den Grundlagen **legitimer Herrschaft**.
In der Bundesrepublik Deutschland gibt das Grundgesetz die Struktur der politischen Gestaltung vor. Die Verfassung setzt nicht nur den Rahmen für das Funktionieren der politischen Prozesse, sondern definiert auch die Grundlagen legitimer Herrschaft und politischer Macht. In Art. 20 GG sind die **Staatsstrukturprinzipien** festgelegt. Die Republik wird darin als einzig legitime Staatsform und die Demokratie als einzig legitime Regierungsweise festgelegt. Die **Souveränität** des Volks ist die oberste Legitimationsquelle politischer Macht. Die Bürger wählen nach Art. 38 GG in allgemeinen, freien, gleichen, geheimen und unmittelbaren **Wahlen** ihre Repräsentanten, die wiederum die Mitglieder weiterer Verfassungsorgane bestimmen und die Regierungsarbeit kontrollieren. Die gewählten Parlamente repräsentieren also nicht nur die Wählerinteressen (**Konkurrenztheorie**, Pluralismus) und integrieren so die Bevölkerung in die Politik, sondern übernehmen auch eine wichtige Kontrollfunktion. Bei der **Willensbildung** des Volks wirken insbesondere die Parteien, ausgestattet mit Privilegien (vgl. Art. 21 GG), mit. Das Grundgesetz garantiert allen Bürgern als wesentliches

Freiheitsrecht die Koalitions- und Vereinigungsfreiheit (Art. 9 GG), weiter schützen noch andere Grundrechte die Vielfalt und die plurale Meinungsbildung. An diesen Strukturen kann man schon erkennen, dass die Willkürherrschaft eines einzelnen Despoten wie Gaddafi und ein gleichgeschaltetes Parlament ohne Meinungsvielfalt nach unseren Maßstäben niemals legitim sein können. Ein ausgeklügeltes System von **Gewaltenteilung** soll in der Bundesrepublik Deutschland einem Machtmissbrauch vorbeugen. Neben der klassischen, horizontalen Gewaltenteilung nach Locke und Montesquieu in eine gesetzgebende, ausführende und richterliche Gewalt existieren weitere Formen der Machtkontrolle.

Der deutsche Staat muss gemäß Art. 20 GG als **Bundesstaat** organisiert werden. Durch die Kompetenzverteilung auf Bund, Länder und Gemeinden entsteht zusätzlich ein System vertikaler Gewaltenteilung. Gliedstaaten mit eigenen weitreichenden Kompetenzen sind aufgrund ihrer Kontrollwirkung eine Institution, die Alleinherrscher in sämtlichen Ländern als eines der ersten Kontrollorgane abgeschafft haben. Einem Missbrauch des Wählerwillens wird in der Bundesrepublik Deutschland weiter dadurch vorgebeugt, dass politische Ämter nur auf Zeit vergeben werden (temporale Gewaltenteilung). Der Grundsatz der **Inkompatibilität** verhindert zudem eine Ämterhäufung.

Art. 20 GG definiert Deutschland weiter als **Sozialstaat**. Dieses Strukturmerkmal erfordert eine aktive Fürsorge für die Bürger. Zwar definiert die Verfassung nicht die Ausprägung des Sozialstaats, im Zusammenhang mit den Grundrechten, insbesondere der Gewährleistung der **Menschenwürde** (Art. 1 GG), wird allerdings deutlich, dass Existenzsicherung und soziale Teilhabe garantiert werden müssen.

Das **Rechtsstaatsprinzip** vervollständigt die Merkmale legitimer Herrschaft. Hier werden die Unterschiede zu Gaddafis Herrschaftspraxis am deutlichsten. Die vorstaatliche Garantie der Menschenwürde und der Grundrechte stellt ein Abwehrrecht des Individuums gegen staatliche Gewalt dar. Diese Rechte sind durch die **Wesensgehaltsgarantie** (Art. 19 GG) geschützt. Darüber hinaus sind die Grundlagen politischer, gesellschaftlicher und sozialer Teilhabe, die individuellen Freiheitsrechte und die Gewaltenteilung in der freiheitlich-demokratischen Grundordnung definiert und als **Verfassungskern** durch die sogenannte Ewigkeitsklausel (Art. 79 GG) geschützt. Alle Bürger, aber auch die staatlichen Institutionen müssen sich an die Gesetze halten (**Rechtssicherheit**). Jeder darf seine Rechte – auch gegen staatliche Maßnahmen – wahren (Rechtsweggarantie, Normenkontrollklage, **Rechtsgleichheit**). Gerichte müssen unabhängig sein. Sie sind nur dem geltenden Recht unterworfen und dürfen nicht beeinflusst werden. Sie richten nach verfassungsmäßigen Verfahrensvorschriften auf der Basis einer Gesetzgebung, die an das Grundgesetz gebunden ist. Mit dieser umfassenden Absicherung des Rechtsstaats reagierten die Väter und Mütter des Grundgesetzes auf die Erfahrungen der nationalsozialistischen Diktatur. Eine Willkürherrschaft sollte für alle Zeit ausgeschlossen werden. Libyen kannte einen derartigen Rechtsstaat unter Gaddafi nicht. Nach der erfolgreichen Revolution muss sich das Land solche Legitimationsgrundlagen von Macht und Herrschaft erst erarbeiten. Ein notwendiger Meilenstein werden dabei freie Wahlen sein.

3. *Der Operator „Erörtern" erfordert in der Regel, eine These oder Problemstellung zu untersuchen, die verschiedene Elemente enthält. Dabei kommt es darauf an, diese Elemente zu erkennen, sie abwägend unter Hinzufügung eigener Gedanken zu diskutieren und schließlich zu einem schlüssigen und eigenständigen Urteil zu gelangen. In diesem Fall stehen sich eine Intervention zur Durchsetzung von Menschenrechten und Demokratie und die im Völkerrecht verankerte Souveränität und Gleichheit der Staaten gegenüber. Der Autor hat sich klar positioniert. Eine Intervention in Libyen ist seiner Meinung nach illegitim. Ob Sie dem Autor zustimmen oder widersprechen, spielt für die Bewertung keine Rolle, entscheidend ist die Argumentation. (AFB II und AFB III)*

Die **Vereinten Nationen** (UN) haben sich in ihrer Charta als Ziel gesetzt, den Weltfrieden und die internationale Sicherheit zu wahren (Art. 1), und zwar mit friedlichen Mitteln unter Achtung des Grundsatzes der Gleichberechtigung und Selbstbestimmung der Völker. In ihrem Basisdokument verpflichten sich die UN-Mitglieder, jede gegen die territoriale Unversehrtheit oder die politische Unabhängigkeit eines Staats gerichtete Anwendung von Gewalt zu unterlassen (Art. 2). In Art. 7 des Statuts des **Internationalen Strafgerichtshofs** wird zwar ein Eingreifen bei Verbrechen gegen die Menschlichkeit für zulässig erachtet, aber aus der **Charta** selbst lässt sich keine Befugnis der UN zum Eingreifen in innere Angelegenheiten von Staaten ableiten. Seit etwa 2005 hat sich jedoch das Konzept der **Schutzverantwortung** (**responsibility to protect**) im Sinne einer Einhaltung der Menschenrechte durchgesetzt. Reinhard Merkel nennt dies „demokratische[n] Interventionismus" (Z. 52). Eine gewaltsame Durchsetzung von Menschenrechten und Demokratie steht allerdings im Widerspruch zum Prinzip des **Gewaltverbots** und der Souveränität der Staaten. Dieses Spannungsverhältnis zwischen den verschiedenen Grundprinzipien der UN kann anhand der militärischen Libyen-Intervention des Jahres 2011 aufzeigt werden.
Die zugrunde liegende UN-Resolution 1 973 vom 17. 3. 2011 ermächtigte die UN-Mitgliedstaaten, eine Flugverbotszone über Libyen einzurichten und „alle notwendigen Maßnahmen" zum Schutz der Bevölkerung zu ergreifen. Eine Besetzung libyschen Territoriums durch ausländische Mächte wurde ausgeschlossen und das Waffenembargo wurde ausdrücklich bestätigt. Diese Entscheidung der UN ist unter dem Gesichtspunkt der **Legitimität** infrage zu stellen.
1948 wurde von der UN-Generalversammlung die „Allgemeine Erklärung der **Menschenrechte**" proklamiert. Heute gelten diese grundlegenden Rechte als Völkergewohnheitsrecht, das alle Staaten weltweit bindet. Die Einhaltung der Menschenrechte zu kontrollieren und notfalls auch durchzusetzen, ist insofern eine folgerichtige Erweiterung des internationalen Rechts und damit auch der Grundbeziehung der Staatengemeinschaft. Die Schwierigkeit ist zunächst die Qualifizierung der Verstöße gegen die Menschenrechte. Darauf weist auch der Autor Reinhard Merkel hin, wenn er nur systematische Angriffe auf die Zivilbevölkerung und Völkermord als Anlass für Interventionen zulässt (vgl. Z. 57 ff.). Eine weitere Schwierigkeit stellt die im Völkerrecht kodifizierte **Autonomie** der Staaten dar. Diese wird jedoch zunehmend als die freie Selbstbestimmung der

Völker und nicht als die ihrer Regierungen ausgelegt. Schon jetzt können einzelne Personen, ja sogar Staatschefs, auf der Basis des Interventionsrechts wegen Verbrechen gegen die Menschlichkeit oder Kriegsverbrechen vor dem **Internationalen Gerichtshof** angeklagt und verurteilt werden. Es stellt sich die Frage, ob aus dieser Schutzverantwortung heraus nicht auch eine Pflicht zur Intervention, z. B. zum Sturz eines Diktators, entsteht.
Diese mögliche völkerrechtliche Weiterentwicklung des Ziels der **Friedenssicherung** der UN hängt mit dem neuen **erweiterten Sicherheitsbegriff** zusammen. Dieser definiert **Frieden** nicht nur als Abwesenheit von Gewalt, sondern setzt auch die Ziele einer Verbesserung des Lebensstandards, der Bildung, der Gleichberechtigung und der politischen Teilhabe. Die Intervention in Afghanistan ist im Sinne des neuen Sicherheitsbegriffs erfolgt: Nach und schon während des Kriegs gegen die verbrecherische Talibanregierung wurden verschiedene **State-Building-Maßnahmen** durchgeführt. Auch hier zeigte sich schnell ein Grundproblem jeglichen Eingreifens in die inneren Angelegenheiten eines Staats. Der gesellschaftliche Aufbau, die politische Teilhabe und der soziale Friede wurden durch die westlichen Besatzungsmächte definiert. Kulturelle Eigenheiten Afghanistans blieben zunächst eher unberücksichtigt. Nach inzwischen mehr als zehn Jahren Krieg fällt die Bilanz des neuen Konzepts gemischt aus. Die von den Alliierten eingesetzte Regierung ist im Land nur schwach legitimiert und hat wenig Durchsetzungsfähigkeit. Religiöse, ethnische und kulturelle Konflikte belasten den Aufbau eines funktionellen Staats auch weiterhin.
Im Falle Libyens war die Lage ähnlich unübersichtlich. Mehrere Bürgerkriegsparteien kämpften gegen eine despotische Regierung. Welche Gruppierungen das im Einzelnen waren bzw. sind und ob sie selbst freiheitliche und demokratische Zielsetzungen verfolgen, kann von außen schwer beurteilt werden. Durch die **Intervention** der westlichen Alliierten ist Gaddafi nun gestürzt. Wie sich neue politische Machthaber legitimieren, welche Unterstützung die UN geben kann und wohin sich das Land entwickeln wird, ist aber völlig offen.
Eine zusätzliche Problematik stellt die Art der Entscheidungsfindung innerhalb der UN dar. Um angesichts von rund 200 Mitgliedstaaten in Krisensituationen überhaupt handlungsfähig zu sein, werden die Beschlüsse im Kern vom **Sicherheitsrat** getroffen, der aus fünf ständigen Mitgliedern und zehn nicht ständigen, gewählten Mitgliedern besteht. Die Kerngruppe der fünf ständigen Mitglieder mit Vetorecht konserviert im Grunde die Konstellation der Zeit nach dem Zweiten Weltkrieg. Staaten aus Südasien, Afrika oder Südamerika sind hier nicht vertreten. Seit Jahren wird – relativ ergebnislos – über eine Reform dieser Konstellation diskutiert. Die Mitglieder des Sicherheitsrats sind natürlich nicht frei von Eigeninteressen. Sie müssen aber im Ernstfall zwischen Anerkennung von Autonomie und Intervention wählen.
Vor dem Hintergrund dieser Problematik konstatiert Merkel, die Militärintervention in Libyen sei illegitim (vgl. Z. 1 ff.), weil einerseits die völkerrechtlichen Voraussetzungen (Völkermord) nicht gegeben und zum anderen rein militärische Gewaltlösungen generell abzulehnen seien. Diese Einschätzung erscheint übertrieben. Zum einen ist die **Friedenserzwingung (peace enforcement)** notwendi-

ge Voraussetzung für einen zivilgesellschaftlichen Aufbau im Sinne des **erweiterten Sicherheitsbegriffs**. Zum anderen handelt es sich um einen nach den Statuten der UN zustande gekommenen Beschluss mit klarem Mandat, der damit völkerrechtlich legitimiert ist. Ob es grundsätzlich Aufgabe der UN ist, in einen Bürgerkrieg einzugreifen – mit welch moralisch hochstehenden Argumenten auch immer –, kann allerdings zu Recht gefragt werden.

4. *Die Aufgabenstellung erfordert eine Argumentation mit Pro- und Kontra-Argumenten. Bewertet wird dabei nicht, welche Position Sie einnehmen, sondern ob Ihre Argumentation schlüssig ist. Verwenden Sie Ihr Unterrichtswissen, um Thesen aufzustellen, diese zu erläutern und mit Beispielen zu untermauern. In dieser Lösung ist beispielhaft eine Pro-Argumentation aufgeführt. Die Fragestellung erfordert weniger tief gehende Kenntnisse über die innere Entwicklung Libyens bis ins Frühjahr 2012 hinein, sondern eher eine begründete Bewertung auf Basis politischer Kategorien, z. B. Legitimität von Herrschaft, Rechtsstaatlichkeit, Bedingungsfaktoren von Außenpolitik oder State-Building-Prozesse. (AFB III)*

Außenminister Westerwelle hat sich im Namen der deutschen Regierung als nicht ständiges Mitglied im UN-Sicherheitsrat bei der Abstimmung über die **UN-Resolution** 1 973 vom 17. 3. 2011 der Stimme enthalten, um Bedenken gegen eine militärische Durchsetzung der Flugverbotszone über Libyen deutlich zu machen. Diese Entscheidung ist auf große Kritik in der deutschen und internationalen Öffentlichkeit gestoßen, zumal alle NATO-Bündnispartner im **Sicherheitsrat** zugestimmt haben und sich nur Deutschland auf selber Linie wie Russland und China einer Zustimmung verweigert hat.
Die deutsche Enthaltung ist vielfach als mangelnde Solidarität mit den Bündnispartnern der NATO, allen voran den USA, bewertet worden. Sofort wurde der Vorwurf laut, die bestehende Pflicht zur **Friedenssicherung** aus finanziellen Gründen oder sogar aus innenpolitischen Erwägungen heraus nicht wahrzunehmen. Ein Mitglied des Sicherheitsrats müsse internationale – auch militärische – Verantwortung übernehmen. Das Angebot von deutscher Seite, die Truppen logistisch zu unterstützen und Wiederaufbauhilfe zu leisten, brachte die Kritik nicht zum Verstummen. Die deutsche Entscheidung wecke Erinnerungen an die Zeit vor der Wiedervereinigung, als sich die Bundesrepublik aus wohlverstandenem Eigeninteresse eine starke Zurückhaltung in der Außenpolitik auferlegte und militärische **Interventionen** ausschloss. Diese damals als „Scheckbuch-Diplomatie" abqualifizierte außenpolitische Linie könne ein wiedervereinigtes Deutschland, das zu den größten Wirtschafts- und Militärmächten der Welt gehöre, nicht weiterverfolgen. Insgesamt habe das deutsche Ansehen in der Welt abgenommen, bemängelte nicht nur die Opposition im Bundestag.
In der Tat kann die Enthaltung als vergebene Chance gewertet werden, eine konfliktreiche Region schnell zu befrieden und den Menschen dort zu helfen, indem zuerst ihre physische **Sicherheit** hergestellt und garantiert wird und im Anschluss daran **State-Building-Maßnahmen** durchgeführt werden. Beispiele für

derartige Maßnahmen sind Demokratisierungsunterstützung, Auf- bzw. Ausbau von Infrastruktur und Wirtschaft, Bekämpfung von Korruption sowie Verbesserung des Bildungs- und Gesundheitswesens. Dieses Engagement wäre, so die Befürworter eines Einsatzes deutscher Truppen, nicht nur durch engere Beziehungen zu den NATO-Bündnispartnern belohnt worden, sondern auch durch den Aufbau guter Kontakte zu den künftigen Machthabern Libyens. Deutschland als gefestigte Demokratie sollte sich schon aus moralischen Gründen für eine Durchsetzung der **Menschenrechte** einsetzen. Es sei durchaus auch ein niedrigschwelliges militärisches Eingreifen, z. B. durch operative Unterstützung der Lufteinsätze, möglich gewesen.

Es gab allerdings auch gute Gründe für die Entscheidung der Bundesregierung. Die Lage in Libyen war sehr unübersichtlich. Zwar ist sich die Weltgemeinschaft in der Ablehnung des Diktators Gaddafi einig gewesen, wen man aber in Form der Opposition unterstützt und letztlich an die Macht bringt, weiß bis heute eigentlich niemand. Die **Interventionen** in **Afghanistan** oder im **Irak** mögen als mahnendes Beispiel dienen: Ein militärisches Eingreifen kann relativ schnell beschlossen werden. Hat aber erst einmal eine Eimischung in die inneren Angelegenheiten eines Staats stattgefunden, muss man sich auf Dauer engagieren und die Folgeprobleme bewältigen. Beide Länderbeispiele zeigen zudem, dass den intervenierenden Staaten ihr Engagement keineswegs von allen Gruppierungen innerhalb dieser Länder gedankt wird. Von anti-westlichen oder islamistischen Kreisen wird jegliche Parteinahme und Einmischung als neue Form des Imperialismus gewertet. Das erschwert die zukünftige Zusammenarbeit. Darüber hinaus hat insbesondere der Einsatz in Afghanistan gezeigt, dass ein militärisches Eingreifen ohne zivile Opfer unmöglich ist. Das kann neuen Hass und weitere Eskalation schüren. Dabei ist noch nicht einmal die Frage berücksichtigt, ob die **Bundeswehr** überhaupt in der Lage ist, weltweites militärisches Engagement zu stemmen. Schon jetzt meldet das Verteidigungsministerium das Erreichen der Belastungsgrenze. Hinzu kommt die grundsätzliche Problematik schneller operativer Entscheidungen bei mandatsabhängigen Einsätzen einer Parlamentsarmee. **Out-of-area**-Einsätze der Bundeswehr sind zwar laut **Verfassungsgerichtsurteil** von 1994 grundsätzlich möglich, aber nur, wenn sie innerhalb eines Systems **kollektiver Sicherheit** erforderlich sind. Die Diskussion, ob das Erfordernis im Falle Libyens bestand und eine Einmischung in die inneren Angelegenheiten rechtens war, ist in der Öffentlichkeit nicht geführt worden.

Ein gemeinsames Abstimmen mit Staaten, die dem westlichen Demokratieanspruch nicht genügen, schadet tendenziell der internationalen Reputation Deutschlands. Aber ob das deutsche Rechtsstaatsgebot weltweit ausgedehnt werden muss, Deutschland also qua Grundgesetz verpflichtet ist, die Menschenrechte weltweit zu schützen, ist innerhalb Deutschlands längst nicht ausdiskutiert.

Es gab gute Gründe für die Enthaltung im **UN-Sicherheitsrat**. Der massive Ansehensverlust Großbritanniens im Zuge des Irak-Kriegs hat bewiesen, dass bloße Gefolgschaft gegenüber den USA nicht immer der Königsweg ist. Sich durch ein Nicht-Eingreifen in den libyschen Bürgerkrieg alle Optionen für die Folgezeit offenzuhalten, erscheint im Nachhinein als die richtige Entscheidung.

Hessen – Politik und Wirtschaft – Grundkurs 2013
Vorschlag A

Thema: *Rolle der Parteien*

Aufgaben

1. Geben Sie die wesentlichen Aussagen des Textes von Jürgen W. Falter wieder. (Material 1) (20 BE)
2. Erklären Sie die Rolle der Parteien im demokratischen System der Bundesrepublik Deutschland. (20 BE)
3. Falter stellt fest, „dass sich mit den Mitteln nationalstaatlich definierter Politik weder weltweite Finanz[krisen] noch EU-weite Währungs- und Verschuldungskrisen in den Griff bekommen lassen." Falter spricht in diesem Zusammenhang von einem „Legitimationsproblem". Erläutern Sie diese Aussagen. (30 BE)
4. Falter formuliert: „Dass die Enttäuschung über die Politik steigt, ist aber auch auf die neue Unübersichtlichkeit unseres Parteiensystems zurückzuführen." Setzen Sie sich mit dieser Position auseinander. (30 BE)

M 1: Jürgen W. Falter: Das Unbehagen an der Politik

[…] Die deutsche Parteienlandschaft unterliegt seit der Wiedervereinigung einem tiefgreifenden Wandel. Streng genommen setzt dieser Prozess schon früher ein, in erster Linie hat er zu tun mit dem Abschmelzen der traditionellen, die Volksparteien tragenden sozialen Milieus: Vom Rückgang der katholisch-ländlichen und -kleinstädtischen Milieus sind die Unionsparteien dabei ebenso stark betroffen wie vom Rückgang des gewerkschaftlich organisierten Arbeitermilieus die Sozialdemokraten.

Heute gehen nur noch rund zehn Prozent der katholischen Kirchensteuerzahler regelmäßig in die Kirche, bei den Protestanten sind es noch viel weniger. Der Anteil der Arbeiter ist auf ein gutes Viertel der Bevölkerung geschmolzen, die Zahl der Gewerkschaftsmitglieder hat sich in den letzten zwanzig Jahren mehr als halbiert. Eine Konsequenz des Abschmelzens dieser sozialmoralischen Milieus ist der Rückgang der Zahl der Parteimitglieder beider Volksparteien um jeweils die Hälfte […] und das Aufkommen kleinerer Parteien wie der Grünen und der Linken. Hand in Hand damit gehen ein Abschmelzen längerfristiger Parteibindungen und ein erheblicher Anstieg der Wechselwahlbereitschaft. Wahlen sind seit Ende der achtziger Jahre zunehmend schwerer prognostizierbar, die Wähler sind wetterwendischer geworden, sie entscheiden sich später, gehen seltener zur Wahl, und das allgemeine Zutrauen in die Lösungskompetenz der Politik sinkt stetig.

Dass das Zutrauen in die Lösungsfähigkeit der Politik und die Kompetenz der Politiker, den großen gesellschaftlichen Entwicklungen adäquat zu begegnen, gesunken und weiter im Sinken begriffen ist, hat unter anderem damit zu tun, dass in einer globalisierten vernetzten Welt die nationalstaatlichen Steuerungsmöglichkeiten ständig geringer werden, dass sich mit den Mitteln nationalstaatlich definierter Politik weder weltweite Finanz- noch EU-weite Währungs- und Verschuldungskrisen in den Griff bekommen lassen. Die Wähler merken, dass die wirklich wichtigen politischen Entscheidungen jenseits der nationalen Hauptstädte und außerhalb der nationalen Parlamente gefällt werden. Sie bemerken die Uneinigkeit und die partielle Hilflosigkeit ihrer politischen Führungen auf europäischer Ebene, egal welcher politischen Richtung, und sie reagieren entsprechend, indem sie sich entweder ganz dem Wahlgeschehen entziehen oder der Politik mit kaum verhohlener Verachtung begegnen. Damit entsteht allmählich ein veritables Legitimationsproblem für das parlamentarische Regierungssystem.

Politiker- und Parteienskepsis gibt es zwar mindestens schon so lange, wie wir Umfragen darüber vorliegen haben. Dass jedoch beides in den vergangenen Jahrzehnten gestiegen ist, ist unverkennbar. Die Politikerklasse spürt das, die Parteien zerbrechen sich den Kopf, was dagegen zu tun sei, aber niemand kennt ein Patentrezept. Dass die Enttäuschung über die Politik steigt, ist aber auch auf die neue Unübersichtlichkeit unseres Parteiensystems zurückzuführen.

Der Wähler kauft im Fünfparteiensystem sozusagen die Katze im Sack, da er nicht weiß, welche Koalition er mit seiner Stimme ins Amt wählt. Kleine Koalitionen haben es zunehmend schwerer, so dass in Zukunft immer häufiger der Zwang zur Bildung großer Koalitionen oder von Dreierkoalitionen bestehen wird. Wahlkämpfe werden von den Parteien geführt, als würden sie nach der Wahl alleine regieren, obwohl das in unserem System der Verhältniswahl gar nicht möglich ist. Die Tatsache, dass Parteien die Wahlkämpfe so führen, als könnten sie ihr Wahlprogramm eins zu eins nach der Wahl umsetzen, führt angesichts des Zwangs zum Kompromiss in Koalitionsverhandlungen zu Enttäuschungen bei den Wählern, die die eingegangenen Kompromisse als Verwässerung des Versprochenen, ja geradezu als bewusste Wählertäuschung ansehen.

Eine Änderung ist nicht in Sicht, solange wir mit dem Parteiensystem und dem Wahlsystem leben, das wir im Augenblick haben. Eine Reform des Wahlsystems hin zu Verfahren, die klarere Regierungsmehrheiten garantieren, die Volksstimmung aber im Gegenzug nur wie in einem Zerrspiegel wiedergeben, ist angesichts der gegenwärtigen Mehrheitsverhältnisse so gut wie unmöglich. Eine Rückkehr zu den alten, großen Volksparteien oder ein Aufstieg neuer Volksparteien ist wegen der Ausdifferenzierung unserer Gesellschaft, des Zerfalls in Lebensstilgruppen und kleinteilige soziokulturelle Milieus ebenfalls unwahrscheinlich. Insofern werden wir auch in absehbarer Zukunft mit dieser neuen Unübersichtlichkeit leben.

Frankfurter Rundschau, 27. 09. 2011, http://www.fr-online.de/meinung/gastbeitrag-das-unbehagen-an-der-politik,1472602,10902490.html (abgerufen am 27. 08. 2012).

Hinweise: Jürgen W. Falter ist Politikwissenschaftler an der Johannes Gutenberg Universität Mainz. Die Rechtschreibung entspricht der Textvorlage.

Lösungsvorschläge

Unterrichtsinhalte:

- Q 1: Partizipation und Repräsentation an ausgewählten Beispielen: Parteien (innerparteiliche Demokratie, Fraktionszwang und freies Mandat); Bundesrepublik Deutschland und europäische Integration: Frage nach dem Demokratiedefizit in der EU
- Q 2: Wirtschaftliche Integration Europas: wirtschaftliche Integration und nationalstaatliche Interessen

1. *Bei dieser Aufgabenstellung sollen Textverständnis und Methodenkompetenz nachgewiesen werden. Es kommt also darauf an, die Argumentation des Autors und deren Begründung inhaltlich und formal korrekt, auf das Wesentliche reduziert, wiederzugeben. Das Material ist zunächst formal zu bestimmen (Verfasser, Textart, Zeitpunkt der Veröffentlichung, Titel). In der Einleitung soll darüber hinaus die Kernthese herausgearbeitet werden. Im Hauptteil ist für eine gute Bewertung entscheidend, ob zu den Thesen des Autors die notwendige Distanz aufgebaut wird (indirekte Rede), ob die Autorenthesen in eigenen Worten unter der Verwendung von Fachsprache wiedergegeben werden, ob auf die Fundstellen hingewiesen wird (Textbelege) und vor allem, ob es gelingt, die Zusammenfassung eigenständig zu strukturieren. (AFB I)*

Der Mainzer Politikwissenschaftler Jürgen W. Falter untersucht in einem Gastbeitrag auf dem Onlineportal der Frankfurter Rundschau vom 27. 9. 2011 das veränderte Wahlverhalten in der Bundesrepublik Deutschland und dessen Konsequenzen für die Parteienlandschaft.

Er konstatiert zunächst einen Bedeutungsverlust der beiden großen **Volksparteien**. Die Ursachen sieht er vor allem im gesellschaftlichen Bereich. Die zunehmende Individualisierung und Heterogenisierung führe zum Zerfall der Gesellschaft in immer kleinteiligere soziokulturelle Milieus und zu unterschiedlichen Lebensstilen (vgl. Z. 54 ff.). Damit einher gehe ein Rückgang der traditionellen Stammwählerklientel von CDU und SPD in „katholisch-ländlichen und -kleinstädtischen Milieus" (Z. 4 f.) sowie in „gewerkschaftlich organisierten Arbeitermilieus" (Z. 6), was der Autor unter anderem an zurückgehenden Zahlen von Kirchenbesuchern und Gewerkschaftsmitgliedern zu belegen versucht (Z. 7 ff.). In der Folge sei die Zahl der Parteimitglieder in den großen Volksparteien gesunken und kleinere Parteien wie die Grünen oder die Linken hätten an Bedeutung gewonnen. Darüber hinaus sei die Bereitschaft, sich längerfristig im **Wahlverhalten** an einzelne **Parteien** zu binden, gesunken. Die Wähler entschieden kurzfristiger, welcher Partei sie ihre Stimme geben, gingen seltener zur Wahl und verlören zunehmend das Vertrauen in die Politik (vgl. Z. 13 ff.).

Die zuletzt genannte Entwicklung sei darauf zurückzuführen, dass die Wähler den Politikern immer weniger zutrauten, die aktuellen Probleme zu lösen. Ursache hierfür sei die durchaus richtige Erkenntnis, dass in einer globalisierten Welt

die nationalstaatliche Lösungskompetenz deutlich abnehme. Immer mehr Entscheidungen fielen auf europäischer Ebene (vgl. Z. 19 ff.).
Daraus konstruiert Falter einen veritablen Teufelskreis: Das fehlende Zutrauen in die Lösungsfähigkeit der nationalen politischen Führung führe entweder zu völliger Wahlenthaltung, wodurch die Legitimationsbasis des parlamentarischen Regierungssystems verloren ginge (vgl. Z. 27 ff.). Oder die Wähler entschieden sich aufgrund ihrer Politikerskepsis zur (wechselnden) Stimmabgabe für kleinere Parteien. Eine zunehmende **Parteienzersplitterung** erschwert die Regierungsbildung. Diese selbst herbeigeführte „neue Unübersichtlichkeit" (Z. 37 f.) habe als Konsequenz eine neuerliche Enttäuschung und zunehmende **Politikverdrossenheit** bei den Wählern, da die Bürger zum Zeitpunkt der Stimmabgabe häufig noch gar nicht wüssten, welche Regierungskoalition sie überhaupt ins Amt wählten. Erschwerend komme hinzu, dass aufgrund der erforderlichen **Koalitionsbildung** die Parteien ihre Wahlprogramme nicht unverändert in Politik umsetzen könnten, sondern häufig großzügige Kompromisse eingingen, die bei den Bürgern als Wählertäuschung angesehen würden (vgl. Z. 39 ff.).
Eine Lösung kann der Autor nicht anbieten. Diese käme nur durch eine Reform des Wahlsystems und eine „Rückkehr zu den alten, großen Volksparteien" (Z. 54 f.) in Sicht. Vor dem Hintergrund der soziokulturellen Trends und der aktuellen politischen Mehrheitsverhältnisse hält er beides jedoch für unwahrscheinlich. Auch bezüglich der Folgen ist er skeptisch: Ein Wechsel zum **Mehrheitswahlsystem** würde zwar die Regierungsbildung erleichtern, das Wahlergebnis würde die verschiedenen Strömungen in der Bevölkerung jedoch nicht mehr verhältnismäßig abbilden (Z. 51 ff.).

2. *Der Operator „erklären" verlangt, gelernte Sachverhalte fragebezogen in einem geschlossenen Text zu verdeutlichen. In diesem Fall kommt es darauf an, die Funktionen der Parteien in unserem politischen System herauszuarbeiten und dabei auch das Grundgesetz als Grundlage heranzuziehen. (AFB II)*

Parteien sind ein zentrales Element moderner Demokratien und **pluralistischer Gesellschaften**. Sie sind Vereinigungen, die die politischen Interessen der Staatsbürger wahrnehmen, diese in den politischen Prozess einbringen und somit zwischen Gesellschaft und **Regierungssystem** vermitteln. Eine Partei steht nicht für die Interessen der gesamten Bevölkerung, sondern repräsentiert in der Regel nur eine bestimmte politische Strömung. Trotzdem müssen Parteien in ihrer Programmatik konkrete Aussagen zu allen zentralen Politikbereichen treffen.
Im politischen System der Bundesrepublik Deutschland gelten die Grundsätze des **Mehrparteienprinzips**, der Freiheit der Gründung und der **Chancengleichheit** der Parteien. Als eine der zentralen Lehren aus dem Scheitern der Weimarer Republik sind die politischen Parteien heute gegenüber anderen Vereinigungen privilegiert (sogenanntes Parteienprivileg).
Gemäß Art. 21 Abs. 1 GG wirken die Parteien bei der **politischen Willensbildung** des Volkes mit. Sie können – unter der Voraussetzung, dass ihre innere

Ordnung demokratischen Grundsätzen entspricht (**innerparteiliche Demokratie**) – frei gegründet werden. Nur Parteien, die anstreben, die **freiheitlich-demokratische Grundordnung** zu beseitigen, können vom BVerfG verboten werden (Art. 21 Abs. 2). Die Grenzen für ein solches Verbot sind sehr eng gesetzt. Bisher wurde vom „Hüter der Verfassung" erst zweimal ein Parteienverbot ausgesprochen (Verbot von SRP und KPD in den 50er-Jahren). Die Parteien verfügen durch diesen Schutz im Vergleich zu anderen Trägern politischer Willensbildung (Interessenverbände, Bürgerinitiativen) eine herausragende Stellung.
Das Parteiengesetz definiert weiter die Aufgaben der Parteien. Demnach übernehmen sie im politischen Prozess folgende **Funktionen:**
Zum einen sichern die Parteien die **Teilnahme** der Bürger am politischen Geschehen als Wähler oder Parteimitglieder (**Partizipationsfunktion**). Sie gewinnen einzelne Bürger, die für öffentliche Ämter kandidieren und politische Verantwortung übernehmen (**Rekrutierungsfunktion**). Sie bündeln Interessen und Meinungen und entwickeln aus politischen Zielvorstellungen konkrete Parteiprogramme (**Programmfunktion**). Schließlich nehmen sie – nicht zuletzt mithilfe der Medien – Einfluss auf die öffentliche Meinung (**Meinungsbildungsfunktion**). Sie bringen die von ihnen erarbeiteten politischen Ziele in den Prozess der staatlichen Willensbildung ein und nehmen damit auch Einfluss auf die Entwicklung in Parlament und Regierung, entweder durch Mitwirkung bei der Gesetzgebung, der Organisation von Mehrheiten für Regierungsvorschläge oder durch Entwickeln von politischen Alternativen in der **Opposition**.
Die Parteien sorgen insgesamt für eine permanente Verbindung zwischen dem Volk und ihren Staatsorganen. Sie artikulieren Bürgerinteressen und klären über politische Entscheidungen auf. Damit tragen sie zu einem wesentlichen Teil zur Stabilität des politischen Systems bei (**Integrationsfunktion** oder Legitimationsfunktion).

3. *Ausgehend vom Text soll hier das als Autorenthese zu verstehende „Legitimationsproblem" (Z. 31) durch Zusatzinformationen und Beispiele verdeutlicht und in den Zusammenhang mit einer abnehmenden Steuerungsfähigkeit nationaler Politik gestellt werden. Das zentrale Thema ist durch die Aufgabenstellung bereits vorgegeben, nämlich die Eurokrise. Das ist eine halbjahresübergreifende Themenstellung, denn hier soll Wissen über die aktuelle Entwicklung der europäischen Integration mit deren Auswirkungen auf das nationale politische System der Bundesrepublik verbunden werden. Eine eigene Bewertung ist nicht erforderlich. (AFB II)*

Die von Falter angesprochene Machtlosigkeit nationalstaatlich definierter Politik in den gegenwärtigen Finanzkrisen und das damit verbundene **Legitimationsproblem** lassen sich auf die im Artikel skizzierte veränderte Rolle nationaler Parlamente in einer „globalisierten, vernetzten Welt" (Z. 22) zurückführen.
In den letzten Jahren und Jahrzehnten wurden zunehmend nationale Kompetenzen auf **supranationale Organisationen** übertragen. Der gewollte Integrations-

prozess in Europa sorgte dafür, dass immer weitere Politikbereiche von den nationalen Entscheidungsträgern auf die europäische Ebene verlagert wurden. Aktuellen Schätzungen zufolge gehen schon rund zwei Drittel der deutschen Gesetzgebung auf Initiativen oder Vorgaben aus Brüssel zurück. Hinzu kommen die eingegangenen Verpflichtungen in **internationalen Organisationen** wie den UN, die ebenfalls mit konkreten Handlungsaufträgen verbunden sind.
Dieser Prozess wird dadurch beschleunigt, dass sich verstärkt die Erkenntnis durchsetzt, dass viele der gegenwärtigen Probleme nicht mehr national gelöst werden können. Zu nennen wären hier der globale Klimawandel oder die Bekämpfung des internationalen Terrorismus. Die **wachsende Internationalisierung** von Finanz- und Wirtschaftsprozessen hat die Regierungen der Staaten ebenfalls zu stärkerer Zusammenarbeit gezwungen. Dies wurde besonders im Zuge der globalen Finanzkrise ab 2007 und der Euro-Schuldenkrise ab 2009 deutlich. Zum einen hat sich durch die internationalen wirtschaftlichen Verflechtungen die **Finanzkrise** wie ein Flächenbrand ausgebreitet, zum anderen hat sich herausgestellt, dass sich die global handelnden Finanzakteure kaum von nationalen Regularien beeindrucken lassen. Die **Eurokrise** wiederum hat nicht nur den hohen Grad der Verflechtung und der Abhängigkeiten der europäischen Wirtschaften gezeigt, sondern auch bewiesen, wie sehr nationale politische Entscheidungen wirtschaftliche Entwicklungen in anderen europäischen Ländern beeinflussen. Zur Lösung der Krise wurden einzelne Institutionen gestärkt (z. B. die EZB) und neue Institutionen wie die europäische Finanzaufsicht geschaffen. Dies hat aber zweierlei zur Folge – und hier ist der kritische argumentative Ansatz von Falter („Legitimationsproblem“) zu suchen:
Auf der einen Seite litt die Entscheidungsfindung auf EU-Ebene schon zuvor unter **mangelnder Transparenz** und unter einem gewissen **Demokratiedefizit**. Obgleich das Europäische Parlament das einzige EU-Organ ist, das von den EU-Bürgern direkt gewählt ist, verfügt es über nur eingeschränkte Mitwirkungsrechte im politischen Prozess. Die **Gesetzgebungskompetenz** muss sich die Volksvertretung mit dem Ministerrat teilen und auf die starke Exekutive, die Kommission, hat sie nur geringen Einfluss. In den letzten Jahrzehnten wurden mehrere Versuche unternommen, diese Defizite im Rahmen eines Verfassungsentwurfs zu beheben – bisher aber noch nicht mit durchschlagendem Erfolg.
Auf der anderen Seite zwang die krisenhafte Zuspitzung der letzten Jahre zu immer schnellerem Handeln, eine Entwicklung, die die Exekutive stärker in den Vordergrund rückte. Die Entscheidungen zum europäischen Fiskalpakt und zum „Euro-Rettungsschirm“ griffen zudem massiv in das **Haushaltsrecht** der Mitgliedstaaten ein – das angestammte Vorrecht des nationalen Parlaments.
Obgleich die Bundesrepublik Deutschland gegenwärtig die wirtschaftlich stärkste Kraft in der EU ist, konnte sie die Bedingungen des **Fiskalpakts** nicht alleine bestimmen. Auch der Einfluss auf die unabhängige EZB ist nur begrenzt. Durch die Vorgaben der EU werden nun die Spielräume des Bundestags bezüglich fiskalpolitischer, konjunktureller und schließlich auch sozialpolitischer Entscheidungen zunehmend eingeschränkt. Diese Entwicklung kann den Eindruck erwecken, der deutsche Bundestag vollziehe nur hektisch die Entscheidungen

nach, die Brüssel vorgibt. Die **Souveränität** des nationalen Parlaments scheint bedroht. Zuletzt waren mehrere Urteile des **BVerfG** nötig, um die Rechte der deutschen Abgeordneten gegenüber dem Durchgriff der Bundesregierung und der EU zu stärken. Die Notwendigkeit dieser Urteile belegt die Brisanz der gegenwärtigen „Europäisierung der nationalen Politik".
Diese Entwicklung ist den deutschen Bürgern nicht entgangen und wird zunehmend kritisch gesehen. Alle Umfragen der letzten Jahre zeigen eine eindeutige Tendenz: einen massiven **Ansehensverlust der Politik** und rasant schrumpfende Zustimmungsraten zur europäischen Integration. Dies kann tatsächlich zu dem von Falter angesprochenen Legitimationsproblem führen: Wozu sich noch an der Bundestagswahl beteiligen? Man kann ja doch nichts ändern. Die Entscheidungen fallen an anderer Stelle. Damit aber erodiert ein Kernbestand der Demokratie: der politisch interessierte und **aktive Bürger**.

4. *Bei dieser Aufgabenstellung kommt es darauf an, zu der These Falters eine eigene Argumentation zu entwickeln und schließlich zu einer begründeten Bewertung zu gelangen. Bei der Diskussion entscheidet die Differenziertheit und Vielschichtigkeit der Argumente über die Bewertung, nicht die Richtigkeit einer bestimmten Position. Ausgangspunkte für die Stellungnahme sind die Schlüsselbegriffe der These, also hier „Enttäuschung", „Unübersichtlichkeit" und „Parteiensystem". Ein Eingehen auf die im Text genannten alternativen Lösungsideen ist von Vorteil. (AFB III)*

Das von Falter angesprochene Problem berührt unterschiedliche Veränderungsprozesse im politischen System der Bundesrepublik Deutschland.
Der Autor spricht zunächst von der „Enttäuschung über die Politik" (Z. 37). Ein Indiz dafür ist die seit Jahrzehnten zu beobachtende sinkende **Wahlbeteiligung**. Die Zahl der **Nichtwähler** ist bei der Bundestagswahl 2009 auf fast 30 % angestiegen. Über die Ursachen der **Wahlenthaltung** gibt es verschiedene Theorien. Neben Parteien-und Politikverdrossenheit werden auch Unzufriedenheit mit dem politischen System allgemein oder mit konkreten sozialen oder wirtschaftlichen Zuständen als Gründe angeführt. Kaum zu klären ist, ob es sich im Einzelfall um eine rationale Entscheidung oder um ein grundsätzliches Verweigern politischer Beteiligung handelt. Manche Wissenschaftler vertreten sogar die These, die Wahlenthaltung könne ein Zeichen großer politischer Zufriedenheit sein. Demzufolge glaubten die Bürger, ihre Beteiligung sei nicht mehr bei jeder Wahl nötig. Die Quote der Wahlenthaltung würde sich letztlich nur der in anderen westlichen Ländern angleichen, sich also quasi normalisieren. Von den meisten Politikwissenschaftlern wird jedoch die Tendenz zur Wahlenthaltung in den Zusammenhang von allgemeiner Delegitimierung des politischen Systems, von **Politikverdrossenheit** und Protest gestellt – so wie auch Falter es tut.
Wahlenthaltung kann den relativen Stimmenanteil kleinerer (Protest-)Parteien erhöhen und ihnen somit indirekt in die Parlamente verhelfen. Dort wird die Entscheidungsfindung entsprechend erschwert, was neuerliche Enttäuschung über

die angebliche Ineffektivität der Politik hervorrufen kann. Eine entscheidende Rolle spielen in diesem Prozess die **Medien**. Sie haben zum einen die Aufgabe, über Politik aufzuklären und komplexe politische Fragestellungen vereinfachend zu vermitteln. Zum anderen können sie aber auch selbst Themen setzen (**agenda setting**) und politische Probleme „skandalisieren". In den letzten Jahren wurde gegenüber den Medien häufiger der Vorwurf erhoben, durch äußerst kritische und extrem negative Berichterstattung, Politikverdrossenheit gefördert zu haben.
Falter sieht vor allem in der „neue[n] Unübersichtlichkeit unseres Parteiensystems" (Z. 37 f.) eine Ursache dafür, dass die Enttäuschung über die Politik steigt. Das die politische Stabilität und Legitimation der Demokratie entscheidend stützende Parteienspektrum hat sich in den letzten Jahren erheblich verändert. Im Zusammenhang mit den Parteien CDU/CSU und SPD wird traditionell von „**Volksparteien**" gesprochen. Damit sind Parteien gemeint, die unterschiedlichste soziale Gruppen an sich binden, deshalb kompromiss- und koalitionsfähig sind und (je nach Definition) mindestens 30 % der Wähler auf sich vereinigen. Bei der Bundestagswahl 2009 erreichte die CDU diese Quote nur noch knapp, die SPD blieb mit 23 % der Wählerstimmen weit unter der 30 %-Marke. Vor dem Hintergrund der historisch geringen Wahlbeteiligung von nur rund 71 % wurde dann auch folgerichtig das „Ende der Volksparteien" ausgerufen.
Ursache für diesen Prozess ist die zunehmende Ausdifferenzierung der Gesellschaft, man spricht von „**Pluralisierung**", deren Tempo mit der Globalisierung weiter zugenommen hat. Mit der Auflösung klassischer **Milieus** verschwindet zunehmend die langwährende **Bindung an eine bestimmte Partei**. Um ihren Stimmanteil zu halten, bemühen sich die (ehemaligen) Volksparteien, neue Milieus programmatisch zu integrieren. Damit aber verwässern sie ihren traditionellen „Markenkern", also ihre ursprüngliche Identität, und schrecken die letzten **Stammwähler** ab. Da die Volksparteien nicht mehr alle Bevölkerungsgruppen gleichmäßig erreichen, entstanden in den letzten Jahrzehnten neue Parteien (Die Grünen, Die Linke, Piratenpartei). Das Parteiensystem entwickelte sich von einem Drei- über ein Vier- zu einem Fünf-Parteien-System. Ein Ende dieser Entwicklung ist nicht in Sicht, das Parteiensystem droht zu zerfasern, große Reformen anzupacken, wird für die Politik immer schwieriger.
Auf diesem empirischen Fundament fußt Falters Argumentation: Der Wähler wisse zum Zeitpunkt der Stimmabgabe nicht, welche Koalition und damit welche Politik er eigentlich wähle (vgl. Z. 39 f.). Koalitionsbedingte Kompromisse führten „zu Enttäuschungen bei den Wählern" (Z. 47). Allerdings werden durch das stärker ausdifferenzierte **Parteiensystem** die speziellen gesellschaftlichen Entwicklungen präziser repräsentiert, als das in den Kompromissen der großen Volksparteien bisher möglich war. Dies kann bei bestimmten Wählergruppen zu höherer Akzeptanz des politischen Systems führen.
Die Erosion der großen Parteien geht mit einem **Bedeutungsverlust des deutschen Parlaments** einher. Immer mehr für deutsche Bürger relevante Entscheidungen werden außerhalb des Bundestags getroffen. Nationale und europäische Politikebenen verschränken sich zunehmend, wodurch sich die Unübersichtlichkeit für die Wähler weiter steigert.

Eine spezifische Form der Unübersichtlichkeit spricht Falter im letzten Absatz seines Artikels an (vgl. Z. 50 ff.): das deutsche **Wahlsystem**. Die **personalisierte Verhältniswahl** ist für sich genommen durch die Verschränkung von Mehrheits- und Verhältniswahl schon sehr komplex. Der Politikwissenschaftler sieht einerseits in einem reinen **Mehrheitswahlsystem** die Möglichkeit, klarere Regierungsmehrheiten zu garantieren, räumt aber andererseits einer derartigen Wahlrechtsreform angesichts der politischen Mehrheitsverhältnisse keine Chance ein. Einen Wiederaufstieg der Volksparteien hält er aufgrund der gesellschaftlichen Entwicklungen für unwahrscheinlich. Es bleibt die Frage, ob ein Mehrheitswahlsystem tatsächlich die politischen Probleme lösen könnte. Zum einen zeigt sich in den Ländern, die ein solches System haben (z. B. Großbritannien) bezüglich der Politikmüdigkeit ein ähnliches Bild. Zum anderen bieten vielleicht gerade die neuen kleineren Parteien die Chance, die gesellschaftliche Vielfalt besser widerzuspiegeln. Außerdem erleben in allen westlichen Industrieländern **außerparlamentarische Formen** der politischen Artikulation Auftrieb. Diese Form der Interessenwahrnehmung könnte zu einem neuen Legitimationsschub für die Demokratie führen.

Hessen – Politik und Wirtschaft – Grundkurs 2013
Vorschlag B

Thema: *Die Rolle des Staates in Wirtschaft und Globalisierung*

Aufgaben

1. Geben Sie den Text von Peter Bofinger wieder. (Material) (20 BE)
2. Ordnen Sie die Position Bofingers einer wirtschaftspolitischen Konzeption zu und erläutern Sie diese in ihren Grundzügen. (25 BE)
3. Erläutern Sie, welchen Einfluss die Globalisierung auf Arbeit und Löhne in Deutschland hat. (25 BE)
4. Nehmen Sie Stellung zur Rolle des Staates, wie Peter Bofinger sie in seinem Text fordert. (30 BE)

M: Peter Bofinger: Welche zukünftige Rolle für den Staat?

Mit dem Zusammenbruch der sozialistischen Planwirtschaften Ende der achtziger Jahre ist der Staat auch im Westen zunehmend in die Defensive geraten. Der Markt wurde immer mehr zu einer Heilslehre, deren Credo darin bestand, dass der Staat als Antagonist[1] des Marktes möglichst klein gehalten werden sollte. Im Zentrum der wirtschaftspolitischen Agenda stand deshalb weltweit das Bestreben, die Steuern und die Staatsausgaben zu senken, soziale Sicherungsmechanismen zu reduzieren und staatliche Regulierungen weitestgehend abzubauen. Auf diese Weise sollte ein möglichst großer Entfaltungsspielraum für die erhofften positiven Effekte der Marktkräfte geschaffen werden.

Die Finanzmarktkrise hat dieses Paradigma massiv in Frage gestellt. Banken, Hedgefonds und Versicherungen haben in diesem Jahrzehnt alles getan, sich von den Fesseln staatlicher Regulierungen zu entledigen. Die Staaten haben diesen Prozess durch Deregulierungen unterstützt und sich weitgehend darauf verlassen, dass private Rating-Agenturen die eigentlich staatliche Aufgabe der Bankenaufsicht angemessen wahrnehmen würden. Das Resultat dieser von vielen renommierten Ökonomen begrüßten Entwicklungen war ein selbstzerstörerischer Prozess, der nur dadurch gestoppt werden konnte, dass der Staat bereit war, das Finanzsystem mit Liquidität und frischem Kapital zu versorgen.

Daraus folgt als zentrale Lehre für die zukünftige Rolle des Staates: Markt und Staat sind keine Gegner. Die Marktkräfte benötigen vielmehr ein starkes Gegengewicht durch einen leistungsfähigen Staat. Der Markt ist ein System, das oft sehr kurzfristig orientiert ist und deshalb für sich genommen keine nachhaltigen Entwicklungen gewährleistet. Das gilt für die Finanzmärkte ebenso wie für die Güter- und Arbeitsmärkte.

Die zukünftige Rolle des Staates muss darin bestehen, die Marktprozesse so zu gestalten, dass sie zu einer nachhaltigen Wirtschaftsentwicklung führen. Konkret muss dafür gesorgt werden, dass die Finanzmärkte transparenter werden und über bessere Risikopuffer verfügen. Die noch wichtigere Aufgabe besteht jedoch darin, dass die mit der Globalisierung entstehenden Wohlstandsgewinne in Zukunft auch wieder bei der Breite der Arbeitnehmer ankommen. Dies kann vor allem durch allgemeine Mindestlöhne und durch die Allgemeinverbindlichkeit von Tariflöhnen erreicht werden. Im Niedriglohnbereich bedarf es für Beschäftigte mit Kindern zudem einer negativen Einkommensteuer[2]. Der Staat muss außerdem über hohe Bildungsinvestitionen und wirksame Erbschaftssteuer dafür sorgen, dass die Chancengleichheit in der Gesellschaft gewahrt bleibt.

Damit der Staat diese Rolle wahrnehmen kann, muss die Gesellschaft ihm die notwendigen finanziellen Ressourcen zur Verfügung stellen. Anders als von manchen Globalisierungskritikern befürchtet, ist es den meisten Staaten in den beiden letzten Jahrzehnten gelungen, ihre Steuereinnahmen im Gleichschritt mit der Wirtschaftsentwicklung zu erhöhen. Es ist also nicht zu einem „race-to-the-bottom“[3] gekommen. Vielmehr beweisen die skandinavischen Länder, dass auch Volkswirtschaften mit einer sehr hohen Abgabenquote von über fünfzig Prozent international wettbewerbsfähig sein können. Entscheidend ist dabei – ähnlich wie bei einem guten Hotel –, dass das Preis-Leistungsverhältnis stimmt, dass hohe Abgaben also mit einer guten Infrastruktur, einem leistungsfähigen Bildungssystem, innerer Sicherheit und einem anspruchsvollen Kulturangebot einhergehen.

Der Staat der Zukunft muss also ein gestaltender Staat sein. Er darf sich nicht passiv den Kräften des Marktes ergeben, er muss vielmehr diese Kräfte aktiv so kanalisieren, dass sie nachhaltig positive Effekte entfalten und damit möglichst vielen Menschen zugute kommen. Dies ist die entscheidende Voraussetzung dafür, dass wir nach der Finanzmarktkrise nicht auch noch eine Globalisierungskrise erleben. Freie Märkte haben politisch nur dann eine Zukunft, wenn die Mehrzahl der Wähler wieder das Gefühl bekommt, dass sich der Wohlstand in der Breite erhöht.

Friedrich Ebert Stiftung (2009): Welche zukünftige Rolle für den Staat?, S. 3; http://library.fes.de/pdf-files/id/ipa/06059.pdf (abgerufen am 20. 10. 2011).

Hinweise: Peter Bofinger ist Professor für Volkswirtschaftslehre an der Universität Würzburg und Mitglied des Sachverständigenrates zur Begutachtung der gesamtwirtschaftlichen Entwicklung (die „fünf Wirtschaftsweisen“).
Die Rechtschreibung entspricht der Textvorlage.

Anmerkungen:

1 Gegenspieler

2 Jeder Bürger ohne Einkommen erhält vom Staat eine das Existenzminimum deckende Unterstützungszahlung (Transferleistung, daher negative Einkommensteuer); diese nimmt in dem Maße ab, wie der Bürger eigenes Einkommen erzielt;
zitiert nach: http://wirtschaftslexikon.gabler.de/Definition/negative-einkommensteuer.html.

3 Wettlauf nach unten; gemeint ist ein Abbau von Standards und Leistungen (z. B. im Sozialbereich)

Lösungsvorschläge

Unterrichtsinhalte:

- Q 2: Ziele und Zielkonflikte wirtschaftlichen und wirtschaftspolitischen Handelns am Beispiel: Beschäftigung und Arbeitslosigkeit, Konjunktur und Konjunkturpolitik, angebots- und nachfrageorientierte Wirtschaftspolitik
- Q 3: Weltwirtschaft und Globalisierung: Weltmarkt und Welthandel zwischen Liberalisierung der Märkte und globaler Ordnungspolitik, Standortfaktoren und Veränderungen der internationalen Arbeitsteilung

1. *Nach der Identifizierung von Autor und Text sollten Sie die wichtigsten Aussagen in eigenen Worten wiedergeben. Überzeugen Sie hierbei durch einen souveränen Umgang mit Fachbegriffen. Eine eigenständige Strukturierung der Gedankengänge des Autors ist sinnvoll, um z. B. Redundanzen zu vermeiden. (AFB I)*

   Peter Bofinger, Professor für Volkswirtschaftslehre an der Universität Würzburg und Mitglied des „Rats der fünf Wirtschaftsweisen", veröffentlichte den hier auszugsweise wiedergegebenen Aufsatz „Welche zukünftige Rolle für den Staat?" im Jahr 2009 bei der Friedrich-Ebert-Stiftung.

   Bofinger leitet seinen Beitrag mit der Feststellung ein, dass durch den Zusammenbruch der staatlich gelenkten Planwirtschaften des Ostblocks Ende der 80er-Jahre auch die westlichen Staaten wirtschaftspolitisch „in die Defensive geraten" (Z. 2) seien. Der **Markt** und sein unbehindertes Wirken galten gemeinhin als Heilsbringer. Entsprechend sei weltweit der staatliche Einfluss auf die Wirtschaft konsequent zurückgedrängt worden. Steuersenkungen, geringere Sozialabgaben, Kürzungen bei den Sozialleistungen sowie der Abbau staatlicher Regulierungen und Sicherungsmechanismen seien die Folge gewesen. Der Staat habe sich dadurch die Freisetzung ungeahnter Wachstumskräfte erhofft (vgl. Z. 7 ff.). Diese Politik habe einen „selbstzerstörerische[n] Prozess" (Z. 16) eingeleitet und 2008 in eine weltweite **Finanzmarktkrise** geführt, die nur durch das Eingreifen der Staaten und die Rettung der Banken auf Kosten der Steuerzahler habe gestoppt werden können.

   Aus dieser Erfahrung folge die Notwendigkeit einer **Wende in der Wirtschaftspolitik**. Die Marktkräfte dürften nicht sich selbst überlassen werden. Da der Markt vorrangig an kurzfristigen Vorteilen und nicht an nachhaltiger Entwicklung orientiert sei, benötige er ein Gegengewicht in Form eines starken Staats (vgl. Z. 20 ff.). Es sei Aufgabe des Staats, durch entsprechende Politik eine nachhaltige wirtschaftliche Entwicklung zu gewährleisten und die **Risiken der Finanzmärkte** durch Regulierung **einzudämmen**. Vor allem müsse der Staat seine verteilungspolitischen Aufgaben wieder stärker wahrnehmen und dafür sorgen, dass die durch die Globalisierung entstandenen **Wohlstandsgewinne** auch der breiten **Masse der Arbeitnehmer** zugute kämen. Dies könne z. B. durch die Einführung von **Mindestlöhnen** und einer negativen Einkommenssteuer im Niedriglohnbereich erreicht werden. Gleichzeitig sollten eine „wirksame Erb-

schaftssteuer“ (Z. 34) und hohe **Bildungsinvestitionen** mehr Chancengleichheit bewirken.
Der Staat dürfe vor Steuererhöhungen, die der jeweils gegenwärtigen Wirtschaftsentwicklung entsprechen, nicht zurückscheuen. Das skandinavische Beispiel beweise, dass Staaten trotz **hoher Abgabequoten** international wettbewerbsfähig sein könnten (vgl. Z. 41 ff.).
Der Staat müsse also die Zukunft wieder stärker gestalten und dürfe sich nicht den Marktkräften ausliefern. Diese Kräfte müssten kanalisiert werden, damit möglichst viele davon profitieren und „der Finanzmarktkrise nicht auch noch eine Globalisierungskrise“ (Z. 51) folge.

2. *Die Aufgabe verlangt die begründete Zuordnung von Bofingers Position zu einer wirtschaftspolitischen Grundkonzeption und eine anschließende Erläuterung des Theorieansatzes durch zusätzliche Informationen und Beispiele. (AFB II)*

Es fällt nicht schwer, Peter Bofingers Argumente einer der beiden konkurrierenden wirtschaftspolitischen Grundkonzeptionen zuzuordnen, denn er selbst grenzt sich in der Einleitung seines Beitrages scharf von der staatsfernen, **neoliberalen, angebotsorientierten Wirtschaftspolitik** ab. Diese seit Zusammenbruch des Ostblocks dominierende Form der Wirtschaftspolitik habe direkt in die weltweite Finanzmarktkrise der Jahre nach 2008 geführt.
Bofinger spricht sich demgegenüber für eine **nachfrageorientierte Wirtschaftspolitik** aus. Er fordert eine aktive verteilungspolitische Rolle des Staats; durch z. B. die Einführung von Mindestlöhnen, die Allgemeinverbindlichkeit von Tarifverträgen und eine negative Einkommenssteuer im Niedriglohnbereich soll die Nachfrageseite gestützt werden (vgl. Z. 30 ff.). Weiterhin macht er die mangelnde staatliche Regulierung für die Finanzmarktkrise verantwortlich (vgl. Z. 10 ff.) und fordert einen leistungsfähigen Staat als Gegengewicht des Marktes. Es sei Aufgabe des gestaltenden Staats, eine nachhaltige Wirtschaftsentwicklung zu garantieren (vgl. Z. 25 f.).

Die nachfrageorientierte Wirtschaftspolitik, die auf **John Maynard Keynes** zurückgeht, resultiert aus den Erfahrungen der Weltwirtschaftskrise von 1929 und der ihr folgenden **großen Depression**. Grundannahme ist, dass die Selbstheilungskräfte des Markts nicht ausreichen, um eine Krise zu überwinden. Vielmehr müsse der Staat als wirtschaftspolitischer Akteur eine aktive Rolle übernehmen und zur Überwindung der Krise vor allem die Nachfrageseite stützen.
Einem Einbruch der gesamtwirtschaftlichen Nachfrage kann er durch eine Reihe wirtschaftspolitischer Maßnahmen entgegenwirken:
- **Ausdehnung der Staatsnachfrage** durch z. B. Infrastrukturinvestitionen,
- Ankurbelung der **privaten Nachfrage** durch z. B. Steuer- und Abgabensenkungen, Ausweitung der Transferleistungen oder Subventionen,
- **lohnpolitische Zeichen** durch z. B. Tariferhöhungen im öffentlichen Dienst.

Allerdings muss der Staat zur Finanzierung dieser Maßnahmen **„deficit spending“** betreiben, d. h., er nimmt in der Krise Schulden auf, die er erst nach Wie-

deranspringen des Konjunkturmotors zurückzahlen kann. Keynes bezeichnet diese Form der Haushaltspolitik als „antizyklische Finanzpolitik".
Eine an John Maynard Keynes orientierte Wirtschaftspolitik wurde in der Bundesrepublik in den 60er- und 70er-Jahren – anfangs durchaus mit Erfolg – betrieben und fand im Stabilitäts- und Wachstumsgesetz ihren Niederschlag. Sie geriet in die Kritik, als das Land in den 70er-Jahren nach der Ölkrise in eine Phase der **Stagflation** geriet, die durch hohe Inflationsraten und zunehmende Staatsverschuldung bei niedrigem Wirtschaftswachstum gekennzeichnet war.
Begonnen in der Regierungszeit Kohl, erzielte eine stärker angebotsorientierte Wirtschaftspolitik mit der **Agenda 2010** der rot-grünen **Regierung Schröder** ihren Durchbruch. Manche Kommentatoren beurteilen diese Politik heute sehr positiv und sehen in ihr die Hauptursache für das relative Wohlergehen Deutschlands im europäischen Vergleich.
Bofinger jedoch hält diese Politik für grundlegend falsch und möchte davon überzeugen, die Wirtschaftspolitik auf das keynesianische Gleis zurückzuführen.

3. *Stellen Sie Ihr Wissen über die Folgen der Globalisierung für die Arbeit und die Löhne der verschiedenen Beschäftigungsgruppen dar. Erläutern Sie in diesem Zusammenhang die wachsende Bedeutung des Qualifikationsniveaus. (AFB II)*

Die internationale Aufstellung eines Großteils der deutschen Unternehmen in den Bereichen Produktion und Absatz sowie die durch den weltweiten Handel ermöglichte Vertiefung der **internationalen Arbeitsteilung** haben der exportorientierten deutschen Wirtschaft zweifellos genutzt. Durch die **Erschließung neuer Märkte** konnten die Unternehmen ihren Absatz deutlich erhöhen und durch internationale Arbeitsteilung bestehende Wettbewerbsvorteile weiter ausbauen. Die drohende Verlagerung der gesamten oder zumindest teilweisen Produktion in Länder mit günstigeren Faktorkosten hat zudem die Gewerkschaften in Deutschland lange Zeit zu **lohnpolitischer Bescheidenheit** veranlasst. Auf diese Weise konnten die Produktionskosten weiter gesenkt und die Wettbewerbsfähigkeit der meist qualitativ hochwertigen deutschen Produkte der Automobil- und Maschinenbauindustrie erhöht werden. Insofern gehört die deutsche Wirtschaft zweifellos zu den **Gewinnern der Globalisierung**.

Aus Sicht der Arbeitnehmer in Deutschland stellt sich die Lage jedoch differenzierter dar. Die Erfolge der deutschen Exportwirtschaft haben auf der einen Seite die Nachfrage nach qualifizierter Facharbeit stark gesteigert, inzwischen ist sogar vielfach von einem **Fachkräftemangel** und von der Notwendigkeit die Rede, den deutschen Arbeitsmarkt für ausländische Fachkräfte weiter zu öffnen. Im höheren Qualifikationssegment sind die Arbeitsplätze in der Regel sicher. Der steigenden Arbeitskräftenachfrage entsprechend konnten dort inzwischen auch wieder **höhere Tariflöhne** durchgesetzt werden. Die **Lohnstückkosten** sind in Deutschland im Verlauf der letzten Jahre sogar angestiegen. Für das erfolgreiche Jahr 2012 haben große deutsche Automobilkonzerne Prämien in Höhe von 8 000 € und mehr an ihre Mitarbeiter ausgeschüttet.

Auf der anderen Seite haben die Unternehmen einfache Tätigkeiten, die ohne besondere Qualifikation ausgeübt werden können, wo möglich, entweder in Länder mit niedrigeren Lohnkosten ausgelagert oder rationalisiert. Die weltweite Verfügbarkeit billiger Arbeitskräfte hat die gering Qualifizierten einem enormen Wettbewerbsdruck ausgesetzt und im Ergebnis deren Arbeit entwertet. **Prekäre Beschäftigungsverhältnisse** und Arbeitslosigkeit sind die Folge. Die im Land verbliebenen „einfachen" Tätigkeiten, die auch nicht maschinell ersetzt werden können, z. B. in der Reinigungsbranche und im Gastgewerbe, bilden einen **Niedriglohnsektor**. Die Löhne, die hier gezahlt werden, sichern häufig nicht das Existenzminimum und müssen durch **ALG II-Zuzahlungen** aufgestockt werden. Die Arbeitnehmer in diesem Sektor, das sogenannte Prekariat, müssen zu den **Globalisierungsverlierern** gerechnet werden.

4. *Hier sollten Sie die Position Bofingers zur Rolle des Staats zunächst noch einmal zusammenzufassen. Nehmen Sie anschließend zu Bofingers einzelnen Forderungen Stellung und legen Sie dabei auch die Wertmaßstäbe offen, von denen Sie ausgehen. (AFB III)*

Bofinger fordert in seinem Text einen „gestaltende[n] Staat" (Z. 47) als Gegengewicht des Markts. Ein starker Staat soll die Entwicklung auf den Finanz-, Güter- und Arbeitsmärkten im Sinne der Nachhaltigkeit „aktiv […] kanalisieren" (Z. 48 f.). Er soll die Finanzmärkte transparenter gestalten und deren riskante Praktiken besser kontrollieren. Auf den Arbeitsmärkten soll er durch Mindestlöhne und negative Einkommenssteuer dafür sorgen, dass der Wohlstand auch bei der Masse der Arbeitnehmer ankommt. Gesellschaftspolitisch soll er durch eine „wirksame Erbschaftssteuer" (Z. 34) und höhere Abgabequoten u. a. Bildungsinvestitionen finanzieren und für **mehr Chancengleichheit** sorgen.
Bofingers Text entstand im Jahr 2009, also unmittelbar unter dem Eindruck der Weltfinanzkrise. Seine formulierte Forderung nach wirksamer Kontrolle der Finanzmärkte durch einen starken Staat ist angesichts des auf die **Finanzkrise** folgenden drastischen **weltweiten Konjunktureinbruchs** und des drohenden **Zusammenbruchs der Banken**, der nur durch Milliardenhilfen der Staaten abgewendet werden konnte, sehr gut nachvollziehbar. Die Krise konnte nur entstehen, weil die Finanzmärkte weitgehend sich selbst überlassen waren. Die Banken und Hedgefonds setzten sich **exorbitante Gewinnziele**, welche sie mit dubiosen und **hochspekulativen Geschäftspraktiken** häufig auf Kosten ihrer Kunden, der Anleger und der Finanzämter zu realisieren versuchten.
Inwieweit Bofingers Forderungen nach mehr Transparenz auf den Finanzmärkten und nach einem umfassenden Risikopuffer der Banken, z. B. in Form von Rücklagen und höheren Eigenkapitalquoten, geeignet sind, das Problem tatsächlich zu lösen, ist allerdings fraglich. Den Finanzinstituten sollten vor allem dadurch Grenzen gezogen werden, dass sie – dem **marktwirtschaftlichen Prinzip** entsprechend – die eingegangenen Risiken auch selbst tragen müssen und nicht auf den Steuerzahler abwälzen können. Ein **Konkurs** von Banken sollte möglich

sein, auch wenn sie eine tragende Rolle im Finanzsektor („too big to fail") einnehmen. In diesem Fall müssten sie durch **Aufspaltung** verkleinert werden.
Bofinger möchte nicht nur die Finanzmärkte, sondern auch die Güter- und Arbeitsmärkte einer staatlichen „Kanalisierung" unterwerfen. Dies erscheint bedenklich. Der Arbeitsmarkt in Deutschland wurde durch die im Dezember des Jahres 2003 verabschiedete Agenda 2010 der Regierung Schröder **liberalisiert** und **dereguliert**. Mit einer gewissen zeitlichen Verzögerung haben sich diese Reformen positiv auf den deutschen Arbeitsmarkt ausgewirkt, die Arbeitslosenquote ist von über fünf Millionen auf unter drei Millionen gesunken; derzeit gibt es so viele versicherungspflichtig Beschäftigte wie nie zuvor und die Renten-, Kranken- und Arbeitslosenversicherungen, die noch Anfang des Jahrtausends hoch defizitär waren, erwirtschaften gegenwärtig Überschüsse.
Deutschland ist auch dank dieser Arbeitsmarktreformen zum **Konjunkturmotor Europas** geworden. Bei einer Korrektur der Agenda-Reformen sollte daher darauf geachtet werden, diese Erfolge nicht durch **staatliche Eingriffe zu gefährden**. Genau das aber könnte passieren, wenn z. B. ein überhöhter Mindestlohn vom Gesetzgeber flächendeckend eingeführt würde. Der Arbeitgeberverband jedenfalls geht davon aus, dass eine solche Maßnahme infolge von Arbeitsplatzverlagerungen mehr als eine Million Arbeitsplätze kosten würde.
Der Staat sollte deshalb alles daran setzen, durch eine **Ausbildungsoffensive** das Qualifikationsniveau der prekär Beschäftigten anzuheben, denn eine höhere Qualifikation führt in der Regel auch zu höherer Entlohnung. Auf diese Weise kann prekären Beschäftigungsverhältnissen ohne direkte Staatseingriffe wirksam begegnet werden. Mit Bofingers Forderung nach massiven zusätzlichen Bildungsinvestitionen stimme ich entsprechend überein. Allerdings müssten die Betroffenen die ihnen gebotenen Ausbildungschancen auch ergreifen und eigene Anstrengungen unternehmen.
Die erforderlichen Bildungsinvestitionen könnten aus dem **erhöhten Steueraufkommen** finanziert werden, das das aktuell hohe Beschäftigungsniveau und das relativ hohe Wirtschaftswachstum hervorbringen. Drastische Steuererhöhungen würden hingegen das Wachstum gefährden.
Bofingers Forderung nach einer staatlichen Regulierung der Gütermärkte wird im Text nicht konkretisiert. Soll hier einer staatlichen Investitionslenkung das Wort geredet werden? Sollen statt Unternehmern, Managern und letztlich Konsumenten Bürokraten darüber entscheiden, was und wie produziert wird?
Die letzte Erfahrung mit einem wirtschaftspolitischen Eingriff des Staats in die Gütermärkte liegt noch nicht lange zurück. 2009 versuchte die Bundesregierung mithilfe einer als Umweltprämie deklarierten „**Abwrackprämie**" in Höhe von 2 500 € auf alte Autos den durch die Weltfinanzkrise eingebrochenen Absatz in der Automobilindustrie wieder anzukurbeln.
Von vielen Experten wurde diese Prämie scharf kritisiert, weil
- sie durch eine Ausweitung der Staatsschulden finanziert worden sei,
- sie nur ein Strohfeuer entfacht habe und der Autoabsatz in den Folgejahren umso stärker eingebrochen sei,
- die Preise auf dem Gebrauchtwagenmarkt drastisch gefallen seien und

– die Maßnahme keinerlei ökologische Steuerungswirkung gehabt hätte.

Vor diesem Erfahrungshintergrund erscheinen staatliche Eingriffe in die Gütermärkte als Mittel der Konjunkturpolitik eher fragwürdig.

Anders zu bewerten ist die staatliche Durchsetzung von Bedingungen und Normen im Rahmen einer Politik des Klimaschutzes und der nachhaltigen Entwicklung. Hier stimme ich Bofinger zu, dass durchaus auch Maßnahmen notwendig werden können, die sich auf die Gütermärkte auswirken wie etwa gesetzliche Vorschriften zum Einbau von Katalysatoren in Benzin- und Feinstaubfiltern in Dieselmotoren oder die staatliche Förderung der Gewinnung von Energie aus erneuerbaren Quellen. Wie die aktuelle Debatte über den Anstieg des Strompreises infolge der Energiewende zeigt, darf der Staat den **Markt und die ökonomischen Rahmenbedingungen** bei seinen Eingriffen aber nie aus dem Auge verlieren.

Hessen – Politik und Wirtschaft – Grundkurs 2013
Vorschlag C

Thema: *Internationale Sicherheitspolitik*

Aufgaben

1. Fassen Sie die zentralen Aussagen des Autors zur Entwicklung der Sicherheitspolitik nach dem 11. September 2001 mit eigenen Worten zusammen. (Material) (20 BE)

2. Erläutern Sie, ausgehend vom Text, die Grundlagen der sicherheitspolitischen Konzeption der Bundesrepublik Deutschland seit der Wiedervereinigung. (25 BE)

3. Der Autor stellt fest, dass der „transnationale islamistische Terrorismus […] heute lediglich ein Risiko unter vielen anderen ist, mit dem westliche Gesellschaften umgehen müssen". Stellen Sie dar, auf welche weiteren globalen Bedrohungen Staaten reagieren müssen. (25 BE)

4. „Dieser Anforderung kann der demokratische Staat kaum ausweichen, da er der veränderten sicherheitspolitischen Erwartungshaltung seiner Bürgerinnen und Bürger Rechnung zu tragen hat, die sich seit dem 11. September in vielfacher Weise unsicherer fühlen als jemals zuvor."
   Diskutieren Sie vor dem Hintergrund dieses Zitats die innenpolitischen Schlussfolgerungen, die die Bundesrepublik aus der gefühlten/tatsächlichen Bedrohung durch den Terrorismus gezogen hat. Beachten Sie hierbei die Problematik „Freiheit versus Sicherheit". (30 BE)

M: Markus Kaim: Internationale Sicherheitspolitik nach dem 11. September

[…] „Nichts wird mehr so sein, wie es war." Das war die unmittelbare Reaktion zahlreicher Beobachter auf die Anschläge in New York und Washington am 11. September 2001. Diese spontane Einordnung in den ersten Tagen und Wochen nach den Attentaten folgte weniger einer differenzierten sicherheitspolitischen Analyse der Wirkung der Anschläge auf die internationale Politik, der Bedrohung durch den transnationalen, islamistischen Terrorismus und der Möglichkeiten nationaler und internationaler Akteure, diesen einzuhegen. […] Der 11. September 2001 hat viele bereits zuvor erkennbare Entwicklungstendenzen der internationalen Beziehungen befördert, stark beschleunigt und sie damit erst einer größeren Öffentlichkeit vor Augen geführt. […]

Bereits vor dem 11. September 2001 hatte in der sicherheitspolitischen Debatte eine starke Ausdifferenzierung zu der Frage eingesetzt, was denn das zu schützende Objekt sicherheitspolitischen Handelns sei: Nicht länger war traditionsgemäß der *Staat* das einzige Referenzobjekt, dessen territoriale Integrität und politische Souveränität zu schützen sei. Seit den 1970er Jahren war die *Ordnungsvorstellung gesellschaftlicher Sicherheit* daneben gerückt, in deren Mittelpunkt die Annahme stand, dass nicht die staatliche Sicherheit allein Ziel sicherheitspolitischen Handelns sei, sondern die Gesellschaft als eines Zusammenschlusses von Individuen, die in Frieden und Freiheit leben wollten. Schließlich war ab den 1990er Jahren die Dimension der *menschlichen Sicherheit* hinzugetreten, deren Verfechter darauf verwiesen, dass es Aufgabe von Sicherheitspolitik sei, Rahmenbedingungen sicherzustellen, die dem Individuum ein Leben in Freiheit, Sicherheit und Wohlstand ermöglichen. […]

Bei den Anschlägen des 11. September hat es sich um ein global rezipiertes[1] Phänomen gehandelt, das trotz der Tatsache, dass die Anschläge gegen die Vereinigten Staaten gerichtet waren, globale Bedrohungsängste und sicherheitspolitische Veränderungen gezeitigt hat. Die Anschläge haben damit einer sicherheitspolitischen Globalisierung den Weg bereitet, als deren Folge Bürger, Gesellschaften und Regierungen sicherheitspolitische Bedrohungen endgültig nicht länger in nationalen oder regionalen Kategorien, sondern als globale Herausforderung wahrnehmen. Gleichviel, ob eine Entwicklung tausende Kilometer von der Bundesrepublik reale Folgen für die Sicherheit Deutschlands zeitigt, besteht seit dem 11. September 2001 eine grundsätzliche Bereitschaft, eine derartige Entwicklung in sicherheitspolitischen Kategorien zu lesen und eine Verbindung zur Sicherheit der Bundesrepublik und ihrer Bevölkerung herzustellen.

Dies hat eine zunehmende Differenzierung der sicherheitspolitischen Instrumente zur Folge, welche der Staat bereit halten muss. Für viele der heute als relevant erachteten sicherheitspolitischen Herausforderungen reichen traditionelle militärische Mittel allein nicht aus, sondern erfordern einen komplexen Mix unterschiedlicher Werkzeuge. Dieser Anforderung kann der demokratische Staat kaum ausweichen, da er der veränderten sicherheitspolitischen Erwartungshaltung seiner Bürgerinnen und Bürger Rechnung zu tragen hat, die sich seit dem 11. September in vielfacher Weise unsicherer fühlen als jemals zuvor.

Sicherheitspolitik ist also in veränderter Form auch nach den Anschlägen von New York und Washington eine Kernfunktion geblieben, über deren Gewährleistung sich der Staat gegenüber den Bürgerinnen und Bürgern zu legitimieren hat. Angesichts knapper finanzieller Ressourcen müssen Regierungen jedoch immer stärker priorisieren[2] und laufen Gefahr, durch die erhöhten Erwartungen sicherheitspolitisch überfordert zu werden.

Die Anschläge haben auch auf internationale Organisationen einen wichtigen Effekt ausgeübt. Zahllose Institutionen haben sich nicht nur rhetorisch gegen den transnationalen Terrorismus ausgesprochen und sich zu dessen Bekämpfung verpflichtet, sondern sich dieser Bedrohung angepasst, indem sie neue Gremien geschaffen haben, in welchen die Mitgliedstaaten ihre Aktivitäten koordinieren und neue Instrumente entwickelt haben, um den islamistischen Terrorismus einzuhegen. […]

Festzuhalten ist […], dass der transnationale, islamistische Terrorismus, der im September 2001 noch als die nunmehr alles dominierende sicherheitspolitische Bedrohung erschien, heute lediglich ein Risiko unter vielen anderen ist, mit dem westliche Gesellschaften umgehen müssen. Al Qaida in seinen diversen regionalen Spielarten und seine Anschläge werden kaum jemals vollständig zu beseitigen sein. […]

Schließlich ist ein Letztes zu bedenken: Hauptziel des islamistisch inspirierten Terrorismus ist weniger die Schädigung „des Westens" an sich, sondern der Sturz diverser politischer Regime im Nahen und Mittleren Osten, in Südasien sowie in Nordafrika. Die Zahl entsprechender Anschläge in diesen drei Regionen liegt im Vergleich zu denen in Europa und den USA ungleich höher. Doch entspricht das Unsicherheitsgefühl westlicher Gesellschaften diesem Sachverhalt kaum. Im Gegenteil: Die eigene Gefährdung und die eigenen Opfer werden überhöht wahrgenommen, die Gefährdung anderer hingegen weitgehend ausgeblendet.

Markus Kaim: Internationale Sicherheitspolitik nach dem 11. September, in: Aus Politik und Zeitgeschichte, 27/2011 (abgerufen am 04. 07. 2011), S. 3–9 (Auszüge); http://www.bpb.de/apuz/33227/internationale-sicherheitspolitik-nach-dem-11-september?p=0 (abgerufen am 15. 05. 2012).

Hinweise: Markus Kaim ist Lehrbeauftragter am Institut für Politikwissenschaft der Universität Zürich und an der Hertie School of Governance, Berlin.
Die Rechtschreibung entspricht der Textvorlage.

Anmerkungen:
1 rezipieren – hier im Sinne von wahrnehmen
2 priorisieren – den Vorrang einräumen, bevorzugen, eine Priorität benennen

---

Lösungsvorschläge

Unterrichtsinhalte:

- Q 1: Verfassungsnorm und Verfassungsrealität: Grundprinzipien der Verfassungsordnung der Bundesrepublik Deutschland; Art.1 und Art. 20 GG, Grundrechte und Grundrechtsabwägung
- Q 3: Aktuelle internationale Konfliktregionen und die Möglichkeiten kollektiver Friedenssicherung: Interessen, Entstehungsgründe, Konfliktpunkte (Sicherung von Menschenrechten, Terrorismus, Friedenssicherung durch Vereinbarungen und Verträge, Einflusssphären); die deutsche Außenpolitik: Aufgaben, Erwartungen, Probleme: die sicherheitspolitische Lage Deutschlands, Bundeswehreinsätze in Konfliktregionen

1. *In der ersten Aufgabe sollen Sie die wesentlichen Aussagen von Markus Kaim zusammenfassen. Beginnen Sie am besten mit einem einleitenden Satz, in dem Sie Autor, Datum der Veröffentlichung des Aufsatzes und das Thema benennen. Im Folgenden sollten Sie darauf achten, den Abstand zum Autor durch indirekte Rede, distanzierende Formulierungen und Textbelege deutlich zu machen. (AFB I)*

   Markus Kaim, Lehrbeauftragter am Institut für Politikwissenschaft der Universität Zürich und an der Hertie School of Governance in Berlin, befasst sich in seinem Aufsatz – erschienen 2011 in der Zeitschrift „Aus Politik und Zeitgeschichte" – mit den Veränderungen der internationalen Sicherheitspolitik nach den Ereignissen des 11. Septembers 2001.

Damals seien sich alle Beobachter darin einig gewesen, dass „Nichts […] mehr so sein [wird], wie es war.“ (Z. 1). Kaim betont jedoch, dass der 11. September in erster Linie dazu beigetragen habe, **bestehende globale Bedrohungen** der Sicherheit „einer größeren Öffentlichkeit vor Augen“ (Z. 9 f.) zu führen.

Die **territoriale Integrität** und die **politische Souveränität** von Staaten seien in der Menschheitsgeschichte immer wieder von Außen – vor allem durch Kriege – bedroht gewesen. Traditionsgemäß sei daher der Staat Bezugsobjekt sicherheitspolitischer Überlegungen. Die Anschläge vom 11. September offenbarten demgegenüber eine neue Dimension der Bedrohung.

Tatsächlich seien aber schon vor dem 11. September zur Ebene der staatlichen Sicherheit „Ordnungsvorstellung[en] **gesellschaftlicher Sicherheit**“ (Z. 15 f.) (z. B. die Bedrohung der innenpolitischen Freiheit durch Diktaturen oder die Verletzung von Menschenrechten) und seit den 1990er-Jahren auch verstärkt die „Dimension der **menschlichen Sicherheit**“ (Z. 19 f.) (z. B. die Bedrohung des Einzelnen durch Armut oder Freiheitsbeschränkungen) hinzugetreten.

Der 11. September als „global rezipiertes Phänomen“ (Z. 23 f.) habe nun dazu geführt, dass die Bedrohung der eigenen Sicherheit nicht nur in den USA, sondern auf der ganzen Welt wahrgenommen worden sei. Um der veränderten Sicherheitslage Rechnung zu tragen, müssten die Staaten reagieren. Dabei reichten militärische Mittel alleine nicht mehr aus, eine „zunehmende Differenzierung“ (Z. 35) und ein „komplexe[r] Mix“ (Z. 38) an sicherheitspolitischen Instrumenten seien erforderlich und würden von den Bürgern auch eingefordert. Kaim warnt jedoch davor, dass die Staaten durch die erhöhten Erwartungen ihrer Bürger „sicherheitspolitisch überfordert“ (Z. 47 f.) werden könnten. Zwar hätten auch **internationale Organisationen** die Bedrohung – vor allem die des transnationalen Terrorismus – erkannt und begonnen, in dazu geschaffenen Gremien „neue Instrumente“ (Z. 53 f.) zu entwickeln, in dem vorliegenden Textausschnitt werden jedoch keine konkreten Maßnahmen genannt, die die Staaten bei Wahrnehmung ihrer „**Kernfunktion**“ (Z. 44) entlasten würden. Zudem sei, so Kaim, der Terrorismus nur „ein Risiko unter vielen anderen“ (Z. 57), mit dem Staaten umzugehen hätten.

Abschließend weist der Autor darauf hin, dass das Hauptziel des islamistisch motivierten Terrorismus der Sturz politischer Regime vor allem im Nahen und Mittleren Osten, in Südasien sowie in Nordafrika sei. Im Westen werde aber vor allem die **eigene Gefährdung** wahrgenommen, während die Bedrohung anderer „weitgehend ausgeblendet“ (Z. 67) werde. Dies verdeutlicht die **Subjektivität** des individuellen Empfindens von Sicherheit.

2. *Hier sollen Sie die sicherheitspolitische Konzeption der Bundesrepublik erläutern, d. h., Sie müssen auch Beispiele für Ihre Aussagen anführen. Beachten Sie den Zusatz „ausgehend vom Text“, das bedeutet, Sie sollen Ihre Antwort möglichst mit dem Text verknüpfen (Textbelege müssen sich nicht auf die erste Aufgabe beschränken, geben Sie auch hier Belege an). (AFB II)*

Bis zur Wiedervereinigung bzw. bis zum Ende des „Kalten Kriegs" bezog sich der Sicherheitsbegriff vor allem auf die erste von Kaim angesprochene Dimension der „territoriale[n] Integrität und politische[n] Souveränität" (Z. 14 f.). Deutschland wäre im Fall eines Kriegs zwischen Ost und West zum Kriegsschauplatz geworden. Da die BRD auf sich allein gestellt militärisch keine Chance gegen einen Angriff der Sowjetunion gehabt hätte, bemühte sich Westdeutschland schon früh um ein Bündnis mit seinen (westlichen) Nachbarn (**NATO-Beitritt 1955**). Die westeuropäischen Nachbarstaaten sahen ihre nationale Sicherheit durch ein wiedererstarkendes Deutschland gefährdet. Diesen Befürchtungen wurde mit der Gründung der Vorläufer der EU und durch die Vertiefung der **europäischen Integration**, die bis heute anhält, begegnet. Seit der Wiedervereinigung und dem Ende des Kalten Kriegs ist Deutschland von Freunden und Bündnispartnern umgeben. Deutschland zählt – nicht erst seit der Wiedervereinigung – zu denjenigen Staaten, die im Rahmen der **NATO**, der **UNO** und auch der **EU** politische und zum Teil auch militärische Verantwortung übernehmen. Es betreibt dabei eine ausgesprochen **multilaterale Politik**, die sich nicht scheut, Souveränitätsrechte an supranationale Organisationen wie die EU abzutreten.
Wie Kaim aber in Z. 11 ff. anführt, wurde der militärische Sicherheitsbegriff, der sich vorrangig auf den Schutz vor bewaffneten Angriffen auf das eigene Territorium bezog, schon deutlich vor dem 11. September erweitert. Schon 1994 bestätigte das BVerfG, dass deutsche Soldaten auch im Ausland eingesetzt werden dürfen – hierbei ging es nicht mehr um die Landesverteidigung, sondern darum, bedrohten Menschen Sicherheit zu bringen. Infolge dieses Urteils konnte sich die deutsche Bundeswehr an friedenserhaltenden und friedenssichernden Maßnahmen (**peacebuilding** und **peacekeeping**) auch außerhalb Deutschlands beteiligen. Beispiele für derartige Einsätze sind die Friedensmissionen in Somalia, im Kosovo und in Afghanistan. Bezeichnend für die deutsche Außenpolitik ist dabei der Grundsatz des „**never alone**", bei dem außen- und sicherheitspolitische Schritte immer mit den Bündnispartnern vereinbart werden. Historisch bedingt, gibt es in Deutschland zudem eine starke Präferenz für friedliche Konfliktlösungen, die durch **Prävention** in einem frühen Stadium erzielt werden sollen.
Der Afghanistaneinsatz der Bundeswehr verdeutlicht die neuen Dimensionen von Sicherheit. Nicht nur militärische Sicherheit ist Gegenstand der deutschen Afghanistan-Strategie, sondern auch der Anspruch einerseits für Demokratie und Menschenrechte (**wertgebundene Außenpolitik** der BRD), andererseits aber auch für soziale Sicherheit (**entwicklungspolitischer Ansatz**) einzutreten. Ziel ist das Schaffen politischer, sozialer und ökonomischer Rahmenbedingungen, die Frieden nachhaltig und dauerhaft sichern. Hier wird die Notwendigkeit eines Instrumentenmix, den auch Kaim in Z. 38 f. fordert, deutlich erkennbar.
Der ehemalige Verteidigungsminister Peter Struck prägte im Zusammenhang mit dem Afghanistaneinsatz den Satz, die deutsche Sicherheit werde auch am Hindukusch verteidigt. Auch er bezog sich dabei auf den **erweiterten Sicherheitsbegriff**, der mittlerweile von der deutschen Öffentlichkeit weitgehend akzeptiert worden ist, bzw. – wie Kaim es formuliert – auf die „grundsätzliche Bereitschaft,

[…] eine Verbindung zur Sicherheit der Bundesrepublik und ihrer Bevölkerung herzustellen“ (Z. 31 ff.). Wenig Akzeptanz fand hingegen die Äußerung des ehemaligen Bundespräsidenten Horst Köhler, der davon sprach, dass deutsche (Wirtschafts-)Interessen, etwa der Schutz von Handelswegen, ebenfalls Teil der sicherheitspolitischen Konzeption sein müssten. Die zum Teil heftigen Reaktionen zeigen, dass die Bundesrepublik – trotz ihrer Position als Exportnation und wirtschaftliche Großmacht – die Verteidigung ihrer wirtschaftspolitischen Interessen mit militärischen Mitteln (noch) nicht als Teil der sicherheitspolitischen Konzeption akzeptiert und sich stattdessen im Kern als eine **Zivilmacht** sieht.

3. *Sicher haben Sie im Unterricht die besonderen Herausforderungen des 21. Jahrhunderts kennengelernt: Migration, „failing states“, Massenvernichtungswaffen, Terrorismus u. v. m. Die These, dass der internationale Terrorismus nur ein Risiko unter vielen darstellt, dürfte Sie daher nicht überraschen. Ihre Aufgabe besteht nun darin, die weiteren Bedrohungen strukturiert zu beschreiben und zu erklären. Führen Sie auch konkrete Beispiele an. (AFB II)*

Die globale Sicherheit wird im 21. Jahrhundert auf vielfältige Weise bedroht. Wie Markus Kaim richtig hervorhebt, sind es nicht allein die Bedrohungen durch den internationalen Terrorismus, der in seiner islamistischen Ausprägung vor allem mit dem Namen al-Qaida verbunden ist, mit denen westliche Gesellschaften konfrontiert sind (vgl. Z. 55 ff.).
Ein weiteres internationales Sicherheitsrisiko stellt die **Verbreitung von Massenvernichtungswaffen** dar. Neben den fünf Atommächten, die den Atomwaffensperrvertrag unterzeichnet haben, verfügen heute auch Indien, Pakistan, vermutlich Israel, Nordkorea und bald vielleicht auch der Iran über Atomwaffen. Mit dem Iran und Nordkorea haben möglicherweise bereits zwei Staaten Zugang zu Massenvernichtungswaffen, die sich in der Vergangenheit nicht gut in das System der internationalen Sicherheit eingefügt haben und immer wieder durch Drohungen gegenüber Israel bzw. Südkorea aufgefallen sind.
Die westliche Staatengemeinschaft wird darüber hinaus durch die weltweite Zunahme regionaler und innerstaatlicher Konflikte seit Ende des Kalten Kriegs bedroht. Mit diesen Konflikten gehen **Destabilisierung** und **Staatszerfall** einher (Beispiele für sogenannte failing states sind Somalia und der Sudan). Dadurch ist nicht nur die Sicherheit der Bevölkerung in den betroffenen Staaten gefährdet. Die **Migration** von Flüchtlingen als weiteres globales Sicherheitsrisiko droht, auch andere Staaten innerstaatlich zu destabilisieren. Neben der politischen Situation im Herkunftsland kann Migration auch durch die destabilisierenden Folgen des **Klimawandels** ausgelöst werden (umweltbedingte Migration) oder durch Unterentwicklung, Armut und die damit verbundenen Probleme der **Massenverelendung** (z. B. Krise am Horn von Afrika 2011).
Auch die **Verknappung von Ressourcen** und die damit verbundenen **Verteilungskämpfe** (etwa um Wasser oder Erdöl) destabilisieren Staaten sowie Staatengemeinschaften, zerstören die Sicherheit von Millionen Menschen und stellen eine globale Bedrohung dar – ein Zustand, den eine moralisch agierende

Weltgemeinschaft nicht tatenlos hinnehmen kann. Der Versuch über Klimakonferenzen, gemeinsame Agenden und Programme (z. B. zum Artenschutz oder zur Beseitigung von Krankheiten) ein weltweites Problem auf globaler Ebene zu lösen, war bisher nicht erfolgreich, was allerdings nicht bedeutet, dass die Staaten aufgeben dürfen, sich mit dieser Problematik zu befassen.
Ein weiteres Sicherheitsrisiko im 21. Jahrhundert stellen Internetangriffe, sogenannte **Cyberattacken**, auf Staaten dar. Für das Funktionieren von Informationsgesellschaften sind computergesteuerte Energie- und Wasserversorgungssysteme, elektronische Verkehrsleitsysteme sowie die Telekommunikation essenziell. Während früher im Falle eines Kriegs Radiostationen oder Kraftwerke mit Waffengewalt angegriffen wurden, können heute Computerviren ähnliche Schäden verursachen. Berichte über Viren in iranischen Atomkraftwerken belegen, dass schon heute die Sicherheit auch aus dem Netz massiv bedroht werden kann – eine Bedrohung, die kaum zu lokalisieren ist und gegen die Verteidigung nur schwer möglich ist.
Die angeführten Sicherheitsrisiken können **einander noch verschärfen**. So stellen Massenvernichtungswaffen, die in einem instabilen Staat in die Hände von Terroristen fallen, eine ungleich größere Gefahr dar als jedes der Risiken für sich. Gleichzeitig verdeutlichen die globalen Probleme, dass Staaten alleine weitgehend machtlos sind. So kann Deutschland z. B. den globalen CO_2-Ausstoß nicht signifikant reduzieren, um eine Erderwärmung zu verhindern. Auf diese Weise bedrohen globale Risiken die Nationalstaaten langfristig in ihrer Legitimationsgrundlage, denn – wie Markus Kaim richtig erkennt – Sicherheitspolitik (im umfassenden Sinne) stellt „eine Kernfunktion" (Z. 44) dar, „über deren Gewährleistung sich der Staat gegenüber den Bürgerinnen und Bürgern zu **legitimieren** hat." (Z. 44 f.)

4. *Bei dieser Aufgabe finden Sie nun den halbjahresübergreifenden Bezug. Während die ersten drei Aufgaben zum Thema Sicherheitspolitik vor allem in der Q 3 angesiedelt sind, kommen mit der letzten Aufgabe Inhalte der Q 1 hinzu. Es geht um die Themen Demokratie, Freiheits- und Bürgerrechte. Ihre Aufgabe besteht darin, das Dilemma zwischen Freiheit und Sicherheit zu verdeutlichen und dabei selbst Stellung zu beziehen. Wie viel staatliche Kontrolle (und damit einhergehende Einschränkung der Freiheit) ist nötig, um sich vor der Bedrohung durch den (internationalen) Terrorismus zu schützen? Inwieweit wird die Freiheit des Einzelnen durch die Einschränkung von Bürgerrechten beeinträchtigt? Achten Sie darauf, Ihre Argumente mit den innenpolitischen Schlussfolgerungen, die in der BRD gezogen wurden, zu verbinden. Grundsätzlich gibt es keine „richtige" Antwort bei dieser Aufgabenstellung, wichtig ist, dass Sie Ihre Argumente differenziert vorbringen und abwägen, sodass Ihr Fazit nachvollziehbar ist. (AFB III)*

Gerade nach Terroranschlägen wird der Ruf der Bevölkerung nach mehr Sicherheit durch verstärkte **staatliche Kontrolle** lauter. Entsprechend wurden auch in Deutschland diverse Maßnahmen zur **nationalen Terrorbekämpfung** diskutiert. Die Anschläge vom 11. September 2001 haben zu einer Reihe innen- und sicher-

heitspolitischer Gesetzesreformen (z. B. Onlinedurchsuchung, Vorratsdatenspeicherung, Luftsicherheitsgesetz) geführt, von denen allerdings einige im Hinblick auf ihre Verfassungsmäßigkeit kritisch zu sehen sind.
In der Aufgabenstellung werden in diesem Zusammenhang zwei Probleme angesprochen, die nahezu in jeder Diskussion im Bereich der inneren Sicherheit zu finden sind.
Der eine Problemkomplex ist die **Abwägung von individueller Freiheit und kollektiver Sicherheit**. Gerade Bürger westlich-demokratischer Gesellschaften legen großen Wert auf ihre Freiheits- und Bürgerrechte, der überwachende Staat ist für sie eine sehr unangenehme Vorstellung, historisch bedingt gerade auch für die Bürger in Deutschland (Drittes Reich, DDR). Natürlich wäre es für die deutschen Gefahrenabwehrbehörden einfacher, Terroristen zu bekämpfen, wenn sie z. B. private Wohnungen ohne Voraussetzungen abhören dürften, wenn sie Zugang zu Kommunikationsdaten bekämen, um damit Bewegungsprofile zu erstellen, oder wenn sie auch ohne konkreten Verdacht Wohnungsdurchsuchungen durchführen könnten. Den Grundprinzipien eines **freiheitlichen Rechtsstaats** entsprächen diese Vorgehensweisen allerdings nicht. Zugleich wird allerdings erwartet, wie auch Markus Kaim anspricht, dass sich der Staat durch die Gewährleistung von Sicherheit „gegenüber den Bürgerinnen und Bürgern zu legitimieren hat“ (Z. 45). Staaten können sich also nicht mit dem Verweis auf die Freiheitsrechte der Bürger in ihrer **sicherheitspolitischen Verantwortung** zurücknehmen. Dies gilt auch im Hinblick auf internationale Verpflichtungen, da nur so gewährleistet ist, dass global bestimmte Sicherheitsstandards eingehalten werden (z. B. Kontrollen, die jeder Flugzeugpassagier hinnehmen muss).
Es werden Lösungsvorschläge diskutiert, wie z. B. die stark umstrittene Vorratsdatenspeicherung, die für die einen bereits eine Grenze überschreiten (Verletzung des Rechts der informationellen Selbstbestimmung), für die anderen hingegen noch nicht weit genug gehen. Die Folge ist ein gesellschaftlicher Diskussionsprozess über die Frage, wie viele Einschränkungen die Bürger bereit sind, zu akzeptieren, und wie viel Sicherheit der Staat gewährleisten muss. Dies setzt einen funktionierenden demokratischen Prozess in einem Staat voraus, der diese Frage immer wieder aufs Neue aufwirft und bei sich ändernden Mehrheiten auch bereit ist, sie neu zu beantworten. Unabhängig davon, in welche Richtung die Mehrheit tendiert – die Maßnahmen müssen immer innerhalb des Rahmens der **freiheitlich-demokratischen Grundordnung** bleiben, die vor allem auch durch die ersten 19 Artikel im Grundgesetz definiert wird. Oberstes Prinzip ist Art. 1 GG: „Die **Würde des Menschen** ist unantastbar“. So mögen etwa der Einsatz von Folter oder der Abschuss entführter Passagiermaschinen in bestimmten Fällen von manchen für nötig erachtet werden, sie dürfen aber in einem demokratischen Rechtsstaat nie zulässige Mittel staatlicher Organe werden. In Deutschland wacht das BVerfG darüber, dass dieser Rahmen weder von der Regierung noch vom Parlament verletzt wird, was z. B. am Verbot des Luftsicherheitsgesetzes, das den Abschuss von Flugzeugen im Einzelfall erlaubt hätte, erkennbar wird.

Der zweite Problemkomplex, der in der Aufgabenstellung angesprochen wird, liegt in der „gefühlten/tatsächlichen Bedrohung".

Wie bereits in Aufgabe 1 ausgeführt, ist Sicherheit weniger eine objektive Gegebenheit, sondern vielmehr (auch) ein **subjektives Gefühl**. So kann es sein, dass sich ein Bürger in Deutschland objektiv betrachtet in Sicherheit befindet, das subjektive „Unsicherheitsgefühl" (Z. 65) diesem Sachverhalt aber nicht entspricht. Erkennbar wird dies z. B., wenn Bürger nach Terroranschlägen zunächst Flugzeuge meiden. Dabei unterscheiden sie nicht zwischen den einzelnen Airlines und bedenken nicht, dass die Sicherheitsvorkehrungen nach Terroranschlägen i. d. R. erhöht werden. Einige Monate später sind die meisten wieder bereit zu fliegen – obwohl sich die Sicherheitslage nicht verändert hat.

Aus dieser menschlichen Verhaltensdisposition entsteht nun aber ein politisches Problem: Nach welcher „Sicherheit" soll der Staat streben? Können es sich die Volksvertreter, die auch das Ziel der Wiederwahl verfolgen, erlauben, dem subjektiven Empfinden der Bürger nicht Rechnung zu tragen? Und wie ist es um die Sicherheitspolitik eines Staats bestellt, wenn sie vor allem durch die Angst und das subjektive Empfinden der Bürger bestimmt wird?

Hier kann die Antwort m. E. nur darin liegen, für eine **Aufklärung der Bürger** zu sorgen, ohne Angst zu schüren. Zudem müssen Politiker der Versuchung widerstehen, mit „Placebo-Politik" nur das subjektive Sicherheitsempfinden der Bürger zu beruhigen und dafür Freiheitsrechte zu beschneiden. So ist es wohl fraglich, ob z. B. das Verbot der Mitnahme von Flüssigkeiten in Flugzeuge wirklich zu einer Erhöhung der Sicherheit führt.

Nicht zuletzt sind es die Bürger, auf die es in einem demokratischen Staat ankommt. Sie müssen **abwägen**, wie viel Freiheit ihnen die Sicherheit wert ist. Sie müssen sich aus seriösen Quellen informieren und die Entwürfe der Politiker kritisch prüfen, anstatt populistischen Gedanken zuzustimmen.

Hessen – Politik und Wirtschaft – Leistungskurs 2013
Vorschlag A

Thema: *Parlamentarismus in Zeiten der Eurokrise*

Aufgaben

1. Geben Sie den Kommentar des Autors Heribert Prantl zum Urteil des Bundesverfassungsgerichts über die Mitspracherechte des Bundestages beim Euro-Rettungsschirm wieder. (Material 1) (20 BE)

2. Erläutern Sie die Bedeutung des Bundestages im politischen Prozess der Bundesrepublik Deutschland und vergleichen Sie diese mit der Bedeutung des Europäischen Parlamentes im Gefüge des europäischen politischen Systems. (25 BE)

3. In Material 2 werden die Inhalte von Fiskalpakt und Euro-Rettungsschirm kurz angesprochen. Untersuchen Sie die möglichen Auswirkungen dieser Beschlüsse für die nationale Wirtschafts- und Finanzpolitik. (30 BE)

4. „Not kennt ein Gebot: Es heißt Demokratie. Sie ist wichtiger als der Euro“. Setzen Sie sich mit dieser These des Autors Heribert Prantl auseinander. (25 BE)

M 1: Heribert Prantl: Wichtiger als der Euro

Angeblich geht es nicht anders in der Euro-Krise: Es muss einfach durchregiert werden; die Märkte warten nicht; es muss alles schnell gehen; die Exekutive muss effektiv handeln; Entschlossenheit ist Trumpf. Das erste Gebot der EU-Krisenpolitik heißt daher: Keine Zeit, keine Zeit. Das zweite: Noch schneller, noch mehr Milliarden ausgeben. Das dritte: Keine Rücksicht nehmen auf die Parlamente. Das vierte: Erst kommt der Markt, dann kommt der Mensch. Das fünfte: Die alten demokratischen Regeln sind untauglich für das neue Europa. Die Krise sei nun einmal, so heißt es zur Begründung, die Stunde der Exekutive.

Das mag so sein. Das Problem dabei ist: Die Euro-Krise dauert nicht eine Stunde, sondern schon zweieinhalb Jahre. Gut zwei Dutzend EU-Gipfeltreffen, allesamt sogenannte Krisengipfel, haben in gut zwei Jahren die Parlamente an den Rand gedrängt. Die Demokratie ist verrückt geworden. Der Einfluss des Parlaments, des zentralen Orts der Demokratie, hat in unglaublicher Weise abgenommen. Die parlamentarische Demokratie im Krisen-Europa ist notleidend.

In dieser Not springt leider nicht der Europäische Gerichtshof in Luxemburg, der immer noch ein Wirtschafts-Gerichtshof, aber kein Verfassungs-Gerichtshof ist, dem Parlamentarismus zur Seite. Aber immerhin, das deutsche Bundesverfassungsgericht greift rettend ein – soeben wieder, in einem fulminanten Urteil[1]. Das Gericht ist nicht blauäugig. Es weiß, dass es Situationen gibt, in denen eine Regierung schnell handeln muss. Aber diese Situation darf nicht ewig dauern, die Not darf nicht selbstherrlich ausgenutzt, aus der parlamentarischen Demokratie keine Notverordnungs-Demokratie werden. Derzeit ist es so: Jede Aktion, die den Euro kräftigen soll, entkräftet die Parlamente.

Am EU-Parlament gehen alle Rettungsmaßnahmen komplett vorbei; die europäischen Volksvertreter sind nur Zuschauer. Den nationalen Parlamenten geht es wenig besser; die dortigen Volksvertreter dürfen immerhin genehmigen, was ihre Regierungen beschlossen haben. Der Bundestag darf jeweils ‚passt schon' sagen zu dem, was eigentlich nicht passt: zur Entparlamentarisierung der Politik, die im Laufe der Euro-Krise vom schleichenden ins galoppierende Stadium übergegangen ist. Das Bundesverfassungsgericht versucht, Urteil für Urteil, den Bundestag wieder in seine Rechte einzusetzen. Die Verfassungsrichter erklären der Kanzlerin, dass die repräsentative Demokratie nicht darin besteht, dass sie allein die Repräsentantin ist. Sie erklären der Bundesregierung, dass der Bundestag weder Störer noch Zuschauer der Politik ist, sondern ihr Mitgestalter – dass der Bundestag deshalb über jedwede europäische Pakte rechtzeitig umfassend informiert werden muss. Karlsruhe proklamiert so etwas wie ein Grundrecht des Parlaments auf umfassende Kommunikation in allen europäischen Angelegenheiten.

Die Parlamente sind nicht die Bettler unter dem europäischen Tisch, die darauf warten müssen, dass Krümel vom Tisch des Rates herunterfallen. In diese Rolle hat sie aber die EU-Politik gedrängt, diese Rolle hat die Merkel-Politik den Bundestagsabgeordneten zugewiesen. Das Verfassungsgericht setzt diese nun wieder an den Tisch – dorthin, wo sie in einer Demokratie hingehören. Demokratie ist keine exklusive Veranstaltung der Exekutive. Wenn in europäischen Angelegenheiten die Volksvertreter mehr und mehr ausgeschlossen werden, dann muss man sich nicht wundern, wenn das Volk mehr und mehr murrt und gegen Europa rebelliert.

Es geht um das Vertrauen in den demokratischen Prozess: Die Wertschöpfungsanlagen für dieses Vertrauen sind die Parlamente. Sie werden in der medialen Öffentlichkeit allzu oft als Ort des Streits diskreditiert. Wo sonst aber soll über Europa gestritten werden? In der Krise gibt es einerseits die berechtigte Klage über eine kastrierte Demokratie, andererseits eine besondere Lust auf Alexander-Politik. Das passt nicht zusammen: Die Sehnsucht nach Regierungshelden, die den gordischen Knoten[2] mit einem Schlag zerhauen, ist undemokratisch. Am autokratischen Wesen von zwei oder drei EU-Regierungschefs wird Europa nicht genesen. Wer ständig eine Ruck-Zuck-Politik fordert, darf sich nicht wundern, wenn ruck, zuck die Demokratie verdirbt.

Vor einem knappen Jahr, bei der Entscheidung zum Euro-Stabilisierungsmechanismus, haben die Richter (wie schon in den Urteilen zu den Verträgen von Maastricht und Lissabon) gefordert, dass dem Bundestag ‚Aufgaben und Befugnisse von substantiellem Gewicht verbleiben' müssen. Man könnte das Gefühl haben, dass es sich um vergebliche Liebesmühe handelt. Ganz so ist es nicht: Beim Fiskalpakt, um den derzeitig im Parlament gerungen wird, hat die Regierung, eingedenk der Mahnungen des Verfassungsgerichts, die Beteiligungsrechte schon besser beachtet als früher.

Demokratie ist keine Veranstaltung nur für gute Zeiten. Sie muss sich auch in Krisenzeiten bewähren. Wer die Parlamente – zur angeblichen Bewältigung von Krisen – umgeht oder abschaltet, der verstärkt die Krise, die er bewältigen will. Not kennt ein Gebot: Es heißt Demokratie. Sie ist wichtiger als der Euro.

Süddeutsche Zeitung vom 20. 06. 2012, http://www.ulrich-jochimsen.de/files/EURO_Prantl.pdf (abgerufen am 03. 09. 2012).

Hinweis: Die Rechtschreibung entspricht der Textvorlage.

Anmerkungen:

1 Beim Beschluss zum Europäischen Stabilitätsmechanismus und dem Euro-Plus-Paket verzichtete die Bundesregierung auf eine parlamentarische Zustimmung im Bundestag. Dagegen klagte die Fraktion von Bündnis 90/Die Grünen. Das Urteil des Bundesverfassungsgerichtes vom 19. 06. 2012 sah in dem Handeln der Bundesregierung eine Verletzung der Unterrichtungsrechte des Deutschen Bundestages.

2 Die Redewendung von der Lösung des gordischen Knotens meint die Überwindung eines schweren Problems mit energischen und unkonventionellen Mitteln. Der Legende nach soll Alexander der Große diesen Knoten einfach mit seinem Schwert durchschlagen haben.

M 2: Parlament stimmt Fiskalpakt und Euro-Rettungsschirm zu

Bundestag und Bundesrat haben am Freitagabend (29. Juni) den Fiskalpakt für mehr Haushaltsdisziplin und den Europäischen Stabilitätsmechanismus mit Zwei-Drittel-Mehrheit beschlossen.

In erster Linie hat das Parlament über den europäischen Fiskalpakt und den Euro-Rettungsschirm ESM entschieden. Beim Fiskalpakt entfielen von 608 abgegebenen Stimmen 491 auf die Regierungsvorlage, 111 Parlamentarier stimmten mit Nein. Auch das Gesetz zum Europäischen Stabilitätsmechanismus (ESM) wurde mit Zwei-Drittel-Mehrheit angenommen. Von 604 Abgeordneten stimmen 493 dafür und 106 dagegen. […]

Was regelt der Fiskalvertrag im Einzelnen?

Der Fiskalpakt, der am 2. März von den EU-Staaten mit Ausnahme von Großbritannien und Tschechien beschlossen wurde, betrifft vor allem die 17 Staaten der Euro-Zone. Ratifiziert werden muss er von mindestens 12 EU-Staaten. Er soll spätestens am 1. Januar 2013 in Kraft treten.

Kern des Paktes für mehr Haushaltsdisziplin sind nationale Schuldenbremsen, um ausgeglichene Haushalte zu erreichen. Das jährliche strukturelle Staatsdefizit eines Landes soll demnach 0,5 Prozent des Bruttoinlandsprodukts (BIP) nicht übersteigen. Beim strukturellen Defizit handelt es sich um den Anteil des Haushaltsdefizits, der übrig bleibt, wenn Konjunktureffekte und einmalige Sonderausgaben nicht eingerechnet werden. Mitgliedstaaten, die ihre Schuldenbremse nicht strikt genug umsetzen, drohen eine Klage vor dem Europäischen Gerichtshof und eine Geldbuße von bis zu 0,1 Prozent ihres BIP. Bislang musste die Aufnahme eines Sanktionsverfahrens bei Verletzung der Stabilitätskriterien mit qualifizierter Mehrheit der EU-Staaten beschlossen werden. Nun soll das Sanktionsverfahren automatisch starten und nur mit einer qualifizierten Mehrheit der EU-Finanzminister gestoppt werden können.

Finanzhilfen für Krisen-Staaten: Der Europäische Stabilitätsmechanismus
Neben der Fiskalpakt-Abstimmung entscheidet das Parlament über den Euro-Rettungsschirm ESM. Er soll überschuldeten Euro-Ländern finanzielle Unterstützung in Form von Darlehen bieten. Das maximale Ausleihvolumen beträgt 700 Milliarden Euro. Der deutsche Anteil an den Garantien liegt bei etwa 27 Prozent, was einer Summe von etwa 190 Milliarden Euro entspricht. ESM und Fiskalpakt sind indirekt miteinander verknüpft: Ab dem 1. März 2013 sollen nur noch jene Staaten Anspruch auf Finanzhilfen des ESM haben, die den Fiskalpakt ratifiziert haben.

bpb, Politik, Hintergrund aktuell vom 29. 06. 2012, http://www.bpb.de/politik/hintergrund-aktuell/139469/parlament-stimmt-fiskalpakt-zu (abgerufen am 21. 08. 2012).

Hinweis: Die Rechtschreibung entspricht der Textvorlage.

Lösungsvorschläge

Unterrichtsinhalte:
- Q 1: Bundesrepublik Deutschland und europäische Integration: institutionelle Strukturen und Entscheidungsprozesse in der EU
- Q 2: Wirtschaftliche Integration Europas: Wirtschaftliche Integration und nationalstaatliche Interessen

1. *Die Aufgabe verlangt von Ihnen, den Zeitungskommentar von Heribert Prantl zu einem aktuellen Urteil des BVerfG mit eigenen Worten strukturiert wiederzugeben. Einen Hinweis auf die Intention und den roten Faden des Texts erhalten Sie durch die Überschrift: Der Autor beklagt die Entmachtung des Bundestags durch die Exekutive, tatsächlich sei aber der parlamentarische Prozess „wichtiger als der Euro". Gliedern Sie den umfangreichen Text in inhaltliche Abschnitte. Dabei können Ihnen die Absätze helfen, die der Autor selbst gemacht hat. So gewinnen Sie einen Überblick. Fachbegriffe sollten Sie übernehmen, Kernaussagen zitieren, längere Zitate jedoch vermeiden. (AFB I)*

   Heribert Prantl kommentiert in der Süddeutschen Zeitung vom 20. 6. 2012 ein **Urteil des BVerfG**, das die Beteiligungsrechte des Bundestags bei Entscheidungen der Bundesregierung zur **Rettung des Euros** stärkt. Dieses Urteil verkünde seiner Meinung nach eine Art „Grundrecht des Parlaments auf umfassende Kommunikation in allen europäischen Angelegenheiten" (Z. 36 f.).
   Eingangs konstatiert Prantl, dass die von den Märkten ausgelösten Handlungszwänge während der Eurokrise die Exekutive in eine dominante Position gebracht hätten. Aufgrund der gebotenen Eile müsse die Exekutive stets effektiv handeln (vgl. Z. 2 f.). Problematisch sei dies aufgrund der nun schon langen **Vernachlässigung des Parlaments** durch zahlreiche Regierungs-Krisengipfel (vgl. Z. 9 ff.). Das neue Urteil des BVerfG, das im Gegensatz zum EuGH kein Wirtschafts-Gerichtshof, sondern ein Verfassungsgericht sei (vgl. Z. 15 ff.), stoppe nun den Weg zu einer „Notverordnungs-Demokratie" (Z. 21 f.).

Laut Prantl besteht die Intention des „fulminanten“ (Z. 18) Karlsruher Urteils darin, der Bundeskanzlerin aufzuzeigen, dass in einer repräsentativen Demokratie die Mitgestaltung durch den Bundestag unverzichtbar sei. Dieser müsse „über jedwede europäische Pakte rechtzeitig umfassend informiert werden“ (Z. 34 f.). Die EU und die Kanzlerin hätten den Bundestag jedoch in die Rolle eines Bettlers gedrängt, der auf die Krümel warte, die vom europäischen Tisch des Rates fallen (vgl. Z. 38 ff.). Durch eine auf diese Weise „kastrierte Demokratie“ (Z. 49 f.) entstehe **Europamüdigkeit** bei den Bürgern, während das BVerfG-Urteil das „Vertrauen in den demokratischen Prozess“ (Z. 46) wieder stärke. Demokratie lebe davon, dass in den Parlamenten auch über EU-Angelegenheiten gestritten werde.

Der Autor bekräftigt seine Kritik mit einem Verweis auf frühere Urteile des BVerfG, die ebenfalls verlangten, „dass dem Bundestag ‚**Aufgaben und Befugnisse von substantiellem Gewicht verbleiben**‘ müssen“ (Z. 58 f.). Am Ende spitzt der Autor seine Kernaussage in drei Sätzen zu: „Not kennt ein Gebot: Es heißt Demokratie. Sie ist wichtiger als der Euro“ (Z. 66 f.).

2. *Die Aufgabe besteht aus drei Teilen, an denen sich auch Ihre Lösung orientieren sollte: Erläutern Sie zunächst die Bedeutung des Bundestags im politischen Prozess der Bundesrepublik, stellen Sie dann die Position des Europäischen Parlaments im europäischen System dar, um schließlich beide Institutionen miteinander zu vergleichen. Arbeiten Sie hierbei Gemeinsamkeiten und Unterschiede heraus. Bei der Charakterisierung beider Parlamente sollten Sie sowohl die normative Seite des Grundgesetzes bzw. des EU-Vertrags wie auch die Realität des politischen Systems im Auge haben. (AFB I und II mit Schwerpunkt auf AFB II)*

Der **Deutsche Bundestag** übernimmt als einzig direkt gewähltes Verfassungsorgan aufgrund seiner besonderen Legitimation eine zentrale Rolle im politischen Willensbildungs- und Entscheidungsprozess. Als Vertretung des deutschen Volkes ist er – innerhalb der Grenzen des Grundgesetzes und unter Aufsicht des BVerfG – das oberste autonome Staatsorgan.

Neben der Gesetzgebung und der Verabschiedung des Bundeshaushalts hat der Bundestag die Aufgabe, den Bundeskanzler zu wählen und die Bundesregierung sowie die ihr unterstellte Verwaltung zu kontrollieren. Er kann die Regierung durch ein konstruktives Misstrauensvotum stürzen. Darüber hinaus wirkt er bei der Wahl von Mitgliedern anderer oberer Staatsorgane mit, so bei der Wahl des Bundespräsidenten und der Verfassungsrichter. Im Hinblick auf die europäische Integration ist die außenpolitische Kompetenz des Parlaments von großer Bedeutung: Hoheitsrechte können nur per Gesetz auf die EU übertragen werden, und die Bundesregierung hat den Bundestag in allen europäischen Angelegenheiten umfassend zu unterrichten und seine Stellungnahmen zu berücksichtigen (vgl. Art. 23 GG). Ebenso wie bei der Gesetzgebung kommen auch hier dem Bundesrat als Vertretungsorgan der Länder besondere Beteiligungsrechte zu.

Aufgrund ihrer Regierungsbildungsfunktion gewinnen die Bundestagsfraktionen der Regierungsparteien eine besondere Machtposition: Ihr Führungspersonal besetzt Kabinettsposten und ihr Programm ist zugleich Basis des Regierungsprogramms. Die Aufgabe oppositioneller Machtkontrolle übernehmen die Minderheitsfraktionen im Bundestag. Das **parlamentarische Regierungssystem** ist somit durch das Gegenüber von Regierung und Regierungsfraktionen einerseits und der parlamentarischen Opposition andererseits bestimmt. Da Regierung wie Opposition von den Parlamentsfraktionen der politischen Parteien gestellt werden, prägt der Parteienwettbewerb den politischen Prozess.

Das **Europäische Parlament** (EP) wird von den EU-Bürgern aller 27 Mitgliedstaaten für die Dauer von fünf Jahren direkt gewählt. Die Abgeordneten des EP schließen sich auf der Grundlage politischer Programme zu transnationalen Fraktionen zusammen. Die wichtigste Funktion des Parlaments besteht darin, von der Kommission vorgelegte Gesetzesentwürfe zusammen mit dem Ministerrat zu verabschieden. Dieses Recht auf Mitentscheidung im „ordentlichen Gesetzgebungsverfahren" gilt seit dem Vertrag von Lissabon (2009) für 75 % der Entscheidungen, z. B. in den Politikfeldern Landwirtschaft, Energie, Justiz und Inneres. Allen wesentlichen politischen Handlungen der EU muss das EP zustimmen. Dazu gehören die Bewilligung von EU-Beitritten, der Abschluss und die Veränderung von EU-Verträgen und die Einrichtung der Strukturfonds. In manchen Bereichen, wie z. B. in der Außen- und Sicherheitspolitik, verfügt das Parlament jedoch nur über das Recht auf Anhörung.

Zum Kompetenzbereich des EP gehören weiter die Genehmigung des europäischen Haushalts gemeinsam mit dem Ministerrat und die Kontrolle der EU-Kommission. Diese kommt nur ins Amt, wenn das EP mit deren Zusammensetzung einverstanden ist, den Kommissionspräsidenten schlägt allerdings der Europäische Rat vor.

Vergleicht man den deutschen Bundestag und das EP, so lässt sich als eindeutige **Gemeinsamkeit** festhalten: Beide Parlamente verfügen über eine direkte Legitimation durch die Bürger, auch wenn im EP unterschiedliche Wahlsysteme der Mitgliedstaaten zu einer ungleichen Repräsentation der Bevölkerung führen. Das EP verfügt im Übrigen nur über **eingeschränkte Rechte eines nationalen Parlaments:** Bei der Gesetzgebung besitzt es kein unmittelbares Initiativrecht. Dieselbe Einschränkung gilt für die Wahl des Kommissionspräsidenten. Die Kontrollfunktion gegenüber dem Rat der EU bleibt auf das Mittel der Anfrage begrenzt, ebenso limitiert ist die Budgetfunktion. Das EP kann nur über die Ausgaben, nicht aber über die Einnahmen der EU entscheiden.

Insgesamt lässt sich der politische Prozess in der EU nicht mit dem Konzept einer Gewaltentrennung zwischen Legislative und Exekutive oder zwischen Regierungsmehrheit und Opposition beschreiben, da es keine Regierung gibt, die sich auf parlamentarische Mehrheiten im EP stützt. Viele Beschlüsse des EP werden mit absoluter Mehrheit gefasst, aus diesem Grund arbeiten die großen Fraktionen in den meisten Bereichen zusammen.

3. *Diese Aufgabe bezieht sich auf das Verhältnis von Ökonomie und Politik. Sie sollen prüfen, welche Konsequenzen sich aus dem Fiskalpakt bzw. dem Euro-Rettungsschirm für die nationale bzw. deutsche Wirtschafts- und Finanzpolitik ergeben. Es ist sinnvoll, zunächst die Kernaussagen beider Verträge darzulegen, um dann potenzielle Konsequenzen einer auf Haushaltskonsolidierung gerichteten Politik herauszuarbeiten. (AFB II und III mit Schwerpunkt auf AFB II)*

Als Reaktion auf die Verschuldungskrise im Euro-Währungsgebiet haben Bundestag und Bundesrat im Juni 2012 zwei EU-Verträge ratifiziert, die vom Europäischen Rat ohne Beteiligung des EP ausgearbeitet wurden. Der **Fiskalpakt** sieht eine nationale Schuldenbremse mit dem Ziel eines ausgeglichenen Haushalts vor. Das jährliche strukturelle Defizit darf 0,5 % des BIP nicht überschreiten. Er legt außerdem automatisch verhängte Sanktionen für den Fall von Verstößen fest. Damit werden die EU-Konvergenzkriterien aus dem Maastricht-Vertrag von 1992 verschärft, denn dieser hatte nur auf Beschluss des Rats Sanktionen vorgesehen (vgl. M 2, Z. 22 ff.). Der **Europäische Stabilitätsmechanismus** soll überschuldete Mitgliedstaaten der Eurozone, sofern sie den Fiskalpakt ratifiziert haben, durch Darlehen unterstützen, um deren Insolvenz zu verhindern. Der deutsche Anteil an diesem „Rettungsschirm" wurde auf maximal 190 Milliarden Euro festgelegt. Bei Fälligkeit der Garantien würde die deutsche Staatsverschuldung, die derzeit gemessen am BIP bei gut 80 % liegt, weiter ansteigen.

Um die Frage bezüglich der Auswirkungen der neuen Verträge auf die nationale Wirtschafts- und Finanzpolitik zu beantworten, sollen zunächst zentrale Schlüsselbegriffe sowie wichtige ökonomische Zusammenhänge erläutert werden.
Zur **Wirtschaftspolitik** gehört – neben den lang- oder mittelfristig angelegten Bereichen einer Ordnungs- und Strukturpolitik – die eher kurzfristig, vor allem auf den Konjunkturverlauf zielende Prozesspolitik. Die **Finanzpolitik** ist Teil der Prozesspolitik und zielt auf die Stabilisierung der konjunkturellen Entwicklung. Dabei geht es um makroökonomische Indikatoren wie BIP, privater Konsum und Investitionen.
Den Rahmen der Prozesspolitik gibt das **Stabilitätsgesetz von 1967** vor. Dieses „Grundgesetz" der Wirtschafts- und Finanzpolitik formuliert vier Ziele im Sinne eines gesamtwirtschaftlichen Gleichgewichts: **Außenwirtschaftliches Gleichgewicht, Geldwertstabilität, Vollbeschäftigung und Wachstum**. Durch die Eurokrise wird das Erreichen dieser Ziele gefährdet. Die Eurostaaten sind wichtige Handelspartner Deutschlands. Die deutschen Exportüberschüsse beruhen auf konkurrenzfähigen Produkten, effizienten Produktionsmethoden und relativ niedrigen Löhnen. Die Güter aus Deutschland wurden von den europäischen Importländern überwiegend mit Mitteln aus Bankkrediten bezahlt, die über Staatsanleihen refinanziert wurden. Die erzielten Exportüberschüsse bewirkten auf diese Weise Staatsdefizite in anderen Mitgliedstaaten.
Vom Fiskalpakt, der dem Vorbild der seit 2009 im Grundgesetz verankerten Schuldenbremse (Art. 115 GG) folgt, wird nun eine massive **Sparpolitik** in vielen Eurostaaten ausgelöst, die deutsche Exporte und damit das Wachstumsziel gefährdet. Die **Wachstumspolitik** gewinnt demnach an Bedeutung.

Der im Fiskalpakt **geforderte Schuldenabbau** gestaltet sich für Deutschland im europäischen Vergleich aufgrund niedriger Zinsen und einer stabilen konjunkturellen Lage einfacher, dennoch müssen auch dort Staatsausgaben gesenkt werden. Deutschland haftet durch den ESM und andere Hilfsmaßnahmen für Bürgschaften im Umfang von mehreren Hundert Milliarden Euro, wodurch staatliche Zukunftsinvestitionen in den Bereichen ökologischer Umbau, Infrastruktur, Bildung und Vereinbarkeit von Familie und Beruf bedroht sind. Kritik am Fiskalpakt und am ESM wird daher vor allem von den Gewerkschaften geäußert.

Es entsteht ein scheinbarer **Zielkonflikt** zwischen Wachstumsförderung und Haushaltskonsolidierung. Je nachdem, welchem der beiden Ziele der zeitliche Vorrang eingeräumt wird, gewinnt die Angebots- oder Nachfrageorientierung in der Wirtschaftspolitik an Gewicht.

Die kostenintensive, **nachfrageorientierte** Strategie setzt in Krisenzeiten auf staatliche Interventionen, die das Wachstum fördern und in der Folge auch die Staatsverschuldung reduzieren. Durch z. B. Mindestlöhne und staatliche Zukunftsinvestitionen soll die gesamtwirtschaftliche Nachfrage gestärkt werden. Im Ergebnis steigt zunächst die Staatsverschuldung an, was dem Ziel einer raschen Haushaltskonsolidierung zuwiderläuft. In der konjunkturellen Boomphase sollen allerdings die entstandenen Budgetdefizite durch das erhöhte Steueraufkommen und eine Senkung der Staatsausgaben wieder ausgeglichen werden.

Im Unterschied dazu setzt die **Angebotsorientierung** auf wenig staatliche Einmischung in die Märkte und auf eine niedrige Staatsquote. Durch den Abbau von Sozialleistungen soll der Staatshaushalt entlastet werden. Die wirtschaftspolitischen Maßnahmen sollen vor allem die Bedingungen für die Unternehmen, z. B. durch niedrigere Löhne und durch Steuersenkungen, verbessern. Weiterhin wird das Vertrauen in solide Staatsfinanzen das Angebotspotenzial stärken. Wachstumsstimulierende Investitionen der Unternehmen sind durch eine Geldpolitik zu erleichtern, die die Kreditvergabe der Banken, z. B. mithilfe von variablen Eigenkapitalanforderungen, unterstützt. Dadurch werden Investitionsanreize geschaffen, die letztlich über Nachfrageeffekte zu einer Ankurbelung der Konjunktur führen. Schließlich erzielt der Staat höhere Steuereinnahmen als zuvor und noch bestehende Haushaltsdefizite können ausgeglichen werden.

Vielfach wurde prognostiziert, die Anforderungen des Fiskalpakts würden den **Schwerpunkt der Wirtschafts- und Finanzpolitik** auf eine unternehmerfreundliche und ausgabenminimierende Angebotspolitik verlagern. Die vereinbarten Regelungen lassen aber einen Handlungsspielraum zu. Ein „**Policy Mix**" aus Angebots- und Nachfrageorientierung ist aus finanzieller Sicht möglich. Bei Berechnung des Staatsdefizits werden konjunkturbedingte Faktoren herausgerechnet. Diese Strukturkomponente der zulässigen Neuverschuldung (vgl. M 2, Z. 18 ff.) erlaubt kreditfinanzierte Investitionen in Bildung, Forschung und Entwicklung oder in Reformen, die der Stärkung nachhaltigen Wachstums dienen, ohne das Ziel des Haushaltsausgleichs infrage zu stellen. Eine **Kombination aus Sparanstrengungen und Investitionen** könnte also am Ende der wirtschaftspolitischen Debatte über die Folgen aus Fiskalpakt und ESM stehen.

4. *Erwartet wird eine das Für und Wider abwägende Argumentation der Hauptthese Prantls, dass auch zur Rettung des Euro das demokratische Prinzip in der Politik Vorrang habe. Sie können sich in Ihrer Erörterung für Zustimmung, Ablehnung, eine „mittlere“ oder auch eine weitergehende eigene Position entscheiden, sollten dabei aber auf eine nachvollziehbare Erläuterung Ihrer Argumente und treffende Belege achten. Fassen Sie am Ende Ihr Urteil zusammen. (AFB III)*

Zur Bewältigung einer tiefgreifenden Krise darf es nach Prantls Ansicht keinerlei Abstriche an der Demokratie geben. In der Eurokrise sei an den Regeln der parlamentarischen Demokratie auch dann festzuhalten, wenn der Druck der Finanzmärkte ein schnelles Handeln der Exekutive verlange.
Prantls Plädoyer für den zeitintensiven demokratischen Prozess übergeht allerdings den gemeinsamen Erfolg der Regierungen in der EU, die in der Zeit der Krise mit ungeahnter Geschwindigkeit gehandelt haben. Banken wurden gerettet, eine europäische Bankenaufsicht wurde eingerichtet, Griechenland und Zypern wurde der Staatsbankrott erspart, eine Transaktionssteuer zur Eindämmung von Spekulationsgeschäften wurde beschlossen. Gleichzeitig blieb die Konjunktur in Deutschland einigermaßen stabil. Das gemeinsame Eingreifen hat trotz wachsender Staatsverschuldung eine Weltwirtschaftskrise wie in den 1920er- und 1930er-Jahren verhindert. Die EU, die USA und andere Staaten haben ihre gemeinsame **Handlungsfähigkeit** unter Beweis gestellt.
Der Autor untermauert seine These mit der **Warnung vor einer „Notverordnungs-Demokratie“** (M 1, Z. 21 f.). Er spielt damit auf Art. 48 der Weimarer Verfassung an, der in der Endphase der Weimarer Republik als Grundlage für eine Ersatzgesetzgebung des Reichspräsidenten verstanden wurde. Nach 1930 konnten sich die Regierungen nicht mehr auf eine parlamentarische Mehrheit stützen, die Reichskanzler bis Hitler wurden ohne Berücksichtigung des Reichstags vom Reichspräsidenten Hindenburg ernannt. Die Reichstagsbrandverordnung vom 28. Februar 1933 setzte schließlich wesentliche Grundrechte außer Kraft, übertrug Befugnisse des Reichspräsidenten auf die neue Reichsregierung unter Hitler und wurde damit zur normativen Grundlage der NS-Diktatur.
Der Blick auf die Verhältnisse der **heutigen parlamentarischen Demokratie** lässt die angedeutete Gefahr Weimarer Verhältnisse übertrieben erscheinen. Im Anschluss an die Karlsruher Entscheidung haben die vom Volk gewählten Abgeordneten den Fiskalpakt und den ESM mit Zweidrittelmehrheit gebilligt. Gesetze durchlaufen nach wie vor das im Grundgesetz vorgeschriebene Verfahren, und eine Aufhebung von Grundrechten ist aufgrund der Ewigkeitsgarantie (Art. 79 Abs. 3 GG) ausgeschlossen. Auch das Recht jedes Bürgers zu einer Verfassungsbeschwerde (Art. 93 GG) unterscheidet die BRD von der Weimarer Demokratie. Selbst Prantl gesteht zu: Das BVerfG hat in seinem Urteil zum Fiskalpakt das Vorgehen der Bundesregierung zugunsten einer Aufwertung des Parlaments nachhaltig korrigiert (vgl. M 1, Z. 15 ff., 29 ff., 56 ff.).
Die Existenz einer **demokratischen Öffentlichkeit** in Deutschland ist nicht zu bestreiten. Von Parteien, Verbänden sowie pluralistischen Medien werden die

verschiedenen Aspekte der Eurokrise diskutiert. Es gibt Stimmen für eine verstärkte politische Union, aber auch nationalistische oder populistische Tendenzen. Erst im Februar 2013 kam es zur **Neugründung einer Partei**, der eurokritischen „Alternative für Deutschland“. Durch Finanzminister Schäuble hat auch die **Forderung nach einer Volksabstimmung** über eine zukünftige gemeinsame europäische Finanz- und Wirtschaftspolitik Auftrieb bekommen.
Manchmal ist aber das Argument zu hören: „Besser, es sind fähige Technokraten am Ruder als inkompetente Politiker.“ Dagegen spricht allerdings die für den Bürger kaum durchschaubare Vorgeschichte der Eurokrise, die bis in die Entstehungsgeschichte der Währungsunion zurückreicht. Der eigentliche politische Willensbildungsprozess der EU spielt sich seit Langem in nicht öffentlichen Verhandlungen zwischen Kommission, Ministerrat und EP ab. Nur die Verhandlungen des oft ohnmächtigen EP sind öffentlich.
Zweifel an der demokratischen **Legitimation der Krisenpolitik auf EU-Ebene** sind angebracht. Die Mitglieder des Europäischen Rats sind nur indirekt durch Wahlen legitimiert, die Mitglieder des EZB-Rats und des ESM-Vorstands werden von den Regierungen nominiert. Sie sind keinem Parlament Rechenschaft schuldig. Bürger im Euroraum können dem EZB-Chef Mario Draghi nicht an der Wahlurne das Vertrauen entziehen. Im EZB-Rat verfügen Zypern, Malta und Luxemburg über genauso viele Stimmen wie Deutschland, sodass letztlich Mehrheitsentscheidungen von Ländern getroffen werden können, deren Bevölkerung nur etwas mehr als ein Sechstel der Eurozonen-Bevölkerung umfasst. Bundestagsabgeordnete finden sich – aufgrund der Komplexität der Materie oder des Zeitdrucks – bei ihren Entscheidungen derart in die Enge getrieben, dass sie ihre demokratischen Rechte und (Prüf-)Pflichten kaum noch ausüben können.
Eine **Demokratisierung** nationaler und europäischer Institutionen ist deshalb überfällig. Demokratisch legitimierte Institutionen sollen wieder den Vorrang vor den Sachzwängen der Finanzmärkte erlangen. So verstehe ich auch Prantls Hauptforderung. Vor allem die parlamentarische Demokratie muss gestärkt werden. Um das „Vertrauen in den demokratischen Prozess“ (M 1, Z. 46) zurückzugewinnen, ist langfristig ein EP erforderlich, das die demokratische Legitimation und Kontrolle der gemeinsamen Politik sichert, das in freier und geheimer Wahl den EU-Kommissionspräsidenten wählt und über die Kommissionsmitglieder bestimmt. Diese neue Kommission darf nur dem Parlament verpflichtet sein, und nicht mehr den nationalen Regierungen.
Die in der Eurokrise deutlich gewordenen wirtschaftlichen Unterschiede zwischen den EU-Staaten müssten in einer **demokratischen Verfassung der EU** anerkannt werden. D. h., die europäische Integration sollte sich stärker als bisher darum bemühen, die historisch gewachsenen nationalen Unterschiede der Völker, Regionen und Volkswirtschaften zu berücksichtigen. Die Regeln der Märkte müssen im Namen der sozialen Gerechtigkeit eingeschränkt werden können, wenn sie – wie zurzeit in Südeuropa – zu Massenarbeitslosigkeit führen. Um der Gefahr eines Zerfalls der EU zu begegnen, müssen die politischen Eliten ernsthaft für ihre Visionen der europäischen Solidarität bei den Bürgern werben und sich darum bemühen, sie verständlich zu erklären.

Hessen – Politik und Wirtschaft – Leistungskurs 2013
Vorschlag B

Thema: *Einkommensverteilung und Lohnpolitik*

Aufgaben

1.1 Geben Sie die Aussagen von Rudolf Hickel zur Einkommensverteilung und Lohnpolitik in Deutschland wieder. (Material 1) (20 BE)

1.2 Vergleichen Sie die Einschätzungen Hickels mit der Position Rudzios. (Material 2) (15 BE)

2. „Die Politik allein trägt aber nicht die Verantwortung für die Lohnentwicklung." Erläutern Sie diese Aussage Rudzios unter Berücksichtigung politischer, wirtschaftlicher und rechtlicher Aspekte. (35 BE)

3. Erörtern Sie, ob die Einführung eines allgemeinen Mindestlohns in Deutschland vor dem Hintergrund einer globalisierten Wirtschaft sinnvoll ist. (30 BE)

M 1: Rudolf Hickel: Löhne rauf!

[...] Die Beschäftigten sind die Verlierer des vergangenen Jahrzehnts. Das hat der DGB in seinem jüngsten Verteilungsbericht festgestellt. [...] Nach der DGB-Analyse ist der gesamtwirtschaftliche Anteil der Löhne und Gehälter, gemessen am Volkseinkommen, 2007 auf den tiefsten Wert seit den siebziger Jahren gesunken. An diesem Trend ändert der jüngste leichte Anstieg nichts. Spiegelbildlich sind die Bezieher von Unternehmens- und Vermögenseinkommen die Gewinner. Bei der Entwicklung der ausschließlich den Unternehmen zurechenbaren Gewinne wird die Vorteilsposition gegenüber den Arbeitseinkommen besonders deutlich. Der um die Inflationsrate bereinigte durchschnittliche Bruttomonatsverdienst von 2.144 Euro im Jahr 2000 ist bis zum vergangenen Jahr um 1,9 Prozent auf 2.074 Euro geschrumpft.

Drei Trends sind für die Verluste der Arbeitnehmer im Verteilungskampf verantwortlich:

Erstens: Krisen sind in kürzeren Abständen und heftiger ausgebrochen als früher. Nach der geplatzten New-Economy-Blase Anfang des Jahrzehnts löste die Finanzkrise 2009 einen ökonomischen Absturz aus. Um ihn schnell zu überwinden, wurde die Lohnpolitik in die Pflicht genommen. Beschäftigungssichernde Tarifverträge und Kurzarbeit wurden erfolgreich eingesetzt. Rückblickend stellt sich die Frage, inwieweit die Lohnmoderation zuvor über viele Jahre zu den aufgeblähten Finanzmärkten beigetragen hat. Jedenfalls belegen Statistiken, dass Unternehmensgewinne weniger in Sachinvestitionen flossen und mehr in die spekulativen Finanzmärkte.

Zweitens: Die Exportwirtschaft hat auch durch die im internationalen Vergleich günstigen Lohnstückkosten ihre Dominanz ausgebaut. Die Folge zurückhaltender

Lohnpolitik war der seit Jahren im Durchschnitt stagnierende private Konsum. Daran ändern die derzeit günstigeren, jedoch instabilen Zuwachsraten nicht viel. Neben anderen Einflüssen auf die Masseneinkommen liegt die Ursache bei den Löhnen nach Abzug der Abgaben und der Inflationsrate. Nicht einmal der neutrale Verteilungsspielraum[1], den die Entwicklung der Produktivität bestimmt, wurde mit den Tariflöhnen ausgeschöpft. Künftig müssen die realen Gehälter zumindest wieder mit der Produktivität wachsen.

Drittens ist der Anteil der tariflich regulierten Normalbeschäftigten durch die auf über sieben Millionen gestiegene Zahl an Menschen im Niedriglohnsektor zurückgegangen. Hinzu kommen die schlechter als normal bezahlten Leiharbeiter. Diese enorm gewachsene Billiglohn-Ausbeutung war politisch gewollt. Ab 2005 wurde die Hartz-IV-Reform zur Triebkraft des Niedriglohnsektors. Das dahinter stehende Dogma, jede Arbeit sei besser als Arbeitslosigkeit, war und ist falsch, ja zynisch. Vor allem den unverschuldeten Arbeitslosen wird der Preis durch einen harten Lohnverzicht abverlangt. Diese strukturelle Schlechterbezahlung hat auf die Lohnsumme gedrückt. Gegen dieses Argument wird eingewandt: Wären die Betroffenen arbeitslos geblieben, wären die Lohnsumme sowie die Beitragszahlungen in die Sozialkassen gesunken statt gestiegen. Hier wird unterstellt, die Unternehmen würden ohne Lohndumping nicht einstellen. Das trifft nicht zu. Die Deutsche Bundesbank hat vor einiger Zeit die Gegenrechnung aufgestellt: Würden die derzeit prekär Beschäftigten in ein normales Vollzeitarbeitsverhältnis übernommen, stiegen die Lohnsumme und die Zahlungen in die Sozialkassen noch stärker.

Das Fazit: Gute Tarifpolitik ist wichtig, reicht aber nicht. Wir brauchen gesetzlich gesicherte Mindestlöhne, wo Tarifpolitik nicht machbar ist. Die Leiharbeit muss rigoros auf den konjunkturbedingten Einsatz reduziert werden. Zur Vermeidung eines Fachkräftemangels müssen Auszubildende übernommen werden, so wie es der jüngste Tarifabschluss in der Stahlindustrie vorschreibt.

Nach den lohnpolitischen Opfern, vor allem durch die Kurzarbeit in der vergangenen Krise, ist es jetzt höchste Zeit für eine expansive und zugleich qualitative Lohnpolitik.

Die Zeit Nr. 49, 01. 12. 2011, http://www.zeit.de/2011/49/Einkommensverteilung-Loehne/komplettansicht (abgerufen am 20. 01. 2012).

Anmerkung:

1 Die Summe von durchschnittlicher Stundenproduktivität und Preisentwicklung. Mit diesen beiden Komponenten definieren Ökonomen den neutralen Verteilungsspielraum. Wird er ausgeschöpft, ist die Aufteilung der Unternehmenserträge zwischen Inhabern und Beschäftigten stabil. Steigen die Löhne langsamer, erhöht sich der Anteil der Unternehmer am Ertrag.

Hinweise: Rudolf Hickel ist Professor für Wirtschaftswissenschaft und Forschungsleiter am Institut Arbeit und Wirtschaft der Universität Bremen.
Die Rechtschreibung entspricht der Textvorlage.

M 2: Kolja Rudzio: Ein verlorenes Jahrzehnt?

[…] Glaubt man dem Deutschen Gewerkschaftsbund (DGB), so waren die vergangenen zehn Jahre eine Katastrophe. In keinem anderen Industrieland entwickelten sich die Löhne so schlecht wie in Deutschland. Kaum irgendwo sonst breitete sich der Niedriglohnsektor so rasant aus. Das ist die Kernbotschaft eines „Verteilungsberichts", den der DGB Mitte dieser Woche [2011] veröffentlichte.

Er passt zu anderen Meldungen. Da beklagten Berliner Ökonomen ein Jahrzehnt ohne Reallohn-Zuwachs, da begehrten sogar CDUler auf und forderten einen allgemeinen Mindestlohn. Offenbar ist es höchste Zeit, eine verhängnisvolle Entwicklung zu stoppen. So scheint es. Tatsächlich basiert dieses düstere Bild zumindest zum Teil auf einer verzerrten Sichtweise.

Erstens: Der DGB und andere schauen häufig nur auf den Durchschnittslohn. Der stieg in der Tat jahrelang kaum an. Doch dahinter steckt auch eine positive Entwicklung: Zu den normal bezahlten Jobs sind viele geringer entlohnte Stellen neu hinzugekommen. Dadurch fanden mehr Menschen eine Arbeit, und dabei wurde zuletzt auch die Summe aller Löhne wieder größer (selbst wenn der Durchschnittslohn stagnierte).

Zweitens: Die vergangenen zehn Jahre zerfallen bei genauerem Hinschauen in zwei Hälften. Wirklich katastrophal waren die Jahre bis 2005/06. In dieser Zeit stieg der durchschnittliche Tariflohn zwar an, gleichzeitig breiteten sich aber Arbeitslosigkeit und Niedriglöhne extrem aus. Die Sozialversicherungen drohten auszubluten, weil Millionen sozialversicherte Stellen verloren gingen. Die Summe aller Löhne stagnierte fünf Jahre lang. Ausgerechnet nach Inkrafttreten der Hartz-IV-Arbeitsmarktreform änderte sich das Bild: Seitdem entstehen wieder mehr Jobs, auch gering bezahlte, der Anteil der Niedriglohnstellen nimmt aber nicht mehr zu. Die Lohnsumme wächst im Trend wieder (in diesem Jahr voraussichtlich um stattliche 4,6 Prozent), und die Sozialkassen haben zwei Millionen Einzahler zurückgewonnen. Weil sich die Kassen wieder füllen, können sogar die Rentenbeiträge gesenkt werden. Auch der Fiskus profitiert von kräftig steigenden Steuereinnahmen. Kurzum: Deutschland hat eine harte Zeit hinter sich, ist aber jetzt auf dem richtigen Weg.

Eine Umkehr wäre daher widersinnig, Kurskorrekturen sind dennoch richtig: ein vorsichtig eingeführter Mindestlohn, der Auswüchse im Niedriglohnsektor begrenzt. Schranken gegen den Missbrauch der Zeitarbeit. Die Politik allein trägt aber nicht die Verantwortung für die Lohnentwicklung. Entscheidend sind Arbeitgeber und Arbeitnehmer, dazu gehören auch die Gewerkschaften und der DGB. Wo immer möglich, sollten Arbeitnehmer selbstbewusst ihren Anteil fordern. In einigen Branchen ist das sehr schwer, keine Frage. Aber so mancher Angestellte neigt heute dazu, über ungerechte Löhne zu klagen, ohne selbst – etwa als Mitglied einer Gewerkschaft – für eine bessere Entlohnung zu kämpfen. Das ist aber nötig, um langfristig deutlicher steigende Löhne zu erreichen.

DIE ZEIT Nr. 48, 24. 11. 2011, http://www.zeit.de/2011/48/Deutscher-Gewerkschaftsbund-Loehne/komplettansicht (abgerufen am 20. 01. 2012).

Hinweise: Kolja Rudzio ist Redakteur der Wochenzeitung „DIE ZEIT".
Die Rechtschreibung entspricht der Textvorlage.

Lösungsvorschläge

Unterrichtsinhalte:

- Q 1: Verfassungsnorm und Verfassungsrealität: Grundprinzipien der Verfassungsordnung der Bundesrepublik Deutschland; Art. 1 und Art. 20 GG
- Q 2: Ziele und Zielkonflikte wirtschaftlichen und wirtschaftspolitischen Handelns am Beispiel: Tarifautonomie und Lohnpolitik
- Q 3: Weltwirtschaft und Globalisierung: Standortfaktoren und Veränderungen der internationalen Arbeitsteilung

1.1 *Fassen Sie nach der Identifizierung von Autor und Text die wichtigsten Aussagen zu den beiden genannten Themen in eigenen Worten zusammen. Auf richtiges Zitieren und den Einsatz des Konjunktivs in der indirekten Rede ist dabei ebenso zu achten wie auf die korrekte Verwendung von Fachbegriffen. (AFB I)*

Autor des in M 1 auszugsweise wiedergegebenen Zeitungsartikels mit dem programmatischen Titel. „Löhne rauf!" ist Rudolf Hickel, Professor für Wirtschaftswissenschaft und Forschungsleiter am Institut für Arbeit und Wirtschaft an der Universität in Bremen. Der Artikel wurde am 1. 12. 2011 in der Wochenzeitung „Die Zeit" und auch in deren Online-Ausgabe veröffentlicht.
Hickel begründet seine Forderung mit einer These, die er dem damals aktuellen Verteilungsbericht des DGB entnimmt. Demnach seien die abhängig Beschäftigten „die Verlierer des vergangenen Jahrzehnts" (M 1, Z. 1). Der gesamtwirtschaftliche Anteil der Löhne und Gehälter am Volkseinkommen sei im Zeitraum 2000 bis 2010 dramatisch gesunken, der Anteil der **Vermögens- und Unternehmereinkommen** dagegen spiegelbildlich **angestiegen**. Der reale, also inflationsbereinigte, monatliche **Bruttoverdienst** der Arbeitnehmer sei in diesem Jahrzehnt um 1,9 % **zurückgegangen** (vgl. Z. 6 ff.).
Drei Faktoren seien, so Hickel, für diesen Trend verantwortlich:

- In immer kürzeren Abständen sei es zu Krisen größeren Ausmaßes gekommen. Anfang des Jahrzehnts habe das Platzen der sogenannten New-Economy-Blase und 2009 habe die **Weltfinanzkrise** die Weltwirtschaft erschüttert. Zur Überwindung dieser Krisen seien in Deutschland „[b]eschäftigungssichernde Tarifverträge" (Z. 16 f.) und Kurzarbeit eingesetzt worden.
- Bei dieser **tarifpolitischen Bescheidenheit** sei nicht einmal der durch höhere Arbeitsproduktivität gewonnene Verteilungsspielraum genutzt worden. Die im internationalen Vergleich günstigen deutschen Lohnstückkosten seien vor allem der Exportwirtschaft zugute gekommen, die so ihre starke Position ausbauen konnte. Der private Konsum habe dagegen stagniert (vgl. Z. 22 ff.).
- Schließlich drücke die gestiegene Anzahl von Menschen im **Niedriglohnsektor** und von schlecht bezahlten **Leiharbeitern** die Lohnsumme. Dieser Anstieg der „Billiglohn-Ausbeutung" (Z. 33) sei mit den Hartz IV-Reformen nach 2005 „politisch gewollt" (Z. 33) gewesen und folge dem zynischen Motto, „jede Arbeit sei besser als Arbeitslosigkeit" (Z. 35). Die Alternative zu

Niedriglöhnen sei aber nicht Arbeitslosigkeit, die Unternehmen würden auch zu besseren Konditionen Arbeitnehmer einstellen (vgl. Z. 41 ff.)

Hickel zieht das Fazit, die gewerkschaftliche Tarifpolitik reiche zur Überwindung dieser Misere nicht aus. Lohndumping könne nur durch **„gesetzlich gesicherte Mindestlöhne"** (Z. 45 f.) verhindert werden. Leiharbeit müsse auf das konjunkturell notwendige Ausmaß reduziert und den Auszubildenden nach Abschluss der Ausbildung eine Übernahmegarantie gegeben werden. Hickel kommt auf die Ausgangsforderung zurück und verlangt eine „expansive [...] Lohnpolitik" (Z. 51 f.).

1.2 *Nach der Darlegung der Gesichtspunkte, unter denen der Vergleich erfolgen soll, sind Gemeinsamkeiten, Ähnlichkeiten und Gegensätze zwischen den Positionen Hickels und Rudzios herauszuarbeiten. Da die Gegensätze zwischen beiden Autoren überwiegen, sollten diese auch im Mittelpunkt stehen. (AFB II)*

Kolja Rudzio, Redakteur der Wochenzeitung „Die Zeit", vertritt in seinem am 24. 11. 2011 veröffentlichten Artikel mit der Überschrift „Ein verlorenes Jahrzent?" in zentralen Punkten eine andere Auffassung als Rudolf Hickel. Beide Positionen sollen im Folgenden unter zwei Gesichtspunkten miteinander verglichen werden:

- Die Bewertung des vergangenen Jahrzehnts und der Hartz IV-Reformen.
- Die Empfehlung zur zukünftigen Lohn- und Tarifpolitik.

Ebenso wie Hickel wählt Rudzio die Thesen des damals aktuellen DGB-Verteilungsberichts als Ausgangspunkt, demzufolge das vergangene Jahrzehnt „eine Katastrophe" (M 2, Z. 2) gewesen sei. Während jedoch Hickel dieser Einschätzung uneingeschränkt zustimmt und ebenso wie der DGB dazu aufruft, diese Entwicklung zu stoppen, basiert nach Rudzio eine solch negative Bewertung auf einer „verzerrten Sichtweise" (Z. 10).

Zwar sei im betroffenen Zeitraum der Durchschnittslohn tatsächlich zunächst leicht gesunken, dies hänge aber auch damit zusammen, dass viele neue, geringer entlohnte Stellen hinzugekommen seien. Die **Arbeitslosenquote** sei so gesunken und die Lohnsumme habe in den letzten Jahren sogar wieder einen Anstieg verzeichnet (vgl. Z. 14 f.).

Während Hickel und der DGB das Jahrzehnt zwischen 2000 und 2010 hinsichtlich der Lohnentwicklung äußerst negativ bewerten, bezeichnet Rudzio nur die erste Hälfte dieses Zeitraums als „[w]irklich katastrophal" (Z. 18). In diesem Zeitraum hätten sich die Arbeitslosigkeit und der Niedriglohnsektor ausgebreitet und die Sozialversicherungen seien an den Rand des Bankrotts geraten, weil Millionen sozialversicherungspflichtiger Stellen gestrichen worden seien. Nach dem Inkrafttreten der **Hartz IV-Reformen** habe sich das Blatt jedoch gewendet. Seitdem gehe die Arbeitslosigkeit zurück und die **Lohnsumme**, das Beitragsaufkommen der **Sozialversicherungen** und die **Steuereinnahmen** legten wieder zu (vgl. Z. 23 ff.).

Nach Rudzio wäre es falsch, eine Kurswende vorzunehmen (vgl. Z. 30). Allerdings plädiert auch er für einige sozialpolitische Korrekturen, z. B. für einen „vorsichtig eingeführte[n] Mindestlohn“ (Z. 31) und Maßnahmen gegen einen „Missbrauch der Zeitarbeit“ (Z. 32). Rudzio betont aber, dass für die Lohnpolitik nicht in erster Linie der Staat, sondern die **Tarifparteien** zuständig seien. Die Arbeitnehmer sollten „selbstbewusst ihren Anteil fordern“ (Z. 35). Wenn das vereinzelt sehr schwer sei, so liege das häufig an einem zu geringen Organisationsgrad und damit an den Arbeitnehmern selbst (vgl. Z. 35 ff.).
Insgesamt beurteilt Rudzio die lohn- und sozialpolitische Entwicklung im letzten Jahrzehnt, insbesondere seit Inkrafttreten der Hartz IV-Reformen, im Vergleich zu Hickel deutlich positiver, fordert zwar ebenso staatliche Eingriffe, allerdings, vor allem was den Mindestlohn anbetrifft, in deutlich abgeschwächter Form.

2. *Hier sollen Sie die wichtigsten politischen, wirtschaftlichen und rechtlichen Bestimmungsfaktoren der Lohnentwicklung im Zusammenhang darlegen und dabei Kenntnisse über die Bedeutung der Tarifautonomie, den Einfluss der konjunkturellen Entwicklung auf die Lohnfindung und die Auswirkungen der staatlichen Sozialpolitik auf die Lohnentwicklung nachweisen. Die von Ihnen entwickelten Funktionszusammenhänge sollten an Beispielen verdeutlicht werden. (AFB II)*

Rudzios Hinweis, die Politik trage nicht allein die Verantwortung für die Lohnentwicklung, ist berechtigt. Dies hat nicht zuletzt einen verfassungsrechtlichen Hintergrund. Art. 9 GG garantiert die **Koalitionsfreiheit** und damit das Recht von Arbeitgebern und Arbeitnehmern zum freiwilligen Zusammenschluss in Verbänden zum Zweck der Gestaltung der Arbeits- und Wirtschaftsbeziehungen. Die vielleicht wichtigsten Interessengruppen der pluralistischen Gesellschaft – Gewerkschaften und Arbeitgeberverbände – sollen ihre Konflikte öffentlich und friedlich im Rahmen der geltenden rechtlichen Normen miteinander austragen dürfen. Der tiefere Sinn dieser Tarifautonomie besteht darin, dass die von den Tarifparteien gefundenen Kompromisse in den Tarifabschlüssen sich als tragfähiger erweisen und damit dem Gemeinwohl besser dienen als staatlich aufoktroyierte Regelungen. Voraussetzung dafür, dass dieses Modell der Konfliktregulierung funktioniert, ist, dass die **Tarifparteien verhandlungsbereit** sind und nicht Sonderinteressen über das Allgemeinwohl stellen.
Die Hauptverantwortung für die Lohnentwicklung liegt damit in Deutschland rechtlich gesehen bei den Tarifparteien, nicht beim Staat. Mit dieser Form der Lohnfindung verbinden sich gute Erfahrungen. Gerade in Krisenzeiten haben sich die Gewerkschaften und die Unternehmerverbände **kompromissfähig** gezeigt. Nicht zuletzt durch die Bereitschaft der Gewerkschaften zu Lohneinbußen hat Deutschland die weltweite Finanzkrise weit besser überstanden als viele seiner europäischen Partner.
Nicht weniger bedeutsam für die Lohnentwicklung sind die politischen und wirtschaftlichen Rahmenbedingungen. In wirtschaftlichen Krisenzeiten, wenn die Unternehmen durch drastische **Einbrüche der Nachfrage**, wie etwa 2009, zum

Abbau von Produktionskapazitäten, zur Einführung von **Kurzarbeit** und sogar zu Entlassungen gezwungen sind, bringt eine verantwortlich agierende Gewerkschaft die Unternehmen nicht durch hohe Lohnforderungen in noch größere Bedrängnis. Dies ist der Hintergrund der „**[b]eschäftigungssichernde[n] Tarifverträge**" (M 1, Z. 16 f.), die in M 1 von Hickel erwähnt werden.
Umgekehrt werden die Gewerkschaften in Phasen wirtschaftlichen Wachtums, steigender Arbeitsproduktivität und sprudelnder Unternehmensgewinne zurecht einen Anteil am wirtschaftlichen Erfolg der Unternehmen einfordern und Nachholbedarf geltend machen – nicht zuletzt mit Verweis auf die Inflationsrate sowie auf die Bedeutung höherer Löhne für die **Ankurbelung des Konsums** und dessen Relevanz für die gesamtwirtschaftliche Entwicklung. Dies ist auch der wirtschaftliche Hintergrund der aktuellen Tarifrunde, in der die Gewerkschaften Forderungen zwischen fünf und sechs Prozent erheben und drei bis vier Prozent in der Regel auch durchsetzen – wenngleich durch Ausdehnung der Laufzeiten.
In Zeiten der **Globalisierung** werden verantwortlich handelnde Tarifpartner bei ihren lohnpolitischen Entscheidungen auch die Entwicklung der **Lohnstückkosten im Vergleich** zu den konkurrierenden Industriestaaten im Auge behalten. Zwar ist die Lohnhöhe nur ein Faktor von vielen, die für die Standortentscheidung eines Unternehmens eine Rolle spielen, deren Bedeutung sollte dennoch nicht unterschätzt werden. Nachdem sich die deutschen Lohnstückkosten in den letzten Jahren im europäischen Vergleich sehr günstig entwickelt haben und von einigen Nachbarstaaten bereits der Vorwurf eines **deutschen Lohndumpings** erhoben wurde, erscheint dieser Gesichtspunkt aktuell allerdings weniger relevant.
Auch der Staat setzt durch seine politischen Entscheidungen wichtige Rahmenbedingungen für die Lohnentwicklung. Als Arbeitgeber des öffentlichen Dienstes nimmt er direkten Einfluss auf die Gehälter einer großen Zahl von Beamten und Angestellten, deren Lohnniveau gleichsam als Vergleichsmaßstab dient. Indirekt wirkt er durch seine **Steuerpolitik** und durch die Festsetzung der Höhe der **Sozialabgaben** auf die Nettolöhne aller Arbeitnehmer ein. Im letzten Jahrzehnt hat der Staat jedoch vor allem durch seine Sozialreformen (Hartz IV) das Lohnniveau beeinflusst – und zwar nicht nur durch die von Hickel erwähnte Ausweitung der Leiharbeit und der Teilzeitbeschäftigung (400 €-Jobs). Kern der Hartz-IV-Reform waren die zeitliche Befristung des ALG I auf maximal ein Jahr, die Zusammenlegung von Sozialhilfe und ALG II, die Festlegung des ALG II-Satzes auf ein relativ niedriges Niveau und die deutliche Verschärfung der Kontrollen und Sanktionen bei Verdacht auf „Erschleichung" von Zahlungen der Arbeitsagentur. Dadurch wurde der Druck auf die Langzeitarbeitslosen zur Wiederaufnahme von Arbeit auch zu schlechteren Bedingungen und niedrigeren Löhnen deutlich verstärkt und die Entstehung eines **Niedriglohnsektors** begünstigt. Wie in M 1 dargestellt, hat diese Sozialreform fast ein Jahrzehnt lang retardierend auf die Lohnentwicklung in Deutschland gewirkt. Die Gewerkschaften sehen das als Skandal und „Billiglohn-Ausbeutung" (M 1, Z. 33), die Arbeitgeber verweisen auf die Senkung der Arbeitslosenquote und den Gewinn an Wettbewerbsfähigkeit gegenüber konkurrierenden Industriestaaten

3. *Hier sollen Sie die Argumente für und gegen die Einführung eines gesetzlichen Mindestlohns unter den Bedingungen einer globalisierten Weltwirtschaft systematisch einander gegenüberstellen und abwägen.*
In einer abschließenden Stellungnahme sollte zum Ausdruck kommen, dass Sie auch die Argumente der Gegenseite zu würdigen wissen. (AFB III)

Über die Einführung eines allgemeinen bzw. gesetzlichen Mindestlohns wird in Deutschland seit etwa 15 Jahren diskutiert. Anfangs war es vor allem die Linkspartei, die eine entsprechende Forderung erhob, etwas später kamen die wegen der Tarifautonomie zunächst zögernden Gewerkschaften hinzu. Seit einigen Jahren und verstärkt im Wahlkampf 2013 haben sich auch die Grünen und die SPD diese Forderung zu eigen gemacht. Neuerdings gibt es sogar bei der CDU und der FDP viele Befürworter eines Mindestlohns. Nur die Unternehmerverbände leisten weiterhin Widerstand und beharren darauf, dass Mindestlöhne allenfalls von den Tarifparteien für bestimmte Branchen oder Regionen ausgehandelt, nicht aber vom Gesetzgeber festgelegt werden dürften.

Die Befürworter eines gesetzlichen Mindestlohns verweisen darauf, dass in den meisten europäischen **Nachbarländern**, ja sogar in den USA, gesetzliche Mindestlöhne gelten – und dies ohne sichtbar negative Folgen für die Beschäftigung. Höhere Löhne, so argumentieren sie, würden über **Nachfrageeffekte** zu einer Ankurbelung der Konjunktur und damit letztlich sogar infolge eines verbesserten Investitionsklimas zur Schaffung neuer Arbeitsplätze beitragen.
Deutschland sei – wenn es sich Mindestlöhnen weiter verweigere – mitverantwortlich für eine **lohnpolitische Abwärtsspirale** und für ein weltweites „race to the bottom", was bedeuten würde, dass die Löhne immer weiter absackten. Trotz geltender Tarifautonomie müssten Mindestlöhne auch deshalb gesetzlich festgelegt werden, weil in manchen Branchen wegen fehlender Verbandszugehörigkeit der Unternehmen oder aufgrund eines zu geringen Organisationsgrads der Beschäftigten keine Tarifbindung bestehe und nicht selten Niedriglöhne bezahlt würden.
Es sei ein Gebot der **Menschenwürde**, dass vollbeschäftigte Arbeitnehmer von ihrer Arbeit auch leben könnten. Durch die Aufstockung der von den Unternehmen gezahlten Niedriglöhne mache sich der Staat an der Praxis des Lohndumpings vieler Unternehmen mitschuldig und trage aktiv zu einer Verstetigung der Ungleichverteilung innerhalb der Gesellschaft bei. Die Einführung eines existenzsichernden Mindestlohns würde demgegenüber die Staatskassen entlasten und sicherstellen, dass auch die Arbeitnehmer an den Wohlstandsgewinnen der Unternehmen teilhaben.

Die Gegner gesetzlicher Mindestlöhne wenden ein, dass die Lohnfindung in einer pluralistischen Gesellschaft nicht Sache des Staats, sondern der Tarifparteien sei, die in diesem Bereich über mehr Kompetenz und Sachverstand verfügten. Für die meisten Branchen hätten Mindestlöhne sowieso keine Bedeutung, weil die Tariflöhne weit über deren Niveau lägen.
Die Mindestlohnregelungen in anderen Ländern könnten für Deutschland kein Vorbild sein, weil dort eigene sozial-, tarif- und lohnpolitische Strukturen und

Traditionen vorherrschten. Im Übrigen sei es trotz fehlender Mindestlöhne in den letzten Jahren nicht zu einer lohnpolitischen Abwärtsspirale gekommen.
Für Deutschlands internationale Wettbewerbsfähigkeit sei es entscheidend, dass sich die Löhne an der **Produktivität** orientieren. Durch die Einführung eines gesetzlichen Mindestlohns würde Deutschland infolge steigender Lohnstückkosten einen entscheidenden Wettbewerbsvorteil leichtfertig aufs Spiel setzen. Der Wirtschaftsstandort Deutschland verlöre an Attraktivität.
Das zentrale Argument der Mindestlohngegner ist die angeblich negative Wirkung von Mindestlöhnen auf die **Beschäftigung**. Ein Mindestlohn von 8,50 €, argumentiert beispielsweise der Arbeitgeberverband, werde in Deutschland über eine Million Arbeitsplätze kosten. Ein Arbeitsplatz werde nur geschaffen und erhalten, wenn er aus Sicht des Unternehmens auch rentabel sei. Wenn die Kosten eines Arbeitsplatzes über dessen Nutzen lägen, dann würde er rationalisiert oder ins günstigere Ausland verlagert. Der **Rationalisierungsdruck**, der von Mindestlöhnen ausgehe, wirke sich vor allem auf Berufseinsteiger und gering Qualifizierte aus. Der vor einigen Jahren eingeführte hohe Mindestlohn für Postzusteller sei dafür ein eindrucksvolles Beispiel.
Ein **Kombilohn**, der sich aus einem für die Unternehmen zumutbaren Entgelt und einem je nach sozialer Lage des Betroffenen gestaffelten zusätzlichen staatlichen Zuschuss zusammensetze, verstoße weniger gegen die Menschenwürde als durch Arbeitslosigkeit erzwungene Untätigkeit.

Die eingangs dargestellten Veränderungen, welche die Positionen vieler Parteien hinsichtlich der Mindestlohneinführung durchlaufen haben, verdeutlichen die Komplexität dieser Frage. Die Bundeskanzlerin hat sich noch vor wenigen Monaten strikt gegen jede Form von Mindestlohn ausgesprochen. Heute befürwortet sie gemeinsam mit ihrer Partei **branchen- und regionalspezifische** Mindestlöhne, die von den Tarifpartnern ausgehandelt und vom Gesetzgeber für verbindlich erklärt werden.
Diese Position kann als eine Art Kompromiss zwischen den Mindestlohnforderungen der Gewerkschaften auf der einen und der strikten Ablehnung durch die Arbeitgeber auf der anderen Seite angesehen werden. Da Kompromisse beiden Seiten entgegenkommen, erscheinen sie dauerhafter und vielleicht dem Gemeinwohl förderlicher als einseitige Maximalforderungen.
Deshalb sympathisiere ich mit dieser abgewogenen, gemäßigten Haltung. Die weitere Entwicklung wird diesen Standpunkt bestätigen oder widerlegen.

Hessen – Politik und Wirtschaft – Leistungskurs 2013
Vorschlag C

Thema: *Supranationale Organisationen und nationale demokratische Legitimation*

Aufgaben

1. Fassen Sie die Ausführungen von Adrian Lobe zusammen. (Material) (20 BE)
2. Erläutern Sie die rechtlichen Grundlagen und demokratischen Legitimationsprozesse für Auslandseinsätze der Bundeswehr und untersuchen Sie, inwiefern der Bundestag für die Bundesregierung „als Bremsklotz“ oder „limitierender Faktor“ wirken kann. (25 BE)
3. Analysieren Sie für die Bundesrepublik Deutschland am Beispiel eines aktuellen Konfliktes, welche Aspekte bei der im Text angesprochenen Abwägung zwischen Bündnistreue und (demokratischer) Legitimation von Bedeutung sein können. (25 BE)
4. Diskutieren Sie, ausgehend vom vorliegenden Text, ob das deutsche Volk durch eine sukzessive Übertragung von Hoheitsrechten auf supranationale Ebenen als Souverän zunehmend entmachtet wird. (30 BE)

M: Adrian Lobe: Irre Effizienzlogik

Es war ein Satz, der Beobachter aufschrecken ließ: Bei der Münchner Sicherheitskonferenz im Februar dieses Jahres bezeichnete Angela Merkel den Parlamentsvorbehalt als „limitierenden Faktor“. Die Bundeskanzlerin erwog, die obligatorische Zustimmung des Deutschen Bundestags in Militärfragen einzuschränken. „Wir wissen nicht, was wir an Zusagen gegenüber Europa einhalten können, weil das erst durch den Bundestag muss“, sagte sie. Bündnistreue statt Legitimation? Der Bundestag als Bremsklotz? Fast klingt es so, als sei das Parlament ein lästiges Abnickorgan. Merkels Aussage entspringt einer merkwürdigen Effizienzlogik.

Zu Beginn ihrer Amtszeit kündigte die Bundeskanzlerin an, die schwarz-gelbe Koalition werde „durchregieren“. Eine komfortable Mehrheit in Bundestag und Bundesrat verhieß ein politisches Terrain mit wenig Widerständen. Nach dem Wahlsieg der SPD in Nordrhein-Westfalen[1] avancierte die Länderkammer jedoch wieder zu einem mächtigen Gegenspieler – eine schnelle Durchsetzung der Reformvorhaben rückte in weite Ferne.

Heute erscheint die Losung in einem anderen Licht. Bedeutet „Durchregieren“, das Parlament zu übergehen? Die Exekutive vom Ballast legislativer Zustimmungserfordernisse zu befreien? Sicher: Die Bundesregierung hat ein berechtigtes Interesse an rascher Entscheidungsfindung. Zähe Diskussionen und Debatten lähmen die Handlungsfähigkeit der Exekutive. Wenn Gesetze im Eiltempo durchgepaukt werden, dient das auch dazu, aktuellen Entwicklungen auf dem Arbeitsmarkt oder eben in der Sicherheitspolitik Rechnung zu tragen.

Doch ganz so einfach ist es nicht. Die parlamentarische Kontrolle stellt keinen Selbstzweck dar. Sie findet ihre Raison d'être[2] im Prinzip der Gewaltenteilung. Das System der Checks and Balances soll sicherstellen, dass die Staatsorgane ihre Macht nicht missbrauchen. Die wechselseitige Verantwortungsverschränkung ist ein wesentlicher Stabilisator der Demokratie. Und der Parlamentsvorbehalt des Deutschen Bundestags ist Ausfluss dieses Überwachungsmechanismus. Zwar kennt das Grundgesetz keine ausdrückliche Regelung, die eine parlamentarische Zustimmung für die Entsendung von Streitkräften vorschreibt. Das Bundesverfassungsgericht hat jedoch in seinem Streitkräfteurteil von 1994 ein „aus dem Gesamtzusammenhang wehrverfassungsrechtlicher Vorschriften des Grundgesetzes" abgeleitetes und „vor dem Hintergrund der deutschen Verfassungstradition" bestehendes Prinzip etabliert, wonach der Einsatz bewaffneter Streitkräfte grundsätzlich der vorherigen Zustimmung des Deutschen Bundestags bedarf. Das Grundgesetz sei darauf angelegt, die Bundeswehr nicht als Machtpotential allein der Exekutive zu überlassen, sondern sie als „Parlamentsheer" in die freiheitlich-demokratische Verfassungsordnung einzuhegen. Soll heißen: Die Bundeswehr untersteht dem Primat der Politik.

Merkels Forderung, den Parlamentsvorbehalt einzuschränken, rüttelt damit nicht nur an den Festen der Verfassung, sondern befeuert auch eine Entwicklung, die die Rechte des Bundestags mehr und mehr aushöhlt. Der moderne Parlamentarismus sieht sich einer Reihe von Störfaktoren ausgesetzt. So nagt nicht zuletzt die europäische Integration – von Merkel nur beiläufig gestreift – am Mitspracherecht des Deutschen Bundestags. Die sukzessive Übertragung von Hoheitsrechten auf eine supranationale Ebene geht einher mit einem Kompetenzverlust der nationalen Parlamente. Die Befugnis, Normen zu setzen – eigentlich ein genuines Vorrecht der Volksvertretungen – wandert dabei in die Hände von EU-Organen.

Die Zahl der Rechtsakte, die aus Brüssel stammen, übersteigt in einigen Politikfeldern bereits die magische Quote von 80 Prozent. Jenes Kriterium wurde 1988 vom damaligen Kommissionspräsidenten Jacques Delors ins Feld geführt, als er – nicht ohne kritischen Unterton – vor dem Europäischen Parlament fragte: „What is left for national public policy?" [...]

Die schleichende Erosion der Aufgabenwahrnehmung entmachtet de facto den Bundestag und führt zu einer Delegitimierung des politischen Systems. Wozu wählt man Volksvertreter, die kaum noch entscheiden können? Der Bundestag droht, zu einem bloßen Akklamationsorgan[3] zu verkommen. Reden ohne Mitsprache. Dabei sind Parlamente doch das Herzstück der Demokratie. In ihnen schlägt sich der Gedanke der Volkssouveränität nieder. Der Politologe Klaus von Beyme beschrieb die Volksvertretung einmal als „symbolische Inkarnation[4] des institutionellen Sitzes der Souveränität". In der repräsentativen Demokratie ist das Parlament das einzige Organ, das direkt vom Volk gewählt wird. Und damit genießt es hohe Legitimität.

Die Kritik der Bundeskanzlerin am Parlamentsvorbehalt mag einer pragmatischen Logik nach mehr Effizienz folgen. Sie verkennt jedoch die Bedeutung eines Kontrollinstruments, das historisch gewachsen ist und einer Verselbständigung der Exekutive Einhalt gebieten soll. Das Credo lautet: „Erst entscheiden wir, dann handelt ihr!" Der

Parlamentsvorbehalt hinsichtlich des Einsatzes von Streitkräften ist letztlich auch ein Korrektiv, der Domaine réservé[5] der Regierung in der Außen- und Sicherheitspolitik entgegenzuwirken. Durch den Beitritt Deutschlands in internationale Organisationen wie UN, Nato und EU hat der Bundestag zwangsläufig an Kompetenzen eingebüßt. Die Ratifikationen sind aber nicht als Selbstentäußerung zu werten, sondern geschahen in dem Bewusstsein, das Heft des Handelns weiter in Händen zu halten.

Die Entscheidung über den Einsatz deutscher Soldaten im Ausland hat sich der Bundestag stets vorbehalten. Vor dem Hintergrund der Erfahrungen im Nationalsozialismus darf die Volksvertretung nicht übergangen werden. Der Parlamentsvorbehalt ist kein „limitierender Faktor", sondern eines der wenigen verbliebenen Kontrollrechte der Legislative – und sollte daher nicht aufs Spiel gesetzt werden.

Süddeutsche Zeitung vom 02. 08. 2011.

Anmerkungen:
1 bei den Landtagswahlen am 9. Mai 2010 in Nordrhein-Westfalen
2 Daseinsberechtigung, Existenzgrund
3 Organ der Zustimmung, des Beifalls
4 Verkörperung
5 innere Angelegenheiten: Der Begriff bezeichnet all diejenigen Fragen, die nicht Gegenstand des Völkerrechts sind, sondern der nationalstaatlichen Regelungsmacht vorbehalten sind.

Hinweis: Die Rechtschreibung entspricht der Textvorlage.

Lösungsvorschläge

Unterrichtsinhalte:

- Q 1: Verfassungsnorm und Verfassungsrealität: Parlament und Regierung im konkreten politischen Gesetzgebungsprozess; Partizipation und Repräsentation an ausgewählten Beispielen: Parteien (Fraktionszwang und freies Mandat), Pluralismus und politischer Entscheidungsprozess; Bundesrepublik Deutschland und europäische Integration: institutionelle Strukturen und Entscheidungsprozesse in der EU (Europäisierung von Entscheidungsprozessen)
- Q 3: Die deutsche Außenpolitik: Aufgaben, Erwartungen, Probleme, Bundeswehreinsätze in Konfliktregionen; aktuelle internationale Konfliktregionen und die Möglichkeiten kollektiver Friedenssicherung

1. *Legen Sie nach einer kurzen Einleitung, in der Sie die Textquelle und ihr Thema vorstellen, die Hauptaussagen des Zeitungskommentars dar. Bemühen Sie sich um eigenständige Formulierungen, zeigen Sie den inneren Zusammenhang der Aussagen auf und arbeiten Sie die Hauptthese des Autors heraus. Lassen Sie Aspekte weg, die für die Argumentation unwichtig sind. Durch stilistische Mittel, wie z. B. den Konjunktiv, sollten Sie Ihre Distanz zum Text hervorheben. (AFB I)*

   Unter dem Titel „Irre Effizienzlogik" kommentiert Adrian Lobe am 2. 8. 2011 in der Süddeutschen Zeitung eine Bemerkung von Bundeskanzlerin Merkel zur **Be-**

teiligung des Bundestags bei Entscheidungen über **Bundeswehreinsätze im Ausland**. Während einer Sicherheitskonferenz im Februar 2011 habe Merkel den bisher obligatorischen Parlamentsvorbehalt aus Gründen der Bündnistreue in Europa durch die Bezeichnung als „limitierende[r] Faktor“ (Z. 3) relativiert und infrage gestellt.
Lobe räumt ein, dass die Regierung in der Tat häufig zu raschem Handeln gezwungen sei (vgl. Z. 17 ff.). Sicherheitspolitische Effizienz dürfe jedoch nicht zur Abwertung der parlamentarischen Kontrolle führen. Die Kontrollrechte des Bundestags sollen im Rahmen der Gewaltenteilung Machtmissbrauch verhindern. Ein System „wechselseitige[r] Verantwortungsverschränkung“ (Z. 25) stabilisiere die Demokratie. Die Exekutive dürfe nicht allein über Bundeswehreinsätze entscheiden. **Der Parlamentsvorbehalt** stehe zwar nicht explizit im Grundgesetz, sei jedoch 1994 durch das Streitkräfteurteil des BVerfG als Grundsatz festgeschrieben worden (vgl. Z. 29 ff.).
In den Augen des Autors bestätigt die Kritik der Kanzlerin am Parlamentsvorbehalt eine allgemein zu beobachtende Tendenz, die Rolle des Bundestags infolge supranationaler Kooperation, insbesondere der europäischen Integration, abzuwerten und dessen Kompetenzen auszuhöhlen. Hoheitsrechte, insbesondere das legislative Recht zur Normsetzung, würden auf die EU und andere internationale Organisationen wie UN und NATO übertragen. Dadurch verkomme der Bundestag, der eigentlich das „Herzstück der Demokratie“ (Z. 56) darstelle, zu einem „**Akklamationsorgan**“ (Z. 55), und das politische System verliere insgesamt an Legitimation. Die Mitarbeit in internationalen Organisationen biete andererseits allerdings auch die Chance auf Einflussnahme (vgl. Z. 69 f.).
Abschließend bekräftigt der Autor die Bedeutung des Parlamentsvorbehalts beim Einsatz der Streitkräfte als wichtiges Kontrollrecht, indem er auf die Erfahrungen im Nationalsozialismus verweist (vgl. Z. 72 f.).

2. *Die Lösung dieser Aufgabe sollte in drei Schritten erfolgen. Erklären Sie zunächst die rechtlichen Grundlagen für Auslandseinsätze der Bundeswehr, wobei Sie auf entsprechende GG-Normen, Entscheidungen des BVerfG, gesetzliche Regelungen und Bündnisverträge eingehen können. Bringen Sie zur Verdeutlichung Beispiele an. Erläutern Sie anschließend den Entscheidungsprozess von Bundesregierung und Bundestag, der durch die dargestellten Vorgaben bestimmt wird. Prüfen Sie auf dieser Grundlage, inwiefern die Beteiligung des Bundestags die Bundesregierung in ihrer Handlungsfähigkeit einschränken kann. (AFB I und II mit Schwerpunkt auf AFB II)*

Die zentralen rechtlichen Grundlagen für Auslandseinsätze der Bundeswehr liegen in den Normen des Grundgesetzes, in ihrer Interpretation durch das BVerfG und in dem darauf bezogenen Parlamentsbeteiligungsgesetz begründet. Darüber hinaus spielen rechtliche Verpflichtungen, die sich aus der Mitgliedschaft in internationalen Organisationen (EU, UN, NATO) ergeben, eine entscheidende Rolle.

Das **Grundgesetz** sieht „Streitkräfte zur Verteidigung“ vor (Art. 87a Abs. 1 GG) und verbietet Angriffskriege (Art. 26 Abs. 1 GG). In Art. 87a Abs. 2 GG heißt es: „Außer zur Verteidigung dürfen die Streitkräfte nur eingesetzt werden, soweit dieses Grundgesetz es ausdrücklich zuläßt“. Eine explizite Erlaubnis für Bundeswehreinsätze findet sich an zwei Stellen, jedoch nur für den Einsatz im Inneren (Art. 35 und 87a GG). Nach Ende des Ost-West-Konflikts begann die damalige Bundesregierung, die Bundeswehr auch außerhalb des NATO-Bündnisgebiets einzusetzen. Das BVerfG entschied mit dem **Urteil von 1994**, dass solche Einsätze im Sinne des Art. 24 Abs. 2 GG zulässig sind, wenn sie im Rahmen eines „Systems gegenseitiger kollektiver Sicherheit“ stattfinden. Diese Auslandseinsätze bedürfen allerdings der vorherigen Zustimmung des Bundestags (sogenannter konstitutiver **Parlamentsvorbehalt**).
Deutschlands Engagement im Rahmen der EU, auf das Bundeskanzlerin Merkel hinweist (vgl. Z. 4 ff.), sowie seine Mitgliedschaft in den UN und der NATO sollen dabei helfen, die nationale und internationale Sicherheit zu gewährleisten. Die EU strebt durch die Regierungszusammenarbeit eine gemeinsame Außen- und Sicherheitspolitik an, verfügt aber über keine eigenen militärischen Kapazitäten. Seit 2013 beteiligt sich Deutschland an einer EU-Intervention zur Stabilisierung des Krisenlands Mali. In der NATO haben sich europäische und nordamerikanische Staaten verpflichtet, ein von außen attackiertes Mitglied gemeinsam zu verteidigen (Art. 5 des Nordatlantikvertrags). Nach den Anschlägen vom 11. September 2001 wurde dieser Bündnisfall zum bisher einzigen Mal ausgerufen; der Afghanistaneinsatz, an dem sich die Bundeswehr seit 2001 beteiligt, stützt sich zugleich auf ein Mandat des UN-Sicherheitsrats.
Seit 2005 regelt das **Parlamentsbeteiligungsgesetz** die Beteiligung des Bundestags an Entscheidungen über Bundeswehreinsätze, bei denen bewaffnete Handlungen zu erwarten sind. Die Bundesregierung muss vorab einen Antrag mit Angaben über die geplante Zahl der Soldaten, die voraussichtliche Dauer des Einsatzes und die Kosten im Deutschen Bundestag einbringen. Einsätze bei „Gefahr im Verzug“ bedürfen nur einer nachträglichen Zustimmung. Das Parlament hat zudem ein „Rückholrecht“, d. h., es kann die Zustimmung zu einem späteren Zeitpunkt widerrufen. Der Einsatz muss dann abgebrochen werden.

Inwiefern wirkt nun der Parlamentsvorbehalt bei bewaffneten Auslandseinsätzen als „Bremsklotz“ (Z. 7) oder „limitierende[r] Faktor“ (Z. 3)? Diese Frage lässt sich nur beantworten, wenn man von dem **Demokratieverständnis des Grundgesetzes** ausgeht, das im unveränderlichen Art. 20 Abs. 2 die Prinzipien von Gewaltenteilung, Parlamentarismus und repräsentativer Demokratie verbindet. Die Staatsgewalt wird vom Volk „in Wahlen und Abstimmungen und durch besondere Organe der Gesetzgebung, der vollziehenden Gewalt und der Rechtsprechung ausgeübt“. Das Volk wählt den Bundestag, dieser beschließt die Gesetze, wählt den Bundeskanzler und kontrolliert die Exekutive. Es ist daher konsequent, dass ein Beschluss der Regierung, Truppen ins Ausland zu entsenden und dabei die Soldaten möglicherweise tödlicher Gefahr auszusetzen, der Letztentscheidung des Parlaments unterliegt.

Weil Effizienz kein Verfassungsgrundsatz ist, müssen deshalb möglicherweise langwierige Entscheidungsprozesse akzeptiert werden. Im Unterschied zur vordemokratischen Gewaltenteilungslehre, in der die „auswärtige Gewalt“ der monarchischen Exekutive zugerechnet wurde (vgl. Z. 64 ff.), besitzt das Parlament heute eine Mitwirkungsbefugnis in der Außenpolitik. Nach Art. 59 Abs. 2 GG gilt der Parlamentsvorbehalt auch für völkerrechtliche Verträge und nach Art. 115 a GG ebenso für die Erklärung des Verteidigungsfalls. Wenn das Parlament auf seine garantierten Entscheidungsrechte in der Außen- und Sicherheitspolitik verzichtete, würde Deutschland in vordemokratische Zeiten zurückfallen. Dennoch enthält das Grundgesetz auch Vorgaben, die die militärpolitische Parlamentskompetenz abschwächen oder zumindest modifizieren. Parlamentarische Demokratie bedeutet nämlich eine **Gewaltenteilung im Sinne „wechselseitige[r] Verantwortungsverschränkung“** (Z. 25). In der Realität sind Regierung und Parlament keine voneinander abgegrenzten, unabhängigen Akteure, was häufig auch als Gewaltenverschränkung bezeichnet wird. Der Bundestag bildet keine politische Einheit, sondern Parlamentsmehrheit und Parlamentsminderheit stehen einander gegenüber. Die Trennlinie verläuft zwischen der Regierung und den Mehrheitsfraktionen als politischer Aktions-Gemeinschaft und den oppositionellen Minderheitsfraktionen. Dies hat Folgen für den Parlamentsvorbehalt bei militärischen Auslandseinsätzen. Regierung und Fraktionsführung müssen sich der Zustimmung der Abgeordneten der Regierungsfraktionen versichern. Die Sachentscheidung wird durch die Frage des **Machterhalts** beeinflusst. Abgeordnete der Mehrheitsfraktionen, die einen Auslandseinsatz ablehnen und damit die Autorität des Bundeskanzlers und die Stabilität der Regierung infrage stellen, stehen im Konflikt zwischen dem **freien Mandat** als „Vertreter des ganzen Volkes“ (Art. 38 Abs. 1 GG) und der **Fraktionsdisziplin**, die sich aus der herausgehobenen Rolle der Parteien (Art. 21 GG) ergibt. Nur wenn zu erwarten ist, dass eine hinreichende Zahl von Oppositionsabgeordneten zustimmt, entfällt der Disziplinierungsdruck in der Koalition, sodass die Abweichler ohne Gefährdung der Regierungsfähigkeit mit „Nein“ stimmen können. Ist dies nicht der Fall, kann der Bundeskanzler auch durch Verknüpfung der Einsatzentscheidung mit der **Vertrauensfrage** nach Art. 68 GG Kritiker in den eigenen Reihen beeinflussen und so eine Mehrheit sichern. Mit anderen Worten: Er kann die „Bremsklötze“ beiseite räumen und den Parlamentsvorbehalt relativieren. Auf diese Weise hatte sich auch Bundeskanzler Schröder 2001 die Zustimmung des Bundestags zum Bundeswehreinsatz in Afghanistan gesichert. Die letztgenannten Aspekte verdeutlichen das Risiko, dass sich der Bundestag zu einem „Akklamationsorgan“ (Z. 55) entwickelt.

3. *In dieser Aufgabe geht es um die Anwendung des Parlamentsvorbehalts in der politischen Praxis. Sie sollen ein aktuelles Beispiel auswählen und überprüfen, ob und inwiefern dabei der im Text genannte Konflikt zwischen Bündnistreue und demokratischer Legitimation auftritt oder auftreten kann. Alternativ zur hier behandelten Libyen-Intervention von 2011 könnten Sie auch auf den Afghanistan-Einsatz, auf Bundeswehr-Missionen im Kosovo oder auf sich entwickelnde Krisenherde wie den syrischen Bürgerkrieg eingehen. (AFB II und III mit Schwerpunkt auf AFB II)*

Auf Basis der vom BVerfG 1994 formulierten Vorgaben hat der Bundestag mehreren Auslandseinsätzen der Bundeswehr nach meist kontroverser Debatte zugestimmt und diese bei Bedarf auch verlängert. Geografisch reichen die Einsätze von Afghanistan über Kosovo und Bosnien bis nach Mali und zur Bekämpfung von Piraten bis vor die Küste Afrikas. Das im Parlamentsbeteiligungsgesetz eingeräumte „Rückholrecht", mit dem der Bundestag die Zustimmung zu einem Einsatz widerrufen kann, wurde bisher noch nicht wahrgenommen.
Das Beispiel des **Libyen-Konflikts** von 2011 kann einige der im Text angesprochenen Aspekte verdeutlichen. Bei der Abstimmung über ein UN-Mandat zur Intervention aus humanitären Gründen im libyschen Bürgerkrieg hat sich die Bundesregierung im Sicherheitsrat – zusammen mit Russland und China – der Stimme enthalten, obwohl die Bündnispartner in der NATO sich für eine Zustimmung aussprachen und im Verlauf des Jahres 2011 die Aufständischen mit Luftangriffen unterstützten. Der Bundestag musste bzw. durfte folglich nicht an der Entscheidung beteiligt werden. Den Hintergrund für die Enthaltung bildeten unterschiedliche Auffassungen innerhalb der Regierung. Während der Außenminister auf ein Embargo gegen Libyen setzte, sah der Verteidigungsminister das zumindest teilweise anders. Für ihn stand das Argument der Bündnissolidarität und der Funktionsfähigkeit der NATO im Vordergrund. Er stellte die Mitarbeit von Bundeswehrsoldaten daher auch nicht ein, als sie bei der Planung des Waffenembargos und einer Flugverbotszone in Libyen beteiligt waren. Die Entsendung dieser Soldaten stand nicht im Einklang mit der Enthaltung im UN-Sicherheitsrat und hätte mit dem Bundestag abgestimmt werden müssen. Das Gesetz unterscheidet nämlich nicht zwischen unmittelbarer und indirekter Beteiligung an einem militärischen Einsatz. Der Verteidigungsminister hat seine Entscheidung dadurch gerechtfertigt, dass mit der Mitgliedschaft in der NATO Verpflichtungen und eine Übertragung von Hoheitsrechten (vgl. Z. 43 f.) verbunden seien.
Die wachsende internationale Verantwortung wird auch durch eine Fortentwicklung des Völkerrechts begünstigt, das bei schweren Menschenrechtsverletzungen eine **internationale Schutzverantwortung** sieht, aus der sich die Rechtfertigung für eine humanitäre Intervention ableiten lässt. Das Prinzip der Schutzverantwortung wurde 2005 von allen Mitgliedstaaten der UN angenommen. Es besagt, dass alle Staaten die Verantwortung haben, ihre Bevölkerungen vor Völkermord, Kriegsverbrechen und Verbrechen gegen die Menschlichkeit zu schützen. Sollte ein Staat dieser Verantwortung nicht nachkommen, dann geht diese „**Responsibility to protect**" auf die internationale Gemeinschaft über. Im Falle des bluti-

gen Gaddafi-Regimes in Libyen hat der UN-Sicherheitsrat erstmalig mit dieser Begründung ein militärisches Vorgehen zum Schutz der Zivilbevölkerung beschlossen. Mitgliedstaaten der UN, die diese Ziele nur grundsätzlich, aber nicht bei konkretem Handlungsbedarf teilen, müssen sich Unzuverlässigkeit oder fehlende „Bündnistreue" (Z. 6) vorhalten lassen. Internationale Isolation kann die Folge sein. Deutschland war zum Zeitpunkt der Entscheidung sogar Mitglied des Sicherheitsrats.

Das Vorgehen der internationalen Gemeinschaft steht häufig unter den Bedingungen einer unübersichtlichen Informationslage und eines hohen Zeitdrucks, die eine **rasche Entscheidungsfindung** (vgl. Z. 17 f.) verlangen. Ähnlich wie der libysche ist derzeit auch der syrische Bürgerkrieg von dramatischen Entwicklungen geprägt, die ein Nichtstun als unmoralisch und militärische Hilfe für Menschen, die unmittelbar von einem Massaker bedroht sind, als unumgänglich erscheinen lassen. Für einen solchen Fall sieht das Parlamentsbeteiligungsgesetz jedoch die Ausnahme einer nachträglichen Genehmigung des militärischen Einsatzes durch den Bundestag vor. Damit lässt sich auch unter hohem Handlungsdruck demokratische Legitimation rückwirkend sichern.

4. *Abschließend sollen Sie die Frage erörtern, ob die Übertragung von Hoheitsrechten auf supranationale Ebenen das deutsche Volk als Souverän entmachtet. Dieser Arbeitsauftrag bezieht sich auf eine der Thesen im Text, die den Souveränitätsverlust des Bundestags zugunsten von EU-Organen beklagt (vgl. Z. 43 ff.). Beachten Sie: Volkssouveränität ist nicht dasselbe wie Staatssouveränität. Gefordert ist der Bezug zum Text, der den Souveränitätsverlust kritisch kommentiert. Ihre Argumentation soll in ein eigenes Urteil münden. Sie können die These des Autors unterstützen, sie ablehnen oder auch eine Zwischenposition beziehen. Klären Sie wichtige Begriffe und strukturieren Sie ihre Gedankenführung nachvollziehbar. (AFB II und III mit Schwerpunkt auf AFB III)*

Der Kommentar von Adrian Lobe argumentiert fast durchgängig im Sinne der These, dass die Kompetenzen des Bundestags durch die Abgabe staatlicher Hoheitsrechte an die EU, die NATO und die UN zunehmend ausgehöhlt würden, wodurch letztlich die Volkssouveränität bedroht sei. Nun wolle die Kanzlerin auch noch aus Effizienzgründen das parlamentarische Beteiligungsrecht bei militärpolitischen Entscheidungen abbauen.

Bevor ich diesen Behauptungen bedrohter Volkssouveränität nachgehe, kläre ich die Schlüsselbegriffe Souveränität und supranationale Organisation.

Unter **staatlicher Souveränität** versteht man die nur durch einzelne Schranken des Völkerrechts, z. B. zum Schutz der Menschenrechte, eingeschränkte Handlungsfreiheit des Staats im Inneren und nach außen. **Volkssouveränität** ist ein verfassungsrechtliches Prinzip jeder Demokratie. Es besagt, dass die höchste Gewalt des Staats und die oberste Quelle der Legitimität das Staatsvolk selbst ist: „Alle Staatsgewalt geht vom Volke aus" (Art. 20 Abs. 2 GG). Fraglos sind der deutsche Staat und das Staatsvolk nicht völlig souverän. Die **unantastbare Vor-**

gabe eines Verfassungskerns, zu dem neben den Grundrechten die Grundsätze der föderalen Demokratie, des Rechts- und Sozialstaats zählen, stellt bereits eine Durchbrechung des Prinzips der Volkssouveränität dar (Art. 79 Abs. 3 GG).
„**Supranationale Organisationen**", die im Grundgesetz als „zwischenstaatliche Einrichtungen" bezeichnet werden (Art. 24 GG), sind internationale Organisationen, denen von ihren Mitgliedstaaten eigene Hoheitsrechte zugestanden wurden. So ist auch die EU eine „supranationale Union", die zum Zweck der Integration von mehreren Staaten gegründet wurde und wichtige staatliche Aufgaben wahrnimmt. Das BVerfG verwendet für die EU den Begriff des „Staatenverbunds".
In wichtigen Politikfeldern fallen heute die **Entscheidungen auf europäischer Ebene**, entweder intergouvernemental, wie z. B. beim Fiskalpakt der Eurostaaten, oder als Ergebnis des Gesetzgebungsverfahrens von Ministerrat und Europäischem Parlament. Den Bundestag erreichen in diesen Bereichen ausgearbeitete Gesetzgebungsvorhaben, die im Rat bereits verabschiedet wurden. Er muss diese lediglich ratifizieren. Die EU verabschiedet Gesetze, die z. B. die Ordnung des Binnenmarkts, die Wettbewerbspolitik, die Agrarpolitik, den Verbraucherschutz, die Außenhandelspolitik oder auch das Grenzregime an den Außengrenzen Europas betreffen. Um die Verschuldung innerhalb der EU zu begrenzen, erhielt die Kommission zudem das Recht, die Haushalte der Mitgliedstaaten – vor der Budgetentscheidung des jeweiligen nationalen Parlaments – zu überprüfen und bei übermäßigen Defiziten Anpassungen zu empfehlen. Wird damit nicht der Ausgang des legislativen Prozesses präjudiziert?
Die **EU** ist immer noch eher eine Staaten- als eine Bürgerunion. Aufgrund des Demokratiedefizits, das die EU infolge der starken Position von Rat und Kommission kennzeichnet, kann die aufgezeigte Souveränitätsverlagerung nicht ausgeglichen werden. Die mangelnde demokratische Legitimation liegt vor allem in den **fehlenden Kompetenzen des Europäischen Parlaments** begründet. Es kann weder Gesetze selbst vorschlagen, noch kann es die Kommission wählen. Beratungen des Europäischen Rats sind – im Unterschied zu Sitzungen des Europäischen Parlaments – nicht öffentlich. Die zivilgesellschaftliche Kontrolle auf europäischer Ebene, z. B. durch Bürgerbewegungen, ist noch unterentwickelt. Eine **europäische Öffentlichkeit**, in der die politischen Parteien über Landesgrenzen hinweg Alternativen, z. B. zur Austeritätspolitik, diskutieren, fehlt. Das europäische **Mehrebenensystem** erscheint den Bürgern undurchschaubar, und selbst für die Abgeordneten des Bundestags ist die Informationsflut aus Brüssel kaum zu bewältigen.
Gegen die Behauptung, der deutsche Souverän werde durch supranationale Lösungen entmachtet, sprechen jedoch wichtige Argumente.
Die aktive **Beteiligung am europäischen Integrationsprozess** war für die Bundesrepublik nach dem Zweiten Weltkrieg zentral, um das zerstörte internationale Ansehen zurückzugewinnen. Die Einbettung in Europa wurde in der Präambel und in Art. 23 GG als Staatsziel festgesetzt. Der demokratische Grundsatz, wie er in Art. 20 Abs. 2 GG formuliert ist, kann, so wird vielfach argumentiert, nicht nur im nationalen Rahmen verwirklicht werden.

Durch die vereinbarten **vier Freiheiten** konnten sich erste Ansätze einer europäischen Gesellschaft entwickeln. Auch ein **Mentalitätswandel** ist festzustellen. Zumindest als „Wirtschaftsbürger" haben sich die EU-Bürger „europäisiert", bei ökonomischen Entscheidungen denken sie längst nicht mehr nur in nationalen Kategorien. Inzwischen zeigt sich, dass zur Kontrolle wirtschaftlicher Macht, insbesondere der Finanzmärkte, ein politisches Gegengewicht auf europäischer und globaler Ebene notwendig wird.
Unterschiede in Geschichte und Kultur rechtfertigen es jedoch, dass die Mitgliedstaaten der EU ihre individuelle Bedeutung behalten, sie bleiben Ausgangspunkt der europäischen Demokratie. Der Rat der EU stützt sich immerhin auf eine indirekte Legitimation der nationalen Parlamente, die EU kann insofern als **Verbindung von Staaten- und Bürgerunion** verstanden werden. Eine weitergehende politische Integration ist angesichts des Vertrauensschwunds gegenüber dem europäischen Projekt vorerst unwahrscheinlicher geworden. In Umfragen und Wahlen zeigt sich jedoch, dass dieses Ziel von einem Großteil der Bevölkerung trotz der aktuellen Krise nicht grundsätzlich in Frage gestellt wird. Anders als z. B. in Großbritannien bleiben radikale Gegner der EU in Deutschland chancenlos.
Die **nationale** und **europäische Ebene** werden im politischen Prozess zunehmend **enger verzahnt**. Dazu gibt es im Bundestag einen eigenen Ausschuss für die Angelegenheiten der EU (Art. 45 GG), der neben den Fachausschüssen die europäische Gesetzgebung begleitet. Er ist der zentrale Ort der europapolitischen Mitwirkung im deutschen Parlament und kontrolliert die Bundesregierung in diesem Bereich. Ihm gehören neben Bundestagsabgeordneten auch Mitglieder des Europäischen Parlaments an.
Über Europa hinaus erzeugt das **globale Zusammenwachsen der Märkte** Probleme, die kein Land mehr alleine lösen kann. Ob beim Klimaschutz, bei der Stabilität der Finanzmärkte, zur Regulierung der Steueroasen oder auch im Hinblick auf die Schwierigkeiten, die aus der Knappheit endlicher Ressourcen entstehen: Diese Herausforderungen lassen sich nur meistern, wenn Bürger und Staaten lernen, weltweit Souveränität zu teilen und auf supranationalem Weg der zusammenwachsenden **Weltgemeinschaft** gemeinsame Regeln zu geben.
Der notwendige Lernprozess beginnt im Rahmen der EU. Er wird dazu führen müssen, dass Deutschland nicht einen Teil seiner Souveränität abgibt, sondern die Souveränitätsrechte **gemeinsam** mit den anderen Mitgliedstaaten in der EU wahrnimmt. In meinen Augen ist der **Weg zu einer vertieften EU** die einzig sinnvolle Lösung der aktuellen währungspolitischen Probleme. Die Zuständigkeit für politische Entscheidungen mit transnationalen Umverteilungseffekten darf nicht länger allein beim Europäischen Rat liegen.

Hessen – Politik und Wirtschaft – Grundkurs 2014
Vorschlag A

Thema: *Internet und Demokratie*

Aufgaben

1. Geben Sie die zentralen Aussagen des Textes wieder (Material). (25 BE)

2.1 Erläutern Sie vor dem Hintergrund des Textes die Rolle der traditionellen und der neuen Medien im Rahmen des politischen Prozesses in der Bundesrepublik Deutschland. (25 BE)

2.2 Stellen Sie Chancen und Probleme neuer Medien am Beispiel aktueller internationaler Konflikte dar. (25 BE)

3. Nehmen Sie zu den Überlegungen von Alexandra Borchardt Stellung. (25 BE)

M: Alexandra Borchardt: Wir sind die Klicks

Das Internet ist gut für die Demokratie. Sagt man. Aber das könnte ein Irrtum sein.

Daran erlaubt die Generation Netz keine Zweifel: Internet und Demokratie, das sind ideale Verbündete. […]

Die repräsentative Demokratie dagegen ist für viele, die im Netz zu Hause sind, wie ein abgetragener Mantel, der in den Altkleidersack gehört. War mal schick, hat mal gewärmt und geschützt, aber jetzt gibt es etwas Besseres. „Die Möglichkeit, deine eigene Geschichte zu erzählen, bedeutet, dass niemand mehr deine Interessen kapern und in deinem Namen sprechen kann", sagte die russische Aktivistin Lola Voronina jüngst auf dem Bundesparteitag der Piraten.

Das klingt bestechend, aber Vorsicht: Sicher kommt das Gewand der Demokratie jetzt in attraktiven neuen Designs daher. Doch nicht jedes von denen hält, was es verspricht. Sinnvoll genutzt kann das Internet Demokratie demokratischer machen. Aber ebenso gut möglich ist, dass es sie bedroht. Eine ganze Reihe von Gründen legt nahe, dass das Netz zumindest nicht dafür sorgen wird, dass sich Demokratie in der Welt verbreitet wie eine Party-Einladung über Facebook.

Zunächst einmal ist da das Problem mit der Weisheit der vielen. In der Online-Welt begegnet sie einem überall. Ob beim T-Shirt-Kauf, bei Softwareproblemen, seltenen Krankheitsbildern oder Heimwerkernöten – galt früher der Expertenrat, wird heute in der Menge nach Hilfe gesucht. Crowdsourcing heißt das im Fachjargon. Schwerlich kann eine Verkäuferin, ein Computer-Experte, ein Arzt, ein Schreiner besser Bescheid wissen als die Netzgemeinde, so die Logik dahinter. Warum also sollte diese Regel für die Demokratie, also ausgerechnet für die Volksherrschaft, nicht gelten?

Schlicht deshalb, weil im Internet niemand genau weiß, wer hinter den vielen steckt. Und wie viele diese vermeintlich vielen wirklich sind. Hinter scheinbar parteilosen Usern können sich versierte Lobbyisten, in autoritären Staaten auch staatliche Apparate verbergen. […]

Zwar regiert auch in der parlamentarischen Demokratie eine Minderheit, eine zum Teil durchaus nicht repräsentative Elite, die von Interessengruppen beeinflussbar ist. Aber immerhin müssen die Mitglieder von Parlamenten regelmäßig vor dem Wahlvolk für ihre Voten geradestehen. Stimmen dagegen die Bürger per Internetentscheid über jede Sachfrage ab, sind Entscheidungen und die Verantwortung dafür gefährlich entkoppelt. Votieren sie zum Beispiel in Mehrheit für einen Freizeitpark und der wird zur Investitionsruine? Pech gehabt. Die zuständigen Lokalpolitiker hätte man abwählen können, aber wer verschickt die Rechnungen an die Netzwähler? Diese Bedenken gelten zwar bedingt auch für Volksabstimmungen. Anders als im Internet wird aber dort penibel überprüft, dass ein Bürger nur eine Stimme bekommt, ein Quorum gibt es dazu. Das Internet ermöglicht die Lust der Mitsprache ohne die Last der Verantwortung. […]

Zum Wählen braucht man nichts außer den Personalausweis, die Kraft für einen Spaziergang und Grundwissen über die Ausrichtung einer Partei. Jede Stimme wiegt gleich viel. Und ein System geteilter Gewalten hilft dabei, dass mal die Repräsentanten der vielen (das Parlament), mal die wenigen (die Regierung), und auch mal der Einzelne (vor Gericht) zu ihrem Recht kommen. Außerdem ermöglicht die parlamentarische Demokratie eine Arbeitsteilung, die durchaus angenehm sein kann. Abgeordnete arbeiten sich Vollzeit in die Details von Euro-Rettungsschirmen oder Pflegekonzepten ein, während der Rest der Bürger Feinkost verkaufen, Kinder erziehen oder Marketing-Abteilungen leiten darf.

Im Internet dagegen wird gehört, wer am lautesten ist. Der aggressive Blogger, der Dauer-Kommentator – ihre Stimmen wiegen mehr. Wer die Zeit, den Intellekt und die Geduld hat, sich der Flut von Informationen zu bemächtigen, wird am Netz seine Freude haben. […] Ganz abgesehen davon, dass das Gerüst der digitalen Welt, die Soft- und die Hardware, von Techno-Eliten gebaut ist, die niemand kontrolliert. Facebook, Google, Apple und Co. geben niemandem den Einblick, den demokratisch gewählte Regierungen heute ihren Bürgern gewähren. Internet-Demokratie kann sehr elitär sein. […]

Aber nicht nur Zeit braucht die Demokratie, sie braucht auch Gemeinschaft. Sie baut auf Toleranz, den Respekt vor dem anderen. In der Netzwelt jedoch zerfallen Gemeinschaften. Es dominieren hochspezialisierte Gruppen mit Partikularinteressen. Das führt dazu, dass es immer seltener jene zwei, drei großen Themen geben wird, die zu einer gegebenen Zeit Gesprächsstoff an allen Küchentischen sind. Denn jeder kann sich jederzeit auf den Austausch mit Gleichgesinnten zurückziehen. Dem Angler oder Kinofreak gelingt das genauso wie dem Staatsverächter oder dem Fremdenfeind. Politisch kann es sich jeder in seiner rechten, linken oder extremistischen Nische gemütlich machen; dort, wo man sich wie ein Echo gegenseitig bestärkt, wo sich niemand mit Andersdenkenden auseinandersetzt. […]

Bei allem Idealismus, der in Chatrooms gefördert werden kann: Im Internet regiert an vielen Stellen der Kommerz. Interessen mächtiger Konzerne bestimmen Suchergebnisse, verleiten zur Preisgabe von Daten, die gefährlich schnell von Firmen, aber auch von Staaten und antidemokratischen Kräften genutzt werden können. Dabei ist es gar nicht sicher, dass autoritäre Staaten soziale Netzwerke fürchten. Morozov[1] belegt an Beispielen, wie sehr solche Regimes es schätzen, dass das Netz seine Nutzer mit Shopping, Unterhaltung und den Nebensächlichkeiten des Alltäglichen nahezu erstickt. Je mehr all das die Menschen beschäftigt, umso stärker nimmt das Interesse an Politik ab. Wer mag schon Protest, wenn er Porno haben kann? [...]

Zu guter Letzt wäre da noch die vielgelobte Transparenz. Natürlich kann es ein Verdienst des Internets sein, wenn die Furcht vor dem digitalen Rufmord Funktionsträger dazu antreibt, sich nichts zuschulden kommen zu lassen. Der Preis fürs politische Engagement aber wird hoch, vielleicht zu hoch, wenn jeder falsche Satz, jeder falsche Kontakt in elektronischer Eile öffentlich gemacht werden. Der politische Prozess braucht auch Diskretion. Die Fähigkeit zur Diplomatie ist ein Merkmal hochzivilisierter Gesellschaften. Teilt jeder jedem jederzeit mit, was er von ihm hält, wird friedliches Miteinander unmöglich.

Natürlich kann das Netz in der Demokratie viel leisten, wenn es in bestehende Prozesse integriert und als ein weiteres Medium betrachtet wird. Petitionen bekommen mehr Wucht, wenn sie von Zehnttausenden unterzeichnet werden. Komplexe Prozesse können im Netz erklärt, Kanäle für Bürgerfragen und -sorgen geöffnet werden. Netzpolitik kann den Rechtsstaat und Parlamentarismus ergänzen – aber nicht ersetzen. Die digitale Welt erschafft keine Demokratie, wenn in der Welt draußen keine ist.

Alexandra Borchardt: Wir sind die Klicks, in: Süddeutsche Zeitung, 17. 12. 2011.

Anmerkung:
1 Evgeny Morozov ist Autor eines internetkritischen Buches mit dem Titel „The Net Delusion".

Lösungsvorschläge

Unterrichtsinhalte:

- Q 1: Verfassungsnorm und Verfassungsrealität: Grundprinzipien der Verfassungsordnung der Bundesrepublik Deutschland; Art. 1 und Art 20 GG; Partizipation und Repräsentation an ausgewählten Beispielen: weitere Akteure und Formen der politischen Beteiligung; Medien: Einfluss der Medien auf die politische Willensbildung, Demokratisierung, Partizipation und neue Medien
- Q 3: Aktuelle internationale Konfliktregionen und die Möglichkeiten kollektiver Friedenssicherung: Interessen, Entstehungsgründe, Konfliktpunkte (Sicherung von Menschenrechten, Terrorismus, Friedenssicherung durch Vereinbarungen und Verträge, Einflusssphären)

1. *Der Operator verlangt eine Wiedergabe der Kernaussagen des Texts in eigenen Worten unter Verwendung der erlernten Fachsprache. Die Distanz zu den Aussagen der Autorin wird durch die Verwendung des Konjunktivs, eine neue Strukturierung und Textbelege hergestellt. Im Einleitungssatz sollen alle Angaben zu Autor, Titel, Textart und Erscheinungsdatum gemacht und die Kernthese genannt werden. (AFB I und II mit Schwerpunkt auf AFB I)*

Die Journalistin Alexandra Borchardt setzt sich in ihrem Kommentar „Wir sind die Klicks" (Süddeutsche Zeitung vom 17. 12. 2011) kritisch mit der Frage auseinander, ob vom **Internet** wesentliche Impulse zur **Erneuerung der Demokratie** ausgehen könnten.
Obgleich sich manche Aktivisten vom Netz eine direktere Vertretung ihrer Interessen versprächen (vgl. Z. 5 ff.), widerlegt sie diese Hoffnungen in mehreren Thesen. Zum einen bezweifelt sie die sogenannte Schwarmintelligenz, die jeglichem Expertentum überlegen sei. Meinungsäußerungen von vielen deuteten zwar auf große Beteiligung der Bürger hin, aufgrund der Anonymität des Internets sei aber völlig unklar, welche Interessen und Akteure hinter den jeweiligen Meinungen steckten. Nicht ausgeschlossen sei, dass es sich um **Lobbyisten** oder sogar staatliche Apparate handele (vgl. Z. 15 ff.).
Zum anderen weist sie auf die fehlende Verantwortlichkeit der Netzaktivisten hin. Sie seien eigentlich nur eine neue „nicht repräsentative Elite" (Z. 28). Durch die anonymen Abstimmungsverfahren im Netz seien Entscheidung und Verantwortung nicht mehr miteinander verbunden, während sich die politischen **Repräsentanten** immerhin bei den nächsten Wahlen dem Votum der Bevölkerung stellen müssten (vgl. Z. 29 ff.). Die Politiker würden sich darüber hinaus vorab in einzelne Sachfragen einarbeiten, was den einzelnen Bürger im Sinne einer politischen Arbeitsteilung entlaste (vgl. Z. 43 ff.).
Außerdem gefährde die intransparente Beteiligung im Internet demokratische Grundprinzipien wie etwas das Prinzip der **Gleichheit der Stimmen** (vgl. Z. 48 f.) und heble letztendlich die **Gewaltenteilung** aus (vgl. Z. 41 ff.). Eine nicht kontrollierbare „Techno-Elit[e]" (Z. 52) im Internet, bestehend nicht zuletzt aus amerikanischen Großkonzernen, verhindere die **Chancengleichheit** der Meinungsbildung. Nicht wer das beste Argument hat, werde gehört, sondern wer am lautesten schreie (vgl. Z. 48).
Borchardt kritisiert die in der Netzwelt fehlende gesamtgesellschaftliche **Meinungsbildung** auf der Basis von Grundkonsensen in den jeweiligen Politikbereichen. Das zentrale demokratische Prinzip des Austauschs von Argumenten im Klima der gegenseitigen Toleranz werde aufgegeben und durch ein Nebeneinander von **Partikularinteressen** ersetzt (vgl. Z. 56 ff.).
Die Kommerzialisierung des Internets sorge zudem durch die Verbreitung von Nichtigkeiten für eine Ablenkung von wesentlichen Dingen, was durch autoritäre Regime genutzt werden könnte. Damit würden soziale Netzwerke sogar für ein abnehmendes Interesse an Politik sorgen (vgl. Z. 66 ff.).
Zuletzt führt die Autorin an, dass die „vielgelobte **Transparenz**" (Z. 75) des Internets zwar dazu führe, dass politische Akteure aus Angst vor Rufmord ihr Verhalten zügelten, allerdings ginge durch die fehlende Diskretion im persönlichen Miteinander ein Merkmal zivilisierter Gesellschaften verloren (vgl. Z. 80 ff.).
Die Autorin zieht das Fazit, die Demokratie in der realen Welt könne sich nicht allein durch das Internet regenerieren, das Internet könne keine Demokratie erschaffen, wohl aber ergänzen, wenn das Netz „[s]innvoll genutzt" (Z. 11) würde, etwa durch neue Arten von **Interaktion zwischen Bürgern und Institutionen** (vgl. Z. 83 ff).

2.1 *In diesem Aufgabenteil sollen die aus dem Material entnommenen Sachverhalte in das entsprechende Themenfeld eingeordnet und mit zusätzlichen Informationen und Beispielen verdeutlicht werden. Die Autorin äußert sich zu bestimmten Aspekten der Rolle der Medien im parlamentarischen System. Deshalb bietet es sich an, mit Bezügen zur Verfassung zu beginnen und anschließend die Funktion der Medien im politischen System zu erläutern. In einem dritten Schritt muss dann das von der Autorin angeschnittene Thema „Internet" in diese Zusammenhänge eingeordnet werden. (AFB I und II mit Schwerpunkt auf AFB II)*

Eine funktionierende Demokratie setzt den mündigen, informierten und urteilsfähigen Staatsbürger voraus. Das Grundgesetz gewährleistet daher in Art. 5 Abs. 1 die **Meinungs-, Informations- und Pressefreiheit**. Dieser Grundrechtsartikel sichert das Individualrecht, die eigene Meinung frei zu äußern und sich überall frei informieren zu können. Zugleich ist die Meinungs- und Pressefreiheit auch ein konstituierendes Element unserer freiheitlichen Grundordnung, d. h., der Staat hat die Pflicht, die Meinungs-und Pressefreiheit sowie deren Vielfalt zu garantieren. Die freie Berichterstattung wird zwar durch allgemeine Gesetze (z. B. Jugendschutz) beschränkt, der Staat darf die Medienarbeit aber weder unterdrücken noch lenken oder überwachen (**Zensur**). Journalisten müssen ihren Quellen Vertrauensschutz zusichern (Informantenschutz).

Die Medien (Presse, Rundfunk, Fernsehen, Internet) spielen im politischen Gefüge eine so wichtige Rolle, dass sie häufig als „**vierte Gewalt**" bezeichnet werden. Neben reiner **Unterhaltung** erfüllen sie zentrale **politische Funktionen:** Im Rahmen ihrer **Informationsfunktion** unterrichten sie die Bürger möglichst umfassend und sachlich über das politische Geschehen (Ereignisse, Fakten, Programme, Ideen). Dabei bringen sie die unterschiedlichen Ansichten innerhalb der Gesellschaft zum Ausdruck (**Artikulationsfunktion**). Die Entscheidungen politischer Amtsträger und Institutionen sollen darüber hinaus kontrolliert und Missstände kritisiert werden (**Kontrollfunktion**). Die Medien ergänzen somit die bestehenden Kontrollmechanismen im System der Gewaltenteilung (deshalb: vierte Gewalt).

Die Medien werden aber zunehmend selbst zu **politischen Akteuren**. In bestimmten Situationen setzen sie Themen überhaupt erst auf die Tagesordnung der politischen Diskussion (**Agenda-Setting**) und beziehen selbst Stellung. Politisches Geschehen und Politiker werden zur Programmgestaltung und zu Unterhaltungszwecken benutzt (**Infotainment**). Die Medien nehmen damit ihre ursprüngliche Scharnierfunktion zwischen Politik und Bürgern weniger wahr. Aus Vermittlern werden eigenständige politische Meinungsbildner, die das politische Geschehen aktiv beeinflussen wollen. Diese Tendenz politischer Meinungsbildung durch die Massenmedien wird mit dem in der Regel negativ gemeinten Begriff **Mediendemokratie** umschrieben.

Umgekehrt kann es vorkommen, dass Politiker die Medien zur rein unterhaltenden Selbstdarstellung instrumentalisieren. Politische Inhalte geraten dann in den Hintergrund, von ihnen soll geradezu abgelenkt werden (**Politainment**). Da die Medienpräsenz zu einem entscheidenden Erfolgsfaktor im politischen Prozess

geworden ist, lässt sich seit Jahren die Tendenz zur **Personalisierung** beobachten. Nicht mehr so sehr die Parteien und ihre Programme stehen im Mittelpunkt, sondern die Politiker als Person und wie sie in den Medien „rüberkommen".
Medien sind keine Parteien, sondern in der Regel in Privatbesitz befindliche Unternehmen. Sie haben wirtschaftliche Interessen und Gewinnerwartungen. Einseitiger Einflussnahme soll durch **Pluralität**, d. h. durch die Vielfalt der Orientierungen, entgegengewirkt werden. Deshalb ist es Aufgabe des Staates, eine allzu große **Konzentration** im Mediensektor zu verhindern – was aber nur bedingt gelingt. Im Printsektor beherrschen vier Konzerne den Markt (Springer, Bertelsmann, Bauer, Burda). Im privaten Fernsehen gehören die meisten Kanäle zwei großen Sender-Ketten. Im Internet dominieren wenige große amerikanische Unternehmen den Markt. Inwieweit die Funktionen der Medien im politischen Prozess bereits eingeschränkt sind, bleibt zu diskutieren.
Große Erwartungen werden in die **Neuen Medien**, insbesondere das Internet, gesetzt. Blogs, Netzwerke und internetbasierte Kampagnen sollen Möglichkeiten zur direkten politischen Mitwirkung bieten. Jeder Bürger würde sein eigener Publizist. Das **Internet** schüfe dadurch ganz **neue Möglichkeiten der Interaktion** zwischen Politik und Bürgern (**e-Democracy**). Eine neue Partei, die Piraten, hat sich dieser Idee verschrieben. So sollen Parteitage zugunsten permanenter Diskussion und Programmarbeit im Netz abgeschafft werden. Bestätigen sich die Erwartungen in die neuen Medien, würde deren Vermittlerrolle deutlich gemindert. Derzeit scheint sich der Hype um diese Entwicklungen etwas zu legen.

2.2 *Hier gilt es, das Thema einzuschränken und in einen neuen Kontext zu stellen. Gefragt ist nur noch nach den „neuen Medien", also Internet, Smartphones usw. Gleichzeitig soll das Thema in den Bereich der internationalen Politik eingeordnet werden (kurshalbjahresübergreifender Bezug). Ein im Unterricht behandelter Konflikt kann ausgewählt werden: z. B. der Afghanistan-Krieg, einer der Irak- Konflikte oder der Kampf gegen den internationalen Terrorismus. Hier ist der arabische Aufstand ab 2010 gewählt worden. Die Aufgabe ist zweiteilig, denn es müssen sowohl Chancen als auch Probleme im Zusammenhang mit dem selbst gewählten Konflikt bearbeitet werden. Zu Beginn sollte die ausgewählte Auseinandersetzung kurz skizziert werden, um dann auf die Rolle der Medien einzugehen. (AFB II)*

Eine besondere Rolle spielten die neuen Medien bei der sogenannten **Arabellion**. Mit diesem Begriff wird eine Serie von Protesten und **Aufständen gegen autoritäre Regime** in der arabischen Welt bezeichnet. Dieser auch „Arabischer Frühling" genannte Prozess begann Ende 2010 in Tunesien. In einer Art Dominoeffekt breitete sich die Protestbewegung über ganz Nordafrika und die arabische Halbinsel aus. Ursache waren häufig ökonomische und soziale Probleme in diesen Ländern. Insbesondere die junge Bevölkerung unter 25 Jahren, die in manchen dieser Staaten bis zu 50 % der Gesamtbevölkerung ausmacht, sah sich um ihre Zukunftschancen betrogen. Das vorhandene **Wirtschaftswachstum** reichte nicht aus, um ausreichend **Arbeitsplätze** zu schaffen. Hinzu kamen massive Verteilungsprobleme bei hoher Korruption. Die arabischen Regierungen schienen jedoch ihre Länder fest im Griff zu haben. Wie konnte sich bei der eindeutigen Machtverteilung eine **revolutionäre Entwicklung** durchsetzen?

Die Protestbewegung nutzte die Möglichkeiten der Einflussnahme durch die **neuen Medien**. Die **Kommunikationstechnik** mittels Smartphone und Internet ermöglichte es der Opposition, spontan und dezentral zu Aktionen aufzurufen, ohne perfekt organisiert zu sein. Für die Staatsmacht war diese Entwicklung kaum zu kontrollieren, obgleich sie die Gefahr schnell erkannte. In Libyen etwa wurde schon nach den ersten Protesten der Zugang zu Facebook behindert. Die **dezentrale Netzstruktur** gestaltet eine staatliche Kontrolle aber äußerst schwierig. Die neuen Medien, insbesondere die Smartphones, sorgten nicht nur dafür, dass die Oppositionellen untereinander kommunizieren und sich spontan und ohne einheitliche Führung zu Protesten versammeln konnten, sie waren auch Voraussetzung dafür, dass die **Ereignisse dokumentiert** und der (Welt-)Öffentlichkeit zur Verfügung gestellt werden konnten. Dies behinderte gewaltsame Reaktionen der Regime. So konnten sich die Proteste relativ schnell von Unruhen zu Volksaufständen und schließlich zu Revolutionen entwickeln.

Schnell wurde aber auch eine grundsätzliche Problematik der „internetbasierten" Aufstände sichtbar. Schon nach kurzer Zeit existierte eine Fülle von Bildern und Berichten, es war aber kaum möglich, diese zu verifizieren. Nicht **neutrale Journalisten** hatten berichtet, sondern Parteien in dem Konflikt. Beide Seiten warfen sich gegenseitig Gewaltexzesse und Gräueltaten vor und belegten dies in der Regel auch mit verwackelten Handybildern, auf denen nicht erkennbar war, inwieweit es sich um gestellte Szenen handelt. Sämtliche Berichte sollten das jeweils eigene Handeln legitimieren. Besonders in Ländern mit mehreren unübersichtlichen Gruppierungen wie in Libyen oder in Ägypten war es unmöglich, den **Wahrheitsgehalt der Berichte** journalistisch einzuschätzen. Die etablierten Medien behalfen sich bei den Berichten aus diesen Ländern dann mit etlichen Relativierungen, die es den Zuschauern, Hörern und Lesern schwer machten, die tatsächliche Lage einzuschätzen.

Die neuen Medien haben eindeutig mitgeholfen, den Protest gegen die autoritären Regime in der arabischen Region zu entfesseln. Trotzdem ist in keinem dieser Länder – vielleicht mit Ausnahme von Tunesien – eine echte Demokratie entstanden. Algerien oder Ägypten entwickeln sich gerade zu autoritären Strukturen zurück. Warum konnte das **Internet nicht für eine dauerhafte Demokratisierung** sorgen?

Der Hauptgrund liegt darin, dass mit einigen Reformen, Zugeständnissen und mit Wahlen die zugrundeliegenden schweren **sozialen und ökonomischen Probleme** nicht gelöst werden konnten. Ein weiterer Grund ist, dass infolge der Arabellion und des Zurückweichens der autoritären Regime **kulturelle, religiöse oder soziale Konflikte**, die bisher unterdrückt wurden, jetzt an die Oberfläche gelangten: die Konflikte zwischen Sunniten und Schiiten, zwischen Gemäßigten und Radikalen, zwischen Traditionalisten und Modernen. Zudem kann das Internet vielleicht ein Mittel demokratischer Teilhabe sein, es ist aber offensichtlich

kein Mittel der Demokratisierung. Es gibt einen nachgewiesenen Zusammenhang zwischen politischer Bildung und politischer Beteiligung. Das Internet ist nicht die Lösung des Bildungsproblems, die Bildung muss vor der Nutzung des Netzes stehen. Insofern haben die Länder des Arabischen Frühlings noch einen weiten Weg vor sich.

3. *Nach den Analysen in Aufgabenteil 2 ist nun die eigene Einschätzung auf der Basis von Fachwissen gefragt. Entscheidendes Bewertungskriterium ist die Schlüssigkeit und die Nachvollziehbarkeit der Argumentation. Wichtig ist es, sich hier noch einmal genau auf das Material zu beziehen und dann jeweils eigene Positionen zu entwickeln. Welche Position eingenommen wird, ist nicht Gegenstand der Bewertung. Die eigenen Beurteilungsmaßstäbe müssen allerdings offengelegt werden. (AFB III)*

Alexandra Borchardt reagiert mit ihrem Kommentar auf die jüngsten Entwicklungen einer entstehenden **Netzdemokratie**. Der Internethype ist nicht zuletzt auch deshalb entstanden, weil die repräsentative Demokratie deutliche Verschleißerscheinungen zeigt. Die **Wahlbeteiligung** geht allgemein zurück, insbesondere bei Jung- und Erstwählern. So lag der Gedanke nahe, die jüngere Wählerklientel durch die **neuen Medien** direkter anzusprechen. Kaum ein Politiker verzichtet heute auf einen eigenen Facebookauftritt, jeder twittert oder wendet sich mit Videobotschaften an seine potenziellen Wähler. Der Erfolg ist mäßig. Es sieht so aus, als teile sich die Wählerschaft der 18- bis 30-Jährigen in grundsätzlich politisch Interessierte, die **sämtliche Kanäle** nutzen (Internet, Fernsehen, Zeitung usw.), und Uninteressierte, die auf keine Art zu erreichen sind.
Die Einwände, die Alexandra Borchardt gegen Politik über das Netz erhebt, lassen sich alle auch gegen die Politik in der „wirklichen Welt" anführen. Es ist zwar tatsächlich so, dass die großen Internetaktivitäten regelmäßig von einer überschaubaren **Netzelite** ausgehen und die breite Masse der Nutzer dieser Avantgarde folgt – wenn es auch manchmal nur zu recht undifferenzierten „Shitstorms" reicht. Allerdings ist die „reale Politik" ebenso zunehmend zu einem **Elitenprojekt** geworden. Während im Internet die Jüngeren und Technikaffinen den Ton angeben, sind es hier die Älteren. Das Durchschnittsalter der Mitglieder der großen Parteien liegt jenseits von 55 Jahren. Besonders eklatant ist die **Politikverdrossenheit** im Bereich Europapolitik. 2014 ist das Jahr der Europawahlen und in der Altersgruppe der 18- bis 30-Jährigen, also der Gruppe, die sich im Internet am meisten zu Hause fühlt, wird eine sehr geringe Wahlbeteiligung erwartet. Die **Piratenpartei**, ein Sammelbecken der von der repräsentativen Demokratie im Allgemeinen und von den etablierten Parteien im Besonderen Enttäuschten, hat versucht, durch programmatische Aussagen und neue interne Prozesse diesen Trend umzukehren. Der Erfolg ist bisher bescheiden. Zwar haben die Piraten statistisch die **jüngste Wählerklientel**, doch ist es der neuen Partei weder gelungen, größere Wählerkreise anzusprechen, noch konnte sie die neuen **internetbasierten Abstimmungsprozesse** nachhaltig etablieren. Viele Aktivis-

ten der ersten Stunde haben inzwischen die Piratenpartei verlassen oder zumindest ihre Ämter zur Verfügung gestellt, weil das Internet sich eben gerade nicht als das Medium der differenzierten argumentativen Auseinandersetzung und **demokratischen Meinungsbildung** erwiesen hat.
Auch der Vorwurf Alexandra Borchardts, die Entscheidungsfindung in den neuen Medien leide unter **Anonymität** und nicht transparenten Interessen, lässt sich auf die Entscheidungsprozesse in der repräsentativen Demokratie übertragen. Ein kompliziertes und für den Normalbürger undurchsichtiges System von Verbänden und **Lobbys** sorgt dafür, dass die politische Entscheidungsfindung außerhalb des Internets häufig genauso intransparent abläuft. **Kommerzielle Interessen** gibt es hier wie da.
Schließlich plädiert die Autorin für das bewährte **Expertentum in der parlamentarischen Demokratie** und setzt dagegen die in der Tat zweifelhafte **Schwarmintelligenz** des Internets. Nun haben aber gerade in jüngster Zeit zahlreiche Entscheidungen unserer politischen „Experten" gezeigt, dass sie genauso fehlerbehaftet sein können wie Abstimmungsergebnisse und Meinungsäußerungen der breiten Masse. Dazu gehören zweifelhafte Großprojekte wie die Elbphilharmonie in Hamburg, der Großflughafen in Berlin oder der Bahnhof in Stuttgart, wenig transparente Entscheidungen zur sogenannten Euro-Rettung oder deutlich nach Klientelpolitik aussehende und den Bundeshaushalt stark belastende Pläne der Großen Koalition zur Besserstellung der Rentner. Auch die im Text hervorgehobene **Verantwortung der Politiker** im repräsentativen System bleibt häufig genug folgenlos. Das Netz kann zwar die **kollektive Verantwortungslosigkeit** forcieren, aber welcher Politiker steht wirklich für milliardenschwere Fehlentscheidungen persönlich gerade?
Zu fragen wäre abschließend, ob man tatsächlich einen starken Gegensatz zwischen dem überkommenen Modell der repräsentativen Demokratie und den neuen Mitwirkungsformen im Internet konstruieren muss. Gelungene Beispiele **kollektiver Prozesse**, wie zum Beispiel die Internetenzyklopädie **Wikipedia**, lassen die Hoffnung, kluge Netzpolitik könnte unsere Demokratie bereichern. Ein Allheilmittel ist das Netz aber sicherlich nicht.

Hessen – Politik und Wirtschaft – Grundkurs 2014
Vorschlag B

Thema: *Lohnentwicklung und Globalisierung*

Aufgaben

1. Fassen Sie den Artikel von Lars Wallerang zur Lohnentwicklung zusammen. (Material) (20 BE)
2. Erläutern Sie die ökonomischen Dimensionen der Globalisierung. (25 BE)
3. Erklären Sie ausgehend vom Text wirtschaftliche und rechtliche Faktoren, die auf die Lohnentwicklung in Deutschland Einfluss haben. (25 BE)
4. Diskutieren Sie ausgehend von den Standortfaktoren und unter Berücksichtigung des Textes, ob Lohnerhöhungen in Deutschland sinnvoll sind. (30 BE)

M: Lars Wallerang: Globalisierung lässt Luft für höhere Löhne

[…] Hohe Löhne gefährdeten die Wettbewerbsfähigkeit deutscher Unternehmen in globalisierten Märkten, heißt es oft. Während Arbeitgeber deshalb Lohndisziplin fordern, kritisieren Gewerkschaften eine zu geringe Beteiligung der meisten Arbeitnehmer am Gewinn. Die Meinungen und Analysen von Ökonomen gehen deutlich auseinander.

[…] Das vergleichsweise niedrige Lohnniveau in Schwellenländern könnte derweil für hiesige Arbeitnehmer zum Problem werden. „Importe aus Ländern wie China können deutsche Löhne unter Druck setzen, vor allem aber können sie auch zu Arbeitsplatzverlusten in den Sektoren führen, die mit den chinesischen Importen konkurrieren", so [Dennis] Snower[1]. „Für die Vereinigten Staaten konnte man beispielsweise zeigen, dass erhöhte Importe aus China zu signifikanten Arbeitsplatzverlusten in den entsprechenden amerikanischen Konkurrenzsektoren geführt haben."

Besonders durch das Internet stehen auch in Deutschland immer mehr Arbeitnehmer in direktem Wettbewerb mit ausländischen Arbeitnehmern, unabhängig von ihrem Sektor, da viele Arbeitsaufgaben digital übermittelt werden können, ohne dass ihre Qualität darunter leide. „Software-Programmierung ist ein klassisches Beispiel", sagt Snower.

„Ein indischer Programmierer kann sein Tageswerk in Sekundenschnelle an seinen deutschen Arbeitgeber übermitteln, die deutschen Programmierer konkurrieren somit direkt mit ihren indischen Kollegen, die die gleiche Arbeit möglicherweise wesentlich preiswerter erledigen."

Wissenschaftler des IfW hätten berechnet, dass bis zu 43 % der deutschen Arbeitnehmer in einem solchen direkten Wettbewerb stünden. Es handle sich dabei aber um eine theoretische Größe, die angebe, wie viele Arbeitsplätze rechnerisch ins Ausland wandern könnten. Und zwar dann, wenn für die Arbeit kein Kontakt zu Kunden oder

Kollegen erforderlich sei oder wenn sie generell nicht vor Ort ausgeführt werden müsse, z. B. bei Programmierern oder Buchhaltern.

Ob sich das tatsächlich auch lohne, sei aber noch unklar, meint Snower. Zwar seien ausländische Arbeitnehmer (z. B. der indische Programmierer) häufig „preiswerter“, aber es gäbe vermutlich Produktivitätsverluste, wenn heimische Arbeitnehmer durch im Ausland ansässige ersetzt würden – etwa aufgrund von Kommunikationsschwierigkeiten, Abstimmungsproblemen und Qualität.

Diese Kosten seien hoch, und deshalb würden wir es vermutlich nicht erleben, dass 15 Mio. Beschäftigte ihren Job ans Ausland verlieren. Wie sich die Produktivität in Deutschland auf Dauer genau entwickeln wird, kann indessen kein Ökonom seriös voraussagen. Doch aktuell gestattete sie deutliche Lohnerhöhungen, sagt Gustav A. Horn, Leiter des gewerkschaftsnahen Instituts für Makroökonomie und Konjunkturforschung (IMK) der Hans-Böckler-Stiftung.

„Um die Stabilität der Binnenwirtschaft sowie des Euroraums insgesamt zu gewährleisten, sind Lohnsteigerungen in Höhe des Produktivitätszuwachses und der Zielinflationsrate der Europäischen Zentralbank erforderlich“, fordert Horn. Mit diesen Steigerungsraten wäre auch kein Verlust an Wettbewerbsfähigkeit verbunden. Die Lohnzuwächse in Deutschland seien aber jahrelang hinter dieser Rate zurückgeblieben, sodass es jetzt einen erheblichen Nachholbedarf gebe.

Das niedrige Lohnniveau in Schwellenländern würde von Arbeitgebern gerne als Argument gegen höhere Löhne benutzt, kritisiert der IMK-Direktor. „Tatsächlich haben wir – wie die Handelsströme zeigen – kein generelles Wettbewerbsproblem mit China, da die Produktivität dort immer noch weit hinter der deutschen liegt.“ Einzelne Wettbewerbsprobleme, wie etwa in der Solar-Branche, seien allerdings dabei nicht ausgeschlossen.

Ob nun im Zuge der Globalisierung der Märkte für die Beschäftigten Vor- oder Nachteile zunehmen, hinge von uns ab. „Schaffen wir es, unser Bildungssystem top zu halten, werden wir auch wirtschaftlich top sein“, betont Horn. „Mit Schuldenbremse und Steuersenkungsfantasien dürfte dies allerdings schwierig sein.“

Unterdessen führten Exportüberschüsse und eine zu schwache Binnennachfrage zu weiteren Problemen. „Je mehr Exporte, desto besser, aber je höhere Exportüberschüsse, desto schlechter.“ Denn der aus zu niedrigen Löhnen und dem Ungleichgewicht zwischen Importen und Exporten resultierende Überschuss Deutschlands spiegele nur die Verschuldung der Kunden im Ausland und dies gehe, wie sich durch die Krise gezeigt habe, nicht auf ewig gut.

Lars Wallerang: Globalisierung lässt Luft für höhere Löhne, in: vdi-Nachrichten, 23. 11. 2012. http://www.ingenieur.de/Arbeit-Beruf/Recht-Gehalt/Globalisierung-laesst-Luft-fuer-hoehere-Loehne (abgerufen am 11. 04. 2013).

Anmerkung:

1 Dennis Snower ist Leiter des Instituts für Weltwirtschaft (IfW) in Kiel.

Lösungsvorschläge

Unterrichtsinhalte:

- Q 2: Ziele und Zielkonflikte wirtschaftlichen und wirtschaftspolitischen Handelns am Beispiel: Beschäftigung und Arbeitslosigkeit, Tarifautonomie und Lohnpolitik
- Q 3: Weltwirtschaft und Globalisierung: transnationale Konzerne, Standortfaktoren und Veränderungen der internationalen Arbeitsteilung, internationale Finanzströme und Verschuldung

1. *Legen Sie nach der Identifizierung des Texts dessen wesentliche Aussagen in eigenen Worten dar. Bei Wiedergabe in indirekter Rede sollten Sie den Konjunktiv benutzen; wörtliche Zitate müssen Sie kennzeichnen. (AFB I)*

Der auszugsweise wiedergegebene Artikel von Lars Wallerang mit der programmatischen Überschrift „Globalisierung lässt Luft für höhere Löhne" ist am 23. 11. 2012 in den vdi-Nachrichten erschienen.

Eingangs stellt Wallerang die grundsätzlichen Positionen der Arbeitgeber und Gewerkschaften in der Lohnfrage einander gegenüber: während die Arbeitgeber darauf hinweisen, dass hohe Löhne die **Konkurrenzfähigkeit** deutscher Unternehmen auf globalisierten Märkten beeinträchtigen, beklagen die Gewerkschaften einen **zu geringen Anteil** der Arbeitnehmer an den **Unternehmensgewinnen**.

Im Folgenden gibt Wallerang die Auffassung des Leiters des Kieler Instituts für Weltwirtschaft, Dennis Snower, wieder. Dieser zitiert Untersuchungen, welche die Position der Unternehmer zu unterstützen scheinen. So habe das niedrige Lohnniveau in China steigende Exporte in die USA begünstigt und dort in den konkurrierenden Industriezweigen zu Arbeitsplatzverlusten geführt (vgl. Z. 10 ff.). Das Internet habe die Gefahr der **Arbeitsplatzverlagerung** noch verstärkt, denn Programmierungs- oder Buchhaltungsarbeiten könnten ebenso von wesentlich billigeren indischen Arbeitskräften ausgeführt werden (vgl. Z. 13 ff.). „43 % der deutschen Arbeitnehmer" (Z. 22 f.) stünden „in einem solchen direkten Wettbewerb" (Z. 23) mit den Arbeitskräften der Schwellenländer, ihre Arbeitsplätze könnten theoretisch jederzeit verlagert werden. Snower selbst rechnet aber nicht wirklich mit einer solchen Verlagerung, denn die **Produktivität** in den Schwellenländern sei wesentlich geringer und werde durch Kommunikationsschwierigkeiten, Abstimmungs- und Qualitätsprobleme beeinträchtigt (vgl. Z. 28 ff.).

Wallerang wendet sich im Folgenden einem anderen Gewährsmann, Gustav A. Horn von der gewerkschaftsnahen Hans-Böckler-Stiftung, zu. Dieser plädierte 2012 für Lohnerhöhungen in Höhe des **Produktivitätszuwachses** und der **Inflationsrate**. Da die Lohnzuwächse in den letzten Jahren hinter der für den Wettbewerb unschädlichen Marge zurückgeblieben seien, bestehe Nachholbedarf (vgl. Z. 39 ff.). Entgegen den Behauptungen der Arbeitgeber seien die niedrigen Löhne in den Schwellenländern keine Gefahr für die deutsche Wettbewerbsfähigkeit, weil die Produktivität – mit einzelnen Ausnahmen – dort weit unter deutschem Niveau liege (vgl. Z. 45 ff.).

Es sei Aufgabe der Politik, diesen Produktivitätsvorsprung trotz Schuldenbremse durch einen weiteren **Ausbau des Bildungssystems** zu erhalten. Unterblieben die erforderlichen Lohnerhöhungen, so würde die **Binnennachfrage** weiter schwächeln und die deutschen **Exportüberschüsse** würden zunehmen. Das könne aber nicht lange gutgehen, denn die deutschen Überschüsse spiegelten nur die wachsende Verschuldung der Auslandskunden wider (vgl. Z. 55 ff.).

2. *Bei dieser sehr umfangreichen Aufgabenstellung müssen Sie sich auf einige wenige entscheidende Aspekte der Globalisierung konzentrieren, Ausschweifungen sind zu vermeiden. Insbesondere sollten Sie auf die Frage eingehen, was die Globalisierung für die Arbeitnehmer in Deutschland bedeutet. (AFB I und II mit Schwerpunkt auf AFB II)*

Erst nach Ende des Kalten Kriegs konnte im Zuge des globalen Abbaus von Zöllen und Handelsschranken und die Teilnahme bisher abgekoppelter Nationen am Welthandel ein **Weltmarkt** entstehen, der diese Bezeichnung verdient. Begünstigt wurde dies durch neue Verkehrs- und Kommunikationstechniken.
Unter der Federführung großer multinationaler Konzerne wurden neue Märkte und Regionen in die internationale, arbeitsteilig organisierte Produktion integriert. Entsprechend rasch wuchs der Umfang und die Intensität des Handels, aber auch die Menge der weltweit produzierten Waren und Dienstleistungen.
Die **internationale Arbeitsteilung** hat die **wechselseitige Abhängigkeit** der nationalen Märkte verstärkt. So beeinflusst eine niedrigere Wachstumsrate in China z. B den Aktienkurs von VW negativ, weil China inzwischen für Audi der wichtigste Absatzmarkt ist. Auch kann ein Streik der Lastwagenfahrer in Frankreich die Produktion bei BMW stilllegen, weil Bauteile nicht geliefert werden.
Deutschland als traditionell starke Exportnation profitiert als „Ausrüster" der großen Schwellenländer und Heimat vieler z. T. auch mittelständischer Weltmarktführer von der **Globalisierung**. Die hohen Exportüberschüsse und der wiederholt errungene Titel des „**Exportweltmeisters**" zeugen davon.
Aber nicht nur die Realwirtschaft hat die Vorteile der internationalen Arbeitsteilung erkannt, in vielleicht noch stärkerem Maße hat sich die **Finanzwirtschaft** international verflochten und vernetzt. In früher unvorstellbarer Geschwindigkeit fluktuieren heute riesige virtuelle Geldströme um die Welt, um keine Renditechance zu verpassen. Die weltweite **Finanzkrise** des Jahres 2008 hat gezeigt, dass die Akteure der Finanzwirtschaft auch vor risikoreichen und unseriösen Geschäften nicht zurückscheuen. Die starke Verflechtung der Finanzwirtschaft bewirkt, dass der Zusammenbruch einer einzigen Bank ein globales Finanzchaos herbeiführen kann. Nur das beherzte und koordinierte Eingreifen der Staaten und die Rettung der Banken mithilfe von Milliarden von Steuergeldern hat die Weltwirtschaft vor dem Kollaps bewahrt.
Dieses Beispiel weist auf die **negativen Aspekte** der ökonomischen Globalisierung hin. Große Global Player wie Apple, Amazon oder Google, die trotz enormer Umsätze in Deutschland kaum Steuern bezahlen, weil sie ihre Gewinne

trickreich ins steuergünstigere Irland verlagern, gefährden die **Souveränität** der Nationalstaaten und stellen das **Primat der Politik** infrage. Eine andere durch die Globalisierung drohende Gefahr wird im Text (vgl. Z. 6 ff.) angesprochen: die Möglichkeit der Produktionsverlagerung in Billiglohnländer und der davon ausgehende **Druck auf Löhne und Sozialstandards** in den europäischen Hochlohnländern. Ein Soziologe hat in diesem Zusammenhang das Schlagwort von einer „**race to the bottom**" geprägt.
Bisher hat sich diese Befürchtung für Deutschland nicht bewahrheitet, weil die Arbeitskräfte in den Billiglohnländern an das Qualitäts- und an das Produktivitätsniveau der deutschen Facharbeiter nicht herankommen. Die gering qualifizierten Arbeitskräfte allerdings stehen in Deutschland schon heute unter dem Druck der viel billigeren Arbeitskräfte aus den Schwellenländern. Vor diesem Hintergrund ist in den letzten Jahren ein **Niedriglohnsektor** entstanden, dessen Regulierung die Regierung mit dem **Mindestlohngesetz** in Angriff genommen hat. Ob die Befürchtungen der Arbeitgeber zutreffen, dass bei der Einführung eines Mindestlohns von 8,50 € ein Verlust von zahlreichen Arbeitsplätzen und deren Verlagerung ins Ausland zu erwarten seien, wird die Zukunft zeigen.

3. *Hier sollen Sie die Bedeutung der im Text genannten Einflussfaktoren erläutern und weitere ergänzen; insbesondere müssen Sie den rechtlichen Rahmen darstellen, in dem die Lohnfindung in Deutschland stattfindet. (AFB II)*

Folgende wirtschaftliche Faktoren, die auf die Lohnentwicklung Einfluss haben, werden im Text genannt:
- die **Konkurrenzfähigkeit** der deutschen Unternehmen (vgl. Z. 1)
- die Entwicklung der **Arbeitsproduktivität**, also der Wertschöpfung pro Arbeitsstunde (vgl. Z. 36; Z. 40)
- die Inflationsrate, also die Höhe der jährlichen **Preissteigerungen** (vgl. Z. 41)
- die **Binnennachfrage** und ihr Einfluss auf die Inlandskonjunktur (vgl. Z. 55)

In der Tat haben diese Faktoren Einfluss auf die Lohnentwicklung, ihr relatives Gewicht hängt jedoch von anderen Faktoren ab, v. a. von der allgemeinen **Konjunkturlage**, die sich an der Wachstumsrate des BIP und an der Arbeitslosenquote ablesen lässt. So waren die Jahre nach der Weltfinanzkrise des Jahres 2008 durch wirtschaftliche **Rezession** und drohende Massenarbeitslosigkeit gekennzeichnet. Entsprechend groß war die Rücksichtnahme auf die Konkurrenzfähigkeit der Unternehmen. Für einige Jahre wurden nur bescheidene Lohnerhöhungen durchgesetzt, die z. T. unterhalb der Inflationsrate lagen. Eine Senkung der **Reallöhne** wurde in Kauf genommen, um Stellenabbau zu vermeiden.
Inzwischen hat sich das Bild gewandelt. Die konjunkturelle Lage, v. a. die Situation auf dem Arbeitsmarkt, hat sich wesentlich gebessert und so liegen die Forderungen der Gewerkschaften in der diesjährigen Tarifrunde deutlich über der Summe aus Inflationsrate und Steigerungsrate der Arbeitsproduktivität. Die Gewerkschaften verweisen darauf, dass Lohnsteigerungen in dieser Größenordnung für die Wettbewerbsfähigkeit bei der aktuellen konjunkturellen Lage unschädlich

seien, zudem ergebe sich ein **Nachholbedarf** aus den mageren vergangenen Jahren. Im Übrigen würden kräftige Lohnerhöhungen den Binnenmarkt beleben und die einseitige Abhängigkeit der deutschen Volkswirtschaft vom Export mindern. In einigen Branchen, z. B. in der Luftfahrtindustrie, aber auch im öffentlichen Dienst, ist an der Höhe der Forderungen sogar ablesbar, dass hier ein neuer ökonomischer Faktor Einfluss auf die Lohnhöhe gewinnt, nämlich der **Fachkräftemangel**, der in dem Text von Wallerang gar nicht erwähnt wird.
Nach Art. 9 GG gilt in Deutschland **Koalitionsfreiheit**. Wirtschaftliche Interessengruppen können sich zur Vertretung ihrer Ziele frei organisieren und betätigen. Die Lohnfindung bleibt den Tarifparteien überlassen. Arbeitgeber und Gewerkschaften verhandeln über die Löhne und Arbeitsbedingungen. Diese werden im Tarifvertrag für eine bestimmte Zeit fixiert. Der Staat hält sich aus diesen Tarifkämpfen in der Regel heraus und ist nur insofern eingebunden, dass er als Arbeitgeber im öffentlichen Dienst selbst eine Tarifpartei ist.
Vom Prinzip der **Tarifautonomie** ist die aktuelle Regierung der Großen Koalition allerdings im Begriff abzuweichen. Sie hat einen Gesetzesentwurf für die **Einführung eines gesetzlichen Mindestlohns** in Höhe von 8,50 € in den Bundestag eingebracht. Bisher gab es nur in wenigen Branchen einen Mindestlohn auf Basis einer **Allgemeinverbindlichkeitserklärung von Tariflöhnen** seitens der Bundesregierung. Durch die Festsetzung einer Untergrenze greift die Regierung in die Lohnfindung ein. Die bestimmende Gesamtkonstellation ändert sich. Die Stellung der Arbeitnehmer und der Gewerkschaften verbessert sich auf Kosten der Arbeitgeber und ihrer Verbände.

4. *Nach einer kurzen Erläuterung der Standortfaktoren, die für die Lohnfrage relevant sind, sollten Sie das Für und Wider von Lohnerhöhungen ggf. am Beispiel konkreter Forderungen und aktueller wirtschaftlicher Gegebenheiten diskutieren. So lässt sich die Berechtigung von Lohnerhöhungen am besten hinterfragen. (AFB II und III mit Schwerpunkt auf AFB III)*

Folgende **Standortfaktoren** spielen u. a. bei Investitionsentscheidungen der Unternehmen eine gewichtige Rolle:
- die Arbeitskosten, also die Höhe der Löhne und Sozialabgaben
- die Verfügbarkeit und das Qualifikationsniveau der Arbeitskräfte
- die Höhe der Kosten für die übrigen Produktionsfaktoren, also Kapital und Ressourcen, darunter auch Energie
- die Höhe von direkten und indirekten Steuern
- die Qualität der Infrastruktur
- die politische Stabilität und die Rechtssicherheit

Deutschland steht gegenwärtig im Hinblick auf diese Standortfaktoren mit Ausnahme der Energiekosten relativ gut da. Dies spiegelt sich in der Lage auf dem Arbeitsmarkt, der günstigen Konjunkturlage und den deutschen Exporterfolgen wider. Die Reformen der **Agenda 2010** und eine **zurückhaltende Lohnpolitik** der Gewerkschaften im letzten Jahrzehnt haben dazu geführt, dass die **Arbeits-**

kosten in Deutschland geringer gestiegen sind als in anderen europäischen Ländern, während gleichzeitig die Arbeitsproduktivität v. a. durch den Einsatz moderner Kommunikationstechnologien kräftig erhöht werden konnte. Das Ergebnis war eine deutliche Senkung der **Lohnstückkosten**, die die internationale Wettbewerbsfähigkeit deutscher Unternehmen verbesserte. So ist Deutschland innerhalb von zehn Jahren wieder ein begehrter Investitionsstandort geworden, die „Lokomotive" der europäischen Konjunktur. Die Lage auf dem Arbeitsmarkt ist inzwischen so gut, dass qualifizierte Arbeitskräfte aus europäischen Krisenländern angeworben werden, weil es in Deutschland an Fachkräften mangelt.
Da die **Gewinne** der Unternehmen sprudeln, fordern die Gewerkschaften in der Tarifrunde 2014 unter Berufung auf „Nachholbedarf" (vgl. Z. 44) in fast allen Branchen deutliche Lohnzuschläge, die über den Ausgleich der Inflationsrate und die Steigerung der Arbeitsproduktivität hinausgehen. Sie werden z. T. von der Politik, z. B. der europäischen Kommission, unterstützt, die sich von kräftigen Lohnerhöhungen in Deutschland eine Ankurbelung des Binnenmarkts und eine Reduzierung deutscher Exportüberschüsse erhofft (vgl. Z. 55 ff.).
Die Arbeitgeber betonen die **Gefahren**, die starke Lohnerhöhungen für die Wettbewerbsfähigkeit und die Preisstabilität mit sich brächten, die öffentlichen Arbeitgeber verweisen zusätzlich auf die knappen Kassen der Kommunen.
Voraussichtlich werden die Gewerkschaften in diesem Jahr ihre Forderungen größtenteils durchsetzen, denn Arbeitskämpfe bei boomender Konjunktur haben große Wirkung. Zudem können die meisten Unternehmen bei der gegebenen Geschäftslage deutliche Lohnerhöhungen verkraften. In einigen Branchen geht es allerdings in den Tarifkämpfen nicht um Inflations- und Produktivitätsausgleich, sondern um die Durchsetzung von **Sonderinteressen** kleiner privilegierter Gruppen. So verlangte die „Vereinigung Cockpit", in der ca. 5 400 Piloten der Lufthansa mit Jahresgehältern zwischen 80 000 und 260 000 € organisiert sind, laut FAZ im Frühjahr 2014 10 % mehr Lohn sowie Inflationsausgleich und außerdem die ungeschmälerte Fortzahlung eines Vorruhestandgelds in Höhe von 60 % des letzten Gehalts bei Ausscheiden mit 55 Jahren – eine Regelung, von der der durchschnittliche Arbeitnehmer nur träumen kann. Zur Durchsetzung dieser Forderung bestreikten sie die Lufthansa. Die Höhe des volkswirtschaftlichen Schadens, so ein VC-Sprecher, müsse im Verhältnis zum Wert der Forderung gesehen werden. Es gehe um Milliarden. Dies ist ein aktuelles Beispiel für die Methoden kleiner organisierter Gruppen, ihre Sonderinteressen durchzusetzen. Diese Art von „Lohnerhöhung" erscheint äußerst fragwürdig.
Die Frage, ob Lohnerhöhungen in Deutschland **generell** sinnvoll sind, kann nicht pauschal beantwortet werden. Es kommt auf die **Höhe der Forderungen** und die zugrunde liegenden **Wirtschaftsdaten** an, die sich aus dem Artikel nicht ablesen lassen. Deshalb kann man eine sinnvolle Lohnerhöhung für die Tarifrunde 2014 nur schätzen: bei einer angenommenen Inflationsrate von 1,5 % und einer Steigerung der Arbeitsproduktivität pro Stunde um 0,5 % ergäbe sich eine „kostenneutrale" Lohnerhöhung von 2 %. Konzediert man 1 % als „Nachholbedarf" für die nicht realisierten Erhöhungsspielräume der letzten Jahre, so läge eine „sinnvolle" Lohnerhöhung bei ca. 3 %.

Hessen – Politik und Wirtschaft – Grundkurs 2014
Vorschlag C

Thema: *Deutsche Sicherheitspolitik*

Aufgaben

1. Fassen Sie die Stellungnahme von Matthias Jochheim zusammen. (Material) (20 BE)
2. Erläutern Sie – unter Berücksichtigung des rechtlichen Rahmens – die Aufgaben der Bundeswehr als Instrument der deutschen Sicherheitspolitik. (25 BE)
3. Matthias Jochheim fordert, dass nicht mehr Profitmaximierung, sondern Nutzen für die gesamte Bevölkerung und die Schonung der natürlichen Ressourcen zu den entscheidenden Kriterien für die Funktionsweise der Wirtschaft werden müssen. Untersuchen Sie, inwieweit seine Forderungen im Rahmen der Sozialen Marktwirtschaft umsetzbar sind. (25 BE)
4. Nehmen Sie Stellung zu Jochheims These, Deutschland hätte nach dem Ende des Kalten Krieges längst und ohne Gefahr seine Armee auflösen und die damit frei werdenden Milliardenbeträge für Umweltschutz, Armutsbekämpfung und die internationale zivile Konfliktlösung einsetzen können. (30 BE)

M: Matthias Jochheim: Die Hölle auf Erden

Die globalen Aufwendungen für Kriegswaffen übertreffen bei Weitem die Mittel, die für die Sicherung der Grundbedürfnisse der Ärmsten ausgegeben werden.

Die Attentate vom 11. September 2001 hatten mehrere militärische Interventionen zur Folge, bei denen weit mehr Menschen ums Leben kamen als bei den eigentlichen Anschlägen. Allein der Krieg und die jahrelange militärische Besatzung im Irak kosteten seriösen Schätzungen zufolge bislang etwa eine Million Menschen das Leben, mehrheitlich Zivilisten, die nicht an den Kämpfen teilnahmen.

Der „Krieg gegen den Terror", der heute auch mit Drohnen von den USA aus ferngesteuert zum Beispiel in Pakistan immer wieder zivile Opfer fordert, ist nun zu einem endlosen Feldzug geworden. „Krieg gegen den Terror" – das ist ein Widerspruch in sich selbst: Nicht erst die Folterbilder aus dem irakischen Abu Ghraib[1] sowie aus Guantanamo[2] haben der Weltöffentlichkeit gezeigt, dass die westlichen Militärmächte, angeführt von den USA, zu einer schweren Belastung und dauerhaften Gefahr geworden sind für das, was wir, gemeinsam mit der großen Mehrheit unserer Mitbürger, wollen: eine Welt ohne Krieg, eine wahrhafte Kultur des Friedens.

Deutschland, von keinem äußeren Feind bedroht, hätte schon längst ohne jede Gefahr ein Beispiel geben und seine Armee nach Ende der Blockkonfrontation auflösen können. Die frei werdenden Milliardenbeträge hätten für dringende Projekte im

Umweltschutz, für die Unterstützung notleidender Menschen in armen Ländern und für eine effiziente zivile Konfliktbearbeitung auf internationaler Ebene zur Verfügung gestellt werden können.

Die globalen Aufwendungen für Kriegswaffen, die etwa 1,6 Billionen Dollar jährlich betragen, stehen im eklatanten Missverhältnis zu den Mitteln für die Sicherung der Grundbedürfnisse der Ärmsten. Hier fehlt das Geld, dabei müssten nur circa 100 Milliarden US-Dollar dafür bereitgestellt werden, das heißt gerade einmal 6,25 Prozent der Ausgaben für Kriegsvorbereitung.

Wir erleben – heute mehr denn je – eine schwere Krise des internationalen Zusammenlebens, die unabdingbar nach zukunftsfähigen Lösungen verlangt. Unsere Welt ist geprägt von zunehmender wechselseitiger Abhängigkeit, wofür die bedrohlichen globalen Klimaveränderungen nur ein Beispiel sind. Immer bessere Möglichkeiten der Kommunikation machen zudem umso deutlicher, dass wir eine Kultur der gleichberechtigten Zusammenarbeit brauchen, um das menschliche Leben auf diesem Planeten wirklich human zu gestalten.

Aus der derzeitigen wirtschaftlichen Krise entsteht für Millionen von Menschen eine schwere Bedrohung, die auch globale Folgen mit sich bringt. Wie der Zauberlehrling in Goethes Gedicht verlieren unsere Gesellschaften die Kontrolle über die Kräfte, die sie gerufen haben. Die Eigendynamik von Finanzmärkten und Wirtschaftszyklen wird zur massiven Gefahr für das Wohlergehen und die Zukunftsfähigkeit unserer Gesellschaften. Wer denkt da nicht an den Verlauf der großen Weltwirtschaftskrise des vorigen Jahrhunderts, den daraus folgenden Zerfall von internationaler Kooperation, den Aufstieg des rassistischen, den Krieg propagierenden Nazi-Regimes in Deutschland und schließlich den Zweiten Weltkrieg mit seinem ungeheuren Leid und ungeheuren Zerstörungen? Der grauenhafte Schlusspunkt war der Atomwaffeneinsatz gegen Hiroshima und Nagasaki. […]

Wenn wir wirksam gegen die menschengemachte Katastrophe des Krieges handeln wollen, dann müssen wir auch konsequent eine Ökonomie kritisieren, die den menschlichen Egoismus und die Gewinnsucht zum wesentlichen Motor macht. Wir brauchen eine grundlegende Demokratisierung dieses essenziellen gesellschaftlichen Sektors; nicht mehr Profitmaximierung, sondern Nutzen für die gesamte Bevölkerung und die Schonung der natürlichen Ressourcen müssen zu den entscheidenden Kriterien für die Funktionsweise der Wirtschaft werden.

Es gibt eine bildliche Vorstellung von der Hölle, die mich beeindruckt: Rund um einen großen Kessel mit nahrhaftem Brei sitzen mehrere Menschen, jeder ausgestattet mit einem Löffel mit langem Stiel. Sie können mit diesem langstieligen Löffel ihren eigenen Mund nicht füllen – und ihre tragische Verblendung macht es ihnen unmöglich, den jeweils anderen zu füttern. Mir scheint dies ein einprägsames Bild unserer heutigen globalen Lage, in der wir mitten im Überfluss unserer Möglichkeiten Angst vor Not und Krieg haben müssen.

Matthias Jochheim: Die Hölle auf Erden, in: Frankfurter Rundschau, 10. 09. 2012. http://www.fr-online.de/meinung/gastbeitrag-zu-kriegswaffen-die-hoelle-auf-erden,1472602,17218800.html (abgerufen am 11. 09. 2012).

Anmerkungen:

1 In diesem vom amerikanischen Militär geführten irakischen Gefängnis misshandelten und folterten Militärangehörige irakische Insassen. Die Bilder und Berichte von diesen Misshandlungen sorgten weltweit in der Öffentlichkeit für Entrüstung.

2 Gefangenenlager auf der Guantánamo Bay Naval Base, einem Marinestützpunkt der US-Navy in der Guantánamo-Bucht auf Kuba. Im Januar 2002 wurde im Gefolge der Anschläge vom 11. September 2001 und der darauf folgenden US-amerikanischen Invasion in Afghanistan begonnen, den Stützpunkt um ein Internierungslager für Gefangene zu erweitern, die von den USA als ungesetzliche Kombattanten bezeichnet werden. Die Rechtslage der Gefangenen, deren Haftbedingungen und die verwendeten Verhörmethoden stießen international auf scharfe Kritik und führten zu Forderungen nach Schließung des Internierungslagers wegen Menschenrechtsverstößen.

Hinweis: Matthias Jochheim ist Vorsitzender der IPPNW (Internationale Ärzte zur Verhütung des Atomkrieges/Ärzte in sozialer Verantwortung e.V.).

Lösungsvorschläge

Unterrichtsinhalte:

- Q 2: Soziale Marktwirtschaft: Soziale Marktwirtschaft als ordnungspolitisches Leitbild
- Q 3: Aktuelle internationale Konfliktregionen und die Möglichkeiten kollektiver Friedenssicherung: Interessen, Entstehungsgründe, Konfliktpunkte (Sicherung von Menschenrechten, Terrorismus, Friedenssicherung durch Vereinbarungen und Verträge); Die deutsche Außenpolitik: Aufgaben, Erwartungen, Probleme: die sicherheitspolitische Lage Deutschlands, Bundeswehreinsätze in Konfliktregionen

1. *Hier sollen Sie die wesentlichen Aussagen des Autors zusammenfassen. Auch wenn der Operator das nicht explizit einfordert, sollten Sie mit einem einleitenden Satz beginnen, in dem Autor, Datum der Veröffentlichung und das Thema benannt werden. Achten Sie bei der Textwiedergabe auf Distanz zum Autor durch indirekte Rede, distanzierende Äußerungen und Textbelege. (AFB I)*

   In seinem Artikel „Die Hölle auf Erden", der am 10. 9. 2012, 11 Jahre nach den Anschlägen vom 11. September 2001, in der Frankfurter Rundschau erschien, fordert Matthias Jochheim, Vorsitzender des Vereins Internationale Ärzte zur Verhütung des Atomkrieges/Ärzte in sozialer Verantwortung, eine „Kultur der gleichberechtigten Zusammenarbeit" (Z. 30 f.) und eine „Kultur des Friedens" (Z. 13 f.), um die globalen Herausforderungen des 21. Jahrhunderts zu lösen.
   Jochheim kritisiert den „**Krieg gegen den Terror**" (Z. 8) als Widerspruch in sich selbst: Anhand der – größtenteils zivilen – Opfer von etwa „eine[r] Million Menschen" (Z. 4) und der Menschenrechtsverletzungen in Abu Ghraib und Guantanamo untermauert er seine These, dass das Mittel „Krieg" nicht die Lösung für das Problem „Terror", sondern vielmehr selbst eine Gefahr darstelle. Die große „Mehrheit unserer Mitbürger" (Z. 12 f.) wolle „**eine Welt ohne Krieg**" (Z. 13).
   Jochheim begründet mit der günstigen sicherheitspolitischen Lage Deutschlands, dass die Bundesrepublik längst als gutes Beispiel vorangehen und die **Bundes-**

wehr auflösen hätte können. Die Militärausgaben sollten stattdessen für „Umweltschutz, für die Unterstützung notleidender Menschen in armen Ländern und für […] zivile Konfliktbearbeitung auf internationaler Ebene" (Z. 18 f.) eingesetzt werden. Würde die gesamte Welt folgen, so könnten mit einem Bruchteil der globalen Militärausgaben (6,25 %) die „**Grundbedürfnisse der Ärmsten**" (Z. 23) gestillt werden.

Zukunftsfähige Lösungen seien in einer Welt „von zunehmender wechselseitiger Abhängigkeit" (Z. 28) wichtiger denn je und auch im Interesse der reichen Länder. Als Beleg führt er die Weltwirtschaftskrise von 1929 an und zieht einen Bogen vom „Zerfall von internationaler Kooperation" (Z. 39 f.), über den Aufstieg des Nationalsozialismus, den Zweiten Weltkrieg bis zum Atombombenabwurf auf Hiroshima und Nagasaki (vgl. Z. 38 ff.).

Da die **Eigendynamik der Finanzmärkte** und die Wirtschaftszyklen zur massiven Gefahr für das Wohlergehen und die Zukunftsfähigkeit der Gesellschaft geworden seien (vgl. Z. 36 ff.), fordert Jochheim eine **Demokratisierung der Wirtschaft**, um „gegen die menschengemachte Katastrophe des Krieges" (Z. 44) handeln zu können; nicht mehr Profitmaximierung, sondern das **Allgemeinwohl** müsse Kennzeichen einer funktionierenden Wirtschaft sein (vgl. Z. 44 ff.).

Matthias Jochheim schließt seinen Kommentar mit einem Bild der Hölle, in der die Menschen aufgrund ihrer Unfähigkeit, zu kooperieren und Interdependenzen zu erkennen, Hunger leiden müssen. Hier sieht Jochheim eine Parallele zur aktuellen Situation, in der „wir mitten im Überfluss unserer Möglichkeiten Angst vor Not und Krieg haben müssen" (Z. 56 f.).

2. *Hier sollen Sie die Aufgaben der Bundeswehr erläutern. Das bedeutet, Sie müssen jeweils Beispiele anführen. Für den geforderten rechtlichen Rahmen steht Ihnen ein Grundgesetz zur Verfügung – nutzen Sie es! Beachten Sie, dass Sie in Aufgabe 4 zu Jochheims Forderung nach einer Auflösung der Bundeswehr Stellung nehmen sollen. Die Erläuterung von Aufgaben der Bundeswehr (über die Landesverteidigung hinaus) ist damit eine Vorbereitung von Aufgabe 4. Achten Sie darauf, Doppelungen zu vermeiden und nicht der Diskussion von Jochheims These vorwegzugreifen. (AFB I und II mit Schwerpunkt auf AFB II)*

Das **Weißbuch der Bundeswehr** aus dem Jahr 2006 nennt einige Aufgaben der Bundeswehr – mehr als Matthias Jochheim in seinem Text anführt.

So ist ein **Bundeswehreinsatz im Inneren** Deutschlands möglich, sei es um eine Gefahr für den Bestand der freiheitlichen demokratischen Grundordnung (z. B. Putschversuche) zu verhindern (Art. 87a Abs. 4 GG) oder um bei Katastrophen oder Unglücksfällen (z. B. Hochwasser) auf Anforderung der zivilen Entscheidungsträger tätig zu werden (Art. 35 Abs. 2 GG).

Seit der Gründung der Bundeswehr steht jedoch die **Landesverteidigung** an erster Stelle der Aufgaben, dies ergibt sich auch aus Art. 87a GG. Auch wenn Deutschland heute von Freunden und Partnern – außer der Schweiz nur EU-Mitgliedern – umgeben ist, misst sich der Wert von Sicherheit nicht an der Eintritts-

wahrscheinlichkeit alleine – niemand würde z. B. die Notwendigkeit einer Feuerwehr infrage stellen, nur weil es länger nicht mehr gebrannt hat.
Darüber hinaus sieht das Grundgesetz die Möglichkeit einer Beteiligung an einem System gegenseitiger **kollektiver Sicherheit** zur Wahrung des Friedens vor (Art. 24 Abs. 2 GG). Ein System der kollektiven Sicherheit bzw. der **kollektiven Verteidigung** ist die NATO. Die Mitgliedschaft hat zur Folge, dass Deutschland sich auch bei einem Angriff auf einen der NATO-Partner an einer (militärischen) Verteidigung im Bündnisgebiet zu beteiligen hat („**Bündnisfall**"; Art. 5 des NATO-Vertrags in Verbindung mit Art. 115 a GG). Infolge der Mitgliedschaft in der UN kann die Bundeswehr zudem im Rahmen vom UN-Sicherheitsrat legitimierter Einsätze mit **Blauhelmsoldaten** zur Stabilisierung oder auch zur Friedenserzwingung global eingesetzt werden. Das Grundsatzurteil des BVerG von 1994 zu den sogenannten „**Out-of-area-Einsätzen**" hat diese Aufgabe der Bundeswehr ausdrücklich bestätigt und nicht als Widerspruch zu Art. 26 GG (Verbot des Angriffskriegs) und zur Formulierung im Zwei-plus-Vier-Vertrag „von deutschem Boden [wird] nur Frieden ausgehen" gesehen. Hintergrund dieser Entscheidung dürfte der sogenannte „**erweiterte Sicherheitsbegriff**" sein, demzufolge die Bundeswehr die Deutsche Sicherheit „auch am Hindukusch" verteidigt (so der ehemalige Verteidigungsministers Peter Struck).
Die Bundeswehr versucht also auch außerhalb Deutschlands Menschenrechte zu bewahren, Krisen zu bewältigen, Waffenstillstände zu überwachen, Flüchtlinge zu schützen und sich am Wiederaufbau von durch Bürgerkrieg zerstörten Ländern wie z. B. Afghanistan zu beteiligen.
In den letzten Jahren ist zudem immer wieder laut darüber nachgedacht worden, inwieweit die Bundeswehr auch zur Sicherung deutscher Wirtschaftsinteressen (z. B. Schutz von Handelswegen oder von Rohstoffen) eingesetzt werden darf (prominentes Beispiel hierfür ist eine Äußerung des ehemaligen Bundespräsidenten Horst Köhler). Die zum Teil sehr heftigen Reaktionen der deutschen Öffentlichkeit (die schließlich auch zum Rücktritt Köhlers geführt haben) zeigen jedoch, dass es für diese Aufgabe der Bundeswehr (derzeit) keine gesellschaftliche Mehrheit gibt.
Die Bundeswehr ist ein Instrument der deutschen Sicherheitspolitik, das nicht nur für den eher unwahrscheinlichen Fall der Landesverteidigung und den seltenen Fall des Einsatzes bei Katastrophenfällen im Inneren des Landes benötigt wird, sondern auch Teil einer aktiven Außen- und Sicherheitspolitik im Rahmen und im Sinne der Werteordnung des Grundgesetzes ist.

3. *Durch diese Aufgabe kommt ein Thema aus Q 2 hinzu: Die Soziale Marktwirtschaft, die gewiss im Unterricht behandelt wurde. Zunächst sollten Sie deren Besonderheiten knapp erklären, danach gilt es, die Übereinstimmung von Matthias Jochheims Forderungen mit den Prinzipien der sozialen Marktwirtschaft zu prüfen. Im Lösungsvorschlag erfolgt dies anhand des Modells des „magischen Vierecks", denkbar sind aber natürlich auch andere Vorgehensweisen. (AFB I und II mit Schwerpunkt auf AFB II)*

Die Soziale Marktwirtschaft wird oft als „Mittelweg" zwischen der (staatlich) gelenkten Zentralverwaltungswirtschaft und der (ungelenkten) freien Marktwirtschaft bezeichnet. Während in der „idealen" **Zentralverwaltungswirtschaft** eine zentrale Instanz den Warenstrom, die Produktion der Güter, die Ausbildung der Menschen usw. nach übergeordneten, grundsätzlich allgemeinwohlorientierten Prinzipien organisiert, erfolgt in der **freien Marktwirtschaft** die Planung dezentral durch jeden einzelnen Akteur, wobei die individuelle Profitmaximierung das entscheidende Handlungsmotiv darstellt.
Im Grundgesetz ist die Forderung nach einer freiheitlichen, sozialen und umweltfreundlichen Wirtschaftsordnung angelegt (Art. 20 und 20 a GG), die konkrete Ausformung wird jedoch von Gesetzgeber und Regierung immer wieder neu bestimmt.
Betrachtet man die Soziale Marktwirtschaft genauer, so wird schnell deutlich, dass es sich dabei *nicht* um einen Mittelweg zwischen den beiden Grundkonzepten handelt. Die Freiheit des Einzelnen – und damit auch das Recht egoistisch und profitmaximierend zu agieren – ist auch Grundprinzip der Sozialen Marktwirtschaft (Grundsatz: „So viel Freiheit wie möglich"). Diese Freiheit auf dem Markt wird aber mit dem Prinzip des sozialen Ausgleichs verbunden, wodurch alle eine Chance auf **Teilhabe am wirtschaftlichen Wohlstand** erhalten sollen, etwa durch Sozialleistungen (Kindergeld, Arbeitslosengeld II usw.). Wirklich eingeschränkt wird die Freiheit auf dem Markt nur dann, wenn durch die **Profitmaximierung** das Allgemeinwohl massiv gefährdet wird. Selbst dann sind staatliche Eingriffe oftmals eher korrigierend (etwa in Form von Steuern und Subventionen) als in Form von Verboten und Sanktionen („so viel Staat wie nötig"). So ist z. B. Autofahren im Vergleich zur Nutzung öffentlicher Verkehrsmittel weniger ressourcenschonend und mit mehr Schadstoffausstoß verbunden. Dennoch wird Autofahren natürlich nicht verboten oder massiv reglementiert, sondern Steuern und Abgaben (Kfz-Steuer, Mineralölsteuer usw.) sollen **marktwirtschaftliche Anreize** setzen, um das Verkehrsaufkommen zu reduzieren, und Subventionen sollen die Attraktivität öffentlicher Verkehrsmittel steigern.
Hier wird bereits deutlich, dass Jochheims Forderung nach einer Wirtschaftsordnung, deren Ziel „nicht mehr Profitmaximierung, sondern Nutzen für die gesamte Bevölkerung" (Z. 48 f.) ist, nicht mit den freiheitlichen Grundprinzipien der Sozialen Marktwirtschaft zusammenpasst. Jedes Wirtschaftssubjekt darf das Ziel der Gewinnmaximierung verfolgen – wenn es sich dabei an die bestehenden Gesetze hält. Die staatlichen Eingriffe dienen nicht dazu, Profitstreben zu unterbinden, sondern es dort, wo gesellschaftliche Interessen verletzt werden, zu beschränken.
Grundsätzlich orientiert sich staatliches Handeln seit 1967 am sogenannten „**magischen Viereck**": Preisstabilität, ein hoher Beschäftigungsgrad, ein außenwirtschaftliches Gleichgewicht und ein angemessenes Wirtschaftswachstum wurden zu den Zielen der Wirtschaftspolitik erklärt. Im Laufe der Zeit wurde das Viereck um folgende Aspekte ergänzt: die Erhaltung einer lebenswerten Umwelt und eine gerechte Einkommensverteilung.

Überprüft man, inwiefern Jochheims Forderungen mit den Zielen dieses magischen Vierecks/Sechsecks zusammenpassen, so kommt man zu einem zunächst recht positiven Ergebnis:
Die Ziele der Erhaltung einer lebenswerten Umwelt und einer gerechten Einkommensverteilung entsprechen Jochheims Forderungen. Auch der hohe Beschäftigungsgrad (Nutzen für die gesamte Bevölkerung), das angemessene Wirtschaftswachstum (Schonung natürlicher Ressourcen) und das außenwirtschaftliche Gleichgewicht (ausgeglichener Handel im globalen Maßstab) gehen konform. Preisstabilität ist keines der Ziele Jochheims, es steht jedoch nicht im Widerspruch zu seinen Forderungen.
Schwierig wird es, wenn man berücksichtigt, dass einzelne Ziele in Konkurrenz zueinander stehen. Wenn Jochheim z. B. einfordert, der Nutzen für die gesamte Bevölkerung müsse maximiert werden, so kann dies Lohnsteigerungen und einen Mindestlohn bedeuten. Dies könnte jedoch dazu führen, dass die Preise steigen, wodurch der Nutzen für die Bevölkerung nivelliert würde. Ein weiteres Beispiel ist das Verhältnis von Umweltschutz und angemessenem Wirtschaftswachstum: Jochheims Wirtschaftspolitik müsste Wachstum begrenzen, um die natürlichen Ressourcen zu schonen und Emissionen zu reduzieren. Dies ist aber nur schwer mit Wirtschaftswachstum in Einklang zu bringen (außer man erreicht ein rein **qualitatives Wachstum**). Die Folge einer Konzentration auf Umweltschutz alleine wäre nicht nur ein Rückgang des Wirtschaftswachstums, sondern letztlich auch eine Zunahme der Arbeitslosigkeit, was sicher nicht Jochheims Ziel eines „Nutzen[s] für die gesamte Bevölkerung" (Z. 48 f.) entspräche.
Dies würde sogar noch dadurch verschärft, dass durch die Gewinnrückgänge der Unternehmen auch das Steueraufkommen sinken würde, die von Jochheim implizit geforderte Entwicklungshilfe („100 Milliarden US-Dollar" (Z. 24) für die Grundbedürfnisse der Ärmsten) wäre dann noch schwerer erreichbar.
Ich komme zu dem Ergebnis, dass Jochheims Forderungen grundsätzlich im Widerspruch zu den freiheitlichen Aspekten der Sozialen Marktwirtschaft stehen. Hinzu kommt, dass die Forderungen in sich nicht widerspruchsfrei sind, da sich die verschiedenen Ziele bedingen und zum Teil sogar wechselseitig ausschließen. Dieser (oft mühsame) Prozess des Austarierens zwischen ökologischen, ökonomischen und sozialen Interessen, der der Sozialen Marktwirtschaft inhärent ist, kommt bei Jochheim zugunsten einer grundsätzlichen „Gemeinwohlorientierung" zu kurz. Eine Umsetzung seiner Forderungen wäre wünschenswert, realistischerweise sind sie jedoch weder in der Sozialen Marktwirtschaft noch in anderen Wirtschaftsordnungen, die sich der Herausforderung von knappen Gütern bei unendlichen Bedürfnissen ernsthaft stellen, umsetzbar.

4. *Bei dieser Aufgabe sollen Sie zu Jochheims These Stellung nehmen. Die folgende Lösung widerspricht der Behauptung. Grundsätzlich sind Sie frei, der These zuzustimmen oder ihr zu widersprechen, bedenken Sie aber, dass Sie in Aufgabe 2 bereits einige der Aufgaben der Bundeswehr über die Landesverteidigung hinaus erläutert haben. Diese Aufgaben würden bei einer Auflösung nicht mehr von der Bundeswehr erfüllt. Hierauf sollten Sie unbedingt eingehen. (AFB II und III mit Schwerpunkt auf AFB III)*

Matthias Jochheim stellt in seinem Kommentar die These auf, Deutschland hätte nach dem Ende des Kalten Krieges die Bundeswehr auflösen und die frei werdenden Milliardenbeträge anderen Zwecken zuführen können. Jochheim vertritt damit im Prinzip das Argument der „**Friedensdividende**", von der man sich im Rahmen der Entspannungspolitik der 1970er-Jahre frei werdende Mittel für soziale Projekte erhoffte. Die These klingt sehr verführerisch: Anstatt Geld für Panzer auszugeben, könnten hungernde Menschen mit Nahrung versorgt werden. Leider leben wir aber nicht in einer Welt, die ohne Militär, ohne Gewalt und ohne Krieg auskommt. Entgegen unserer persönlichen Erfahrung im Friedensraum Europa gibt es Regionen auf der Welt, in denen Frieden – alleine schon „**negativer Frieden**" im Sinne von Abwesenheit direkter Gewalt – eine Ausnahmeerscheinung bleibt. Es gibt Gewalt gegen Menschen anderer Ethnien oder Religionen, Menschen werden wegen ihrer politischen oder sexuellen Orientierung verfolgt und getötet und zivile Opfer, wie sie Jochheim beklagt (vgl. Z. 5.), sind nicht nur durch das Eingreifen des Militärs zu beklagen, sondern auch infolge von Terrorismus oder Selbstmordattentaten nicht-staatlicher Akteure.
In dieser Welt kann durch Militär, das von demokratisch regierten Staaten kontrolliert wird und auf die Beachtung der Menschenrechte eingeschworen ist, die Grundlage für Umweltschutz, Armutsbekämpfung und internationale zivile Konfliktlösung gelegt werden: **Sicherheit**.
Jochheim selbst führt das Beispiel des Zweiten Weltkriegs an. Offenbar vergisst er aber, dass die Diktatur, die Menschenrechtsverletzungen, der Genozid an den europäischen Juden und die Eroberung ganz Europas letztlich durch militärische Gewalt beendet wurden. Natürlich ist es naiv zu glauben, jeder militärische Einsatz diene höheren und edlen Zwecken, aber es ist ebenso weltfremd anzunehmen, man könne jede Krise im Vorfeld zivil und gewaltfrei lösen. So sind natürlich die von Jochheim angeführten Menschenrechtsverletzungen in Guantanamo und Abu Ghraib beschämend und werden zu Recht in Europa und zunehmend auch in den USA verurteilt. Auch die Tatsache, dass Deutschland einer der weltweit größten **Exporteure von Waffen** ist, ist kritisch zu sehen. Vor allem muss geprüft werden, in welche Regionen und an welche Akteure Waffen geliefert werden. Will der reiche Westen sich nicht berechtigter Kritik und dem Vorwurf des Egoismus aussetzen, muss er sein Versprechen, die **Entwicklungshilfe** bis 2015 auf 0,7 Prozent der Wirtschaftsleistung zu steigern, einhalten.
Dies sind aber keine stichhaltigen Argumente für eine Auflösung der Bundeswehr. Wie in Aufgabe 2 bereits beschrieben, gehen deren Aufgaben weit über die Landesverteidigung hinaus. Neben der Möglichkeit, sie zum Zweck der Ka-

tastrophenhilfe und des Schutzes der freiheitlich-demokratischen Grundordnung im Inneren einzusetzen, lässt Jochheim außer Acht, dass Deutschland mit anderen Staaten verbündet ist und – obwohl selbst nur von Freunden umgeben – auch deren Sicherheit mit gewährleisten muss. Ob es sich dabei um osteuropäische Staaten handelt, die nach der Annexion der Krim ihre Sicherheit in Gefahr sehen, oder ob es die Türkei ist, die an zahlreiche Konfliktregionen (Syrien, Irak, Iran) angrenzt: Die gleiche **Solidarität**, auf die Deutschland bis zum Ende des Kalten Krieges angewiesen war, wird nun (auch) von Deutschland erwartet.
Hinzu kommt, dass die Bundesrepublik seit den 1990ern im Rahmen von UN-mandatierten Einsätzen dazu beigetragen hat, genau die **Werte**, die Jochheim einfordert, mit umzusetzen: Niemand würde behaupten, dass Afghanistan heute ein stabiler und sicherer Staat ist. Aber es wird auch kaum jemand bestreiten, dass in Afghanistan vor der militärischen Intervention der NATO massive Menschenrechtsverletzungen stattgefunden haben, die nun zumindest reduziert wurden (man nehme etwa die Rechte der Frau, die seit der Intervention deutlich gestärkt wurden). Diese Verbesserung (die natürlich nicht nur durch das Militär alleine erreicht wurde) lässt sich durchaus mit der Vorgabe, „von deutschem Boden soll nur Frieden ausgehen" in Verbindung bringen, insofern wird – auch wenn dies ironisch klingt – durch das Militär und gewaltsame Mittel der Frieden gestärkt. Nimmt man das Beispiel des Iraks, das Jochheim anführt, wird die Dimension des **erweiterten Sicherheitsbegriffs** umso deutlicher: Der Irak Saddam Husseins war auch für die umliegenden Staaten (Iran, Kuwait) eine Bedrohung. Durch die Kriege am Golf wurden Menschen zu Flüchtlingen und dies stellte die Nachbarländer vor große Herausforderungen. Menschen, die aus ihrer Heimat vertrieben werden oder vor Krieg flüchten müssen, begegnen uns meist nur im Fernsehen als Flüchtlinge, die die italienische Küste vor Lampedusa zu erreichen suchen, oder als von Hass erfüllte Menschen, die den Botschaften fanatischer Terroristen erlegen sind. Auch hier ist also ein präventiver Einsatz der Bundeswehr im Rahmen des Völkerrechts sinnvoll, um Leid und Gewalt zu verhindern.
Ich komme damit zu dem Ergebnis, dass eine Auflösung der Bundeswehr die globale Sicherheit nicht verbessern würde. Vielmehr würde ihre Bereitschaft, in Krisen- und Konfliktfällen aktiv zu werden, vermisst. Dennoch möchte ich Jochheims Forderung nach **mehr Engagement für Umweltschutz, Armutsbekämpfung und zivile Konfliktlösung** unterstützen und bekräftigen – nur eben nicht *anstatt*, sondern *mit* der Bundeswehr, die – wenn es nötig wird – Sicherheit und Menschenrechte schützen und verteidigen kann.

Hessen – Politik und Wirtschaft – Leistungskurs 2014
Vorschlag A

Thema: *Parlamentarische Demokratie und Neue Medien*

Aufgaben

1. Geben Sie die zentralen Gedanken des Textes wieder. (Material) (20 BE)
2. Im Text wird von global wachsenden Problemen und politischem Regelungsbedarf gesprochen. Stellen Sie anhand von Beispielen dar, in welchen Bereichen dieser Regelungsbedarf besteht. (20 BE)
3. Erläutern Sie, ausgehend vom Text, die Auswirkungen der Globalisierung auf nationale politische Entscheidungsprozesse. (30 BE)
4. „Die vielfach angeführte e-democracy – elektronische oder digitale Demokratie – erhöht zwar die Beteiligungs- und Zugangschancen, indem sie interessierten Bürgern Informations- und Bildungsangebote, Kommunikations- und Organisationsmöglichkeiten in einem zuvor nicht gekannten Ausmaß bereitstellt. Doch schafft Online-Kommunikation nicht per se eine breitere oder gar bessere politische Öffentlichkeit."
   Nehmen Sie zu dieser Aussage Stellung. (30 BE)

M: Hans Vorländer: Spiel ohne Bürger (Auszug)

[…] Die moderne Massendemokratie entsteht in einem Zeitraum, der sich vom 18. bis in das 20. Jahrhundert erstreckt: von der amerikanischen über die Französische Revolution bis zur endgültigen Durchsetzung des allgemeinen und gleichen Wahlrechts für alle männlichen und weiblichen Bürger. Zugleich veränderte sich, nicht zuletzt aufgrund der historischen und sozialen Bedingungen, die Struktur der Demokratie entscheidend, weshalb man durchaus von einer zweiten Erfindung der Demokratie – nach ihrer ersten im antiken Griechenland – sprechen kann. Wo die antike Demokratie ein Gemeinwesen auf kleinem Raum, nämlich der Stadt (polis), mit einer kleinen Bürgerschaft gewesen ist, ist die moderne Massendemokratie eine politische Ordnung im großflächigen Territorial- und Nationalstaat, wie er sich in der frühen Neuzeit unter dem Einfluss absoluter Fürsten- und Königsherrschaft herausgebildet hatte. In großflächigen Territorialstaaten mit ihren im Vergleich zu Stadtstaaten hohen Einwohnerzahlen läuft das versammlungsdemokratische Beratungs- und Entscheidungssystem, wie es die antike Demokratie auszeichnete, leer. Die Antwort auf diese Entwicklungen war die repräsentative Demokratie.

Vor allem war die repräsentative Demokratie auch ein Instrument, um die Leidenschaften der Massen zu zähmen. Durch die Institution der Stellvertretung sollten die politischen Prozesse rationaler, nicht rein emotional und unter dem Druck der öffentlichen Meinung vonstattengehen. Mit der repräsentativen, gewaltenteiligen Demokratie glaubte etwa Madison[1] ein Mittel gefunden zu haben, jenen Instabilitäten „reiner“, direkter Demokratie zu begegnen, die auch schon in der Antike immer wieder Anlass zu Krisen gegeben und Platon und andere Philosophen zur Kritik an der Demokratie veranlasst hatten.

Fast 230 Jahre später ist nun die repräsentative Demokratie selbst zu einem Problem geworden. Die Stellvertretung der Willens- und Entscheidungsbildung scheint sich weitgehend verselbständigt sowie den Kontakt zu den Vertretenen verloren zu haben, und das, obwohl doch die direktdemokratischen Verfahren in den vergangenen Jahren, nicht zuletzt in den Ländern der Bundesrepublik Deutschland, erheblich ausgebaut worden sind. In der Wahrnehmung der Bürger hat somit die „gefühlte“ Distanz zu ihren Repräsentanten zugenommen; die Entfremdung wächst, die Unzufriedenheit mit der Demokratie ebenfalls.

Erstens scheint das System der stellvertretenden Entscheidungsbildung zu komplex und intransparent geworden zu sein. Die gewaltenteilige und föderale Organisation des demokratischen Entscheidungssystems, ihre Einbindung in supranationale Organisationen und internationale Governance-Strukturen führt zu einer komplexen und zeitintensiven Struktur von Willens- und Entscheidungsbildung, die kaum den demokratischen Grundsätzen der Transparenz und der klaren Zurechnung von Verantwortlichkeiten genügt. Zahlreiche vetoplayers – Institutionen, Akteure und Interessengruppen – sind in der Lage, den Prozess der Aushandlung von Lösungen undurchschaubar zu machen und ihn zu blockieren. Verhandlungssysteme dieser Art mögen, wenn sie zu Lösungen kommen, für die Beteiligten befriedende, auch effektive Ergebnisse bringen. Aber sie benachteiligen in struktureller Weise solche Gruppen und Individuen, die nicht die Macht oder die Organisationsfähigkeit ihrer Interessen besitzen und deshalb kein Gehör finden. Insofern werden hier Teilhabechancen verwehrt, die zum Kern demokratischer Ordnungsvorstellungen gezählt werden müssen.

Zweitens hat die Globalisierung die politischen Entscheidungsstrukturen grundlegend verändert. Die ökonomischen, technologischen und kommunikativen Prozesse halten sich immer weniger an die mehr oder minder künstlichen Grenzen von (National-)Staaten. Damit wachsen auch die Probleme und der politische Regelungsbedarf in den überstaatlichen Bereich hinein. Global vernetzte Ökonomien eröffnen einen eigenständigen transnationalen Raum, in dem Politik weitestgehend durch Kooperation zwischen Regierungen stattfindet. […]

Drittens hat sich der öffentliche Raum der Meinungs- und Willensbildung so verändert, dass sich auch die Bedingungen politischer Kommunikation grundlegend gewandelt haben. Zum einen gewinnen Massenmedien an öffentlicher Deutungsmacht, bestimmen sie die politische Agenda. Zum anderen bedient sich die Politik der Massenmedien, um Einfluss auf das (Wähler-)Publikum zu nehmen. Auf mediale Präsenz kommt es auf jeden Fall an. Die Mediendemokratie findet das ihr gemäße Korrelat[2] in der „Zuschauerdemokratie“: Der Bürger wird zum „Zuschauer der Worte und Hörer der Taten“, wie Thukydides schon Kleon sagen lässt. Was sich nicht visualisieren und inszenieren lässt, entgeht dem Wahrnehmungshorizont des Zuschauers, ist deshalb nicht existent. Die Dramaturgie des Visuellen unterläuft die Komplexität des

Politischen. Zugleich verstärken sich durch die elektronischen Medien, vor allem das Internet, die Formen anonymer und medial vermittelter Kommunikation unter Abwesenden, die jenen verdichteten Kommunikationszusammenhang kaum herzustellen vermögen, der für unmittelbare Bürgerbeteiligung und bürgernahe Entscheidungsverfahren notwendig ist. Die vielfach angeführte e-democracy – elektronische oder digitale Demokratie – erhöht zwar die Beteiligungs- und Zugangschancen, indem sie interessierten Bürgern Informations- und Bildungsangebote, Kommunikations- und Organisationsmöglichkeiten in einem zuvor nicht gekannten Ausmaß bereitstellt. Doch schafft Online-Kommunikation nicht per se[3] eine breitere oder gar bessere politische Öffentlichkeit.

Die hier nur kursorisch[4] skizzierten Entwicklungen laufen in ihren Tendenzen auf eine Entkoppelung von Demokratie als repräsentativem politischen Entscheidungssystem und Demokratie als gesellschaftlicher Lebensform hinaus. Die Sphäre der Öffentlichkeit hat durch ihre massenmediale Überlagerung auf der einen und [wegen] der Fragmentierung auf der anderen Seite ihre vermittelnde, Kritik wie Unterstützungsleistungen generierende Funktion verloren. Die Legitimität der Demokratie ist damit in existentieller Weise gefährdet. Denn die Legitimität einer Demokratie beruht nicht allein – wenngleich natürlich sehr wohl auch – auf dem prozedural korrekten Vollzug von Entscheidungen, ihrer Legalität. Eine demokratische Ordnung kann nur dann als legitim bezeichnet werden, wenn die Bürger den Eindruck und den Glauben haben, am demokratischen Leben hinreichend beteiligt zu sein, und gute und gerechte politische Entscheidungen getroffen werden. Entscheidungsakzeptanz und generelles Vertrauen in das politische System machen die Demokratie erst zu einer legitimen und stabilen politischen Ordnung. […]

Hans Vorländer: Spiel ohne Bürger, in: Frankfurter Allgemeine Zeitung, 11. 07. 2011. http://www.faz.net/frankfurter-allgemeine-zeitung/politik/spiel-ohne-buerger-12849.html (abgerufen am 24. 10. 2013).

Anmerkungen:

1 James Madison (1751–1836) war vierter Präsident der Vereinigten Staaten von Amerika und Mitautor der amerikanischen Verfassung und der Bill of Rights.

2 Entsprechung

3 von selbst

4 fortlaufend, rasch

Hinweis: Hans Vorländer ist Professor für Politikwissenschaft an der Technischen Universität Dresden.

Lösungsvorschläge

Unterrichtsinhalte:

- Q 1: Partizipation und Repräsentation an ausgewählten Beispielen: weitere Akteure und Formen der politischen Beteiligung; Medien: Einfluss der Medien auf die politische Willensbildung, Demokratisierung, Partizipation und neue Medien
- Q 3: Weltwirtschaft und Globalisierung: Weltmarkt und Welthandel zwischen Liberalisierung der Märkte und globaler Ordnungspolitik

1. *Die Aufgabe erwartet von Ihnen, Ihr Textverständnis unter Beweis zu stellen, indem Sie die wichtigsten Gedanken des politikwissenschaftlichen Zeitungsartikels wiedergeben. Durch sinnvolle Verknüpfungen Ihrer Aussagen können Sie den roten Faden des Texts aufzeigen. Machen Sie Ihre Distanz zum Text sowohl durch eigene Wortwahl als auch durch konjunktivische Wiedergabe seiner Aussagen deutlich. Ein Satz mit Angaben zu Autor, Titel, Textart, Erscheinungsdatum und -ort sowie zum Thema sollte den Text einleitend vorstellen. (AFB I)*

   In dem Essay „Spiel ohne Bürger", der am 11. 7. 2011 in der FAZ erschienen ist, behandelt der Politikwissenschaftler Hans Vorländer **Gefahren für die heutige repräsentative Demokratie**, die die Legitimität dieser politischen Ordnung infrage stellen. Gegenwärtige Entwicklungen führten zu einer „Entkoppelung von Demokratie als repräsentativem politischen Entscheidungssystem und Demokratie als gesellschaftlicher Lebensform" (Z. 75 f.).

   In einem knappen **geschichtlichen Rückblick** charakterisiert der Autor die repräsentative Demokratie zunächst als geeignete politische Organisationsform für große Nationalstaaten (vgl. Z. 12 ff.). Zusammen mit der Gewaltenteilung habe das Repräsentationsprinzip der Gefahr einer Emotionalisierung entgegengewirkt und rationale Entscheidungsprozesse sowie Stabilität begünstigt (vgl. Z. 16 ff.). Diese positive Entwicklung werde aktuell jedoch durch eine zunehmende Unzufriedenheit der Bürger aufgrund der gewachsenen **Distanz zu den Repräsentanten** beeinträchtigt (vgl. Z. 29 ff.). Vorländer sieht dafür drei Gründe.

   Zum einen sei die Willens- und Entscheidungsfindung im gewaltenteiligen und föderalen System der Bundesrepublik Deutschland, eingebunden in supranationale Organisationen und internationale Governancestrukturen, sehr komplex. Staatliche Entscheidungen würden durch eine schwer überschaubare **Vielzahl mächtiger nationaler und internationaler Akteure** beeinflusst, während schwächere Teilnehmer geringere Teilhabechancen besäßen (vgl. Z. 32 ff.). Zweitens wachse unter den Bedingungen „[g]lobal vernetzte[r] Ökonomien" (Z. 51) und zahlreicher Probleme, die nicht mehr im nationalen Rahmen zu lösen seien, die Bedeutung eines bürgerfernen, **überstaatlichen Regierungshandelns** im „eigenständigen transnationalen Raum" (Z. 52). Schließlich habe sich die politische Kommunikation verändert: Die **Massenmedien** unterliefen „die Komplexität des Politischen" (Z. 63 f.), indem sie Politik auf das Visualisierbare und die Bürger auf eine Zuschauerrolle beschränkten. Selbst das **Internet** mit seinen besseren Informations- und Kommunikationsmöglichkeiten ändere daran nicht viel, da der mediale Austausch anonym bleibe, die Öffentlichkeit fragmentiere und nicht automatisch zu „bürgernahe[n] Entscheidungsverfahren“ (Z. 67 f.) führe (vgl. Z. 64 ff.). Im Ergebnis bewirkten diese drei Entwicklungen eine tiefe **Legitimitäts- und Stabilitätskrise der Demokratie**, da die Bürger das Gefühl der Beteiligung und die Überzeugung von der Richtigkeit der Entscheidungen verlören (vgl. Z. 82 ff.).

2. *Die Aufgabe knüpft am Text an, der auf internationalen Regelungsbedarf in denjenigen Bereichen hinweist, in denen zentrale Entwicklungen mehrere Staaten betreffen (vgl. Z. 47 ff.). Die dadurch bedingte Notwendigkeit gemeinsamer politischer Regelungen sollen Sie an konkreten Beispielen darstellen. Neben den im Folgenden berührten Themenfeldern Ökonomie, Migration und Grundrechte können auch Fragen der Friedenssicherung oder der Ökologie aufgegriffen werden. Nutzen Sie die Einteilung zur Strukturierung Ihrer Antwort. Zeigen Sie, dass Sie auf Sachwissen und Deutungen zurückgreifen können, die Ihnen – aus dem Unterricht oder aus der Zeitungslektüre – zu Problemfeldern der europäischen Integration und der internationalen Beziehungen bekannt sind. (AFB I und II)*

Eine der zentralen Thesen des Textes lautet: Probleme „**[g]lobal vernetzte[r] Ökonomien**“ (Z. 51) erfordern Antworten, die nicht mehr durch den einzelnen Nationalstaat, sondern zunehmend durch internationale Politik gegeben werden müssen. Es gehe um „ökonomisch[e], technologisch[e] und kommunikativ[e] Prozesse“ (Z. 48). Vorländer spricht hier von einer Politik im „eigenständigen transnationalen Raum“ (Z. 52), die vor allem von Regierungen gestaltet werde. Im Folgenden wird an einigen Beispielen gezeigt, in welchen Bereichen ein solcher politischer Regelungsbedarf besteht.

Internationaler Handel/Internationale Standards: In den Staaten der EU und in den USA herrscht seit Jahren niedriges Wirtschaftswachstum, in vielen Ländern begleitet von hoher Arbeitslosigkeit und Staatsverschuldung. Eine engere **Vernetzung der Volkswirtschaften** und eine Zunahme des Handels zwischen den Staaten im Sinne einer **globalen Arbeitsteilung** sollen hier langfristig helfen. Daher strebt das seit 2013 verhandelte Transatlantische Freihandels- und Investitionsabkommen (TTIP, engl. Transatlantic Trade and Investment Partnership) zwischen der EU und den USA die **Liberalisierung des Handels** sowie den Abbau von Investitionsbeschränkungen an. Zölle und nichttarifäre Handelshemmnisse sollen möglichst vollständig aufgehoben werden. Unterschiedliche Verbote bzw. Kennzeichnungspflichten, etwa für genveränderte Lebensmittel, oder uneinheitliche Regelungen zur Gasförderung durch „Fracking“ sind entsprechend anzupassen. Die angestrebte vertragliche Vereinbarung muss also auch die Fragen nach **gemeinsamen Umwelt- und Gesundheitsstandards** beantworten.

Migration: Erheblicher Druck auf die internationale Politik entsteht durch die weltweiten Migrationsprozesse. Wachsende **Flüchtlingsströme**, die z. B. durch

Kriege oder den Klimawandel und die Versteppung in Afrika entstehen, werden in Europa als **Bedrohung** des wirtschaftlichen Wohlstands betrachtet. Dramatische Ereignisse an der marokkanisch-spanischen Grenze oder vor der italienischen Insel Lampedusa mit vielen Toten führten zu heftigen Diskussionen über die Frage, wie sich solche Katastrophen künftig verhindern ließen. Seit dem Schengener Abkommen 1985, das Personenkontrollen an den Binnengrenzen beendete und den Schutz der Außengrenzen verfolgt, streben die meisten Mitgliedstaaten der EU ein **gemeinsames europäisches Asylsystem** an. Es geht ihnen vorrangig um die Begrenzung irregulärer Zuwanderung. Mittlerweile hat sich jedoch gezeigt, dass sich Migration kaum unterbinden lässt und vielfach sogar notwendig geworden ist. Die Gestaltung der legalen Zuwanderung, vor allem von hoch qualifizierten Fachkräften wird als „Instrument für Wachstum" und als Reaktion auf den demografischen Wandel sowie auf Engpässe auf dem Arbeitsmarkt betrachtet und unterliegt meist noch nationaler Regelung. Lösungsvorschläge für eine **gemeinsame Migrationspolitik** reichen von einheitlichen legalen Einwanderungsmöglichkeiten, enger Kooperation mit den Transitstaaten, effizienter Entwicklungszusammenarbeit in den Herkunftsländern, konsequenter Bekämpfung der Schleuserkriminalität bis hin zu verbesserten Seenot-Rettungsmaßnahmen sowie zur Einrichtung von Asylanlaufstellen außerhalb der EU.

Bekämpfung der globalen Finanzkrise: In der Finanzkrise seit 2007 ging vom drohenden Zusammenbruch zahlreicher sogenannter **systemrelevanter** Banken die Notwendigkeit aus, dass die öffentliche (internationale) Gewalt regulierend eingreift. Ausgangspunkt war die US-Immobilienkrise, die sich über die internationalen Finanzmärkte global ausbreitete und in vielen Ländern auch eine Krise der Realwirtschaft bewirkte. Viele Staaten beschlossen **gemeinsame Rettungspakete** für die Finanzwirtschaft, die zu einer teilweisen Sozialisierung der Bankenrisiken und -verluste führten. Auch vereinbarten die wichtigsten Zentralbanken, die Leitzinsen zu senken, um die Banken mit „billigem Geld" zu versorgen und dadurch die Kreditvergabe aufrechtzuerhalten. Einige Banken wurden sogar verstaatlicht. Die ohnehin hohe Verschuldung vieler Staaten stieg stark an, in der EU vor allem in Griechenland, Spanien und Portugal. Daher wurde ein **Europäischer Stabilitätsmechanismus** konzipiert und als völkerrechtlicher Vertrag beschlossen. Dieser verfolgt das Ziel, überschuldete Mitgliedstaaten der Eurozone durch Notkredite und Bürgschaften zu unterstützen, um deren Zahlungsunfähigkeit, die den gesamten Euroraum gefährden würde, zu verhindern.

Schutz von Grundrechten: Die wirtschaftliche Globalisierung hängt mit der **Entwicklung der Informationstechnologie** eng zusammen. Die Öffnung nationaler Märkte, der internationale Wettbewerb, die Effizienz und der Wohlstand werden durch die Möglichkeit zum schnellen Informationsaustausch verstärkt. Die weltweite Vernetzung hilft außerdem dabei, nationalstaatliches Denken durch globale, kooperative Lösungen zu ersetzen. Allerdings führen die Entwicklungen in der Informationstechnologie gleichzeitig zu **neuen Gefahren**. Dazu gehören der bedrohte **Schutz geistigen Eigentums**, z. B. durch Produktpiraterie, oder die staatlich betriebene **Überwachung** von Telekommunikation und Internet, die ursprünglich zur Abwehr des Terrorismus eingesetzt wurde. 2013 zeigte die NSA-Spähaffäre: Staaten wie die USA können einfacher als je zuvor und im globalen Maßstab Informationen über alle Bürger erheben, sie überwachen und zensieren. Da dies nicht nur die individuellen Freiheiten bedroht, sondern auch Sand im Getriebe der Globalisierung bedeutet, sind internationale Regelungen erforderlich.

3. *Ausgehend vom Text sollen Sie in diesem stärker gewichteten Aufgabenteil zeigen, wie politische Entscheidungsprozesse in Deutschland durch die globale Vernetzung beeinflusst werden. Nutzen Sie die stichwortartigen, abstrakt gehaltenen Hinweise des Autors, um Beispiele und Informationen auszuwählen und anzuführen. Wie in Aufgabe 2 können Sie dabei auch auf Aspekte der europäischen Integration und der Globalisierung zurückgreifen und mit dieser Unterscheidung Ihre Antwort strukturieren – vermeiden Sie jedoch Wiederholungen. Stets sinnvoll ist die Definition von wichtigen Fachbegriffen. (AFB II)*

Der Autor zeichnet in mehrfacher Hinsicht ein kritisches Bild von den Auswirkungen der Globalisierung auf nationale politische Entscheidungsprozesse. Wie Entscheidungen in „supranationale[n] Organisationen und internationale[n] Governance-Strukturen" (Z. 34 f.) zustande kommen und wer für sie verantwortlich ist, sei für den Bürger nicht mehr erkennbar. Zudem verwehrten diese Strukturen demokratische Teilhabechancen (vgl. Z. 42 ff.) und begünstigten eine Dominanz der Exekutive, die mit Regierungen anderer Staaten kooperiere (vgl. Z. 51 ff.).
Die Begriffe „supranationale Organisationen" und „internationale Governance" bezeichnen wichtige Merkmale der Globalisierung, in deren Folge nationalstaatliche Regelungen oft zu kurz greifen. Als **supranational** werden internationale Organisationen bezeichnet, deren Organe über eigene Hoheitsrechte verfügen, die sie autonom gegenüber den Mitgliedstaaten ausüben können, z. B. in der Währungspolitik. „**Internationale Governance**" umfasst das Zusammenwirken von staatlichen Akteuren, multinationalen Unternehmen und Nichtregierungsorganisationen. Im globalen Mehrebenensystem gleichen sie unterschiedliche Interessen aus und initiieren kooperatives Handeln, z. B. Verhandlung gemeinsamer Klimaschutzziele oder sozialer Mindeststandards im Welthandel.
Durch die komplexen Strukturen entsteht ein wachsendes Bedürfnis nach direkter Legitimierung internationaler Entscheidungen. Ein Beispiel stellt die EU dar. Zwar wird das europäische Parlament von den EU-Bürgern gewählt, wesentliche Entscheidungsträger in der EU, wie die Kommission und der Ministerrat, sind aber den Wählern nicht direkt rechenschaftspflichtig. Noch weniger Einfluss haben die EU-Bürger auf internationale Organisationen wie den Internationalen Währungsfonds (IWF).
Das in Aufgabe 2 erwähnte Freihandelsabkommen ist ein aktuelles Beispiel dafür, wie die **EU als supranationale Organisation** nationales Recht einschränken kann. Im Rahmen der Verhandlungen könnte sie Umwelt- oder Verbraucherschutzstandards absenken, um den Handel zu erleichtern. In denjenigen Bereichen, in denen die EU-Verträge der EU die Kompetenz dazu geben, gilt EU-

Recht im gesamten Unionsgebiet und steht in der Hierarchie über nationalem Recht. Die Tatsache, dass das Europäische Parlament und die nationalen Parlamente in die Verhandlungen nicht einbezogen werden und dass zivilgesellschaftliche Organisationen über mangelhafte Information klagen, belegt den wachsenden Legitimationsbedarf bei internationalen Entscheidungsprozessen. Das **Entscheidungsverfahren** ist äußerst komplex und erscheint vielen Bürgern intransparent.
Im Unterschied zu supranationalen Organisationen haben Entscheidungen **internationaler Organisationen wie der UN oder der NATO** nur dann eine bindende Wirkung, wenn sie von den Mitgliedern, d. h. von den Regierungen der Mitgliedstaaten, ausdrücklich anerkannt werden. In der Regel sind die Mitglieder internationaler Organisationen formal gleichgestellt und fassen ihre Beschlüsse im Konsens oder per Mehrheitsentscheid. In den UN hat allerdings der Sicherheitsrat als mächtigstes Organ eine herausgehobene Stellung, da er allein verbindliche Beschlüsse fassen kann. Die fünf ständigen Mitglieder (China, Russland, Frankreich, Vereinigtes Königreich und die USA) haben ein Vetorecht. So hat z. B. der UN-Sicherheitsrat in der Folge der Anschläge des 11. Septembers das erste UN-Mandat für eine NATO-geführte Schutztruppe (ISAF) erteilt. Damit sich die Bundeswehr an diesem militärischen Einsatz beteiligen konnte, musste nicht nur die Bundesregierung, sondern aufgrund des vom BVerfG vorgeschriebenen Parlamentsvorbehalts auch der Bundestag zustimmen. Dieses Verfahren stützt eine nicht in allen Staaten gegebene demokratische Legitimation, es gilt aber nur für Bundeswehreinsätze.
Die Probleme der Globalisierung werden heute zunehmend in eher **informellen Gremien aus Regierungen** wirtschaftsstarker Staaten behandelt und vorentschieden. In der „**Gruppe der Zwanzig**“ **(G-20)** treffen sich regelmäßig die Finanzminister und Notenbankchefs dieser Staaten, um über wichtige Fragen der Weltwirtschaft zu diskutieren, eine Koordination des Patchworks internationaler Regelungen zu versuchen und sich über Regeln und Verfahren des weltweiten Handels zu verständigen. Bei diesen Zusammenkünften sind neben den OECD-Mitgliedstaaten auch alle wichtigen Schwellenländer sowie Vertreter der Weltbank und des IWF anwesend. Die dabei getroffenen Übereinkünfte, z. B. eine Senkung von Leitzinsen, kommen für Abgeordnete und Bürger der einzelnen Staaten zum Teil überraschend und sind häufig mit einschneidenden Konsequenzen verbunden.
Der Blick auf die globale Vernetzung des politischen Prozesses hat gezeigt: Oberhalb des Nationalstaates kommt es zu einer **zweistufigen Legitimation**, die den Bürgern anonym und undurchschaubar erscheinen kann. Gewählte Abgeordnete übertragen Legitimität an ihre Regierungen, die dann die höhere Ebene jenseits des Nationalstaats bilden. Die Bürger, die in diesem zweistufigen Herrschaftsverhältnis mit den internationalen Institutionen nur selten in direkten Kontakt treten, werden mit den Ergebnissen vorbestimmter Problemlösungen konfrontiert.

4. *Abschließend sollen Sie zu einer These im Text Stellung nehmen, in der es um die Möglichkeiten des Internets geht, die Demokratie zu verbessern. Beginnen Sie damit, die Position Vorländers prägnant zu umreißen. Ihr selbstständiges Urteil überzeugt, wenn Sie Gründe und Gegengründe in Bezug auf die These einander gegenüberstellen, mit Beispielen belegen und die Position des Texts dann auf der Basis eigener Kriterien reflektieren. (AFB III)*

Der Autor sieht die Chancen der „e-democracy“ (Z. 68) im Kontext eines insgesamt veränderten „öffentliche[n] Raum[s] der Meinungs- und Willensbildung“ (Z. 54). In ihm spielten die herkömmlichen Massenmedien eine überwiegend negative Rolle, wofür Vorländer den Begriff „Mediendemokratie“ (Z. 59) verwendet. Zu Recht unterscheidet der Autor die Angebote einer „**e-democracy**“ von den Medien: Das Internet ist kein Massenmedium, sondern eine technische Infrastruktur, die Kommunikation jeder Art ermöglicht. Die Frage nach dem Potential der digitalen Demokratie für „bürgernahe Entscheidungsverfahren“ (Z. 67 f.) beantwortet er entsprechend differenzierter (Z. 68 ff.). Im Folgenden soll seiner „gemischten“ Bewertung digitaler Vernetzung im Einzelnen nachgegangen und eine abschließende Einschätzung vorgenommen werden.
Das Internet kann den **Zugang zum und die Beteiligung am politischen Prozess** verbessern (vgl. Z. 68 ff.). Diese Annahme trifft zweifellos zu, betrachtet man die vielfältigen Möglichkeiten digitaler Technologie. Sie erleichtern den **Zugriff auf Informationen**. Große Tageszeitungen, Magazine sowie öffentlich-rechtliche Sender bieten kostenfrei Webseiten mit umfangreichen Recherchemöglichkeiten an. Der Internetnutzer kann auf internationales Medienangebot zurückgreifen und verschiedene Perspektiven vergleichen. Selbst im afrikanischen, arabischen oder asiatischen Raum findet er englischsprachige Informationen. Internetplattformen wie WikiLeaks decken unter dem Schutz der Anonymität Skandale auf, z. B. wurden inhumane Methoden der Kriegsführung im Irak bekannt. Oder es werden Ereignisse mithilfe des Internets skandalisiert – etwa plagiierte Doktorarbeiten von Spitzenpolitikern (z. B. v. Guttenberg, Schavan).
Neben verbesserten Informationsmöglichkeiten erweitert das Internet die Wege für **Kommunikation und Partizipation**. Chats, E-Mails, Blogs, Mailinglisten und soziale Netzwerke wie Facebook und Twitter bieten die technische Infrastruktur für politische Teilnahme, die nicht allein von den Bürgern, sondern auch von Parteien, Bürgerinitiativen und Verbänden genutzt werden. Portale wie „abgeordnetenwatch“ können für Transparenz sorgen. Hier beantworten die Mandatsträger Fragen; außerdem sind ihre beruflichen Qualifikationen, die Mitgliedschaft in Ausschüssen, anzeigepflichtige Nebentätigkeiten sowie das Abstimmungsverhalten der Abgeordneten bei wichtigen Parlamentsentscheidungen einsehbar. Auf einer Seite des Petitionsausschusses des Bundestags können Bürger Petitionen einbringen und unterstützen. Manche Gemeinden bieten online das Instrument des „Bürgerhaushalts“ an, wo Bürger Vorschläge zur kommunalen Haushaltsgestaltung entwickeln und diskutieren können.
Wirken traditionelle Massenmedien wie das Fernsehen regelmäßig als Agenda-Setzer, so findet die politische Diskussion und Meinungsbildung anschließend

oft im digitalen Raum statt. Dabei können die Bürger ihre Meinungen und Forderungen ohne den Filter der Parteien oder der traditionellen Medien vorbringen. Die Polit-Talkschau „Hart aber fair“ bezieht z. B. während der Sendung eingegangene Zuschauerbeiträge ein. Das Internet führt also zu einer Zunahme medialer Plattformen, auf denen Interessen artikuliert und Argumente ausgetauscht werden. Ergebnis ist eine **vielfach gegliederte Öffentlichkeit**.
Allerdings dient das Internet nur einer **begrenzten Nutzerzahl** als Forum politischer Willensbildung. Vorländer weist zu Recht darauf hin (vgl. Z. 72 f.). Die bloße Verfügbarkeit des Internets führt nicht automatisch zu Beteiligung. Tatsächlich überwiegt die kommerzielle Nutzung im Sinne eines Markt- und Spielplatzes. Die Gründe dafür liegen nicht so sehr in den dafür benötigten Ressourcen wie Geld und Zeit. Schließlich verfügt heute fast jeder über einen eigenen oft sogar mobilen Internetzugang. Entscheidender sind mangelndes politisches Interesse, defizitäre **staatsbürgerliche und sprachliche Fähigkeiten** für argumentative Verfahren sowie eine unzureichende **Medienkompetenz**. Interessengeleitete oder ungenaue Informationen müssen unterschieden werden.
Die prinzipielle Offenheit des Netzes fördert außerdem eine **individualisierte Nutzung**, die für die einzelnen Anliegen mangels gemeinsamer Bezüge Wirkungschancen verschenkt. Wenn alle an unterschiedlichen digitalen Orten über verschiedene Themen sprechen, zerfasert die Auseinandersetzung über wichtige Probleme. Auch engt der technische Rahmen demokratische Prozesse erheblich ein: Wie sollen Argumente sorgfältig abgewogen werden können, wenn sie – wie bei Tweets – auf wenige Zeichen begrenzt sind? Aktuelle Stimmungen gewinnen oft großes Gewicht. Zu viele unterschiedliche Meinungen erschweren und verlangsamen den Entscheidungsfindungsprozess. Diese **Gefahr einer pluralisierten und fragmentierten Öffentlichkeit**, die auch Vorländer anführt (vgl. Z. 76 ff.), gehört zu den zentralen Herausforderungen digitaler Demokratie.
In der Offenheit der Plattformen für interaktive politische Kommunikationen liegt auch die Gefahr einer Anfälligkeit für Techniken der **Überwachung und Beeinflussung**, die eine Demokratie gefährden können. Soziale Netzwerke registrieren den Freundeskreis einer Person und nicht wenige Nutzer geben große Mengen persönlicher Daten preis. Der aktuelle Skandal um die Abhörmaßnahmen der NSA und anderer Geheimdienste ist wohl nur die Spitze des Eisbergs.
Sprechen die zuletzt genannten Einwände dafür, das eingangs dargestellte Potenzial der e-democracy für unbrauchbar zu halten? Meine Antwort tendiert trotz mancher Risiken zu **vorsichtigem Optimismus**. Da die Beteiligung an Wahlen seit vielen Jahren sinkt und sich immer weniger Bürger für traditionelle Partizipationsformen wie die Mitgliedschaft in einer Partei entscheiden, ist es sinnvoll, nach neuen Wegen und Instrumenten der politischen Willensbildung zu suchen. Dazu gehören Formen der direkten Demokratie ebenso wie die Möglichkeiten der Online-Kommunikation. Durch seinen dialogischen Charakter eignet sich das Internet dazu, die Zuschauerhaltung vieler Bürger aufzubrechen. Als **Ergänzung der repräsentativen, parlamentarischen Demokratie** kann e-democracy der von Vorländer diagnostizierten Legitimitätskrise begegnen.

Hessen – Politik und Wirtschaft – Leistungskurs 2014
Vorschlag B

Thema: *Wirtschaftspolitik in der EU und politische Auswirkungen*

Aufgaben

1. Fassen Sie den Artikel von Ulrich Brand und Michael Müller zusammen. (Material) (20 BE)

2. Stellen Sie ausgehend vom Text die wirtschaftspolitische Konzeption des Keynesianismus dar. (20 BE)

3. „Das Spannungsverhältnis zwischen Markt und Staat verschob sich zulasten der Demokratie." Erläutern Sie das Zitat im Hinblick auf die politischen Auswirkungen der Staatsschuldenkrise in der EU und der Eurozone. (30 BE)

4. „Wir benötigen ein Verständnis von Wohlstand und Lebensqualität, das die Wachstumsfixierung und Wachstumszwänge nach und nach auflöst."
Setzen Sie sich mit der Forderung und der Umsetzbarkeit des Vorschlags auseinander. (30 BE)

M: Ulrich Brand, Michael Müller: Wo bleibt die Wende?

Kurzfristigkeit beenden, Nachhaltigkeit ermöglichen: Es darf nicht nur um Ökonomie gehen

Franklin D. Roosevelts New Deal nach der Weltwirtschaftskrise 1933 war ein Rendezvous mit dem Schicksal, ein Zusammentreffen von Programm und Geschichte. Der keynesianische Wohlfahrtsstaat prägte fortan die Nachkriegszeit. Wachstum wurde mit Fortschritt gleichgesetzt. Auch heute wünschen wir uns Wachstum, weil wir effizienter produzieren, eine höhere Arbeitslosigkeit vermeiden möchten und in einer alternden Gesellschaft leben. Das klingt schlüssig und ist doch strukturkonservativ. Der Traum von der immerwährenden Prosperität ist nämlich vorbei.

Immer deutlicher zeigen sich Grenzen des Wachstums – ökologische, soziale und ökonomische. Hierin liegt die eigentliche Ursache für die heutigen Krisen: Nicht Analysen, sondern Erwartungen bestimmen die Debatten. Auf dem zweiten Umweltgipfel in Rio wurde der dramatische Zustand der Erde beklagt, aber schon wenige Tage später beschäftigte sich der EU-Gipfel mit der Frage, wie wir zu altem Wachstum zurückkommen. Der Widerspruch wird einfach verdrängt.

Die Fokussierung auf die Euro-Krise verstellt den Blick auf die veränderte Realität. Tatsächlich haben wir es, wie bereits im Brundtland-Bericht[1] von 1987 steht, mit einer „ungleichen, überbevölkerten, verschmutzten und störanfälligen Welt" zu tun, auf der es nicht so wie bisher weitergehen kann.

Im Namen des Wachstums brechen in der EU scheinbar unversöhnliche Konflikte auf – zwischen Deutschland, das mit einem Fiskalpakt eine knallharte, aber perspektivlose Sparpolitik durchsetzen will, und Frankreich, das einen auf Verschuldung reduzierten Keynesianismus befürwortet, um mit öffentlichen Programmen Wachstumsimpulse zu setzen, die Arbeitslosigkeit zu bekämpfen und eine tiefe Spaltung der Gesellschaft zu verhindern.

Zentrale Fragen werden seit Mitte der 1970er Jahre ausgeblendet. Damals endete der Nachkriegsboom, der unser Verständnis einer modernen Wirtschaft geprägt hat. Mit immer neuen Konzepten wurde versucht, zu höheren Wachstumsraten zurückzukehren. [...]

Margaret Thatcher[2] und Ronald Reagan[3] setzten auf Deregulierung der Finanzmärkte. Das Kapital wurde von den sozialen Bindungen befreit, die in den Nachkriegsjahrzehnten seine Macht in Grenzen gehalten hatten. Damit begann nicht nur eine ökonomische, sondern auch eine politische Transformation, die bis heute andauert. Weil sie auf Krisen reagierte, statt wirtschaftliche Entwicklung zu gestalten, geriet die Politik in Geiselhaft der Finanzmärkte, die von kurzfristigen Interessen der Gläubiger dominiert werden. Das Spannungsverhältnis zwischen Markt und Staat verschob sich zulasten der Demokratie.

Heute ist zwar viel von einem Kurs-, ja sogar Paradigmenwechsel[4] die Rede. Doch die Fixierung auf Wachstum ist eine Auseinandersetzung zwischen der Ideologie von vorgestern, die bedingungslos an den freien Markt glaubt, und den Konzepten von gestern, die Keynes auf die Beseitigung der Nachfrageschwäche verkürzen [...] Griechenland, Spanien und Portugal liefern krasse Beispiele, wie es die Krise verschärft, wenn die Ausgaben mitten in einer Rezession massiv zurückgefahren werden. Die Folgen sind ein dramatischer Anstieg der Jugendarbeitslosigkeit, eine rasante Verarmung bis in die Mittelschichten hinein und die Erosion gefestigter Demokratien.

Deshalb setzt François Hollande als Alternative zur Austeritätspolitik[5] von Angela Merkel auf staatliche Wachstumsimpulse. [...] Unterkonsumption oder Nachfrageschwäche reicht als Erklärung der gegenwärtigen Krise nicht aus, in den USA geben die Menschen seit Langem viel geliehenes Geld für höheren Konsum aus. Die private Sparquote liegt unter einem Prozent. Die Immobilienkrise entstand aus spekulativen Exzessen zur Stimulierung des Wachstums. Vor allem ignoriert die traditionelle Wachstumsstrategie die ökologischen Herausforderungen. Vor uns baut sich eine Naturschranke auf, die zur Überlebensfrage der Menschheit wird.

Wir wissen längst, dass wir umsteuern müssen. Schon vor 20 Jahren hat der Erdgipfel von Rio eine nachhaltige Entwicklung gefordert. Niemand scheint die Kraft zu haben, die Umverteilungs- und Gestaltungsfrage zu stellen, einen Entwicklungsplan für Nachhaltigkeit zu verfassen und eine europäische Kreditanstalt für Wiederaufbau einzurichten.

Unsere Zeit braucht erneut ein Rendezvous mit dem Schicksal. Nicht nur eine Energiewende, nicht nur eine drastische Reduktion der Treibhausgase, nicht nur eine ökologische Kreislaufwirtschaft, sondern auch eine Wende in Wirtschaft und Kultur. Wo bleibt dieser dritte Weg, der vor allem von den europäischen Ideen von Freiheit und Gerechtigkeit ausgehen muss? Klare Regeln müssen die soziale und ökologische

Externalisierung[6] verhindern und einen an den Kriterien der Nachhaltigkeit orientierten Wettbewerb ermöglichen, der das heutige Regime der Kurzfristigkeit beendet. […] Wir benötigen ein Verständnis von Wohlstand und Lebensqualität, das die Wachstumsfixierung und Wachstumszwänge nach und nach auflöst. [...]

Ulrich Brand, Michael Müller: Wo bleibt die Wende? in: DIE ZEIT, Nr. 37, 06. 09. 2012. http://www.zeit.de/2012/37/Oekonomie-Nachhaltigkeit-Ulrich-Brand-Michael-Mueller (abgerufen am 24. 09. 2012).

Anmerkungen:
1 Bericht der Weltkommission für Umwelt und Entwicklung, benannt nach deren Vorsitzenden G. Brundtland. In dem Bericht wird die nachhaltige Entwicklung der Welt thematisiert.
2 englische Premierministerin von 1979 bis 1990
3 amerikanischer Präsident von 1981 bis 1989
4 Wechsel eines wissenschaftlichen Verständnisses oder auch Wechsel einer Lebenseinstellung
5 strenge Sparpolitik des Staates
6 das Abwälzen von Kosten, Lasten oder Aufwendungen auf andere Personen oder Kostenträger

Hinweis: Ulrich Brand ist Professor für Internationale Politik in Wien, Michael Müller Vorsitzender der Natur-Freunde Deutschlands.

Lösungsvorschläge

Unterrichtsinhalte:
- Q 1: Bundesrepublik Deutschland und europäische Integration: institutionelle Strukturen und Entscheidungsprozesse in der EU (Europäisierung von Entscheidungsprozessen), Frage nach dem Demokratiedefizit in der EU
- Q 2: Soziale Marktwirtschaft; Ziele und Zielkonflikte wirtschaftlichen und wirtschaftspolitischen Handelns am Beispiel: „Magisches Vier- und Sechseck", Konjunktur und Konjunkturpolitik, angebots- und nachfrageorientierte Wirtschaftspolitik; Wirtschaftliche Integration Europas: wirtschaftliche Integration und nationalstaatliche Interessen

1. *Nach der Identifikation des Texts sollen Sie die wesentlichen Aussagen komprimiert darlegen. Bei der Entscheidung darüber, welche Aussagen wesentlich sind, können Sie sich an der programmatischen Überschrift „Wo bleibt die Wende?" orientieren. Warum ist nach Ansicht der Autoren eine wirtschaftspolitische Wende notwendig und worin müsste sie bestehen? (AFB I)*

In dem Artikel „Wo bleibt die Wende?", erschienen in der ZEIT vom 6. 9. 2012, problematisieren die Autoren Ulrich Brand, Politikprofessor in Wien, und Michael Müller, SPD-Politiker und Vorsitzender der Natur-Freunde Deutschlands, die gegenwärtige Wirtschaftspolitik, weil sie weiter einseitig auf Wachstum setze. Seit Roosevelts „**New Deal**" nach der Weltwirtschaftskrise werde Wachstum mit Fortschritt gleichgesetzt und gelte als Bedingung für Wohlstand und Vollbeschäftigung (vgl. Z. 1 ff.). Doch immer deutlicher zeigten sich ökologische, soziale und ökonomische Grenzen des Wachstums (vgl. Z. 8 f.). Der Widerspruch

werde aber einfach verdrängt (vgl. Z. 13). Als in den 1970er-Jahren der „Nachkriegsboom" (Z. 25) endete, habe man im Zeichen des **Neoliberalismus** versucht, durch Deregulierung und Befreiung des Kapitals „von den sozialen Bindungen" (Z. 29) neues Wachstum zu generieren, damit aber nicht die Probleme gelöst, sondern die Politik den Finanzmärkten ausgeliefert.
Der Brundtlandbericht von 1987 habe die Grenzen des Wachstums endgültig offengelegt, die Erde als „ungleic[h], überbevölker[t], verschmutz[t] und störanfälli[g]" (Z. 16) beschrieben und die Beachtung des Prinzips der **Nachhaltigkeit** eingefordert. Die eigentlich unabweisbare wirtschaftspolitische Wende sei aber trotzdem ausgeblieben.
Die gegenwärtige **Eurokrise** und der Konflikt zwischen dem **Keynesianismus** des französischen Präsidenten Hollande und Angela Merkels **Austeritätspolitik** verschleierten nur die eigentliche Problematik; beide politische Strategien setzten auf Wachstum, seien daher überholt und könnten die „Überlebensfrage der Menschheit" (Z. 52), die sich angesichts der sich aufbauenden Naturschranke stelle, nicht lösen. Auch müsse die „Umverteilungs- und Gestaltungsfrage" (Z. 55) gestellt werden.
Dies könnten nur eine am Prinzip der Nachhaltigkeit orientierte Wirtschaftspolitik und ein neues Verständnis von Wohlstand und Lebensqualität erreichen. Nicht nur müssten der Energie- und Ressourcenverschwendung Einhalt geboten, die Emission von Treibhausgasen vermindert und die Wachstumsökonomie in eine ökologische Kreislaufwirtschaft überführt werden, vielmehr sei eine Wende in Wirtschaft und Kultur notwendig. Klare Regeln sollten die ökologische und soziale Externalisierung verhindern (vgl. Z. 58 ff.).

2. *Hier sollen Sie die keynesianische bzw. nachfrageorientierte Wirtschaftspolitik, ausgehend von den Textpassagen, die sich hierauf beziehen, beschreiben. Ihre fundierte Kenntnis der Zusammenhänge wird deutlich, wenn sie kurz darstellen, warum Keynes' Konzept entstanden ist und durch welche neue wirtschaftspolitische Konzeption es aus welchen Gründen ersetzt worden ist. (AFB II)*

Gleich am Anfang des Texts wird die ökonomische Theorie von John Maynard Keynes gewürdigt: Seit Roosevelts „New Deal", der auf seiner Theorie basierte, habe der „keynesianische Wohlfahrtsstaat" (Z. 3) während der gesamten Nachkriegszeit die Wirtschaftspolitik geprägt (vgl. Z. 1 ff.).
Auch versuche z. B. Frankreich unter Präsident Hollande mit keynesianischen Programmen die andauernde Eurokrise zu bewältigen und die Arbeitslosigkeit zu überwinden (vgl. Z. 20 ff., Z. 45 f.).
John M. Keynes, ein britischer Nationalökonom, hat seine Konzeption einer an der **gesellschaftlichen Gesamtnachfrage** orientierten Wirtschaftspolitik infolge seiner Erfahrungen mit der im Herbst 1929 ausgebrochenen Weltwirtschaftskrise entwickelt. Diese Krise hatte seiner Ansicht nach bewiesen, dass die **Selbstheilungskräfte des Markts**, auf welche die damalige Wirtschaftspolitik vertraute,

versagt hatten. Die Industriestaaten, welche der Krise mit Austeritätspolitik beizukommen versuchten, waren immer tiefer in die Krise geraten.
Die Ursache hierfür sah Keynes in erster Linie im **Nachfragerückgang** der Unternehmen und privaten Haushalte. Um die Krise zu überwinden, müsse der Staat die fehlende gesellschaftliche Nachfrage durch staatlich finanzierte **Konjunkturprogramme** und **öffentliche Investitionen** generieren, notfalls müssten diese Programme auch über Schulden finanziert werden. Hierfür prägte Keynes den Begriff „**deficit spending**". Die zur Finanzierung aufgenommenen Staatsschulden sollten zurückgezahlt werden, sobald die Konjunktur wieder Fahrt aufgenommen habe. Der Staat, der nach den Vorstellungen Keynes in der Wirtschaftspolitik eine **aktive Rolle** spielt, solle also eine **antizyklische Finanzpolitik**, keineswegs aber eine uferlose Schuldenpolitik betreiben. Demgegenüber wird Frankreichs Agieren in der Eurokrise als ein „auf Verschuldung reduzierte[r] Keynesianismus" (Z. 20 f.) kritisiert.
Es wurde bereits erwähnt, dass das keynesianische Konzept die Wirtschaftspolitik der Nachkriegszeit in fast allen Industriestaaten dominierte. Erste Zweifel kamen in den 1970er-Jahren auf, als die staatlichen **Schuldenberge** immer höher wuchsen, die schuldenfinanzierten Konjunkturprogramme aber aus der Stagnation der Wirtschaft nicht mehr herausführten. Ein erneuter Paradigmenwechsel in der Wirtschaftspolitik war die Folge: der Übergang zur **angebotsorientierten Wirtschaftspolitik**. Auch der französische Präsident hat inzwischen seinen anfänglich keynesianisch geprägten Kurs verlassen.

3. *Hier sollten Sie die Eurokrise seit 2009 zumindest in den Grundzügen darstellen und anschließend die Frage erörtern, inwieweit ihr Verlauf und ihre vorläufige Lösung die These der Autoren des Artikels rechtfertigen. Ihre Zustimmung oder Ablehnung sollten Sie differenziert begründen. (AFB II und III mit Schwerpunkt auf AFB II)*

Als Spätfolge der Weltfinanzkrise von 2008, die nach dem Zusammenbruch einer amerikanischen Investmentbank zu einer weltweiten Bankenkrise und zu einem schweren internationalen Konjunktureinbruch geführt hatte, entwickelte sich ab 2009 von Griechenland ausgehend die sogenannte **Eurokrise**, von der in den Folgejahren auch Spanien, Portugal, Irland und Zypern erfasst wurden. Wegen Überschuldung und einem hohen Insolvenzrisiko waren die Kapitalmärkte nur noch unter der Bedingung zweistelliger Zinssätze bereit, den Krisenstaaten Geld zu leihen. Ohne Hilfe von dritter Seite hätten sich Griechenland und Irland bankrott erklären und aus dem Euroraum ausscheiden müssen.
Nach einigem Zögern entschloss sich der Europäische Rat, gemeinsam mit dem IWF den Staatsbankrott dieser Länder durch milliardenschwere „Rettungspakete" abzuwenden und einen **europäischen „Rettungsschirm"** aus Steuergeldern zu finanzieren. Im Gegenzug wurden diese Staaten mit harten **Sparauflagen** konfrontiert, um die Rückkehr zu einer soliden Finanzpolitik zu garantieren. Die Staatseinnahmen sollten durch Steuererhöhungen, verbesserte Steuereintreibung

und Privatisierung von Staatseigentum erhöht werden. Die Staatsausgaben mussten durch Lohn- und Rentenkürzungen, Entlassung von Beamten, Wegfall von Investitionen und weitere einschneidende Maßnahmen gesenkt werden. Die kurz- und mittelfristigen Folgen dieser auch von Angela Merkel forcierten Austeritätspolitik waren bedrückend. So schrumpfte die griechische Wirtschaft für die nächsten vier Jahre, das Lohn- und Rentenniveau gingen stark zurück, griechisches Kapital wurde ins Ausland transferiert, viele Firmen und Geschäfte gingen Konkurs und die Arbeitslosigkeit erreichte Spitzenwerte, bei den Jugendlichen liegt sie inzwischen bei über 50 %.
Mit Demonstrationen und Streiks rebellierte die betroffene Bevölkerung gegen die Sparpolitik; rechts- und linksradikale anti-europäische Parteien erhielten starken Zulauf, Regierungen stürzten. Die deutsche Kanzlerin wurde von manchen griechischen Medien als eine der Hauptschuldigen dargestellt.
Durch die **Staatsschuldenkrise** und die Maßnahmen der EU wurden die **politische Stabilität** der südeuropäischen Staaten und der **Zusammenhalt** innerhalb der EU auf eine harte Probe gestellt. Zwischen Nord- und Südeuropa flammten alte Vorurteile auf. Die Popularität der EU und ihrer Institutionen nahm sowohl bei den Nehmer- als auch bei den Geberländern ab. Viele sahen sich von den nationalen Politikern in der Politik der EU nicht ausreichend vertreten (Demokratiedefizit in der EU). In Deutschland wurde die Euro-Rettungspolitik zwar von allen großen Parteien außer der Linken mitgetragen und von der Kanzlerin für „alternativlos" erklärt. Ein großer Teil der Bevölkerung betrachtete diese Politik dennoch mit Skepsis – auch weil ihre **verfassungsrechtliche Zulässigkeit** umstritten ist. Einige halten die Euro-Rettungspolitik für unzulässig, weil sie gegen das **„Bail-out"-Verbot** der europäischen Verträge verstoße, also eine unerlaubte Übernahme der Schulden eines anderen Staates darstelle. Darüber hinaus lässt das BVerfG die **Staatsanleihenkäufe** der EZB, ein wesentliches Element der Euro-Rettungsmaßnahmen, vom EUGH prüfen, weil es sich dabei möglicherweise um eine unzulässige monetäre Staatsfinanzierung durch die Zentralbank handelt.
Die Eurokrise und deren für die Krisenstaaten, aber auch für die zahlenden Nordeuropäer schwer erträglichen Folgen können als Beleg für die These, das **Spannungsverhältnis zwischen Markt und Staat** habe sich „zulasten der Demokratie" (Z. 35) verschoben, gewertet werden. Die enorme Macht der Finanzmärkte gefährde demnach die europäische Demokratie, denn nur aus Rücksicht auf die Märkte sei die rigide Sparpolitik den Südeuropäern aufoktroyiert worden. Die Linkspartei argumentiert ähnlich: Die Banken und Finanzinvestoren hätten lange von der südeuropäischen Schuldenwirtschaft durch den Kauf von Staatsanleihen profitiert, später hätten sie durch ihre exorbitanten Zinsforderungen das kriselnde Griechenland in den Bankrott getrieben. Durch die Rettungspolitik des Europäischen Rats würden nicht in erster Linie die Staaten, sondern v. a. die Großbanken und Finanzinvestoren gerettet.
Die Eurokrise und die Euro-Rettungspolitik erscheinen in dieser Argumentation als eine Verschwörung der Finanzmärkte gegen die Demokratie und insbesondere gegen die **Souveränität** der südeuropäischen Staaten. Diese These scheint ge-

wagt, weil hier die Verantwortung für die Eurokrise einseitig „den Finanzmärkten" zugeschoben wird und die Politik der südeuropäischen Staaten von jeder Verantwortung freigesprochen wird. Der ausgeprägte **Klientelismus** der südeuropäischen Demokratien und v. a. die Neigung der griechischen Politik zu Vetternwirtschaft und **Korruption** sind jedoch mitverantwortlich für die Krise.
Im Übrigen ist es zumindest in Bezug auf Griechenland nicht richtig, dass den Banken und privaten Investoren kein Beitrag zur Sanierung abverlangt worden wäre. Beim sogenannten „Haircut", dem **Schuldenschnitt** zugunsten Griechenlands 2012, mussten die Investoren auf einen großen Teil ihrer Forderungen verzichten. Dieser Verzicht, der die Bilanzen einiger Großbanken durchaus verhagelte, war Bedingung für weitere Hilfen europäischer Regierungen. Auch dient die Sparpolitik, die den südeuropäischen Staaten und Irland als Bedingung für milliardenschwere Rettungskredite auferlegt wurde, nicht in erster Linie den Finanzmärkten, sondern liegt im Interesse der **Zukunfts- und Wettbewerbsfähigkeit** dieser Staaten. Sie wurde von den Nordeuropäern auch mit Rücksicht auf die eigenen Wähler und Steuerzahler durchgesetzt, die ihre Steuergelder nicht in ein „Fass ohne Boden" werfen wollen.
Es ist heute noch keineswegs sicher, ob Europa diese Probe bestehen und die Eurokrise überwinden wird. Inzwischen gibt es jedoch Hoffnungszeichen. Die Rettungspolitik trägt erste Früchte und man muss im Frühjahr 2014 für die Zukunft der europäischen Demokratie nicht so schwarz sehen wie die Autoren das im Herbst 2012 getan haben.

4. *Hier sollen Sie zu der von den Autoren aufgestellten Forderung differenziert Stellung nehmen. Sie sollten dabei ins Blickfeld rücken, dass heute gerade in der deutschen Politik das wirtschaftliche Wachstum – anders als in den 1950er- und 1960er-Jahren – keineswegs das einzige wirtschaftspolitische Ziel darstellt. Ökologische Zielsetzungen nehmen einen immer breiteren Raum ein. (AFB II und III mit Schwerpunkt auf AFB III)*

Die Autoren sind mit ihrer Position den sogenannten Wachstumskritikern zuzuordnen, die seit den frühen 1970er-Jahren mit dem **Club of Rome** auf die Grenzen des Wachstums, auf die Endlichkeit knapper Ressourcen und die übermäßige Verschmutzung des Planeten hinweisen.
Die vom Club of Rome entwickelten apokalyptischen Prognosen haben sich bisher nicht bewahrheitet, nicht zuletzt, weil die Menschheit die damals vorherrschende **Wachstumsfixierung** ein Stück weit überwunden hat und neben den ökonomischen auch ökologische und soziale Ziele in den Fokus rückt. Allerdings wird ein jährlicher Anstieg des BIP nach wie vor angestrebt.
Als Beleg für die kritisierte Wachstumsfixierung lässt sich das **Stabilitätsgesetz** von 1967 anführen, mit dem die damalige Regierung der Großen Koalition das „**Magische Viereck**" auf eine gesetzliche Grundlage stellte. Ziel der Wirtschaftspolitik ist demnach der Einklang von angemessenem Wirtschaftswachstum, Preisstabilität, Vollbeschäftigung und außenwirtschaftlichem Gleichgewicht.

Mit diesem Gesetz reagierte die Politik auf die erste Rezession der Nachkriegszeit. Diese hatte die Jahre des Wirtschaftswunders mit hohem Wirtschaftswachstum abrupt beendet und gezeigt, dass die Gefahr der Massenarbeitslosigkeit noch nicht gebannt ist. Das Gesetz war auch die Grundlage für eine an Keynes orientierte Wirtschaftspolitik, mit der man in den 1970er-Jahren das nach der Öl-Krise ins Stocken geratene Wirtschaftswachstum wieder anzukurbeln versuchte.
Wirtschaftliches Wachstum galt allen Bundesregierungen der folgenden Jahrzehnte nicht nur als Voraussetzung für einen **Abbau der Arbeitslosigkeit**; auch die Finanzierung neuer **sozialer Leistungen** wie Pflegeversicherung und Betreuungsplätze für Kleinkinder, die Stabilisierung der Rentenbeiträge, der Aufbau Ost, der Ausbau des Bildungssystems und der Infrastruktur sowie die Bewältigung des inzwischen riesigen **öffentlichen Schuldenbergs** schienen ohne wirtschaftliches Wachstum unmöglich. Dass all diese Aufgaben im internationalen Vergleich gut bewältigt wurden, kann auf die vergleichsweise hohen deutschen Wachstumsraten zurückgeführt werden.
Aus betriebswirtschaftlicher Sicht resultiert Wachstum aus dem betrieblichen Innovationsprozess, der Entwicklung neuer Produkte, der Erschließung neuer Märkte und der stetigen Rationalisierung des Produktionsprozesses, wozu sich die Unternehmen im Zeitalter der Globalisierung und der Digitalisierung gezwungen sehen. Ein Unternehmen, das in einer marktwirtschaftlichen Ordnung auf Dauer nicht wächst, kann nicht auf dem Markt bestehen. Will man diesen „Wachstumszwang" aufheben, muss letztlich die Marktwirtschaft abgeschafft werden.
Das „magische Viereck" ist in den 1990er-Jahren, als ökologische Erkenntnisse nach den großen internationalen Umweltkonferenzen von Rio und Kyoto Eingang in die Politik fanden, zu einem **„magischen Sechseck"** erweitert worden. Die Staaten und Unternehmen sind seitdem auch dem Ziel der **Nachhaltigkeit** verpflichtet, also einer Wirtschaftsweise, die die Ressourcen und die Absorptionskraft des Planeten nicht überfordert, das Weltklima nicht übermäßig beeinträchtigt und den Nachkommen einen intakten Planeten hinterlässt. Den vormals **rein quantitativ ökonomisch** definierten Wachstumszielen wurden neue **ökologische** Ziele hinzugefügt, z. B. eine deutliche Reduzierung des CO_2-Ausstoßes, eine drastische Steigerung des Anteils erneuerbarer Energien, die Verminderung des Ressourcenverbrauchs durch Recycling und die Senkung des Schadstoffausstoßes. Deutschland ist beim ökologischen Umbau von Wirtschaft und Gesellschaft auf vielen Gebieten Vorreiter.
Als sechstes wirtschaftspolitisches Staatsziel wurde „eine **gerechte Verteilung** von Einkommen und Vermögen" fixiert. Dieses Ziel ist allerdings von der eher neoliberal geprägten Wirtschaftspolitik der letzten beiden Jahrzehnte nicht prioritär verfolgt worden. Die Ungleichheit der Einkommensverteilung hat in dieser Ära in Deutschland deshalb zugenommen. Die gegenwärtige Regierung der Großen Koalition versucht, diese Entwicklung z. B. durch die Einführung eines gesetzlichen Mindestlohns zu korrigieren.
Ein alternativer Wohlstandsindikator zum BIP, der Faktoren wie Einkommensverteilung und Ökologie mit berücksichtigt, ist der **Nationale Wohlfahrtsindex (NWI)**.

Brand und Müller sowie vielen anderen Kritikern geht das nicht weit genug; ihr Ziel ist nicht der Übergang von einem quantitativen zu einem qualitativen Wachstum, sondern der Eintritt in eine **ökologische Kreislaufwirtschaft** ohne Wachstumszwänge und Wachstumsfixierung.
Diese Perspektive erscheint aus den oben vorgetragenen volks- und betriebswirtschaftlichen Gründen **nicht realistisch**. Die deutsche Exportwirtschaft ist auch deshalb international so erfolgreich, weil sich ein Großteil der Unternehmen dem Ziel der Umwelt- und Ressourcenschonung verpflichtet fühlt und Produkte verkauft, die diesen Zielen dienen. Wenn in den USA und in China vielfach Windräder aus deutscher Produktion aufgestellt werden oder Siemens in Namibia ein Sonnenkraftwerk baut, so resultiert daraus Wirtschaftswachstum in Deutschland. Dennoch tragen diese Investitionen zur Verwirklichung des Ziels der Nachhaltigkeit bei. Das Wachstum aus ökologischen Gründen einzudämmen, würde gerade auch Innovationen verhindern, die erst die **technischen Voraussetzungen** für eine nachhaltige Wirtschaftsweise schaffen.

Hessen – Politik und Wirtschaft – Leistungskurs 2014
Vorschlag C

Thema: *Außenpolitik im Zeitalter der Globalisierung*

Aufgaben

1. Fassen Sie den vorliegenden Text in eigenen Worten zusammen. (Material) (20 BE)
2. Stellen Sie – ausgehend von den Vorgaben des Grundgesetzes – die Grundlagen der deutschen Außenpolitik dar. (20 BE)
3. Nationale Regierungen befinden sich laut Bagger zunehmend in „einem Schraubstock zwischen den Erwartungen ihrer Wähler und der wachsenden Bedingtheit ihrer Handlungsfähigkeit durch internationale Entwicklungen". Erläutern Sie diesen Sachverhalt. (30 BE)
4. „Ist unsere jahrzehntelang als gegeben angenommene Überzeugung, dass wirtschaftlicher Erfolg […] notwendigerweise politische Freiheiten voraussetzt und ohne diese über kurz oder lang scheitern beziehungsweise ausbleiben muss, heute noch gültig?" Diskutieren Sie diese Frage. (30 BE)

M: Thomas Bagger: In einer veränderten Welt wachsen dem Auswärtigen Dienst neue Rollen zu

[…] Globalisierung und Digitalisierung verschieben Macht nicht nur zwischen Staaten, sie beschleunigen auch die Politik und treiben eine Ausdifferenzierung der außenpolitischen Akteure voran. Wir werden Zeuge einer Diffusion[1] von Macht. Nichtstaatliche Akteure profitieren davon. Auf gewaltige Informationsmengen zugreifen und kampagnenfähig sein können plötzlich auch kleinere, private Akteure, Nichtregierungs- und Lobbyorganisationen, Wikileaks-Aktivisten, aber auch Volksverhetzer und Fanatiker auf allen Seiten.

Zusätzlich kompliziert wird internationale Politik durch das Aufkommen neuer Themenfelder. Pandemien wie Vogelgrippe oder SARS[2], die plötzlich das weltweite Reisenetz durchtrennen, der Kampf um knapper werdende natürliche Ressourcen, allen voran um Trinkwasser, aber auch die Bedrohung durch Cyberattacken und durch die immer konkreter beobachtbaren Folgen des Klimawandels fordern die Problemlösungsfähigkeit der Politik auf bisher ungekannte Weise heraus.

Die immer komplexere Natur dieser neuen Problemfelder und die durch die Globalisierung vorangetriebene Vernetzung verändern aber auch die innerstaatliche Landschaft der außenpolitischen Akteure. Jedes Bundesministerium hat Referate oder ganze Abteilungen für internationale Beziehungen. Es wird nicht nur europäisch, sondern auch im G-20- oder im UN-Rahmen konsultiert über Arbeitsmarkt- und Sozialpolitik, über Finanzstabilität, über Energiepolitik, über Umwelt- und Klimafragen, über Rohstoffsicherheit, Nahrungsmittelsicherheit und vieles andere, um internationale Lösungen für grenzüberschreitende Probleme zu entwickeln.

Die durch unseren Erfindungsreichtum und unsere Ideen getriebene Globalisierung schafft so eine bisher ungekannte Interdependenz, sie produziert aber auch Fragilität[3]. Diese „Brüchigkeit" betrifft einerseits ein internationales System, das mehr denn je globale Regelungsmechanismen und Strukturen bräuchte, um die immer zahlreicheren Probleme effektiv anzugehen, sich aber schwertut, angesichts der Heterogenität und der schieren Zahl der Akteure handlungsfähige „global governance" zu schaffen. Sie betrifft aber andererseits auch innerstaatliche Ordnungen. Nationale Regierungen finden sich in einem Schraubstock zwischen den Erwartungen ihrer Wähler und der wachsenden Bedingtheit ihrer Handlungsfähigkeit durch internationale Entwicklungen jenseits ihrer Steuerungsfähigkeit. Das gilt insbesondere für Staaten mit ohnehin schwach ausgeprägter Staatlichkeit, so genannte „fragile Staaten", die bereits etwa die Hälfte der Partnerländer des Bundesministeriums für wirtschaftliche Zusammenarbeit und Entwicklung ausmachen.

Das gilt aber auch, wie wir in den vergangenen zweieinhalb Jahren erkennen mussten, für die Länder der Euro-Zone, die über ihre gemeinsame Währung ihre Interdependenz auf besonders prägnante Weise vertraglich festgeschrieben haben, ohne ihre politischen Steuerungssysteme in gesellschaftlichen und wirtschaftlichen Kernfragen gleichermaßen zu integrieren. Es gilt schließlich auch für jene Länder, die in besonderer Weise von der Öffnung und Integration der Weltwirtschaft nach dem Ende des Ost-West-Konflikts profitiert haben und in eine Phase eindrucksvollen Wachstums eingetreten sind. Gerade in einem Land wie China, in dem die Legitimation des politischen Systems in besonderer Weise auf der Fähigkeit gründet, rasch wachsenden Wohlstand zu schaffen, ist die Gefährdung durch Erschütterungen von außen besonders groß.

[…] In dieser neuen Unübersichtlichkeit ist es geradezu schick geworden, die Handlungsfähigkeit und Effizienz unserer europäischen – oder sogar: unserer demokratischen – politischen Systeme in Frage zu stellen. Angetrieben von europäischer Schuldenkrise einerseits und dem Aufstieg neuer Mächte, insbesondere aber der 30-jährigen Wachstumsgeschichte Chinas, andererseits wird die „Systemfrage" aufgeworfen: Ist unsere jahrzehntelang als gegeben angenommene Überzeugung, dass wirtschaftlicher Erfolg im Informationszeitalter notwendigerweise politische Freiheiten voraussetzt und ohne diese über kurz oder lang scheitern beziehungsweise ausbleiben muss, heute noch gültig? Verlangt gar die globalisierte, beschleunigte, unübersichtliche Welt nach autoritäreren Strukturen, um überhaupt handlungs- und entscheidungsfähig zu bleiben? […]

Was bedeutet all das für die Gestaltung von Außenpolitik in einer Welt, in der die Grenze zwischen Außen- und Innenpolitik immer fließender wird?

Zum einen stellt sich die Frage nach der angemessenen Definition des eigenen Interesses, der eigenen Ziele. Auch hier bietet die Schuldenkrise in Europa ein Beispiel, wie sich in der deutschen Debatte im Laufe der Krise eine Interpretation des „wohlverstandenen Eigeninteresses" (Alexis de Tocqueville) durchgesetzt hat, die sich nicht in einer Rechnung auf Heller und Pfennig, auf Euro und Cent erschöpft, sondern politische und historische Gesichtspunkte mit einbezieht und den fundamentalen Wert des europäischen Einigungsprojekts für die deutsche Politik herausstreicht. In der Frage der deutschen Außenpolitik jenseits von Europa geht es um einen klaren und nachvollziehbaren Kern an liberalen Prinzipien. Im Globalisierungskonzept der Bundesregierung vom Februar 2012 heißt es dazu, die Bundesregierung wolle „mit Partnern zusammenarbeiten, um die globalisierte, interdependente und multipolare Welt durch eine regelbasierte sowie multilateral und global ausgerichtete Ordnungspolitik über legitime und effektive internationale Institutionen zu prägen. Globale öffentliche Güter wollen wir gemeinsam bereitstellen und schützen."

Neben der strategischen Ausrichtung geht es aber ganz konkret um ein neues Verständnis des „Handwerks" der Außenpolitik im Zeitalter der Globalisierung. [...] Statt die wachsenden internationalen Aktivitäten anderer Ressorts im fälschlichen Glauben an ein „Nullsummenspiel" als Bedeutungsverlust des Auswärtigen Amtes zu sehen oder gar zu beklagen, wie es immer wieder passiert, sollte diese Ressortvernetzung zunächst schlicht als Teil der Globalisierungswirklichkeit verstanden werden. Diese Verflechtung von Fachpolitiken über Grenzen hinweg folgt dem Problemdruck transnationaler Herausforderungen und ist eine funktionale Anpassung an eine neue internationale Umwelt. Zugleich aber wird immer deutlicher, dass die Summe internationalisierter Fachpolitiken noch keine Außenpolitik ergibt. Mit anderen Worten: Für all die „Komponenten" internationaler Verflechtung, die die Ressorts produzieren, braucht es eine „Systemintegration", um das Zusammenwirken dieses komplexen Systems sicherzustellen – es braucht eine netzwerkorientierte Außenpolitik. [...]

Thomas Bagger: In einer veränderten Welt wachsen dem Auswärtigen Dienst neue Rollen zu, in: IP – Internationale Politik (Zeitschrift der Deutschen Gesellschaft für Auswärtige Politik), 04. 01. 2013. https://zeitschrift-ip.dgap.org/de/ip-die-zeitschrift/archiv/jahrgang-2013/januar-februar/netzwerkpolitik (abgerufen am 05. 09. 2013).

Anmerkungen:

1 gegenseitige Durchdringung, Zerstreuung

2 eine Infektionskrankheit: Schweres Akutes Respiratorisches Syndrom (SARS)

3 Zerbrechlichkeit, Brüchigkeit

Hinweis: Dr. Thomas Bagger ist Leiter des Planungsstabs im Auswärtigen Amt.

Lösungsvorschläge

Unterrichtsinhalte:

- Q 1: Partizipation und Repräsentation an ausgewählten Beispielen; Bundesrepublik Deutschland und europäische Integration
- Q 3: Weltwirtschaft und Globalisierung: Weltmarkt und Welthandel zwischen Liberalisierung der Märkte und globaler Ordnungspolitik; Die deutsche Außenpolitik: Aufgaben, Erwartungen, Probleme

1. *Sie sollen die Kernaussagen des Texts komprimiert und strukturiert vorstellen. Beginnen Sie mit Angaben zu Autor, Titel, Textart, Erscheinungsdatum und -ort sowie zum Thema. Einen wichtigen Hinweis zum roten Faden des Texts gibt Ihnen die Überschrift, da sie die Hauptthese beinhaltet. Achten Sie auf sinnvolle Verknüpfungen Ihrer Aussagen und zeigen Sie Ihre Distanz zum Text sowohl durch eigene Wortwahl als auch durch die konjunktivische Wiedergabe seiner Aussagen. (AFB I)*

Thomas Bagger beschäftigt sich in seinem auszugsweise wiedergegebenen Artikel „In einer veränderten Welt wachsen dem Auswärtigen Dienst neue Rollen zu“, der am 4. 1. 2013 in der Zeitschrift „Internationale Politik“ erschien, mit der Frage, wie die außenpolitischen Ziele und Instrumente Deutschlands angesichts einer neuartigen globalen Unübersichtlichkeit zu bestimmen seien.
Im ersten Teil seines Aufsatzes umreißt der Autor, worin er die **„neu[e] Unübersichtlichkeit“** (Z. 46) sieht. Globalisierung und Informationstechnologien beschleunigten die Internationale Politik und weiteten sie auf nichtstaatliche Akteure aus. Sie bewirkten somit eine „Diffusion von Macht“ (Z. 3). Komplexe globale Herausforderungen wie der Klimawandel oder die Energiepolitik führten außerdem dazu, dass innerstaatlich neben dem Auswärtigen Amt auch andere Ministerien an internationalen Lösungen arbeiteten. Innen- und Außenpolitik seien also zunehmend miteinander verschränkt (vgl. Z. 14 ff.). Der Blick auf die Globalisierung zeige die wachsende **Interdependenz der Staaten** im Rahmen eines internationalen Systems, das aufgrund unzureichender Governance-Strukturen instabil sei (vgl. Z. 22 ff.). Diese Entwicklung bedrohe Regierungen „fragile[r] Staaten“ (Z. 32 f.), die den Erwartungen der eigenen Bevölkerung aufgrund ihrer äußeren Abhängigkeit nicht gerecht werden könnten. Diese Gefahr drohe aber auch den Ländern der Eurozone sowie Schwellenländern wie China. Auf sie könnten sich internationale Krisen nachteilig auswirken. Die prekäre Situation im Euroraum, der Aufstieg neuer Mächte und die wirtschaftlichen Erfolge Chinas führt Bagger zur **„Systemfrage“** (Z. 50), ob in der „neuen Unübersichtlichkeit“ (Z. 46) nicht autoritäre gegenüber freiheitlichen Lösungen vorteilhaft sein könnten (vgl. Z. 46 ff.).
Im zweiten Teil des Texts stellt der Autor **zwei Maximen der Gestaltung deutscher Außenpolitik** vor, die im Kern durch die Verbindung von Außen- und Innenpolitik gekennzeichnet sind. Zentrale Bedeutung besitze die **Neuausrichtung der eigenen Ziele:** Im Laufe der Eurokrise wurden die eigenen wirtschaftlichen

Ziele mit politischen und historischen Elementen im Sinne eines „wohlverstandenen Eigeninteresses" (Z. 62) zum nationalen Interesse verbunden. In globaler Hinsicht verfolgt die Bundesrepublik einen an liberalen Prinzipien orientierten Multilateralismus, der sich v. a. um die Sicherung globaler öffentlicher Güter bemühe. Um diese Ziele zu erreichen, seien auch die **Instrumente derAußenpolitik** neu zu bestimmen. Das Außenministerium müsse aktiv eine „netzwerkorientierte Außenpolitik" (Z. 85) im Sinne einer „Systemintegration" (Z. 84) betreiben, in der die „internationalisierte[n] Fachpolitiken" (Z. 81 f.) aufgehen.

2. *Die Aufgabe fordert Sie zu einer systematischen Darstellung der Grundlagen deutscher Außenpolitik auf. Beginnen Sie – wie ausdrücklich erwartet – mit den normativen Vorgaben des Grundgesetzes. Während der Prüfung können Sie dabei ein Exemplar des Grundgesetzes benutzen, um Kernaussagen wörtlich wiederzugeben. Weitere Richtungsentscheidungen deutscher Außenpolitik ergeben sich aus Verträgen (z. B. dem EU-Vertrag) oder der Mitgliedschaft in internationalen Organisationen wie UN oder NATO. Eine Rückbindung an den Text ist nicht verlangt. (AFB I und II)*

Zu den Richtungsentscheidungen des Grundgesetzes gehört neben dem Verfassungskern, der in Art. 79 Abs. 3 zusammengefasst wird, die Festlegung der Bundesrepublik als **„offener Staat"**, d. h. die Bereitschaft zur Übertragung von Souveränitätsbefugnissen an inter- und supranationale Organisationen. Diese Öffnung gegenüber dem Völkerrecht und zur Zusammenarbeit mit anderen Staaten ist eine der Lehren aus der NS-Vergangenheit. Sie zeigt sich in mehreren Bestimmungen des Grundgesetzes: Präambel, Art. 1 Abs. 2 und Art. 9 Abs. 2 GG benennen das **Ziel des Weltfriedens und der Völkerverständigung** auf der Basis **„unveräußerlicher Menschenrechte"**. Die angestrebte **internationale Kooperation** wird dadurch ausgedrückt, dass Deutschland gemäß Art. 25 und 26 GG in die Friedensordnung des **Völkerrechts** eingebunden ist. Art. 26 verbietet die Vorbereitung eines Angriffskriegs und konkretisiert diese friedenspolitische Maxime mit Auflagen für Waffenexporte.
Art. 24 GG geht noch einen Schritt weiter. Er wiederholt den in der Präambel ausgedrückten Willen des deutschen Volkes „dem Frieden der Welt zu dienen" und legt die Basis für eine kooperative Außenpolitik, indem er in Abs. 1 den Bund ermächtigt, **„Hoheitsrechte auf zwischenstaatliche Einrichtungen [zu] übertragen"**. Damit sind Maßnahmen internationaler bzw. supranationaler Organisationen, denen der Gesetzgeber Hoheitsrechte übertragen hat, in Deutschland unmittelbar gültig. Diese weitgehende Öffnung erleichtert Übereinkünfte bei grenzüberschreitenden Problemen, sei es in der Wirtschaftspolitik, beim Umweltschutz oder bei der Regulierung der Einwanderung. Art. 24 Abs. 2 regelt die Einbindung Deutschlands in **„System[e] gegenseitiger kollektiver Sicherheit"**, also in die UN oder die NATO.
Für die Ausgestaltung der **europäischen Integration** wurde 1992 Art. 23 neu eingefügt. Dieser „Europa-Artikel" enthält die Verpflichtung zur Mitwirkung an

der Verwirklichung und der Entwicklung der EU, das Subsidiaritätsprinzip, die Grundrechtsbindung der EU sowie Bestimmungen zur Beteiligung der Länder. Grenzen der Übertragung liegen in der Bezugnahme auf die in Art. 79 Abs. 3 genannten Verfassungsgrundsätze (vgl. Art. 23 Abs. 1).
Die Geschichte der Bundesrepublik hat zu wichtigen Konkretisierungen dieser Verfassungsgrundsätze geführt, die sich in **bilateralen und multilateralen Verträgen** spiegeln. Im Ost-West-Konflikt traf die Bundesrepublik wichtige Wertentscheidungen: Der Beitritt zur NATO im Gefolge der Pariser Verträge von 1954 besiegelte die **Westorientierung** im Rahmen einer transatlantischen Partnerschaft, der Elysée-Vertrag von 1963 stärkte die Freundschaft mit Frankreich, 1973 legten die Römischen Verträge die Grundlagen für die europäische Integration und mit dem Zwei-plus-Vier-Vertrag, auch als außenpolitisches Grundgesetz des vereinten Deutschlands bezeichnet, erlangte Deutschland 1990 die volle Souveränität über seine inneren und äußeren Angelegenheiten. Die Bundesrepublik beschränkte ihre militärischen Kapazitäten und erkannte die nach dem Zweiten Weltkrieg geschaffenen Grenzen endgültig an. Im Jahr 1973 waren beide deutsche Staaten der UN beigetreten. Die Entwicklung hin zu einer **Zivilmacht** sowie zu einem **Handelsstaat**, der Wohlfahrt und Sicherheit durch Handel und Kooperation verspricht, kulminierte nach 1990 in einer stärkeren **europapolitischen Einbindung**. Hier ist v. a. die Einführung des Euro und die Mitwirkung an der Gemeinsamen Außen- und Sicherheitspolitik der EU (GASP) zu nennen. Seit der Wiedervereinigung Deutschlands verdeutlichen mehrere **Auslandseinsätze der Bundeswehr** – legitimiert durch ein Grundsatzurteil des BVerfG 1994 – in Gebieten außerhalb der NATO (Balkan, Afghanistan) die Bereitschaft, neue internationale Verantwortung zu übernehmen.

3. *Im Unterricht haben Sie die Eurokrise (Q 1) und ihre Auswirkungen sowie die Situation von Entwicklungs- und Schwellenländern (Q 3) untersucht. Dabei wurden Beispiele für die Interdependenz politischer Prozesse auf nationaler und internationaler Ebene deutlich. Sicher kennen Sie auch Beispiele für ein Spannungsverhältnis zwischen beiden Ebenen, das die Handlungsfreiheit des einzelnen Staates bedingt bzw. beschränkt. Darum geht es in der These der Aufgabenstellung. Sie können Ihre Erläuterung unterschiedlich anlegen: Entweder erklären Sie den Sachverhalt allgemein und (z. B. demokratie-)theoretisch oder Sie gehen auf aktuelle Fallbeispiele ein, die Sie aus den vom Autor genannten drei Staatengruppen auswählen. Sie können auch beide Wege verbinden. (AFB II und III mit Schwerpunkt auf AFB II)*

Unter den Bedingungen der Globalisierung geraten schwache und „fragile Staaten" (Z. 32 f.), wachstumsstarke Schwellenländer wie China (vgl. Z. 42 ff.), aber auch die Industrieländer der Eurozone (vgl. Z. 35 ff.) in den Augen Baggers in eine vergleichbare Zwangslage: Ihre Regierungen können den Erwartungen der Bevölkerung weniger als bisher gerecht werden, da Faktoren im internationalen Bereich ihre Handlungsfähigkeit begrenzen. Dies führt zu Legitimationsschwie-

rigkeiten. Die inter- und supranationale Einflussnahme auf nationale Politiken soll nun anhand von drei Beispielen dargestellt werden:
Die Tatsache, dass eigentlich **rohstoffreiche afrikanische Staaten, z. B. Kongo, Nigeria oder Ghana,** nur schwer aus der Unterentwicklung finden, liegt an einer Verbindung endogener und exogener Faktoren. Fehlende rechtsstaatliche Strukturen und mangelnde Regierungsfähigkeit im Inneren, z. B. Missmanagement, Korruption oder Fehlplanung von Infrastruktur, verstärken die Abhängigkeit vom Weltmarkt und von den Industrieländern. Die **Verschuldung** wächst, da ein großer Teil der Exporteinnahmen in die Zahlung von Zinsen und Rückzahlungen fließt, und nur wenig für eine nachhaltige Entwicklung bleibt. Solche hoch verschuldeten Länder können besonders günstige Kredite vom **IWF** erhalten, wenn sie sich auf sog. **Strukturanpassungsprogramme** einlassen. Ab den 1980er-Jahren hatte sich dafür der Begriff des **Washington Consensus** eingebürgert. Er steht für Bedingungen (Good Governance, Demokratie) sowie wirtschafts- und finanzpolitische Maßnahmen, die Regierungen zur Förderung von wirtschaftlicher Stabilität und Wachstum durchführen sollen: Kürzungen bei Staatsausgaben, v. a. Sozialleistungen, und die Liberalisierung von Märkten. Das Konzept wurde lange Zeit von den in Washington ansässigen Organisationen IWF und Weltbank propagiert. Da die Stimmgewichte in den Entscheidungsgremien des IWF zugunsten der reichen Industrieländer verteilt sind, ist die Legitimation dieser Entscheidungen zumindest aus Sicht der Schwellenländer und ihrer Bürger fraglich – und das, obwohl diese letztlich die Konsequenzen deutlich spüren.
Griechenland gehört bis heute zu den am stärksten verschuldeten Mitgliedstaaten der EU bzw. der Eurozone. Da eine Staatsinsolvenz drohte, kam es zu weitreichenden EU-Hilfspakten aus Krediten, Beihilfen und einem Schuldenerlass sowie zu mehreren Sparpaketen der griechischen Regierung. Zu der von einer **Troika** aus **EU-Kommission, EZB** sowie **IWF** verlangten und von Griechenland akzeptierten **Austeritätspolitik** gehörten Steuererhöhungen, Entlassungen aus dem öffentlichen Dienst, Renten- und Gehaltskürzungen, eine Verwaltungsreform, Abbau von Sozialleistungen und die Privatisierung von Staatsbetrieben. Erste Ergebnisse waren ein Einbruch der Wirtschaftskraft, eine andauernde Rezession, eine Arbeitslosenquote von über 25 Prozent sowie soziale Unruhen. Nach den Finanzhilfen der EU und des IWF in Höhe von 240 Milliarden Euro zeigen sich nun Anzeichen für eine langsame Besserung. Das Beispiel Griechenland belegt Baggers Diagnose der Abhängigkeit nationaler Entscheidungsträger von fremder Steuerung (vgl. Z. 28 ff.). Weder das griechische noch das Europäische Parlament können die Troika kontrollieren, die die Bedingungen der Hilfe festlegt. Nationale Politik, die aufgrund ökonomischer Notwendigkeiten zum Vollzug von Anweisungen internationaler Organisationen gezwungen ist, verliert in den Augen großer Teile der Bevölkerung an demokratischer Legitimation.
Eine globale Herausforderung, der nicht nationalstaatlich begegnet werden kann, liegt in der **Entwicklung der Informationstechnologien**. Edward Snowdens Enthüllungen über Praktiken des US-Nachrichtendienstes **NSA** haben 2013 für Aufsehen gesorgt. Internetplattformen wie Google, Yahoo und Amazon wurden

ausgespäht, um terroristische Netzwerke möglichst rechtzeitig aufzudecken, wobei es zur Verletzung von Grundrechten kam. Aber nicht nur am Vorgehen der USA zeigen sich bislang unbeherrschbare Risiken der Informationstechnik. Das weltumspannende Netz ignoriert weitgehend die Grenzen der Nationalstaaten, deren unterschiedliche Gesetze oft nur auf dem Papier gelten. Gegenüber Wirtschaftsspionage oder den massenhaften Vertrieb urheberrechtlich geschützter Werke über Tauschbörsen sind einzelne Länder oft machtlos. Der Eindruck eines weitgehend rechtsfreien Raums entsteht auch dadurch, dass antiwestlicher Hass und antiislamische Hetze, Kinderpornografie, brutalste Gewaltdarstellungen oder Nazi-Propaganda im Internet Platz finden. Diese Inhalte sind in einigen Ländern nicht illegal oder werden toleriert.

Eine zentrale politische Instanz zur Regelung dieser Fragen fehlt. Nur durch internationale Vereinbarungen, z. B. im Rahmen der UN, ließen sich die fehlenden **Internet-Governance-Strukturen** entwickeln. Von einer solchen globalen Regelung sicherer Kommunikationswege im Sinne eines öffentlichen Guts (vgl. Z. 72) könnten die Volkswirtschaften, die einen Großteil ihrer wirtschaftlichen Aktivität inzwischen über das Internet abwickeln und ihre Infrastruktureinrichtungen (Energieversorgung, Gesundheitssystem, Transportwesen) per Computer steuern, profitieren. Dabei geht es auch um Fragen des Datenschutzes: Wie lassen sich z. B. die von „Facebook"-Servern in der „Cloud" gesammelten Daten schützen? Dürfen Regierungen, wie zuletzt in der Türkei, den Kurznachrichtendienst „Twitter" zensieren?

Diese drei Beispiele – Entschuldung von Entwicklungsländern, Eurokrise und Gefahren der Informationstechnologie – zeigen, dass die Globalisierung in wichtigen Politikfeldern dazu führt, notwendige Entscheidungen auf eine Ebene oberhalb des Nationalstaats zu delegieren, auf der die kooperierenden Staaten ihre Hoheitsrechte gemeinsam ausüben. Begründet wird dies dadurch, dass die Problemlösungsfähigkeit nationaler Politik nicht mehr ausreicht. Demokratietheoretisch lässt sich diese Entwicklung damit beschreiben, dass **zwei Legitimationsquellen demokratischen Regierens** zur Geltung kommen. Diese Quellen wurden vom amerikanischen Präsidenten Lincoln auf die bekannte Formel gebracht, Demokratie sei „Regierung des Volkes, durch das Volk, für das Volk". Die **Input-orientierte Legitimation** wird durch Wahlen erzeugt (Herrschaft durch das Volk), hinzu kommt die legitimierende Wirkung guten Regierens (Herrschaft für das Volk). In der ersten Perspektive geht es darum, politische Entscheidungen möglichst eng an den Willen des Souveräns zu binden. In der **Output-orientierten Perspektive** steht das Ziel im Vordergrund, die Interessen der Bevölkerung möglichst wirksam zu fördern, was heute oft über internationale Organisationen erfolgt. Beide Legitimationsquellen geraten oft in ein **Spannungsverhältnis**: Um den „Erwartungen [der] Wähler" (Z. 29 f.) gerecht zu werden, scheinen supranationale Lösungen unvermeidlich zu sein, sie treffen jedoch häufig zugleich auf den Widerstand von Bürgern.

4. *Bagger stellt die zu erörternde Entscheidungsfrage, ob anhaltender wirtschaftlicher Erfolg notwendigerweise eine freiheitliche Ordnung voraussetzt oder auch ohne sie möglich ist. Klären Sie die Schlüsselbegriffe und wägen Sie Pro und Kontra ab, indem Sie auf die Entwicklung einzelner Länder eingehen, aus der sich Anhaltspunkte für die Beantwortung der Frage ergeben. Fassen Sie Ihr Urteil abschließend zusammen und verdeutlichen Sie Ihre Urteilskriterien. (AFB III)*

Die vom Autor aufgeworfene Frage, ob politische Freiheiten eine notwendige Voraussetzung für einen anhaltenden wirtschaftlichen Erfolg eines Landes darstellen (vgl. Z. 51 ff.), ist keineswegs rhetorischer Natur. Dies zeigt ein Blick auf die internationale Staatengemeinschaft. Zahlreiche Staaten haben sich trotz autoritärer oder diktatorischer Systeme aus einem Zustand der Unterentwicklung zu wirtschaftlich erfolgreichen **Schwellenländern** entwickelt. Bagger spricht in diesem Kontext vom „Aufstieg neuer Mächte" (Z. 49) und verweist explizit auf die „Wachstumsgeschichte Chinas" (Z. 50). In ihrer wirtschaftlichen Entwicklung von der Agrarwirtschaft zur Industrie- bzw. zur Dienstleistungsgesellschaft sind diese Länder weit vorangekommen, wobei jedoch die sozialen Entwicklungsindikatoren (Alphabetisierung, Säuglingssterblichkeit, Lebenserwartung, Entwicklung einer Zivilgesellschaft) sowie der Schutz der Umwelt oft zurückbleiben. Schwellenländer sind zudem meist durch einen starken Gegensatz zwischen Arm und Reich geprägt.

Zu den Schwellenländern gehören neben China die südostasiatischen „Tigerstaaten" (Südkorea, Taiwan und Singapur) und neuerdings einige afrikanische „Löwenstaaten" (z. B. Äthiopien, Tansania oder Ghana). In den auch als „Emerging Markets" bezeichneten Ländern erfolgt die wirtschaftliche Modernisierung häufig auf der Basis **autoritärer Systeme**. Darunter finden sich Einparteienherrschaften wie in der Volksrepublik China, Mischformen aus Autokratie und Demokratie sowie das inzwischen weitgehend demokratische Südkorea.

Bestandteile einer **freiheitlichen Ordnung**, wie sie sich in Deutschland bewährt hat, sind umfassende Grundrechtsgarantien, vielfältige Begrenzungen staatlicher Macht (Gewaltenteilung) und komplexe Möglichkeiten demokratischer Beteiligung, einschließlich eines pluralistischen Parteiensystems und zivilgesellschaftlichen Engagements. Eine solche Demokratie wird nur von wenigen Schwellenländern angestrebt.

Sollte die chinesische Erfolgsgeschichte, die auf politischer Repression und gleichzeitig wirtschaftlicher Freiheit beruht, den sich entwickelnden Ländern als neue Alternative empfohlen werden? Führt nicht tatsächlich der demokratische Prozess in Deutschland aufgrund häufiger Wahlen, institutioneller **Vetospieler** (z. B. Bundesverfassungsgericht, Bundesrat) oder europäischer Mehrebenenpolitik zu einer Verkomplizierung und Verzögerung politischer Entscheidungen, die es bei einer autoritären Struktur nicht gäbe?

Die **Attraktivität des chinesischen Modells** etwa für afrikanische Staaten ist vor allem die Folge handfester ökonomischer und politischer Versprechungen der chinesischen Außenpolitik. China proklamiert gegenüber Entwicklungsländern politische Neutralität, die besonders für Machteliten interessant ist. Es verspricht, sich nicht in innere Verhältnisse einzumischen und bei Wirtschaftshilfen und Investitionen auf Auflagen zu verzichten. Westliche Hilfe ist dagegen oft an Konditionen gebunden, die Rechtsstaatlichkeit und Menschrechtsstandards im Sinne einer „guten Regierungsführung“ beinhalten. Die chinesische Nachfrage stärkt außerdem die Absatzchancen und Weltmarktpreise von Rohstoffen und kommt so afrikanischen Produzenten zugute.

Dass Weiterentwicklung und Demokratie nicht immer Hand in Hand gehen, zeigt der **Human Development Index** (HDI), der von den UN jährlich veröffentlicht wird. Er misst den Wohlstand anhand der Kriterien BIP pro Kopf, Gesundheit und Bildung. Dabei stellte sich heraus, dass Staaten mit autokratischer Regierungsform auf der Rangliste des HDI steigen können. Autoritäre Strukturen eignen sich in Fällen von rückständigen Gesellschaften möglicherweise besser als ein schwaches demokratisches System, in der Phase eines wirtschaftlichen Take-Offs traditionelle gesellschaftliche Verhältnisse zu überwinden. Ein Beispiel hierfür ist die anfängliche **Entwicklungsdiktatur** in Südkorea, in der ein autoritäres Regime mittels strikter staatlicher Lenkung und unter dem Schirm des Protektionismus junge Industrien förderte, die sich später auf dem Weltmarkt erfolgreich etablieren konnten. Die Militärdiktatur wurde schließlich durch eine Volksbewegung überwunden. Heute gilt Südkoreas Entwicklung von einem der ärmsten Länder zu einer relativ gefestigten Demokratie auf der Basis einer Marktwirtschaft und der Integration in den Weltmarkt als vorbildlich. Seine Wirtschaftskraft entspricht heute der eines EU-Staates.

Aus diesen Erfahrungen lassen sich wichtige Erkenntnisse gewinnen, die die skeptische Frage Baggers zu beantworten helfen. Eine bloße Wohlstandsorientierung verkürzt den **Sinn von Demokratie und Freiheit**. Sind erst einmal Grundlagen wirtschaftlichen Wachstums gelegt, entwickeln sich in allen bekannten Gesellschaften, auch der chinesischen, freiheitliche und demokratische Bestrebungen. Der Austausch von Informationen und Meinungen und die Möglichkeit mündiger Bürger, ohne staatliche Bevormundung über ihre Angelegenheiten individuell und gemeinsam zu entscheiden, sind seit 1948 in der Allgemeinen Erklärung der Menschenrechte verankert. Auf dieser Grundlage sind bisher vor allem die Demokratien ökonomisch hoch entwickelter Länder in der Lage, weiteren wissenschaftlichen Fortschritt und Innovationen zu ermöglichen. Dazu gehören nicht nur technische Entdeckungen, sondern vor allem auch die Bereitschaft, bei selbst zu verantwortenden Fehlentwicklungen, wie z. B. eine ungerechte Welthandelsordnung oder drohender Klimawandel, Selbstkritik und **Lernfähigkeit** zu zeigen. Ihre langfristige Bewährungsprobe wird darin liegen, die großen Herausforderungen der Globalisierung und die Zukunftsprobleme der Menschheit erfolgreich anzupacken.